最后一日的士兵

SOLDAT BIS ZUM LETZTEN TAG

[德] 阿尔贝特·凯塞林 著

孙渤 译

台海出版社

图书在版编目（CIP）数据

最后一日的士兵 /（德）阿尔贝特·凯塞林著；孙
渤译 . — 北京：台海出版社，2023.8
ISBN 978-7-5168-3597-5

Ⅰ . ①最… Ⅱ . ①阿… ②孙… Ⅲ . ①阿尔伯特·凯
塞林－回忆录 Ⅳ . ① K835.165.2

中国国家版本馆 CIP 数据核字 (2023) 第 122867 号

最后一日的士兵

著　　者：[德] 阿尔贝特·凯塞林（Albert Kesselring）
译　　者：孙　渤

出 版 人：蔡　旭　　　　　　　　　　责任编辑：王　萍
装帧设计：戴宗良　　　　　　　　　　策划编辑：郭丽娅

出版发行：台海出版社
地　　址：北京市东城区景山东街 20 号　　　邮政编码：100009
电　　话：010 - 64041652（发行，邮购）
传　　真：010 - 84045799（总编室）
网　　址：www.taimeng.org.cn/thcbs/default.htm
E - mail：thcbs@126.com

经　　销：全国各地新华书店
印　　刷：重庆长虹印务有限公司
本书如有破损、缺页、装订错误，请与本社联系调换

开　　本：787毫米×1092毫米　　　　1/16
字　　数：431千　　　　　　　　　　印　　张：27.5
版　　次：2023年8月第1版　　　　　印　　次：2023年8月第1次印刷
书　　号：ISBN 978-7-5168-3597-5

定　　价：139.80元

前言

本书献给我手下的士兵和员工。

鉴于素材丰富，又没有个人的书面记录，再加上时隔不久，我不打算写一部传统意义上的战争史。在我看来，最重要的是讲述我在事件发生第一时间的见闻和我当时如何影响它的发展，从而以这种方式阐明我下定决心并采取行动的背景和动机。尽管近期的资料研究工作也许会让某些细节过时，但我的观察和思考还是有其价值，可以填补某些空白，并阐明我对当时的事态及其后续发展的认识，否则它们就将成为永久的秘密。

我虽然担任过各种各样的职务，但终究只是一名士兵，并试图在任何场合都以士兵的方式行事。如果这本书能够有助于进一步驱散1945年以后笼罩在德国人的勇武精神之上的迷雾，就是实现了我写它的初衷。历史将做出最后的判决。

阿尔贝特·凯塞林

译者序

　　德国空军元帅阿尔贝特·凯塞林，1885年11月30日出生于下弗兰肯地区基青根（Kitzingen）附近的马克施泰弗特（Marksteft），1904年7月20日成为一名士官生，在驻梅斯的巴伐利亚第2徒步炮兵团开始他的军旅生涯，作为炮兵军官和总参谋部军官参加过第一次世界大战，魏玛共和国时期担任炮兵连长和营长，并在国防部供职。1933年10月加入正在秘密组建的空军，成为德国空军的缔造者之一。第二次世界大战爆发后，先后率领第1和第2航空队征战波兰、西欧和苏联。1941年年底率第2航空队调入地中海战场，兼任南线总司令，并充当意大利指挥机构与隆美尔之间的协调人。从1942年年底开始直接统帅北非和地中海战场的德国武装力量，1943年11月21日担任西南战线总司令兼C集团军群司令，1945年3—5月担任西线总司令，同年5月2日正式担任集德国南部战区党政军大权于一身的南线总司令。

　　作为德国最有指挥才能的将领之一，凯塞林于1940年7月19日由航空兵上将直接晋升空军元帅，1944年7月19日成为第14位钻石橡叶双剑骑士十字勋章获得者。他既是战将又是统帅，了解现代战争的方方面面，包括组织管理、后勤、与盟友的关系，是德军总参谋部制度培养出来的"各种工作能都干，也都能干好"的全才，并用战场上的出色表现赢得同僚和对手的敬重。曾经作为凯塞林下属和竞争对手的隆美尔说"他具有相当坚定的意志力，一流的外交和组织才能，技术问题上也有相当丰富的知识"，并用"卓越"来形容他在意大利战场上的表现。英军亚历山大元帅早在1943年就曾表示钦佩凯塞林的指挥能力，并在1961年出版的回忆录中说："我们在意大利每一次进攻凯塞林的时候都彻底做到出其不意，但他表现出了非常高超的技巧，让自己摆脱因错误情报而陷入的绝望处境。"美国第5集团军司令克拉克将军的评论是："我们知道那些部队的指挥官是阿尔贝特·凯塞林，他是希特勒手下最有能力的军官之一，在德国炮兵和空军都有出色的表现，战前还曾经担任过德国空军总参谋长。无论作为指挥官还是管理者，凯塞林都十分优秀。他在意大利指挥轴心国军队作战的两年里有优异表现，在这之后又调往西线。他的调走让我很高兴。他总是能迅速地重新编组自己的兵力，并调动预备队阻挡我们的进攻……"

凯塞林参与组建一个军种，并亲自率领它在第二次世界大战前期的战场上赢得辉煌胜利，这样的成就并不亚于古德里安，可是他的名声却没有后者那样显赫，也许只是因为他当时在指挥空军。到战争后期他直接指挥地面作战的时候，德国已经处于全面劣势，只能在战略防御中左支右绌，而他赢得的防御战果又发生在一个次要战区。值得注意的是，从战争后期的严峻考验中脱颖而出的那一批德军将领在能力上并不比他们的前辈逊色，凯塞林就是其中的佼佼者。尤其是他善于独立思考和做决定，不一味听从上级的命令，并且知道怎样与希特勒打交道，争得自主指挥权，而这是一件令众多德军将领头疼的事情。例如，他自行决定主动撤离西西里岛，导致自己一度成为"不受欢迎的人"。他还不顾德国国防军统帅部的命令，力主坚守意大利南部，不惜以1943年8月14日提出辞职来抗争，经过党卫队上将沃尔夫的斡旋，希特勒才驳回凯塞林的辞呈，但仍然在同年9月下令准备解散南线总司令部，而一旦意大利南部的德军撤到北部与隆美尔的 B 集团军群会合，隆美尔就立即接管意大利境内德军的全部指挥权，凯塞林将被调往挪威。然而，最终结果却是凯塞林凭借优异的战绩在11月21日为自己争取到意大利战区的指挥权，可以说，他以一己之力改变了意大利境内的战争进程。希特勒曾说："我一直指责凯塞林，认为他看待事情过于乐观……结果证明隆美尔错了，我没有解除凯塞林职务的决定是正确的。我曾经认为凯塞林是个不可信的政治空想家，也是个军事上的乐观主义者。如今在我看来，缺少乐观精神的军事指挥并不可行。"对于这种"过于乐观"的指责，比如隆美尔形容"他看任何东西都是戴着玫瑰色的眼镜"，凯塞林在书中是这样说的："我从未在思想上轻视敌人，但乐于承认自己会在外部世界面前表现出一种乐观态度。乐观与轻敌之间存在天壤之别。"并用合理的分析来说明他做出乐观判断的依据。通过这些分析，我们可以了解他做各种决策的背景和动机，以及他的"为将之道"，这正是出版本书的主要价值所在。

本书是凯塞林的第一部回忆录，书名《最后一日的士兵》（*Soldat bis zum letzten Tag*）大致可以从以下几个角度来理解：一是第二十二和第二十三章反复强调并解释的"Halten"（坚持），而第二十三章提到他和他的司令部成员是整个阿尔卑斯山区最后一批投降的德国军人，确实坚持到战争的最后一日；二是他在第二次世界大战期间自始至终担任高级指挥职务，从未间断，这在当时的德军将领当中极为罕见；三是第二十四章提到他要捍卫德国军人的荣誉，这不仅适用于审判期间，从他的战后经历来看，也指他有生之年的"最后一日"。

从这本书中，我们可以看到凯塞林对战略态势冷静而准确的判断，例如衡量马耳他的价值，讨论在罗马以南坚守的必要性，预判盟军的行动并做出相应决策。德军在意大利境内的防御战绩主要来自他早在1943年9月10日——意大利脱离轴心国的第三天——就已经规划的一系列依托有利地形节节抵抗的阵地，并着手构筑工事。而意大利战场上的盟军却缺少长远规划，双方的表现充分印证了军事家孙子所说的"多算胜，少算不胜，而况于无算乎"。

在战役层面，凯塞林对作战进程的掌控和充分利用微薄资源的能力，使他成为战争中德国最优秀的战场指挥官之一。他直接指挥的安齐奥战役更是把这种才能展现得淋漓尽致，顾剑在《独一无二的空地双头鹰——绝对天才凯塞林元帅传》一文中提到，美国陆军利文沃斯堡指挥与参谋学院曾经有一篇硕士论文分析他在这场战役期间的几次决策，得出的结论是：根据他当时拥有的情报和兵力，这些决策不但完全正确，而且在时间上非常迅速及时。顾剑评论道："凯塞林无论在战役还是战略层次，都很好地把握了'坚决'和'灵活'之间的度的问题：该坚守的时候坚决不退，比如安齐奥登陆之后的古斯塔夫防线正面；该撤的时候决不恋战，全身而退。很好地把握利害变换之间的这个'度'的问题，把灵活性和顽强性完美地结合在一起，这需要非常准确的战场感觉，超出了军事作为科学的范畴，是一种艺术。所谓'过刚则折'，比如希特勒任何时候都要求德军死守到最后一人；'过柔则弯'，比如阿拉曼战后和北意大利时期的隆美尔。"

凯塞林的战术能力不仅体现在书中对灵活运用航空兵和高射炮兵的描述，出身于陆军炮兵的他还凭借对空地协同的认识，成为同时代人中的翘楚。他经常亲自驾机飞临前线，以至于上级有时会下令禁止他这样做。曾经担任非洲集团军作战参谋的韦斯特法尔在其回忆录《枷锁中的陆军》（*Heer in Fesseln*）中说："没有一名空军指挥官能在支援陆军的努力中超过凯塞林……一直以来，每当非洲的天空中将要发生重大行动的时候，我们就能肯定凯塞林已经亲临沙漠。无论天气还是敌人的威胁，都无法阻止他不断飞到非洲来帮忙，尽其所能，或者在必要时调解德意两军之间的纠纷。他也像隆美尔一样很少考虑自己的安危。他飞越受敌人威胁的地区不下200次，而仅仅是他的一架'鹳'式座机就先后有5次被击中。"

作为相对独立的战区指挥官，凯塞林不但要指挥作战，而且要考虑整个战区的后勤、与盟友的关系、占领政策、与其他战区的协同等诸多因素。他的组织能力和协调能力，曾经让希特勒在1942年9月考虑用他接替凯特尔担任国防军统帅部参谋长，只是因地中海地区的战事让他无法脱身而作罢。他还是一个勤奋的人，比如第十一章提到1941年新年前后是他在战争期间唯一的一次正常休假。

照片中的凯塞林经常面带微笑，他的幽默风趣让他广受同僚、上下级甚至昔日对手的欢迎，部下们称他是"阿尔贝特大叔"，盟军官兵则称他是"微笑的阿尔（贝特）"。另一方面，对于犯错误的下属，例如1941年新年前后未能成功拦截空袭的夜间战斗机部队、杰代达机场遭受奇袭时惊慌失措的内林、安齐奥抗登陆战中自作主张的施莱默、1944年5月抗命不从的冯·马肯森，他又是一个不惜以雷霆手段解散部队和撤换指挥官的严厉上级。书中还写到，德军传统的任务式指挥和他作为空军元帅的身份，让陆军将领在执行他的命令时有一些抵触情绪，尤其是他调到西线以后，他是怎样看待和处理的。另外，凯塞林还谈到他对指挥官的责任、德国军队建设和欧洲一体化等问题的看法，并在附录中详细讨论德国空军的兴衰。这进一步增加了本书的历史价值和学术价值。

另一方面，本书记录了凯塞林为德军的侵略行径辩解，开脱德国国防军及其将领的罪责，声称他们的举止符合国际法，其实他的辩解根本站不住脚。凯塞林还对德军占领意大利期间残酷迫害意大利人民的行为要么闭口不提，要么轻描淡写，比如宣称反游击战中报复性杀害人质的做法是合法的；要么推卸责任，比如把在罗马附近的阿尔代廷洞穴（ardeatinischen Höhlen）枪杀人质事件的责任推给党卫队保安处，而在纽伦堡审判期间出于某种原因以"赫尔曼·戈林"师有直通戈林的渠道为由，把该师1944年6月29日在奇维泰拉（Civitella）屠杀212名上至84岁下至1岁的男女平民的责任推给戈林。他出狱后曾在接受意大利记者采访时表示，马尔扎博托的索莱山（Monte Sole，意译太阳山）屠杀事件是一次"正当的军事行动"，招致意大利朝野的强烈愤慨和抨击。本书中凯塞林详细描述了他出庭受审的过程，并坚称自己是清白的，但他作为意大利战区的最高指挥官，无疑对德军的各种暴行负有不可推卸的责任，我们在阅读本书的时候必须对他的这些观点加以批判。

获释后的凯塞林于1953年出版本书，1955年出版了他的第二部回忆录《思考第二次世界大战》（Gedanken zum Zweiten Weltkrieg）。他还继续同他认为"抹黑德国军人荣誉"的一切而战，并经常以专家证人的身份出现在审判前国防军将领的法庭上，其中最著名的人物是陆军元帅舍尔纳。1960年7月16日，时年74岁的凯塞林因心脏病在巴特瑙海姆的一家疗养院里去世。

那么，怎样评价凯塞林呢？我同意顾剑的看法，他说："凯塞林是一个残忍的人吗？他在二战期间的行为，很难用好人或者坏人来形容。我认为他对华沙、鹿特丹和考文垂轰炸中平民的大量伤亡负有责任。尤其是华沙，用铲子从Ju 52运输机上向下铲燃烧弹的行为，恐怕很难被称为精确轰炸。……我想，'战争的现实主义者'可能是一个对凯塞林比较公允和准确的说法。如果他相信，战争中某些残忍行为能够避免拖长战斗和更大伤亡的话，他是会做出这些残忍行为的。但是在一般情况下，凯塞林还是个开明和正直的军人。这也是战后他能赢得这么多身居高位的对手尊敬的原因。"

凯塞林在战俘营和监狱中为美国陆军历史部（Historical Division）撰写战史，在他之前已经有一些德军将领在从事这项工作。美国陆军欧洲战区首席历史学家马歇尔在本书美国版的序言中说：

> 我们发现这些新"同事"在性格、精神面貌和反应上有很大差异，正如任何其他人群一样。一部分人渴望取悦于我们，以至于他们看上去几乎有些奴颜婢膝。因此，他们的工作需要额外监视。另一部分人则有

条不紊而高效，就像是他们在自由地做日常工作一样有条有理。这是最好的一批人，他们比我们更能有效指导其他人的工作。还有一小部分人仍然闷闷不乐、愤愤不平和沉默寡言……[凯塞林来到阿伦多夫]那时候，德国人已经对这项工作非常消极了。他们放弃合作的原因是从纽伦堡传来的大量诽谤。凯塞林刚刚离开那个诽谤的滋生地，却要么硬性压制其他人，使之不再反对这项工作，要么用理性来开导他们……当英国人在意大利对他的审判迫在眉睫之时，对他的影响力的关键性考验出现了。阿伦多夫的大部分人因为他受到的"严重不公正待遇"而罢工，不再写作。通过我们这些在战俘营里工作的美国人永远没能搞明白的某种方式，凯塞林说服那些德国人回到简陋的写字台前。他拥有一种特殊的力量和尊严，仿佛他永远是一个将自己的生死置之度外的人。

利用研究战史的机会，凯塞林在狱中秘密撰写了这本回忆录。他没有记日记的习惯，当时也无法参考档案文献，除了借助美军历史部提供的资料和公开出版物，以及与一些外国军事作家的书信联系之外，他主要依靠自己的记忆。因此，书中经常出现含糊的日期和地点，或者对某些事情一笔带过。另外，凯塞林元帅的养子赖纳·凯塞林（Rainer Keßelring），在本书德文版2000年再版时的序言中提醒读者需要注意几件事情，有必要在这里引用。他说：

回忆录的风格和表达方式当然取决于它们的写作时间，而人们也当然希望在历史学家一直关注的问题上有更多了解。例如，他作为当时的空军总参谋长对于为德国空军研发重型远程轰炸机的问题持什么意见，或者作为当时的第2航空队司令对关于盎格鲁－撒克逊人所谓的"敦刻尔克奇迹"（西方战局尾声中法国崩溃时拯救英国远征军）的文学作品有什么看法，而我父亲写这本书的时候仍在英国人掌管的牢狱里，只能在这些问题上做非常简短的评论。

一般来说，记忆受到创作环境的强烈影响。我父亲1952年从韦尔监狱获释之前不久写完这本书，我的生母——已于1982年去世的伊姆加德·霍恩－凯塞林（Irmgard Horn-Keßelring）利用一次探监的机会将手稿偷偷带出韦尔监狱，并打印成文。——当然，监狱里的条件当时已有了很大改善，由于政治"大气候"的变化，监狱当局也表现出一定程度的宽宏大量，成功为他进行喉癌手术，并于1952年年底出于健康原因假释——不是最终释放。尽管如此，战争结束刚过七年，一个被判死刑然后减刑至无期徒刑的人在书面陈述中还是需要有一定程度的考虑。

这种思想还起到另一个作用，即不用轻率的言论危及昔日的同僚、下属和上级；我父亲也不想通过重新讨论旧日业务上的争端，像人们如今形容的那样——以牺牲他人为代价来维护自己的形象。因此，他留下的文字可能与不少"回忆录文学"有区别，其中一些作品是在他去世之后才出现的。

2000年重新发行的德语版没有对原著的正文做任何修改，甚至连一些明显的笔误（例如 I 写成 J 或 L）都未订正。赖纳·凯塞林在他的序言里说他曾经考虑过对某些内容进行修订，例如，书中对个别意大利将领背叛和出卖情报的指责已经由于"超级机密"的公开而不成立，但经过考虑还是决定保持原文不变，把修订工作留给未来的历史学家。

上述几个因素导致书中的某些内容语焉不详，谈到争议话题时的委婉方式经常令人无法领会语句背后的含义，还有一些内容不准确甚至有错误，例如，第一章两次提到在东线的迪纳河沿岸与俄军举行停战谈判的巴伐利亚第1后备师（1. bayerischen Landwehrdivision），这个番号要么是作者的记忆有误，要么是打字和排版时把手稿中的2错当作1，因为巴伐利亚当时有三个后备师，第1和第6师在西线的洛林和阿尔萨斯，只有第2师在东线的迪纳河以北。我在翻译过程中所做的查证和译注难免挂一漏万，由于篇幅的限制，也无法引用较长内容的参考资料，敬请读者谅解。建议在有条件的情况下参照各种版本的《第二次世界大战史》、瓦利蒙特的《德国国防军大本营》《隆美尔战时文件》和双方将领的回忆录等资料来阅读，这样有利于我们了解争论另一方的观点。

本书出版后的同一年即译成英语，发行以《凯塞林元帅回忆录》（*The*

Memoirs of Field-Marshal Kesselring）为名的英国版，但令人遗憾的是，篇幅由原著的474页删减到317页。1954年发行的美国版《一名军人的记录》（*A Soldier's Record*）又在英国版的基础上进一步删减。后来，又发行分别名为《最后一日的士兵》（*Soldato Fino All'ultimo Giorno*）的意大利语版、《德国空军：胜利与失败》（*Люфтваффе: Триумф и поражение*）的俄语版、《凯塞林元帅回忆录》（*Memorias Del Mariscal De Campo Kesselring*）的西班牙语版。由于两种英译本发行较早，数十年间多次再版的影响较大，再加上英语的普及面较广，其他语言的版本大多根据它们转译，也照搬其中的删改，无法体现原著的全貌。

英译本删减的内容中，仅有个别段落是针对英国当时某些政要（例如第二十四章对莫里森和肖克罗斯）的评价，更多的是组织架构、作战序列、职衔（含军衔）和爵位、较长的分析和评论，以及几乎所有关于高射炮兵和后勤的内容，还有附录《德国空军及其兴衰》等，而每处删减实际上通常包含一个或多个德语专业词汇、俗语、多义词或生僻词。

从译文质量来看，英译本不符合原著的地方多达数百处，比较常见的是时间（如1938年慕尼黑会议的9月写成10月）、地名（如莱茵河 Rhein 写成兰斯 Rheims）、方向（如东西颠倒）和数字（如第二十一章最后一节的特殊事件从每天10—50起改成5—6起）等错误。前几种固然可以用笔误来解释，可是最简单的笔误也会让读者看得一头雾水，例如把上文提到的迪纳河（德语的 Düna，即拉脱维亚语的道加瓦河、俄语的西德维纳河）写成 Duna（匈牙利语的多瑙河），导致其他译本也大多当作多瑙河。1917年年底的东线只有最南端的一小段在多瑙河沿岸，也就是普鲁特河汇入多瑙河干流处与入海口之间，离匈牙利还相当远，而迪纳河却在东线的最北端，正所谓差之一字，谬以千里。另外，英译本还有改动原文顺序和内容的现象，例如第十九章在不了解历史背景的情况下，仅凭"较晚的"这个形容词，把德军发动第一次安齐奥反击的时间从早上6时30分（6:30 Uhr）改成下午6时30分（6:30 p.m.），实际上，原著通篇使用24小时制，从未使用下午几点的说法。尤其严重的是，个别词汇还彻底颠倒了原著的语意，例如第六章中让空军与陆海军并驾齐驱的愿望"能实现"（erreichbar）译成"难以实现"（unattainable）。与此同时，英语的两种译本还添加了一些原著没有的文字，例如

第一章倒数第二段担任炮兵连长的三个地点——安贝格、埃朗根和纽伦堡，而美国版《引言》独有的第一句话，"1952年10月23日，我终于获释出狱，并在不久后得到彻底的赦免"，既不符合本书在狱中完稿的事实，又不见于其他版本。

本书的翻译工作从2020年3月开始，历时超过两年，力求忠实地体现原著的全貌，并在分段、用词、标点符号和语气等方面也尽量保持其原有的风格。需要再次强调的是，这样做是为了体现本书对于研究第二次世界大战史、作者个人经历和军事能力的价值，读者在阅读时必须对书中的部分观点加以分辨和批判，不能照单全收。

由于原著经常使用地名的简称，在指出他人的缺点时以被动语态隐去人名，为便于阅读和尊重原著，译文在不作译注的情况下直接补齐缺失的文字，并按照国际惯例加方括号表示并非原著内容。原著中带圆括号的说明、特殊词汇和语句等，在译文中仍然用圆括号表示。

书中的人名、地名主要根据《世界人名翻译大辞典》（北京：中国对外翻译出版公司，1993年版）、《世界地名翻译大辞典》（北京：中国对外翻译出版社，2008年版）和《GB/T 17693–2008 外语地名汉字译写导则》，正文中不再列出原文，后附列表供读者参考。军事术语主要根据《德汉军语辞典》（北京：军事谊文出版社，1996年版）。

翻译工作的完成离不开许多朋友的帮助和支持，尤其是我的表弟钱瑞在斟酌具体文字时给予的极大帮助，赵玮在核对部分地名的过程中提供的参考资料，顾剑慷慨地允许我在这篇序言中引用他的文章，在此谨向他们表达最诚挚的感谢。

由于水平有限，书中难免有不少错误，恳请读者指正。

孙渤

2022年5月31日

引言

战俘营和监狱中的数年铁窗生涯给了我充分的机会进行反思，是我破解此生奥秘的必由之路。这一句话足以概括我现在的想法。

过去的事像磁铁一样吸引着我的思绪，我要想清楚昨天的往事，从而认识今天的现实和树立对明天的信心。

1945—1946年在卢森堡附近蒙多夫[莱班][1]的美军战俘营和纽伦堡候审监狱的时候，我们只能找机会偷偷看几眼美军的《星条旗》报。一年之后，我从1946年年中开始能够专心研究军事科学。另外，来自许多国家的报纸、期刊和书籍帮助我更深入地了解时事和未来的发展趋势。这些外国出版物让我接触到美国、英国、法国、瑞士和意大利的观点，以及苏联的一部分观点。而德国媒体受到占领军的管制，几乎不能提供任何有价值的消息。感谢丰富多彩的出版物，让与世隔绝的我能在所有感兴趣的领域了解各种观点，其中大多数观点看上去是正确和符合事实的。但我也读到许多不尽如人意的作品。批评和报道只有在为真理服务的情况下才是善意的，并能发挥作用。然而，大量所谓"事实报道"的水平却低劣得令人不敢恭维。从纯粹的历史角度看，这种报道没有任何价值。历史大舞台上的许多外国角色都有权发表自己的言论，从而根据个人记忆尽可能详细描述具体事件的某一个方面，而德国方面出场人物的回忆录却经常是一片空白。历史在探究事实真相的过程中缺少一个必要的组成部分。许多人都想从整体和细节上知道事情为什么能得到解决，为什么采用目前看到的方式，而不是以其他方式，当事人又是受到什么思想的指导。

于是，我决定动笔写作，奉献自己的绵薄之力。我尽量只讨论自己以某种方式亲自参与，从而或多或少知道大概情况的事情。

　　我尽可能做到知无不言，言无不尽，整体上按照**第一时间的实际情况**[2]还原我所观察到的周边事件和人物。我知道，在力求客观的同时，我最终还是会陷入主观，或者至少用主观方式来表达。但是，请读者不要认为我试图证明自己总是正确的。无论哪一个错误决定，只要我现在能够认识得到，都会坦然承认，因为我相信任何人的思想和行为都不可能十全十美；而作为一个有丰富阅历的老年人，我有义务自我反省，并公开承认错误。这种写作方式需要保持开阔的胸襟，尤其要克服自我，也就是愿意如实记录自己在事情发生第一时间的想法和事情的整个经过。到目前为止，经常有人逃避这个责任，而我既然认为这是错误的做法，就决不会重蹈覆辙。

　　想要理解我的行为和判断，就难免要对我的人生经历有个大概的了解。在我看来，还有一个恰当的理由：我想用这个例子来向读者展示，军旅生涯不仅仅是在表面上扮演军人，更确切地说，是需要在体力和脑力上做极大的付出，并承担极其重大的责任。

译注

　　1. 实际地名是 Mondorf-les-Bains，译文用方括号补全。因为蒙多夫在德法卢三国都有重名的地点，所以原文需要加"卢森堡附近"以示区别。

　　2. 带着重号的文字在2000年德文版中用大间距字体表示。

目 录
CONTENTS

第一部

和平与战争的岁月，

1904——1941年

第一章
在巴伐利亚王家陆军和魏玛国防军的服役经历，1904—1933年

我并非出身于军人世家。我的祖先曾经在现在的下奥地利地区建立过一个名叫"凯采林希"（Chezelrinch）的据点，先后与阿瓦尔人和匈牙利人作战。后来，奥斯卡卢斯·凯采林希骑士（1180年）成为以这个地名作为姓氏的第一人。从那时起，凯塞林家族便在南德意志地区以及阿尔萨斯和瑞士等地繁衍生息，成为骑士、城市贵族和神职人员，赢得人们的广泛尊敬。但我的直系祖先从16世纪以来一直定居在下弗兰肯地区，经营农场、啤酒厂和葡萄酒厂；还有一些支系成员投身教育事业，其中便有供职于拜罗伊特市教育局的家父。我在位于菲希特尔山区文西德尔和拜罗伊特两地的大家庭里度过自己的青少年时代，拜罗伊特也是1904年7月我从古典文化高中[1]毕业的地方。对我来说，选择职业不费吹灰之力。我想成为一名军人，并对这个职业仰慕已久，现在回想起来，可以说我从肉体到灵魂都是一名军人。我的军旅生涯从巴伐利亚第2徒步炮兵团的一名士官生开始，在该团一直服役到1915年，只有到慕尼黑的军事学校（1905—1906年）和炮兵学校（1909—1910年）学习的两段时间除外。

梅斯是巴伐利亚第2徒步炮兵团的驻地，作为一个军事重镇和要塞，也是对一名雄心勃勃的年轻军人来说最合适的训练场。任何一种军事创新都会在梅斯得到验证。训练非常艰苦。黑泽勒[2]的思想和紧邻国界的地理位置，意味着一级战备的需要高于一切。几乎所有德意志邦国的人民与阿尔萨斯和洛林人民的融洽相处，促进了泛德意志思想不断蓬勃发展。每当我们参观科龙贝 – 努伊、马斯拉图尔、格拉沃洛特和圣普里瓦等战场的时候，或者在旅途中顺便绕一点路，出国去

参观色当战场的时候，都不断得到勇武精神的激励。先辈们的英勇壮举让我们肃然起敬；我们的灵魂和精神在先辈们奋不顾身的事迹面前得到净化，同样是这里，让牢不可破的传统和对民族历史的尊重深深地植入我们心中。

但对于一个感觉敏锐的人来说，梅斯及其周边地区还有许多诱人之处。谁会对明媚的春日里摩泽尔河畔山坡上绚烂绽放的花朵无动于衷？谁不想去各处林木茂盛的山谷，例如布龙沃谷和蒙沃谷，进行几场引人入胜的徒步旅行？谁又会不乐意牺牲几个法郎去欣赏南锡或蓬塔穆松的美景呢？当你递上一张名片，在法国海关官员欢快的"旅途愉快"的喊声相送下跨过国界，回到摩泽尔河畔帕尼的同一处关卡入境时又有一句友好问候"您玩得开心吗"相迎，你确实能体会到欧洲精神的存在。

情况在1911年突然间急转直下。有人把这种根本秋毫无犯的跨境旅行汇报到柏林和巴黎，德法两国的外交部都大伤脑筋，并出于对"频繁跨境者"[3]的误解，用一种令人讨厌的方式让这种旅行基本告吹。从那时起，要塞里越来越频繁地响起警报声，而我所在的部队每次都要强行军到摩泽尔河畔阿尔斯的"皇储"要塞，占领火炮阵地。因为梅斯以西的几处前沿要塞（名称分别是"洛林""皇后""皇储"和"黑泽勒"）非常靠近国界，所以分秒必争无疑是必要的；我们这些年轻军官经常谈论一个事实：假如战争突然爆发，我们从梅斯出发根本无法保证赶在法国人之前抢先到达要塞。

1904年我加入巴伐利亚第2徒步炮兵团的时候，这个团还是一个要塞炮兵团。我们接受操作各种火炮的训练，从3.7厘米口径的转膛炮到28厘米口径的臼炮，但最重要的是按照我们在动员后的预定用途进行装甲炮兵连的训练。我们学会了无论射程远近的精确射击，以及怎样使用侦察、观察和通信等勤务部门提供的最新辅助手段，其中包括气球观察，也就是我奉命从事的专业。乘自由气球飞行是一种绝佳的体验，可以在一定程度上弥补恶劣天气乘坐系留气球时的煎熬，甚至长途运输的麻烦。凭借亲身体会，我很快认识到养好肠胃是这项工作的一部分。

徒步炮兵改编成可移动的"野战陆军重炮兵"（schwere Artillerie des Feldheeres），要归功于威廉二世皇帝和他的徒步炮兵总监冯·杜利茨将军。这是我首次直接参与一场重大变革。尽管主要功劳当然属于高级主管，尤其是思维缜密的巴伐利亚徒步炮兵旅旅长里特尔·冯·赫恩将军，可是如果没有基层官兵满腔热忱的配合，那支足以决定会战胜负的新型重炮兵就不可能在1914年登场亮相。然而，我们还是意识到，就算这场战争不可避免，也到来得未免太早；重炮兵在组织结构和指导思想两个方向上健康的和平建设工作还没有取得最大成果，即告中断。

举例来说，军队的各级指挥机构不应该把重炮兵看作累赘，1914年第6集团军从洛林开赴比利时境内我军右翼的时候，集团军司令部就用这样一句话来表达他们自以为是的看法："令人心驰神往的运动战已经打响，我们现在不需要重炮兵了。"人们会本能般地拒绝自己尚未在内心接受的新生事物，甚至是最具决定性的事物，这种现象在我的军旅生涯中屡见不鲜。奇怪的是，这种思维惯性的影响非常广泛，甚至品行最完美的人士也概莫能外，有时还尤以他们为甚。知见太多，太讲逻辑，也会成为障碍。

巴伐利亚战争部要求未来的军官通过全日制高中毕业考试，并在基层部队和军事学校接受比其他兵员更长时间的候补军官训练。只有军事学院和总参谋部的训练采用普鲁士的指导方针，不过在第一次世界大战之前的巴伐利亚，毕业于军事学院仍然是进入总参谋部的前提条件。这种做法有利有弊，战争期间由于对军官数量的需求增加不得不改革。但较长时间的候补军官训练终究有益无害，因此，训练的期限在魏玛国防军时代甚至又有明显而合理的延长。

1914年7月发生在奥地利的一系列悲惨事件，使我的团逗留在格拉芬沃尔靶场的后半段行程笼罩在非常严峻的战争气氛之下。到宣布"战争威胁迫在眉睫"[①]的时候，各炮兵连已经进驻梅斯以西的前沿要塞；这些日子和第一阶段动员期间，驻梅斯各作战部队有条不紊地进入战争状态，这足以证明动员的准备工作有多么出色！

我跟随我的部队留在洛林直到1914年年底，新年来临之前，我作为巴伐利亚第1徒步炮兵旅[4]的副官前往第6集团军的作战地区，因为我所在的旅参谋部隶

---

① 原注：drohenden Kriegsgefahr，这是宣布总动员之前的一个步骤。

属于该集团军司令部。1917年，我调入巴伐利亚第3炮兵指挥部担任副官，并在其参谋部一直工作到1917年年底。离开巴伐利亚第3师之后，我加入总参谋部，前往东线担任驻巴伐利亚第1后备师参谋部的总参谋部军官，后来又先后派驻巴伐利亚第2军的参谋部和巴伐利亚第3军的军指挥部，并于1918年年底在纽伦堡组织巴伐利亚第3军的复员。

1917年年底，我代表巴伐利亚第1后备师在迪纳河⁵沿岸参加当地的停战谈判。我的谈判对手是俄军的一位总参谋部军官，由一位担任翻译的少将军医陪同他出席。当时有两件事给我留下了深刻的印象：一是这位谈判代表异常热衷于谈论阵地战的战术问题，二是陪同这个谈判代表团的士兵委员会有一些不寻常的举动。我当时评价他们是一群乳臭未干、缺少教养的野小子，随意打断正在进行的谈话，并以军官的上级自居。当时，我以为德国陆军中不可能发生类似的事情，谁知不到一年，事实便给了我一个教训。举例来说，个别军事单位1918年在科隆的所作所为简直就与俄国革命分子如出一辙。

我在里尔的第6集团军司令部期间，经常单独接触担任集团军司令的巴伐利亚王储鲁普雷希特。我们轮流应邀到他的办公桌前陪他聊天。整个过程几乎都是王储一个人在侃侃而谈。无论谈到高层政治、艺术、地理、历史还是政治经济学，他都能自如地掌控话题。至于他在军事领域是否同样精通，则很难有定论，因为办公桌旁的聊天总是小心地避免涉及这个内容。第二次世界大战期间的"知情者"圈子里经常有人谈到，我们投入这场战争时拥有比第一次世界大战"更优秀的首脑"。这个观点有些偏颇。就指挥官而言，确实可以说这时担任每一个关键职务的军人都很称职，曾经在第一次世界大战期间作为总参谋部军官接受过绝佳的预备性训练；他们比1914年的那批指挥官更年轻，更贴近基层，而1914年的指挥官当中也有许多王室后裔凭借自己的风度、阳刚之气和才干赢得人们的充分认可，并非个个都是纨绔子弟"腓特烈"。就总参谋部军官而言，则比较难分高下。德意志帝国总参谋部军官团在纯粹的数量上占优势，训练也更统一。1914年和1939年各有一批才能出众的人，虽然1914年的总人数较多，从中涌现的"佼佼者"也更多，但是1939年的总参谋部军官更贴近基层，这是一个不容低估的优势，因为他全方位地隶属于军事主官，所以从1939年开始不可能再出现第一次世界大战那样令人讨厌的双重指挥。指挥官要独自在自己的良知面前承担责任——而当前的实际情况却证明——还要在希特勒和同盟国的法庭面前承担责任。这既不排除指挥官与参谋长之间最完美的合作，又不妨碍各级参谋长有高度的独立性。

1918年，我一度考虑从陆军退役，可是驻纽伦堡的巴伐利亚第3军那位政治眼光长远的军长迫切要求我留下来担任作战参谋，组织在该军指挥部的辖区内实施复员。领导复员工作的政治专员是一位来自社会民主党的年轻律师。那段时间的工作令我筋疲力尽，此前任何一个时期的工作和战斗都无法与之相比，除了复员之外，还必须组建新的安全部队和自由军团，并将其部署到纽伦堡周围、慕尼黑市内和中德地区。这份工作很有意思，因为它让我对那个时期的革命事件有独特的了解。但它也令我郁闷，因为我不得不目睹革命者冲击（位于"德意志之家"军营内的）军指挥部之后的行为——即使1945年之后的铁窗生涯也有一些惨淡时刻，我还是把这起事件看作迄今为止最有辱人格的经历。当我看见自己的无私牺牲和合作最终换来通缉和迫害的时候，我的心中终于充满了厌恶。

从1919年开始担任炮兵连长的经历让我直接接触基层官兵和深入第一线长达三年半。当时，改组和转型在陆军内部随处可见，先从30万人缩编到20万人，又进一步缩编到10万人。从稍显庞大和有些自由散漫的战时军队，转变成一支扎实精干的和平军队，即"精英军队"，这是一条必由之路。但是，这项工作也是令人愉快的，因为它确实能重新改造人，并为德国的建设工作做一点小小的贡献。

1922年10月1日，我调入国防部（Reichswehrministerium）的陆军统帅部参谋部（Stab Heeresleitung），担任"陆军统帅部长官的参谋长的作战参谋"（Ia des Chefs des Stabes des Chefs der Heeresleitung）这个关键职务。我在这个岗位上的工作长达数年，负责就国防军各兵种在训练、组织和技术领域的全部事务做总结或结论；我还频繁参与预算、行政管理、国内法和国际法等事务，并设法解决国际军事管制委员会（Internationalen Militär-Kontroll-Kommission，I.M.K.K.）制造的难题。我还与总参谋部核心机关的前身——部队局（Truppenamt）各处保持密切联系。后来，由于对国防部的工作和部队生活有独到见解，我不得不担任执行改组任务的"国家陆军节约专员"（Sparkommissar des Reichsheeres），这项工作也占用了我担任慕尼黑第7军区司令部作战参谋期间的大部分时间。一度短时间重返国防部任职之后，我前往驻德累斯顿的第4炮兵团担任营长近两年。这里是我在陆军服役的最后一站。1933年10月1日，我在形式上办完退役手续，并以"准将"（Commodore）的身份接掌"空军行政管理局"（Luftwaffen-verwaltungsamt）。[6]

第二章
魏玛国防军时代掠影

柏林的那几年时光让我获益匪浅！虽然原本不喜欢去"普鲁士人的柏林"，但是我承认，这座城市在短短几年之内便走进我的心里，成为我的第二故乡。有了这一句坦白，我就不需要再具体解释作为一个"身陷囹圄的人"，柏林经历的苦难岁月让我有怎样的感受。柏林及其人民的开朗、高傲、坦率和对工作的热忱很合我的心意。偶尔，我会在清晨到波茨坦广场徜徉一个小时，观察从火车站和各种交通工具中涌出的人潮，感受这座城市正在苏醒时的气息。1923年的动荡日子又是另一番光景，我不得不从兰克维茨一路步行到本德勒大街上班，或者作为一个正派并因此几乎身无分文的总参勤务上尉，身穿便衣，陪着我的妻子踩在坚硬的石板路上往返1小时15分钟，只为看看修道院剧场外面的"本地空岗招聘启事"。

然而，我欣然接受这一切，因为星期天去边疆地区的远足能给我带来更大乐趣。作为一个南德人，我还能怎样看待"Mark"[7]这个词呢？我早就学会爱上那里的湖泊、树林和居民。挤进摩肩接踵的火车里早出晚归，无非是让这一天变得更加完整和充实。这种旅行是一种令人无忧无虑的享受，能让我忘却工作中常见的艰辛。

就工作而言，我在柏林的这几年等于在上一所应用型大学。冯·泽克特大将举办了各种讲座——经常就在我的办公室里——亲自到场聆听并以数学般的精准做出适当决定，别的地方哪能得到这样的机会？他绝对是一名总参谋部军官和指挥官的楷模！冯·施莱歇将军关于党派经济的讲座非常深入人心，充满幽默感和令人眼花缭乱的辩证法，其他人又怎能让我对国内政局有这样不偏不倚的认识？只可惜，他不能长期留在幕后默默地充当有影响力的顾问，而是在1932年随着国内政局恶化被推上风口浪尖。

又有什么地方能让我深入细致地研究陆军所有兵种的事务，了解各兵种的相互关系和局限性，并参与国防军的建设呢？通过与海军技术局和航空专家的一系列讨论，我拓宽了自己的视野，并在当时便产生一种想法：应当整合陆军和海军，实现武装力量的一体化。

1924—1925年，我和当时在陆军组织处工作的普罗伊少校共同编写一份备忘录，首次提出培训和组建一个"武装力量总参谋部"（Wehrmachtgeneralstab）。我发现，在"军队中央机关"（Truppenzentralstelle）担任总参谋部军官的这段经历对我大有裨益，它为我在军队中发展的整个过程指明了方向。处在这样的岗位上，无论你主观上愿不愿意，都必须贴近基层去思考和行动，因为任何错误的思想和行为都会在基层成倍放大，并损害指挥机构的威望；你还要学会与技术打交道，并了解它的局限性。经验丰富的军人也像政治家和商界精英一样拥有一种极其杰出的素质，能在复杂多变的情况面前表现出名副其实的精明强干、自我克制和内心谦逊，从而赢得人们的尊重。

国防军不仅是一个工作场所，还是接受正派精神教育的地方，这种精神吸引着优秀的补充人员不断涌入。我们远离任何党派政治，在冯·泽克特大将有意识的教导下成为不过问政治的军人，在两次世界大战之间的动荡时期没有受到左右两种思想的毒害，仅凭自己的"存在"和举止便足以让每一场危机都有可能不流血地得到解决。

不问政治的德国武装力量已经在不知不觉中成为民选政府的主要政治支柱。关于士兵和指挥官是否应该参与政治的问题，我留待下文继续探讨。这里只补充一点，少数例外情况纯属极端的个案，例如20世纪20年代发生在慕尼黑和乌尔姆的偶然事件，民族社会主义[8]在其萌芽时期没有赢得我们军人的任何同情。面对1933年我在德累斯顿的亲身经历，一个正直的人只能这样安慰自己：如果换成一场流血的革命，会导致截然不同而且更可怕的事件。我一直避免与民族社会主义党有任何个人接触，直到1933年它几乎被整个社会接受；民族社会主义党人沿街道行进和武装游行时的喧嚣令我反感。我至今还清楚记得战争部长冯·布隆贝格1933年在德累斯顿召开的一场军官见面会,他在会上用最恳切的措辞呼吁国防军军官和国防军整体效忠民族社会主义政府,但基本上没有人信服他。直到1933年10月底,我在航空部的领导岗位上注意到这个政权的工作方法能奔着既定目标去努力,更正面的印象才占了上风。这方面的更多内容同样留待下文讲述吧!

国防军受到的人数限制还赋予其指挥机构一些特殊义务。作为国家权威的保护伞和捍卫者,国防军的指挥机构要按传统与喧闹的世界隔绝。它更需要有时间和机会远离公众的视线,不受干扰地致力于另一项重大任务:把国防军打造成一件精致的工具、一个大型实验团队和一支"精英军队"。作为一名基层军官,并在1922年10月调入国防部之后参与陆军和平委员会(Heeresfriedenskommission)的几乎全部事务,我从无数事例中认识到,国际军事管制委员会只顾照本宣科地完成自己受领的裁军任务,没有以合理方式考虑时间及其强制性要求,也就是实际困难。国际军事管制委员会之所以解散,正是因为它分配任务的方式从根本性上脱离实际。实际情况又是怎样的呢?每一个德国人都知道,协约国也知道,除非世界其他国家也按照《凡尔赛和约》裁军,否则10万人规模的陆军不可能是长久之道。任何没有考虑周全的措施,最终都很容易适得其反,而最重要的是,任何不彻底的措施总有一天都会酿成恶果。但是,并不能说当时的人们很难认识到这一点。出于编年史记录者的责任,我要补充说明,无论当时的社会民主党政府,还是后来包括社会民主党在内的联合政府,都承认有限地重整军备是合理的,并支持国防军所做的努力。

国防军当时做过哪些实际工作呢?因为我恰好在相关岗位上,所以能充分提供这方面的资料:国防部所做的理论工作侧重于整理战争经验,积累技术、组织和训练计划的经验,并制定新的战役、战术、管理和技术条令。不用说,"预算"问题在其中发挥着重要作用。技术领域的实践工作是为了保证我们及时跟踪协约国在同一时期取得的进展,并在时机成熟之时使德国军队摆脱《凡尔赛和约》的限制,获得现代武器。训练领域的工作有两个重点:首先是建立一支诸兵种合成的模范野战军,其次是把国防军的士兵训练成未来的下级指挥官和指挥官[9]。根据当时的政治和战略态势，作战设想刻意局限在"保卫国家"上，因此，首要问题是在东部边境和东普鲁士构筑防御工事，并在发生紧急情况的时候展开一支掩护它们的边防军。另外，还要训练原来的军官、士官和一定数量的临时志愿兵，努力填补国防军在人员方面明显存在的缺口。总而言之，实际效果并非尽如人意。然而，对工作内容的这段简要介绍足以表明，国防军中的生活并不是"闲暇之乐"（意大利语：dolce far niente）。

我花费相当长的时间对武器部门实施最后改组。在我看来，把设计和采购这两个互相敌视的兄弟部门整合到**同一个**管理局内，由该局局长统一领导是一大进步。这样就可以把两个部门之间原本不可避免的思想冲突转化成纯粹客观、互相促进的合作。这个工作制度经过深思熟虑。根据总参谋部对未来进行战争的战略设想，各兵种总监部按照每一种武器的类型下达带有明确规格的任务，由测试部门（武器局及其前身武器装备监察部的检验员）负责设计，由武器局采购处负责采购。上述技术部门直接与工业界打交道。各工厂先在自己的教练场完成前期测试，再提供样品在武器局的各个试验场进行仔细检查，确定武器是否满足军队的使用要求，直至超过破损极限。如果检查通过，这种武器就会配发到军队的第一线实验单位，在军中最严酷的使用条件下找出缺陷，并由工厂负责解决。即使非专业人士也明显能看出，从总参谋部提出任务到军队全面列装需要经历好几年，而像火炮这样的大块头更是需要六七年的时间，因此，肯定会出现某种新研制的枪炮刚刚列装便已过时，也就是在技术上已经落后的现象。这个时候，工厂通常还会用木质模型或预定将要使用的材料制作一个改进型号的样品。出于技术、经济和财政方面的原因，这种工作方法在和平时期是正确的，但在战争中可以放弃它，也必须放弃它，因为它肯定会导致一些挫折，并且确实不能保证野战部队每一次都满意。这种工作方法还存在两个缺陷，在和平时期的运作中尤其明显：一是政府部门太想在设计方面亲力亲为，或者对工业界管得太严，而不是千方百计去挖掘和支持工业界主动创新的积极性；二是世界上几乎任何国家都不太可能聘任优秀的技术人才担任政府职员，因为财政部不会批准在这种情况下必要的特殊待遇，毕竟区区职员的工资怎么可能高过某位部长。某些政府岗位，例如陆军武器局的检验员，必须由主要领域的专家担任，他们在才智和技术两方面都要强于工厂的工程师，从而能够根据军队的需要进行统筹或指导。财政巨头的目光短浅、老于世故和预算的制约，实在是令人遗憾。

至于把涉及所有知识领域的研究部门合并到军备核心部门当中去，以及两者在专业上的密切合作，是后来由它们自主实现的。即使最富有的国家也要在工作中厉行节约，而节约更是成功的唯一途径。我在担任国防部关键职务的过程中发现"文书战"（Schreibkrieg）的蔓延势必威胁到国防军的进一步健康发展。我认为迫切需要采取对策，并要求实施全面审查。这个请求得到批准，但令我遗憾的是，我被任命为"国防军（陆军）节约专员兼精简专员"〔Spars- und Vereinfachungskommissar der Reichswehr（Heer）〕。毫无疑问，在国防部的全体军官和公务员当中，对国防军组织结构了解得最透彻的人就是我。而我欠缺的东西，只有亲临第一线的工作现场才能弥补。从这个过程中获得的知识还必须与海军、工业和商业的经验协调一致，从而为国防军各组成部分制定最有效和最经济的工作方式。我为自己设定的目标是：

> 清理文员办公室和行政管理部门，用腾出的军人充实部队的有生力量，并提高其训练水平。
> 更广泛地下放权力、义务和责任，减少对内和对外的公文来往。
> 依靠具有一定素质的人，逐步组建一支不断壮大的骨干队伍，这些人应当把主动承担责任当成一种生活习惯。

随着时间的推移，后来的弗罗姆大将、施通普夫大将、霍斯巴赫上将和伦茨处长[10]先后协助我开展工作。国家节约专员（Reichssparkommissar）与我保持着密切联系。国防部的两位局长男爵冯·德姆·布舍少将和约阿希姆·冯·施蒂尔普纳格尔少将经常成为我在上级面前的挡箭牌。人们对我的工作成果褒贬不一。虽然在审查过程中裁掉数以千计的工作岗位，腾出大批军人充实基层，但我关心的不是人数多少，而是指挥机构和行政部门的思想转变。每当我听说某位首长或行政官员事后又重新往办公室里偷偷塞进一个人，从而让"专横跋扈的节约独裁者"前功尽弃时，我也只能一笑置之。这项工作之所以困难重重，不仅是因为涉及面甚广，还因为人们安于现状的惰性之强令人难以置信，即使睿智的人也概莫能外。再者，人们在组织上和事实上对国家权力机构内部关系的认识通常也相当模糊。另外，权威部门还一贯抵制激烈的变革。从心理学角度来看，人们可以轻易接受循序渐进，但不会接受革命性的改变。

后来，陆军的朋友们经常笑话我，看一看空军的基建工作花钱如流水，就知道我当初肯定是一位古怪的节约专员。对于这种批评，我只能一次又一次反驳，如果我没有从根本上学会节约，负责空军行政事务的那几年就不可能那么合理地花那么多钱。沙赫特部长曾经在一场信托会议上指责我说空军的基建费用太高，而我只用下面的回答便让这个话题到此结束：他说的没错，建造时也许可以更省钱，但综合考虑建造和修缮两方面的花费，那这个钱肯定就不该省。

第三章

加入空军

　　我在德累斯顿的指挥任期结束之后，有可能被调回到柏林任职；根据小道消息，国防部更高级别的职务几乎都可能有我的份儿。最常听到的说法是，我将担任的职务要么是首次授予校级军官的陆军行政管理局局长，要么是陆军武器局局长。其实，我自己倒是在基层部队里如鱼得水，这个团及其驻地让我和我的家属觉得十分舒适，我也不是一门心思想要在国防部谋个差事。

　　但是，既然我当时已经晋升上校，就应该在职务上有所变化，只是根本没有想过调进还没有得到正式名分的德国空军。1933年9月的一场昼夜演习期间，施通普夫上校到演习场上找我，企图说服我担任未来的空军行政主管，却发现我根本不感兴趣。我想留在陆军，并建议他把航空部和以后空军的行政事务都交给陆军行政管理局兼管。这件事的结论是在当天傍晚招待外国武官的晚宴上做出的，陆军统帅部长官也来参加晚宴。当我向大将冯·哈默施泰因男爵报到的时候，发生了下面这段简短但意义重大的对话："施通普夫上校有没有跟你谈过对你的下一步任命？"我的肯定答复之后是他的一句追问："你同意吗？"简短且合情合理的一个"不"字又换来他的一句评论："你是一名军人，就必须按命令行事。"

　　鉴于反抗军事命令根本不现实，我只好在1933年10月1日到帝国航空部的前身——航空委员会报到，以文职人员的身份担任行政主管。

　　在这个岗位上，我见证了德国于1935年3月16日恢复行使军事主权，并于1936年3月7日挥师进入非军事区。尽管是航空部的局长，但我还是直到进军当天的上午，才通过空军总参谋长韦弗将军得知我军开赴非军事区的消息。从纯粹的军事角度来看，我听到的事情完全不可思议。投入区区几个营以及个别侦察机中队和战斗机中队，顶多不过是虚张声势；我们只能假设在政治上已有足够理由和成功的保证。我们也唯有寄希望于同盟国受到良心的谴责，不加干预，把德国的举措当作既成事实（法语：fait accompli）予以接受。恢复行使军事主权倒是我们都热切期盼的事情。在我们看来，这似乎是在补偿单方面适用《凡尔赛条约》导致的不公正。

后来担任驻德累斯顿的空军第3军区指挥官期间，1938年3月11日德国陆军和空军进入奥地利一事让我感到非常意外。由于驻地远离奥地利，我虽身为军级指挥官，但对它的准备工作一无所知。当然，作为德国人，我和手下官兵都由衷地对奥地利被接纳到德意志的国家主体当中感到高兴。时任陆军驻德累斯顿集团军群司令的冯·博克大将，作为军队总司令指挥进军奥地利的行动，他回到德累斯顿后用热情洋溢的语言谈到德军官兵在奥地利境内受到怎样的欢迎。后来，我有一次到维也纳出差，并在当地航空队司令的陪同下飞行视察他辖区内的机场基地，以及1947年我被关押在沃尔夫斯贝格拘留营期间，都能感觉到奥地利人民当时展现的热情既非矫揉造作，也不是昙花一现。政界和警方所犯的错误令人遗憾，尤其是因为从事后角度来看，这些错误本来完全可以避免。

我在上文提到，魏玛国防军的军官团是按照有意识地远离一切政治意识形态的要求训练出来的，所以这种教育获得了圆满成功。个别例外恰恰说明这个论断是正确的。我们还必须承认的是，魏玛式民主待人接物的方式并非尽如人意，让疏远政治的这个过程变得更加容易。我们这些年长的军人也与年轻的民族社会主义政治保持距离。

我们在加入空军之前，无论年龄大小，都接受过这样的教育，而空军却相对迅速地演变成人们所谓的民族社会主义军种，怎么会发生这种事情呢？

正如德国武装力量其他成分中的每一位成员一样，空军成员也要宣誓效忠元首，他们毫无保留地遵守誓词——否则誓词还有什么意义？——并效忠于他。[1]

---

[1] 原注：誓词不是让问题复杂化，而是解决问题，尤其适用于激烈冲突环境下的普通人。当宣誓者身处瞬息万变的环境，险象环生，强有力的指挥和冷静的思考都已经没有效果，此时只要想到誓词就能打消所有顾虑，并恢复镇静，保证正确应对。军人誓词在平时起不到什么作用，但到发生冲突时却变得格外关键，因此，军人誓词好比是为宣誓者指引方向的星斗。法律、哲学或宗教上的深刻思考反而是有害的。

得益于未来的帝国元帅赫尔曼·戈林的存在，空军有一位前航空兵军官、一名民族社会主义分子和一个心胸宽广的人出任总司令。他的要求固然很高，但也最大限度地给我们这些担任航空部局长的将军们留下了自由发挥的空间，他还庇护我们不受政治方面的任何干涉。在我漫长的军旅生涯中，从来没有像在1933年之后的空军建设期历任空军行政管理局局长、空军总参谋长和军队司令等职务时那样，不受外界影响，并能自由活动。

作为空军成员，在总司令当时具备的强势性格的庇护下，我们顺利得到了包括民族社会主义党在内所有社会群体的认可。

当然，作为元首的客人，我们像党政军的其他显要人物一样参加纽伦堡党代会和戈斯拉尔农民节（Goslarer Bauerntagen）。我们受邀正式出席我军阵亡将士的纪念活动和庆祝希特勒生日的阅兵式。我们也不会缺席在元首官邸举办的各种大型宴会，有时是欢迎外国贵宾，偶尔是作为武装力量的一分子接受宴请。我承认，大多数场合都给我留下了极其深刻的印象，我佩服这样的活动能精彩而顺畅地进行一整天。趋利避害是人之常情，远离不喜欢的事物也并非办不到。我没有理由提出批评，因为我在自己参与的圈子里没有发现规求无度的行为。可能有人会用戈林的奢侈来质疑我的观点是否正确，而我们又不可能对此视而不见；但除了像大多数人一样带着理解的微笑接受它之外，我们无法提出反对，因为我们的提问总是得到同一种答复：那笔钱来自某个乐善好施的社会团体或公司的自愿捐赠和希特勒发的私人津贴。直到多年以后，我才听到另一些说法，例如，那些奢华而富有艺术气息的生日礼物是在戈林的亲信深思熟虑的授意之下赠送的。因为我当时几乎没有时间关注柏林发生的这类事情，所以对这一切只是略知一二。另外，戈林还亲口告诉我，他的艺术收藏总有一天会像慕尼黑的沙克画廊（Schackgalerie）那样作为一座艺术博物馆捐献给国家，我便彻底打消了自己的疑虑。来自弗兰肯地区的我同样相当了解历代巴伐利亚国王有多么酷爱艺术，这也能为我澄清戈林的动机。

尽管主要政治人物知道我们在思想上根本不关心政治，可是没有任何人要求我们向民族社会主义的意识形态靠拢。他们把我们当作有用的军人，而我们在忠于誓词的基础上得到无条件的信任，这就已经足够了。戈林知道，只有帮助我们摆脱政治上的所有束缚，我们才能完成各自承担的工作。政治方面必须要做的事情，都由他亲自出面处理。对于我们关心的问题、涉及空军个别成员或整个军种的特殊事务，他通常安排当时还是上校军衔的米尔希国务秘书（Staatssekretär）在局长碰头会上收集我们的意见，再与他协商处理。回想起来，我高兴地发现，通过这种方式，不少错误的举措得以避免，这又进一步增强了我们对戈林和希特勒的信任。也许说出来会让人惊讶，但除了我将在下文提到的一些军事—政治事件之外，政治事件确实传不到我们这些航空部将领的耳朵里，基层官兵当然更不用说。像任何一个德国人一样，我们当中总会有某个人听到从非正式渠道传来的小道消息，但这种在政治动荡时期出现和传播的小道消息并不能引起我们的重视，除非从未在那种神经兮兮和危言耸听的恐怖故事的温床里生活过，否则谁都不能认为我们的做法是一种错误。回想起来，我还相信一些事情，比如我很少听到这种消息，原因也许是我的排斥态度尽人皆知，也许是我作为"民族社会主义"空军的成员之一，与戈林过从甚密，人们觉得不应该向我透露这种消息。

我，可能还有我的许多同僚，是不是过于幼稚，把官方告诉我们的一切都当成事实？有这个可能——但我们是军人，我们在高尚美德的熏陶中长大成人，而最重要的是，我们必须努力相信官方报道都是真实的，所以要不加批判地相信自上而下的传达。我看不出有什么理由要我改变态度。更何况，戈林有时会用一种毫不做作的坦诚对待他自己的错误，以至于我们也只能设想他所谓的无心之失基本上符合事实。

下面两个事例可以说明这种态度。

1934年6月30日的"罗姆事件"，空军并未深入参与这件事。

陆军与冲锋队之间的矛盾，就像冲锋队领袖罗姆的野心一样，当时已是路人皆知，而我早在总参谋部的时候便认识罗姆，清楚他与希特勒的友谊怎样逐渐演变成公开的敌意。这起事件的导火索是罗姆企图发动针对陆军和希特勒的政变这种说法，在我看来确实能成立。所谓的"政变日"期间，我正乘飞机在南德地区出差，只能依靠报纸和广播的新闻获得消息。小道消息给我带来的困惑，后来也随着希特勒在国家歌剧院向党政军全体高层发表的详细声明而消失得无影无踪。正是因为多年来已经对戈林有足够的了解，所以我无法相信所谓戈林利用镇压罗姆政变的机会暗中铲除其反对者和竞争者的谣言。戈林无疑具有双重性格，他有多么残忍，就能变得多么体贴。他的残忍行为源自极度冲动的状态，并在最短时间内随着这种情绪一起平复；接下来，善心又会出奇地迅速降临，驱使他做出补救，其程度常常令人费解。

1938年的"弗里奇绯闻"。

如今已有一大批真相公之于世，很难还原当时的看法，也很难唤起人们对将领们当时所持立场的理解。尽管我有多年未与冯·弗里奇大将直接合作，可是他无论作为一个人还是一名军官，都是我和每一位出身于陆军的空军军官心目中的楷模。出于这个原因，我特别不愿意相信所谓冯·弗里奇大将道德败坏的谣言，暗地里期盼很快有人证明它们纯属恶意诽谤，并希望能有一种方法为这位大将彻底恢复名誉。我们这些空军军官同样未能逃脱这种通常互相矛盾的谣言抹黑。我认为，希特勒或戈林不可能有预谋地用一种在我看来无法容忍的诽谤方式算计一位德高望重的大将。后来，当戈林向我讲述他是怎样成功揭穿诬告者的面具以及这让他有多么高兴的时候，他的喜悦之情溢于言表，让我深信戈林无疑是清白的。而希特勒把陆军和空军的众位司令召集到波罗的海沿岸巴尔特机场的军官礼堂里，让军事法庭代理庭长海茨炮兵上将当众宣读司法调查的结果，其中显示出一系列离奇的关联和巧合，但也证明陆军总司令的彻底清白，这让我相信希特勒也像戈林一样是清白的。我像大多数军官一样都希望受到诬陷沉重打击的冯·弗里奇大将能官复原职，从而在世人面前恢复名誉，但希特勒没有这样做，其原因至今无法断定。根据我当时的想法，这可能与希特勒无法与冯·弗里奇进行内心深处的交流有关，也使公务中的合作变得更加困难。这两个人有本质上的不同：冯·弗里奇是典型的普鲁士人，是旧陆军训练出来的一名军官；而希特勒既无法否认自己的奥地利生活方式，又不希望在这个截然不同的社会圈子内有人质疑他的成员资格。

1939年希特勒在华沙城外得知冯·弗里奇战死沙场的消息时，我恰巧在他身旁。他表现出惊人的倦怠，面部表情极其凝重，拖着沉重的步伐，沿着长长的楼梯回到他的观察所，每爬上几个台阶就停一停。

是什么想法，让他有这样的感触呢？

无论是对是错，我们都不必也不能操心政治事件——戈林把出面代表我们和干预这种事件当作他自己独享的特权。这对我们的事业有极大好处。即使现在回想起来，我不得不承认我在担任空军行政管理局局长期间由于任务分配导致对政治问题的漠不关心是个错误，可是换一种态度也几乎不会有任何实质上的区别。1936—1937年担任空军总参谋长的那一年里，我确实正式参与了政治事务，但也没有遇到特别复杂的问题，除了采取措施，扶持西班牙的佛朗哥之外，这一年可谓平安无事。

1936年7月某个星期天的下午，我们收到属于民族社会主义党国外组织[①]的一位德国侨民转达佛朗哥的需求和愿望，以及希特勒从拜罗伊特发来的指示，我当时并不太乐意。空军刚刚有能力组建第一批部队，组建工作也刚开始着手。少数部队已经装备第一批国产作战飞机，例如战斗机部队的阿拉多（Arado），而装备 Ju 52 的轰炸机大队正在强化训练，但还不能参战。侦察机的状况介于上述两者之间，新的型号正在测试。8.8厘米高射炮的列装，让我们拥有一种性能优秀的火炮。在人员方面，干涉西班牙同样令人头痛，我们有一大批杰出人才，他们全身心地投身飞行专业，并有令人钦佩的热忱。但这两样东西都不能代替编队飞行的战斗训练。我们势必会抽调最优秀的精英去西班牙战场，从而影响国内的部队训练工作。如果不想鲁莽行事，那么还必须考虑对其他国家的影响，因为这种援助不可能长期保密。另一方面，我们当时没有充分认识到在战术和技术领域进行验证的可能性。举几个例子：任何一种远程飞行训练都不能比从柏林经罗马到塞维利亚的转场飞行更加优秀。逐步列装的 Me 109 具有性能优势，也给我军战斗机飞行员带来一种将会始终保持下去的心理优势。Ju 87 俯冲轰炸机的试验性参战在指挥和技术上具有重要意义，这种飞机直到1942年以前都是一种足以决定会战胜负的作战手段。最后，8.8厘米高射炮连抗击空中目标和参加地面作战的经验，有力推动了高射炮兵的组织扩充和运用方式的进步。因此，无论人员和技术领域的需求与现实之间有多大差距，我们这些留在国内的人都必须设法克服

---

① 原注：Auslands-Organization der Nationalsozialistischen Partei，缩写为 AO。

困难。我们胜利完成了这项任务——感谢各级司令部和指挥部、基层官兵、工业界和汉莎航空公司全体成员付出的努力。斯佩尔勒空军元帅以及他的继任者冯·里希特霍芬和福尔克曼有权宣称，没有他们的部下和德国陆军的战友们，就没有佛朗哥的胜利。

第四章
在航空部的工作

　　我有幸再次接触到一群能把共事变成一种乐趣的人们，这种现象在我的一生中屡见不鲜。上文已经谈到不少关于赫尔曼·戈林的事情，后面还会更详细地讲述，这里只发表几句属于这个时期的评论。从第一天开始，赫尔曼·戈林便清楚认识到他要实现的目标是打造一支能在欧洲发挥决定性作用的空军。他把他的计划加以分解，并提出被我们形容为几乎不可能实现的工作要求。若干个月的期限过后，当我们不得不向他汇报工作进展的时候，他总是不吝赞美之词，但随即变本加厉地提出下一阶段的要求，它们同样是几乎不可能完成，而我们却又一次把它们变成现实。我们理解他的要求，尤其是建立一支"风险空中舰队"[11]的要求，只是为上述政治措施可能导致的局势恶化做准备。

　　这项工作极其艰巨，因为航空部和基层只有少数几个人来自第一次世界大战时期的前线航空兵，例如，航空部几个主要部门的负责人——总参谋部的韦弗将军、人事局的施通普夫将军和行政管理局的凯塞林将军都不是飞行员，但国务秘书米尔希以一种非常巧妙的方式向我们揭示了航空领域的奥秘。依靠技术局局长维默尔将军、飞行学校总监克里斯蒂安森将军、助理国务秘书菲施、冯·里希特霍芬上校、耶顺内克少校和维尔贝格将军等人的现身说法，我们在志同道合的基础上得到了灵感和指导。我们很快认识到，如果自己不会驾驶飞机，就不可能搞好航空兵的建设，正如不会骑马的人不能训练和指挥一个骑兵师一样。就这样，我们学会了飞行，我当时已经有48岁。从此，无论面对经验未必比我们丰富的"老飞行员"，还是稚嫩的"新飞行员"，我们这些"年老的新飞行员"都有更多的话语权，尽管并不容易。这样做自有其好处，总是让我们有机会在工作中不断充实自我。

我一生中从事过多种运动，原本以为自己已经在骑马、驾驶汽车和乘气球飞行中体验过人生的巅峰时刻。如今我不得不承认，如果从未亲手握住操纵杆，体验飞行中的升降起落，那么我的人生一定会在某些方面有所欠缺。除了跳伞之外，我亲身经历过飞行中各种各样的突发事件。成为一名飞行员，会让一个人变得乐观和谦卑。只有这样，他才会理解飞行员特有的人生观；也只有这样，我们这些空军的主要领导才有可能凭借一种不同寻常的亲密关系，打造出一支承载着真正的飞行精神的空中力量。这种罕见的情谊把来自不同部门的我们凝聚在一起，让我们在这么短的时间内胜利完成史无前例的建设工作和创造性劳动。

1933年10月我接管行政管理局（D局）的时候，它才刚刚成立。凭借曾经担任节约专员的经验，我可以与一批同样优秀的人士和技术娴熟的专家一起投入工作。第一项任务是提出预算案的依据。短短几个月内，我们便在组织和财务两方面以比较切合实际的方式提出航空部和军队的开支预算，这个事实让我们得到了财政部和审计署的一致认可。有人指责空军总是在索要和占用资金的时候贪得无厌，其实，只要他密切关注对每一个预算项目的苛刻审查，只要他参加过我们与财政部总顾问兼处长、如今担任西德联邦审计署署长的迈尔博士，经验极其丰富的助理国务秘书奥尔舍博士或者审计署其他与会人员的激烈交锋，就肯定不会提出这种批评。当然，在绝对必要的需求面前，我确实慷慨大方。我经常与上述主管部门和战争部的有关人员一起飞行视察，让他们了解具体项目在精神和物质上的特点，从而唤起他们对航空事业的理解，实际效果从未让我失望。这种飞行视察历时三四天，不必多费口舌，就可以让与会者忘记连篇累牍的办公室工作和部门之争，拉近彼此之间的距离，增进互相理解。我把这种工作方法当作我的指导原则。

我们在建筑施工的措施上另辟蹊径，从建筑师和美术师当中招揽一大批青年才俊，并努力使空军建筑的初步设计在艺术和公益方面也尽可能领先一步。发给制砖、水泥和采石等行业的大批订单有利于经济大幅度复苏，并能减少失业人数。

我们彻底打破军事建筑千篇一律的格局。我要求建筑风格应当与周边环境相匹配，设施应当满足最现代化的防空要求，建设新的大型设施应当符合经济上的考虑，而在宿舍和住宅的建设方面，公共部门应当让私人建筑公司优先充当投资者和承包商。航空部的营房处和建设处在支付相关费用之前，有权不接受任何批评意见，只要这样做是公平的。

我要补充说明，希特勒和戈林都没有对这些建设工程的设计指手画脚，戈林只是针对旧普鲁士议会大楼里"德国航空俱乐部"的内部装潢发表过一些指导性意见。在这方面，同盟国后来同样乐于坐享其成。克莱将军肯定知道他和他的参谋部为什么选择柏林市达勒姆区的原航空区司令部，俄国人和东德政府同样清楚自己为什么使用原航空部大楼和阿德勒斯霍夫建筑群。美国空军一定也有充分理由选择慕尼黑附近的菲斯滕费尔德布鲁克机场，又在[柏林]空运期间使用西部的美因河畔法兰克福机场、汉诺威附近的文斯托夫机场、吕讷堡灌木林中的法斯贝格机场以及柏林这一侧的加托机场和滕珀尔霍夫机场。现在的报纸未能充分报道叙尔特岛上的海滨度假胜地利斯特和难民城镇阿德尔海德都是用原来的机场改建而成，事实证明这些设施建造得当，无须大规模改建便可发挥各种民用用途。

军事工业领域同样可以举出大量实例，证明我们在工作中厉行节约，至少在我担任局长期间是这样。飞机工业和发动机工业主要由小型企业组成，由于不看好经济运行的长远前景，这些企业不愿意把生产规模扩大到航空部认为必要的程度。还有一些企业所有者把国家提供的保护措施当作枷锁。

国家全额垫付影子工厂[12]的建设费用。我的原则是保证企业盈利，使它能够用自己逐渐积累的储备资金向国家偿还债务，从而尽快实现经济上自由竞争的最终目标，这个原则得到米尔希国务秘书的基本认同。另一方面，我们大幅度削减个人工资和超额收入。必须承认，工业界当时并不待见我们，尤其是刚开始的时候，有时还指责我们无能，而我们只能忍气吞声；只要自己的个人诚信没有受到质疑，我们就已经心满意足了。对外与工业界进行这一番较量之后，航空部内部还发生过一场激烈的对决，双方分别是维默尔航空兵上将领导的技术局（C局）与我手下的预算处和经济处。C局的立场简单而明确：航空武器工业应尽快实现最大产能，并在充分考虑防空要求的前提下进行搬迁，但在财务领域却是一副事不关己的态度。D局主持的谈判最终把经济因素放在首位,并规定资本的投入和摊销方式。

即使是今天,只要对亨克尔、阿拉多、容克斯、道尼尔、阿耳戈斯、戴姆勒、福克－沃尔夫、西贝尔、宝马、博世或IG法本等工厂进行一次现场考察,就可以断定它们在很大程度上实现了经济、美观、防空措施和社会福利的密切结合。如果航空部没有得到亨克尔、科彭贝格、道尼尔、西贝尔、波普和博尔贝特等杰出企业家,梅塞施米特、汤克、布卢默博士等天才设计师和众多一流制造工程师的鼎力相助,如果全体工人没有主动表现出无与伦比的奉献精神,这一切都不可能实现。说到这里,我特别想念爱护和领导航空工业的退役海军少将拉赫斯主席[13]。

如上文所述,财政问题发挥着关键性作用。除了国家财政部、经济部和国家银行所做的各种让步之外,如果没有大银行令人欣慰的无私合作,就不可能圆满解决筹集资金这个在心理学方面同样十分重要的问题。国有"冶金研究学会"[14]的成立,与德累斯顿银行董事会成员兼教授迈尔博士负责的顾问处的工作一样有价值。令我深感欣慰的是,我向纽伦堡国际法庭提交的宣誓证明或许有利于澄清一些捕风捉影的指控,把教授迈尔博士从纽伦堡审判带来的沉重压力下解救出来。倘若能代表航空部向这些大银行回报以我们的一小部分感激之情,那么我会感到特别满足。

为了表明航空部的态度,这里有必要提到两起事件的经过。

根据《纽伦堡法》[15],柏林阿耳戈斯工厂的所有者施特劳斯博士不能长期留任。我们听从自己的直觉,假称奉戈林之命,以一种体面的方式与施特劳斯博士达成协议,没有做任何可能给他造成精神负担的事情。我相信我可以从施特劳斯博士战后的行为中推断,他同样知道怎样感谢我们当时所做的努力。

另一起事件是把容克斯工厂收归国有,当时可谓闹得满城风雨。应当指出,航空部在谈判过程中从未贬低容克斯教授的杰出成就,并全然不顾知识界当时在某些方面对他的质疑,在完全独立人士的建议下制定接管协议。航空部把这些工厂收归国有的主要原因有二:首要任务是确保组装生产的最大效率,让教授这样一个洒脱和富有艺术气息的人管理企业,无法保证这一点;其次,根据他们的政治态度，无论教授本人还是他的家庭成员都无法充分证明自己能百分之百地守口如瓶，而这是作为空军样板工厂绝对必要的一个前提条件。科彭贝格博士自从接手这个企业的管理以来，为在德国中部建设工厂所做的贡献尤其值得一提。

最令人感兴趣的工作领域与公务员、职员和工人有关。首先是要组建一支涵盖所有学科，从行政管理人员到气象学家和工程师，再到司法人员的公务员队伍，据我所知，总共涉及60个以上的专业。这支队伍最初的班底是来自陆海军的一小批军官，大部分人员是从其他部门招募的志愿者，其余人员要么是在私营企业里郁郁不得志的退伍军官和前公务员，要么是业绩优秀的职员。这是一群乌合之众，必须首先整合成一个团队。这是处长桑德尔博士的特殊贡献，他在短时间内建成了一个高素质的行政管理部门，完全可以满足我略显苛刻的要求。我至今还能愉快地回想起我在柏林等空军驻地举办的那些军需官会议（Intendanten-Besprechungen）。虽然必不可少的公开讨论让我倍感压力，但是也能换来人们同等程度的理解。这些人罕见地集技能、知识和热忱于一身，与他们共事是一种乐趣。

我们在最初几个月里遇到过一些困难，直接原因是给工人规定的劳动量太大，他们的工作地点过于偏远，也与临时措施不到位有关。然而，通过相互理解，困难很快得到了解决，所以我在多次视察的过程中，尤其在偏远的建筑工地上和公共设施中，实际上只看到一张张满意的面孔，没有听到任何特殊的抱怨。另外，我们还努力帮助职员融入企业的整个团队，对他们的照顾不在任何人之下。"劳动监察员"[16]是支持我们开展这项工作的最佳人选。

"军人就要有军人的样子"，飞行员更是如此。不仅飞行员本人，还包括那些喜欢用手臂挽着飞行员来引人注目的女眷们，都能证明我们已经在空军成员当中成功培养出这种自豪感。他们带着不屑一顾的微笑，接受"领带兵"（Schlips-Soldaten）这个略带讽刺意味的评价。空军成员在和平时期与战争中的一流表现和奋不顾身的精神证明他们即使身穿某种平民式的制服也能保持军人风度。只要你在舞厅里见过一位身穿晚礼服的年轻飞行军官，就不会提出任何批评。

总而言之，我有权声称，年轻的德国空军在战争头几年里取得的胜利是对那几年建设成就的最大认可。

第五章
空军总参谋长

1936年6月3日是一个"黑色的日子"（拉丁语：dies ater，引申为致命的日子），戈林把我叫到他跟前，激动地对我说，他的首任总参谋长韦弗将军在德累斯顿驾驶一架 He 70 起飞时发生事故，与世长辞。同样出于人之常情，作为韦弗的同事，这个消息也令我大为震撼。他像我一样出身于陆军，曾经在总参谋部留下一段辉煌的工作经历，并在基层部队有绝佳表现。他在短时间内掌握飞行和空中战争的基本特点，知道怎样把戈林的想法落实成为切实可行的方案以及符合飞行员感受的正确战术战役规则和条令，是担任空军总参谋长这个职务的不二人选。当然，韦弗会开飞机——他几乎每个星期六或星期天都会在总参勤务上尉施佩克·冯·施特恩堡男爵驾驶僚机的忠实陪伴下视察某个飞行学校或部队，与年轻人坐在一起喝着咖啡，吃着他带去的蛋糕，聊上几个小时。他倾听年轻部下的苦衷，很快成为他们的知心朋友。

这一天，我们才真正知道韦弗对空军意味着什么，他的去世让我们本就缺少高级军官的窘境雪上加霜。而作为他的接班人，恰恰是我最有资格歌颂他，因为我能在接手的事务中体会到他是怎样巧妙而灵活地处理的，所以我不必另辟蹊径，只需萧规曹随。用这种方式，我与总参谋部各处和各兵种总监部之间迅速形成了一种信任的气氛。在这批杰出而称职的军官鼎力支持下，我又可以把工作变成一种乐趣。

如前所述，"兀鹰军团"在西班牙参战虽然是一个妨碍空军建设的沉重负担，但是最终也是有益的。一个又一个联队先后经历战火洗礼，部队训练取得可喜的进步，仪表飞行训练不再是人们眼中的"黑科技"，这种飞行犹如家常便饭。首批投产的 Me 109、Ju 87、Do 17和 He 111已经列装战斗机、俯冲轰炸机、轰炸机和远程侦察机的各个单位，而近程侦察机和水上飞机的飞行员还不得不继续使用尚可执行战斗任务的老式飞机。高射炮兵装备的8.8厘米、2厘米和3.7厘米高射炮在当时尚属首创，空军通信兵的训练正在努力向海军无线电兵的高水平看齐。教导联队摸索出一套技术和战术的考核机制，可以当作选拔官兵的"过滤器"，这个联队后来在才华横溢的弗尔斯特将军指挥下扩编成教导师。伞兵在施滕达尔机场建立了一个切实可行的组织框架，后来不必再做根本性的改编，只需要继续充实。时至今日，我仍然对自己曾与韦弗将军一道在伞兵部队的组建工作中发挥关键作用而感到自豪；他们先是在我的麾下首战告捷于荷兰，后来又成为无与伦比的地面作战力量。因为有施图登特航空兵上将，伞兵部队拥有一位富有开创精神和远见卓识的指挥官。

后来，由于与顶头上司米尔希国务秘书在本职事务和人事上发生分歧，我被迫申请离职。如果不能下部队，我就打算干脆退役。戈林满足了我的要求，派我到德累斯顿担任空军第3军区的指挥官。我的老朋友施通普夫航空兵上将接替我担任总参谋长，此前他不仅亲手打造出德国空军的军官团，还广受军士和士兵的爱戴。米尔希留任国务秘书，仍然是戈林在航空部的副手。我高度评价米尔希是一位有真才实学的人、娴熟掌握雄辩术的专家、杰出的组织者和孜孜不倦的工作狂，也欣慰地看到我们最初几年拥有的信任关系逐渐得到修复。

我怀着一颗感恩的心，回想起告别柏林的那一刻，那让我相信自己在部下心目中既是上级，也是朋友。

第六章

和平尾声中的空军军区指挥官和航空队司令

我从1937年年中到1938年9月底指挥驻德累斯顿的空军第3军区，从1938年10月1日开始指挥驻柏林的第1航空队。[17]

作为驻德累斯顿的**空军军区指挥官**，我负责指挥：

第2"高级航空指挥部"[18]编成内的航空兵，该部后来在我的朋友和帝国航空部（C局，即技术局）的同事维默尔中将指挥下改编成第2航空师。他在师长岗位上的表现，就像领导C局的时候一样娴熟和成功。

德累斯顿航空区（博加奇中将）和布雷斯劳航空区（丹克尔曼中将）。

航空区负责执行其辖区内的任务。编成内有：

飞行训练指挥部及其下属的各种军用机场；

民用机场内全面负责航空兵地勤、技术和后勤的区域；

全部高射炮分队；

航空区的通信部队和后勤部门；

航空区军需部作为航空区参谋部的组成部分之一，负责处理与行政、人事管理、薪饷、不动产、宿营和被装给养有关的全部事务。

军区的管辖范围包括**西里西亚**、**萨克森和德国中部**。

第1航空队负责掩护东德地区，辖区西抵易北河干流，南到图林根林山和捷克斯洛伐克国界，还包括东普鲁士，而滨海地区和岛屿的各个场站以及海上航空部队，隶属于当时由航空部直接领导的第6（海上）航空区。

第1航空队编成内有下列比较高级的指挥部：

柏林第1航空师

德累斯顿第2航空师

柯尼斯堡第1航空区

柏林第2航空区

德累斯顿第3航空区

布雷斯劳第8航空区

我讲述这些具体细节的意图是通过这个例子，展示空军的组织结构，并简要概括空军高级指挥官的职责范围。

从上述内容可以看出，作为空军军区指挥官和航空队司令，我负责指挥的边境地区在我到任后的几个月之内都要面临紧张的军事政治局势。1937年6月离开柏林之前，我前去向希特勒辞行。当时的冯·布劳希奇大将即将前往莱比锡担任集团军群司令，我和他一起应 [希特勒的] 邀请共进早餐[19]。无论辞行期间还是在餐桌上，都没有只言片语提到针对捷克斯洛伐克和波兰的政治措施或军事措施。

我最深切的愿望是把年轻的空军打造成一件能与陆军和海军并驾齐驱的军事工具，在我看来已是指日可待。虽然在各级参谋部和部委办公室里度过多年的军旅生涯，但是我内心深处里一直渴望着下部队。为了让案牍工作变得更崇高，我总是试图透过汗牛充栋的纸张和文件看见其中那个活生生的人。毫不夸张地说，我在这方面确实小有成就。

现在，我终于有机会把自己的理论知识带到基层。满怀喜悦之情，我登上自己那架舒适的 Ju 52，由陪伴我多年的飞行员兼飞行教练、飞机修理工程师策尔曼少校驾驶，在一个战斗机三机小队的护送下从柏林附近的施塔肯飞到德累斯顿。只有一件事给我的喜悦蒙上了阴影：我意识到要从陆军时代的资深战友瓦亨费尔德航空兵上将手中夺走这个他越来越钟爱的岗位。提到瓦亨费尔德的名字，我便有必要再提到几位从魏玛国防军退役的老将军，并用几句话向他们表达敬意，他们当中除了瓦亨费尔德之外，还有来自陆军的考皮施、埃贝特、哈尔姆、冯·施蒂尔普纳格尔将军和来自海军的灿德尔将军。几乎每一个人都是精明强干的总参谋部军官和军事实践家，或者是经验丰富的海员。戈林在当时还是上校的施通普夫的建议下，非常明智地把这些已经退役的军队精英吸收到尚在萌芽阶段的空军里，而不考虑他们还能不能学会飞行。他们为年轻的空军奠定了坚实的基础，并用惊人的换位思考能力把一群个性多样化的乌合之众打造成一个纪律严明的军种。

对我来说，最重要的事情是面对面地会见手下的行政官员和基层官兵，倾听他们的愿望和抱怨，并就我们的共同任务阐明我的看法。这要花费大量时间，我只能把办公室的案牍工作保持在最低限度。而我之所以能放心地这样做，是因为有施派德尔总参勤务上校这样一位参谋长，他既勤奋又机智，是一位优秀的总参谋部军官。我特别关注训练空中战争的指挥官和怎样在陆军参与的合同战役中运用空军，其程度不亚于部队训练。每一场大型演习、现地徒步战术作业[20]、兵棋推演、较大规模的轰炸演习和波罗的海沿岸的高射炮实弹射击，我都会亲自参与学习或教学。我乐于学有所获，没有重蹈我原先某位旅长的覆辙：有一天，他在射击讲评会上滔滔不绝地向一位炮兵连长讲解应该怎样射击。第二天的射击讲评会上，当他又提出新的批评的时候，这位连长反驳说："将军先生，我完全是按照您昨天的教导开的炮。"接着，他便得到一句意想不到的教诲："上尉先生，难道您是想禁止我不断进步吗？"

所以，我不能那么做，一个新军种的成长需要每个人的通力合作。你必须学会倾听、权衡和认可基层官兵的意见，要打造一个经得起严峻考验的成功集体，这是必由之路。空军就是沿着这条道路成长起来的，尽管有待完善，还是能够在第一场战局（波兰战局）期间发挥决定性作用。我们并不想发动战争，我坚信一支强大的武装力量，尤其是占优势地位的空军，是和平的首要保证。

我在纽伦堡国际军事法庭的审判中明确表示，倘若我们想为一场迫在眉睫的侵略战争做准备，无论是我还是戈林都不会以众所周知的和平方式扩充空军。在那种情况下，增加作战部队的数量，深化各个领域的知识，有意推迟所有与战争无关的、和平时期不必要的建设工作才是最高法则！——尽管如此，作为军人，我们必须考虑事态向最不利方向发展的可能性。再者，当时的领土格局和东普鲁士与帝国本土之间的联系是不断引起摩擦的导火索。军人经过［波兰］走廊的时候必须上缴武器，整列火车都要锁上门。包括单引擎飞机在内的全部飞机不得不绕道海上，以免遭到波兰军队的射击或追逐。一言以蔽之：火药桶已经装得够满了。

如果问题的根本解决尚需时日，就要设法缓解紧张局势。国防军不能放任事态进一步发展，否则必然遭到全体德国人民的指责。

捷克斯洛伐克好像一个插入德国身体里的楔子。有传言说，法国和捷克斯洛伐克的作战意图是把德国拦腰斩断，分割成南北两部分。人们形容捷克斯洛伐克共和国是同盟国的一艘航空母舰，也并非毫无道理，从法国机场无法攻击的北德、中德和南德地区任何一处要地，从这里都可以覆盖到。往返于法国与捷克斯洛伐克之间的飞行距离也在重型飞机的航程之内。而当时，甚至连最渴望和平的德国人也要对贝奈斯的政策思忖再三，我们有必要对它保持警惕。对于国防军来说，这意味着重新制定防御措施，并在必要时采取切实可行的预防措施。航空兵具有进攻性，因为空中作战只能从进攻的角度来考虑。由此得出的结论是：除了纯粹的消极防空[21]之外，空军还必须做好一切准备，保证轰炸机突入捷克斯洛伐克的国土纵深，并把战斗机的作战基地推进到国界附近，以便尽可能深入敌方领空拦截其轰炸机。我从1937年夏季开始面临的任务是，在巴伐利亚—萨克森和西里西亚—捷克斯洛伐克国界之间勘察一处新的空军基地，用于从靠近国界的地点出动飞机，并扩建野战机场，为其配备必要的营房、技术设施、防空力量和补给物资。西里西亚的机场群在完成勘察和扩建之后不仅能用于对捷克斯洛伐克作战，鉴于西里西亚的纵深较小，还可以在必要时承担针对波兰的作战任务。一场为期数天的野战演习使我如释重负，我们有能力完成自己即将受领的任务。借助发达的通信网，各级指挥机构能够对整个空域和军队的情况了如指掌。

然而，我们都知道空军的学徒期还没有结束，任何中断甚至类似于战争的军事行动都可能招致最严重的挫折，并危及后续的建设工作。我们也是这样告诉戈林和希特勒的。当1938年5月奉命准备对捷克斯洛伐克发动可能是必要的进攻时，根据空军总司令部的详细通报，我认为准备工作绝不代表进攻已是势在必行，但另一方面，少数民族关系导致的捷克斯洛伐克国内的政治摩擦和越来越严重的边境问题令人相当紧张不安，甚至患上了战争恐惧症。

无论如何，我的看法与空军总司令部一致：依靠一支比捷克军队更优秀的武装力量，德国领导层越能坚决地表达自己的意志，越有可能实现某种政治解决方案。希特勒用一种令我们军人感到意外的方式，成功地向对手透露了德国武装力量的实力。尽管我作为第一线指挥官知道我们确实有一些缺点，还是像基层官兵一样有必胜的信心。经常有人形容[捷克斯洛伐克的]边防工事是第二条马奇诺防线，而我根据所见的侦察照片并不赞同这个观点。我从未怀疑过我们的陆军战友能攻克它们，我的8.8厘米高射炮部队也将用穿甲弹和混凝土侵彻弹充分实施炮火准备。为了打消陆军的最后一丝顾虑，"空降兵"还会在筑垒防线后方的耶根多夫地区着陆，从背后撕开苏台德战线。最终得知我们从北、西和南三个方向发动进攻的消息，一定会让捷克斯洛伐克的统帅部和广大官兵不知所措，也将极大鼓舞我军官兵的士气。8月，为了便于指挥下属部队，并向陆军靠拢，我把我的作战参谋部迁到劳西茨地区的森夫滕贝格。1938年9月29日在慕尼黑举行四方会谈的结果让我摆脱了一场噩梦，这一点我必须承认，否则便是违背我的良知。双方都因此免遭原本不可避免的重大牺牲，苏台德德意志人的苦难已告结束。

民众得到解放的喜悦是发自肺腑的，它不仅证明四方会谈的决定完全正确，还证明德国的立场也是正确的，按照我们空军的看法，那就是促使列强就德意志民族的问题迅速表态。

[捷克斯洛伐克的]边防工事在坚固程度和纵深方面根本不像阿勃韦尔[22]侦察报告所说的那样，8.8厘米炮的猛烈轰击完全可以将其粉碎。

随苏台德地区一起落入德国人手中的整条边境山脉，同样不值得从军事角度作高度评价。

我方空中力量的展开过程表明，空军已经步入正轨，但航空兵的实力和技术水平仍显不足，各个方向上靠近国界的空军基地需要彻底翻修。斯图登特航空兵上将指挥第7航空师（空降师）在弗罗伊登塔尔实施的军事行动带有演习性质，证明空降不但在战术和技术上是可行的，而且能引领军事行动走上新的方向。但正如我所言，我们只是刚刚起步！

在结束本节之前，为了履行一位编年史记录者的职责，我还要指出，这个时期的经验不但应该收集起来，更要侧重于分析和利用。我们这些一线军人对苏台德问题以这种方式得到解决感到十分满意，并相信至少短时间内无须担心这个地区出现新的危险。我们希望，作为德波关系沉重负担的[波兰]走廊问题能在不久的将来以类似方式得到解决。局势起初看上去并非对我们不利：全世界都已经知道快速修订《凡尔赛和约》是可能的。

航空队的建立是空军建设更进一步的明显体现。1938年春季，我前往柏林指挥第1航空队。我自己在德累斯顿过得很自在，我的家人不仅加深了对这座美丽城市的热爱，还重拾旧日的友谊。然而，回到柏林，回到我亲爱的第二故乡，还是让我很开心。德累斯顿可谓天高皇帝远，我在工作上比较独立，希望在柏林面临更艰巨任务的时候也能继续保持自己的独立性。令我万分尴尬的是，我不仅再次让瓦亨费尔德航空兵上将搬出了他的住所，还要把我的朋友考皮施航空兵上将[23]从原本许诺给他的岗位上挤走。尽管如此，我还是理解戈林当时希望指挥班子实现年轻化的想法。随着这次人事变动，考皮施、哈尔姆和埃贝特这批久经考验的老战士只能与瓦亨费尔德一起退役。戈林知道怎样用一种适当的方式安排这些将军离开岗位，以至于他们当中除了一个人之外都毫无怨言。现在换成一批年轻人担任司令和师长，例如后来指挥"帝国航空队"的魏泽高射炮兵上将，来自航空兵的弗尔斯特、格劳尔特和勒尔策将军，来自高射炮兵的博加奇和霍夫曼将军，飞行训练指挥官出身的冯·科策和卡斯特纳将军，我们才可以共同努力，锐意进取。我的任务主要是：

> 借助现代化的通信兵，把航空兵和高射炮兵整合成一个协调一致、机动灵活和有军种自豪感的集体；
>
> 宣贯航空兵部队在兄弟军兵种交战中的作战原则和作战方式，使之成为所有人的共识；
>
> 落实消极防空的概念，满足民众对防空的迫切要求，并实现空中安全；
>
> 在边境地区的适当地点扩建地面设施。

每当我回忆起那几个月的建设工作，总是满怀喜悦：空军全体成员共同实现的成就无与伦比，无论他们是军人、公务员、职员还是工人。人们几乎可以感觉到空军各部队在怎样茁壮成长，怎样逐渐形成战斗力。我还记得我们首次举行的防空演习是在莱比锡和中德地区，这场演习不但提供了人民防空和防空作战准备的大量宝贵经验，而且证明防空勤务和警报勤务还需要做许多工作，才能在抗击空袭时达到令人满意的防御效果。电子侦察技术设备即将问世——基础已经奠定，也很扎实。

1939年年初，这种按部就班的冬季战备工作戛然而止，转变成可能针对捷克斯洛伐克展开必要军事行动的准备措施。我们还来不及思考自己的参与是否合理和必要，谣言和暗示就突然间变成战争般的现实。戈林告诉我，也就是他的军种内的主要参与者，由于捷克斯洛伐克人的侵犯，局势很不乐观，但仍有希望在不流血的情况下解决危机。这一次，我军的集结同样应当严格保密，尤其是不能因此打消政治解决的可能性。

这里只举一个例子说明保密有多么严格：我军开进的前一天晚上，奥托·冯·施蒂尔普纳格尔航空兵上将（时任空军加托参谋学院院长，战争结束后在巴黎的候审监狱中自杀身亡）邀请我和我的妻子参加一个小型社交聚会。我们像往常一样在当晚23点与24点之间告辞。当时，全场没有任何人察觉到第二天即将发生重大战事的蛛丝马迹。第二天，当收音机里传出第1航空队司令正在亲自率领他的先头联队飞往布拉格的新闻报道时，参加过聚会的人全都大吃一惊。这份报道不完全准确，因为我们已经连夜与哈赫总统达成协议。

尽管我从未有片刻怀疑进攻捷克斯洛伐克能做到速战速决，伤亡也不会太大，可是像现在这样就能避免军队的公开对抗和可能引起的麻烦。这是一场按照协议的占领，却遇到令人难以置信的恶劣气象条件，其难度不亚于一场战争。

接下来的几个月里，我经常前往第1航空队奉命进驻的布拉格等有机场的捷克城市。接管不动产和机场的过程没有遇到任何困难，尽管由于捷克空军已经自行解散，几乎没有什么交接手续可办。机场上现有和后来找到的设备种类残缺，质量低劣，能够升空作战的飞机寥寥无几。这个航空区由一位旧奥地利人[24]指挥，他和第2航空师师长得到一份待遇优厚但也相当艰巨的美差：按照德国标准改造地面设施，并为德国的利益争取民心。这两方面看上去都完成得很出色；德国人，尤其是军人，不久之后便有宾至如归的感觉，这是周围的捷克民众不把他们当成异类的最佳证明。

我已经指出，局势的不断恶化和由此产生的后果出乎我的意料。这让我很沮丧，因为事实证明，列强共同制定的慕尼黑解决方案并不能长期维持，更让我无法理解的是，它还成为加剧摩擦，甚至可能引发战争的根源。我们认为捷克人的侵犯是事实，而不是宣传的谎言。我们甚至认为，这些摩擦有可能来自一个深思熟虑的计划，其目的是为西方列强制造一个借口，以便重新实施有利于捷克斯洛伐克的干涉。

我们至少相信，哈赫是在受到胁迫的情况下签订的协议。作为军人，我们满足于捷克斯洛伐克并入德国版图没有造成任何恶劣影响，边境地带的安全以一种出人意料的方式得到巩固，考虑到波兰人在此前、期间和此后不久通情达理的合作，有理由推断德波分歧同样可以用某种方式和平解决。令我们这些军人由衷感到遗憾的是，德国原先对波兰侵犯行为的控诉很快又如雨后春笋般涌现出来。如果说从捷克斯洛伐克事件中得知的冲突由于无法证实而只能"相信"，那么波兰却要另当别论，尤其是因为我们的飞行员就经常是侵犯行为的目击者。

令我无法理解的是，英国作为波兰的庇护者，竟没有及时谋求缓和，以便寻求和平的解决方案。尽管国防军要尽一切努力合理应对局势向任何方向发展，但每一个有责任心的人，包括赫尔曼·戈林在内，还是在努力阻止它演变成战争，这是一个历史事实。纽伦堡审判期间，人们曾经围绕具体措施进行过充分和令人信服的讨论。作为这段紧张时期站在舞台边缘的旁观者，我必须指出，这件事只能归咎于**唯一的一个人**——外交部长冯·里宾特洛甫，他向希特勒提出的建议既不负责任又愚蠢，在当时命运攸关的情况下就是犯罪。我记得赫尔曼·戈林的专列停靠在狩猎场时发生的一件事，就像划破夜空的一道闪电，让我看清楚这种气氛。当时，我在戈林那里等待"战争还是和平"的决定。戈林刚一收到最终决定1939年9月1日是"X"日[25]的消息，便万分激动地要接线员接通冯·里宾特洛甫的电话，并冲着话筒咆哮道："现在你得到了你想要的……战争，唯一的罪魁祸首就是你！"随即怒气冲冲地挂断电话。后来，当戈林的首席副官兼派驻希特勒处的联络官博登沙茨将军报告意大利人拒绝参战的时候，戈林的愤怒达到顶点，他对意大利人的批评简直不堪入耳。但我们越是冷静思考，越觉得意大利的立场有道理，直到有人发现意大利置身事外实际上是件好事。

话题转向第二次世界大战中的重大事件之前，我想先谈谈我们军人在和平岁月的生活。在德累斯顿，一位军级指挥官的生活既属于他自己，又属于他的家庭。一般来说，社交的对象仅限于国防军成员，尤其是空军成员。有时应邀到公寓里参加私人聚会，有时在各种军官礼堂里参加更大范围的小型社交活动。无论在空军军事学校富丽堂皇的大礼堂里，还是与空军通信兵在一起，年长的已婚夫妇们都能与"少年队"[26]无拘无束地欢聚一堂。因为没有足够的经费，所以这种聚会很少使用贝尔维（Bellevue）酒店的场地，也只是偶尔去一趟口味尚佳的葡萄酒馆。到了星期日或公众节假日，我们经常在德累斯顿风景如画的郊区遇到有共同爱好的熟人。繁重的工作和经常外出旅行，意味着我只能尽量减少与普通民众和民族社会主义党员的社会交往。不过，这种交往确实能增进相互了解，有益无害。根据我的记忆，民族社会主义党当局从未蛮横无理地反对过我。然而，必须声明的是，辖区内的防务由陆军军区指挥部负责，战事说不定哪天便会蔓延到这里，但时任该军区指挥官的李斯特步兵上将却从未向我抱怨过任何特殊的困难。

德累斯顿本身是一个充满生机的城市，与柏林相比，它只是一处穷乡僻壤，却具有首都无法比拟的一些优点，而这些优点既不可忽视，又不能否认。

一个人若是在通货膨胀时期失去财产，又视一切证券交易等手段为敌，就很难让自己"恢复元气"[27]，对他来说，户内和户外的社会活动需求很容易超出微薄工资的严格限制。仅仅达勒姆区一座独栋别墅里的公务住房，便让生活成本急剧上升，因为它位于高消费地区，面积也很大。作为上级要肩负的教育任务，让我有必要与下属员工及其家庭保持社会交往，这在我们之间培养出真正的情谊，我在1945年以后遭到诽谤的岁月里明确感受到这一点。再者，除了定期接到元首、帝国元帅和各部部长的邀请之外，每次到首都出差都会给日常生活带来额外的负担。与从事外交工作的外国军人和航空俱乐部的飞行员保持联系是当然要做的事情，还要见缝插针地出席军事活动、学术活动和观看戏剧。总而言之，这种压力简直可以让一名军人想要解甲归田。如果你每天都只能在午夜过后才能得到休息，如果你总是被迫在各种场合抛头露面，还要表现得无所不知、无所不能，在部下面前扮演从不犯错误的上级，就等于在透支自己的健康。但倘若能用它换来世界和平，我宁愿再这样活上几年。

第七章

波兰战局，1939 年

时间表：

- 1939 年 9 月 1 日凌晨 4 时 45 分，南方集团军群和北方集团军群发动进攻
- 1939 年 9 月 5 日横渡魏克瑟尔河[28]
- 1939 年 9 月 10—19 日布茹拉河会战
- 1939 年 9 月 16 日包围华沙
- 1939 年 9 月 17 日攻克布列斯特 - 立陶夫斯克，苏联参战
- 1939 年 9 月 27 日华沙投降
- 1939 年 10 月 1 日波军残部放弃抵抗，波兰境内的战事平息

  1939 年 8 月 25 日，也就是希特勒下令进攻波兰的那一天，傍晚时分，我与驻科尔贝格机场的几位联队长正在航空指挥调度室里开会，我的参谋长进来报告，希特勒的决定有变，对波兰的进攻撤销。

  希特勒的变化让每个人都不由得喜上眉梢。我当众表示，希望这场看似无法避免的战争永远不要打响。怀着激动的心情，我爬上我那架飞机，手握操纵杆，迎着正在下落的夕阳，飞回位于斯德丁郊外的亨宁斯霍尔姆[29]的作战司令部。

  我的思绪回到 8 月 23 日希特勒的山间别墅[30]里，两天之前，他把国防军三军的所有司令和军长及其参谋长召集到那里开会，但没有提前通知会议内容。去听希特勒讲话之前，帝国元帅[31]先组织我们在党卫队营房里召开一场短会，他在会上再次检查对波兰展开空中战争的准备情况，听取我们的愿望和顾虑。戈林在那

一个小时里并未提到动用武力是不可改变的最后决定，我们也知道他仍在用合法和非法的手段维持和平。

接下来，我们到宽敞的接待大厅去听希特勒讲话，透过大厅的窗户向外望去，雄伟壮丽的山景仿佛近在咫尺，触手可及。他用平静和克制的语气滔滔不绝地讲了很久。这里没有必要引用这篇讲话的细节，因为其文本经过纽伦堡审判早已广为人知。我很高兴地听到，希特勒同样没有提到谈判已经最终破裂。然而，从他的表述来看，这种情况很有可能发生。我担心的是两件事：其一，同波兰开战可能导致西方列强给我们制造不可小觑的麻烦。德波争端的武力解决必然会被英国当成一种无法挽回的冷落和侮辱，除非是不可救药的乐观主义者，否则不会另作他想（所以戈林才会不遗余力地试图避免开战）。但我最担心的是其二，即俄国[32]的态度。即使我相信我的航空队和国防军整体在战备水平极其有限的情况下都足以在波兰人面前占尽优势，但德国武装力量的装备水平还是无法向俄国人看齐。这个认识令我深感不安。希特勒在讲话接近尾声时宣布，俄国将保持中立，并准备与我们缔结互不侵犯条约，这让我如释重负。当天晚上，我在飞回柏林的一路上思绪万千。第一次世界大战爆发前夕的记忆又浮现在眼前，那时候，我的心中也是这样充满忐忑和紧张，不过只是想到自己的个人安危，不需要考虑现在承担的重大责任。

对于我们这些空军成员来说，战争就是"空中战争"（Luftkrieg），而除了从西班牙得到的少许经验之外，没有任何从实践中总结的作战准则。我们用尽自己的知识，凭借想象力和换位思考能力制定过一些基本原则，并对指挥机构和基层官兵进行相应的培训。国际法中没有关于空中战争的任何规定；希特勒曾经提议各国宣布空中战争彻底违反国际法，这个企图正如他把空中战争限制在纯粹军事目标上的建议一样，都在国际会议上遭到拒绝。我们凭借自己的良知，在条令中添加一些符合道义的基本准则——时任空军总参谋长的我与有力焉——并且要求飞行员必须遵守。其中包括只允许攻击纯粹的军事目标，这个概念的涵盖范围只是随着受到总体战的影响而扩大；禁止攻击不设防城市和平民。

条令中加入对地面部队的直接支援，但没有就空降行动做任何规定，即使只是出动小股伞兵。我与北方集团军群司令、当时是大将军衔的冯·博克已经达成必要的协议。作为一名前陆军成员，我相当清楚陆军的需要、顾虑和诉求，以至于只需要简短的讨论便能彻底谈妥。我不是冯·博克的下属，但自愿在涉及地面战术的所有问题上听从他的命令；后来，我还在西方战局和俄国战局期间与冯·博克陆军元帅继续搭档，各种意见分歧难免会不时在这几场东征西讨的战局当中冒出来，而我们只需简单地打个电话便能表达自己的诉求，并就当前局势下的合适做法达成一致意见。即使我要优先考虑空中的作战事务，还是会想方设法满足陆军的要求。我和博克都知道彼此可以相互依赖，而我们的参谋长——集团军群的冯·扎尔穆特少将和航空队的施派德尔总参勤务上校都是堪称楷模的好助手。我与空军总司令赫尔曼·戈林元帅的合作非常融洽，至于时任空军总参谋长的耶顺内克航空兵上将，我作为一个曾经担任过这个职务的人，看得出他拥有出类拔萃的聪明才智和参谋业务素质，体恤下情，并且知道怎样在戈林和希特勒面前冷静和成功地捍卫自己的观点。

经过与手下所有参谋部和基层官兵（第1航空队和平编制中的一部分已经转隶友邻航空队）的最后一轮讨论，我确信我们已经尽可能做到万事俱备，全体官兵都知道迅速而全面地赢得胜利取决于他们奋不顾身地作战。气氛很严肃，但充满必胜信念。他们知道自己面前的对手实力强大，训练有素，按照1939年的标准可谓装备精良，同时也是狂热和残酷的。

敌军航空兵中的战斗机在数量和质量上都不可小觑，而轰炸机显然要略逊一筹。尽管德国战斗机在数量上占明显优势（德国的近500架 Me 109 和 Me 110 迎战波兰的250架战斗机），我们还是猛烈攻击敌方地面设施（机场和停机坪），试图加快夺取制空权的速度。同样重要的是防止波兰的150架轰炸机对我方领土发动毁灭性攻击。德国空军还没有能力攻击波兰的军工设施，只是在轰炸华沙各个机场的时候附带破坏机场内的个别设施。再者，我们完全可以暂时不考虑这类目标，因为这场战局如果能像预期般的速战速决，波兰的生产力就不可能发挥任何作用。与此相反，决定性因素是在军事行动刚刚开始的时候猛烈攻击并摧毁波兰的各级指挥机构及其通信枢纽，包括无线电发射中心，从而使之彻底瘫痪。最后，针对波兰陆军中有能力在德国陆军面前做出迅速反应的那一部分，必须设法在其离开营房之前便加以攻击。战役层面的空中侦察由第1航空队和各集团军司令部派出的侦察机小队实施，其任务是尽快查明敌方纵深地带内远至魏克瑟尔河对岸的动向。另外，还有一项特别任务是与海军舰队一起攻击海尔半岛，并为登陆兵的突击登陆做好火力准备。

在这场战局的战斗序列中，航空区的位置保持不变，只需要派出几个流动的航空区参谋部。航空兵在执行第一轮战斗飞行任务的时候分别编入配合第4集团军和海军作战的第1航空师（格劳尔特将军）、配合第3集团军作战的航空教导师（弗尔斯特将军）。

高射炮兵共有散布在德意志 [第三] 帝国全境的近一万门轻型和重型高射炮，其主力仍然留在各航空区的编成内，负责掩护机场等具有重要战术意义的空军设施、连接东西两线的铁路和港口等交通运输设施、主要的经济设施；部分兵力作为队属防空小队，伴随陆军各部队行动。当时还没有考虑过把高射炮兵整编成大部队[33]。

总而言之，任务与现有的部队数量之间存在明显差距。[①]

只有依靠灵活机动的指挥、部队整体和空勤人员个体的奉献精神，才能弥补这个差距。第一天的战果证明，这个希望没有落空。关于敌军指挥机构和基层官兵行为的航摄照片表明，波兰空军遭到重创，总动员的进程受到严重干扰，更不用说其指挥状况极其艰难。接下来的几天里，除了通过不定期的骚扰性袭击，监视已经攻击过的目标和敌方腹地之外，当务之急已经变成对各集团军的直接支援任务，以及打击敌军的集结、展开和兵力调动。

出于对波兰统帅部的尊重，也作为对德国方面表现的肯定，我要在这里明确指出，波兰军队表现出了不屈不挠的战斗意志，各级指挥机构克服艰难的指挥条件和通信条件，积极地求战求胜。而德国方面之所以能克服一系列危机，例如在图黑勒灌木林[34]、在波兰人突破布茹拉河的交战中、在华沙外围地区，都是因为果断地集中使用全部近距离支援飞机和轰炸机，实现空军与陆军各集团军群和集团军教科书式的协同动作。"斯图卡"、战斗机和驱逐机是承担战斗任务的主力，

---

① 原注：富勒在他的著作《第二次世界大战》中认为："决定这场战局的因素不是数量，而是空军和装甲兵作为一个不可分割的整体来运用时表现的速度。"

每天多次出动已经司空见惯。只要见过波兰人在漫长的道路上死伤枕藉的惨状，任何人都会得到一个印象：德国空军已经成长为一个足以决定战争胜负的军种，她与陆军的完美协同更是夺取胜利的可靠保障。[①]

然而，在这个基础上还能得出另一个结论：德国的地面力量为了避免在敌方占有空中优势的情况下落得同样毁灭性的下场，有必要加强军队防空，从而保证自身的安全。

在我负责的作战地段内，波兰人每一次实施战役规模的运动都几乎无法避开华沙。于是，华沙作为一个交通枢纽，不可避免会成为我军攻击的重点。为了防止破坏城市，我下令只使用"斯图卡"和对地攻击机轰炸市内的桥梁和铁路场站设备，并用在其上空盘旋的战斗机和驱逐机提供掩护。另外，在此过程中还投下大量1000千克炸弹——以当时的条件而言，这是一项了不起的成就！轰炸铁路交叉点的效果令人满意，但有些坚固的桥梁却能经受住1000千克炸弹的破坏，这表明空袭显然有一定的局限性，这个认识直到战争后期才被推翻。当时，我经常飞临波军控制区上空，其中包括有大量战斗机和高射炮守卫的华沙。我满怀喜悦和自豪地看到，我们的飞行员按照命令，成功地把攻击限制在具有重要意义的军事目标上。但这不能彻底避免炸弹击中目标附近的居民住房，它们只是弹着点散布规律的受害者。我经常到作战机场迎接轰炸华沙后返航的"斯图卡"大队，与空勤人员谈论他们的感想，检查防空炮火造成的损坏。有些飞机能飞回来简直是奇迹，它们几乎被撕成碎片——半截机翼被打掉，机翼的下翼面千疮百孔，机身内部结构暴露在外，以至于能看见操纵机构只是挂在几根极细的钢索上。我们感谢科彭贝格博士及其手下的工程师和工人们，是他们用完美的团队合作，让前线拥有 Ju 87 这么优秀的飞机，它在1942年年底以前始终是同盟国武装力量难以应付的对手，在东线更是一直持续到1945年。我们还要感谢全体空勤人员，他们驾驭这种战争工具的本领让全世界其他国家的飞行员都望尘莫及。

随着这场战局接近尾声，华沙再次成为我军攻击的重点。第1航空队与楚克

① 原注：从数量上看，双方陆军的实力大致相当，德国大约有50个师，波兰大约有40个师和10个骑兵旅；从装备和训练上看，德国军队占优势，尤其是波兰未能完成武装力量的动员。

尔托特将军麾下强大的炮兵共同致力于粉碎抵抗，并彻底结束这个战局。短短几天之内，对华沙的炮击和轰炸便在9月27日实现了这个目标，这是空中战争史上罕见的一场胜利，后来的战争年代也未能再现这种形式的胜利。最重要的是，我的航空队负责攻击超出陆军火炮射程之外的地点或者无法有效炮击的点状目标。围城战的总指挥布拉斯科维茨大将完全有理由感到自豪。他利用向希特勒做总结汇报的机会（1939年10月6日），宣称决定这场胜利的是陆军炮兵，而我为了避免航空兵的战绩被他掩盖，不得不指出，根据战俘的供述，波兰军人打心底害怕"斯图卡"，华沙城内的目标也是毁于自上而下的攻击，这些都能清楚地证明航空兵为胜利所做的贡献。接下来对城市的视察，让希特勒对我的话深信不疑。当天发生的一件小事可以反映他那时的心态：他原本安排在机场上用行军灶举办一场会餐，但布拉斯科维茨让人在机库里临时摆好长凳和桌子，桌面铺上白纸，并摆上鲜花做装饰。他认为这样布置一番，才能让行军灶做出的饭菜配得上这场战局的辉煌胜利。然而，希特勒却根本不这么想，他不顾冯·布劳希奇大将的劝阻，拒绝参加会餐，直接率领他的随从离开华沙，飞回柏林。我相信，军人们与"最高统帅"之间的纽带并不会受到雪白桌面和鲜花的损害。但从此，希特勒便以怀疑的眼光看待布拉斯科维茨，后来表现得非常明显。[35]

当时，我们发现俄国人在战局结束前的干涉没有什么帮助，俄国战斗机攻击我航空队的飞机又引起了摩擦，更让我们恼火的是俄国人很少表现出战友应有的态度，甚至连对我们来说至关重要的气象报告都要隐瞒。这是我第一次见识"联盟战争"中的奇特关系。

经过短短几个星期的军事斗争，我们粉碎了波兰的武装力量，消灭了这个国家，并将其置于我们的军事指挥和行政管理之下。从空军的角度看，这场战局证明我们正在沿着正确的轨道前进；但危机和挫折也表明，我们还要在许多方面做出补救，才能在与一个更强大对手的较量中生存下来。

陆军部队需要更有力的空中支援，这意味着需要更密切的协同动作和更多的近距离支援飞机，尤其是"斯图卡"、战斗机和驱逐机，同时还要增加轰炸机的数量，这又进一步要求增加飞机产量和飞行训练学校的毕业人数。

所有刚刚问世和列装的飞机型号（Hs 126、Do 17、Me 110、Ju 87、He 111、

Ju 88、Do 18、He 115、Ar 196，后三种是水上飞机）都基本上完成了在实战中的检验，但即使速度最快的型号还是太慢；它们的航程和武器装备水平也不够，载弹量太小。这些都是亟待技术部门解决的新任务。

高射炮兵未能在防空领域找到特别的表现机会，但在作为防空炮兵出现的每一个地方都有优异的表现，并在地面战斗中享有盛名。高射炮兵在组织上整编成大部队，已经变得与增加他们的数量一样重要。

当希特勒亲自向我和国防军的其他几位司令颁发骑士十字勋章的时候，我只把这份奖励看作是对第1航空队全体飞行部队、高射炮部队、空军通信部队和地勤部队所获成就的表彰。我相信自己有权声称，没有空军，就不会出现所谓的"闪电战"（Blitzkrieg），我们就会付出更大的代价，这句话既非出于傲慢自大，又不是贬低陆军和海军的表现。

这场战局需要我在身心两方面全力以赴，无暇顾及那些与我没有直接关系的历史事件，例如1939年9月3日英国和法国不出所料地对德国宣战，我只是知道这些事，并把它们封存在我的记忆里；它们只会激励我为了尽快结束波兰战局而更努力、更热情地投入工作。我一有机会就向手下官兵解释，"身处东线的我们"能给予西线战友的决定性帮助，是尽可能迅速地粉碎波兰的抵抗，腾出西线迫切需要的军队。

我在我的最后一处司令部驻地柯尼斯堡登上飞机，飞往柏林与家人团聚，中途在波兰战局期间的首个司令部驻地——斯德丁附近的亨宁斯霍尔姆庄园做短暂停留，那是冯·博登豪森家族的产业[36]。博登豪森全家和我的家人及时举办的一系列小型庆祝活动，足以让我忘记身心两方面的疲惫。

第八章

两场战局之间，1939 年冬季

　　读者应该觉得有趣的是，从未有人向作为第1航空队司令的我通报西线的兵力集结情况，希特勒9月27日批准的西线进攻计划也未向我传达。我接到的命令仅仅是让大多数部队返回航空队辖区内的原驻地，并把另一些部队转隶西线两个航空队，即驻不伦瑞克的第2航空队和驻慕尼黑的第3航空队，当务之急是让他们在上述驻地进行休整。无论作战计划几经修改，还是希特勒与陆军总司令部之间的关系剑拔弩张，我当时都统统不知情，直到战争结束后才听别人说起。与外部消息隔绝得这样彻底，是出于希特勒的亲自要求。人们可能对这项规定有不同看法。我只在这里讨探它的种种弊端之一：不可能统筹全局进行思考，也无法充分预见事态发展的种种可能性并未雨绸缪。

　　但这真的是一种弊端吗？如果上级或最高级的指挥机构出现失误，导致原本平静的战线在突然来临的军事行动面前措手不及，那么确实可以这样说。而这类失误之所以会出现，多半是因为在过多事务上分心，难免百密一疏。然而，我认为这项规定的核心在于，强制要求所有级别的指挥官集中全部精力完成**唯一的一项**任务，即他们自己的任务。回想起我在战后进行的战争史研究，我在阅读所能见到的德国战史著作时深有感触，友邻或其他战区的看法、顾虑、建议和批评能给高级指挥官造成多么深远的影响，以至于让他们把其中一些看法和顾虑当作符合自己战线实际的真知灼见。正所谓"贪多嚼不烂"，操心太多的事情不利于深度思考。就我而言，本职工作的负荷和责任一向很繁重，我很高兴无须操心其他战线的事务，否则只会分散我的注意力。再者，我也高度尊重在那里担任指挥职务的人们，决不认为他们会需要我的建议。

当然，矫枉难免过正，而不幸的是，我们在第二次世界大战中犯下这种错误并酿成恶果的例子不胜枚举。但在1939—1940年之交的那个冬季，我有大量的本职工作亟待处理，当然乐于不用为西线的事情费心。我的航空队辖区已扩大到波兰北部，向南直到利兹曼施塔特—魏克瑟尔河畔的登布林一线，这意味着我们要把近几年在东部边境地区建立的空军基地推进到波兰境内，扩建波兰原有的设施，最好是建造新的。这项工作由一位经历过第一次世界大战考验的老飞行员——波森航空区指挥官比内克将军负责。每当我飞越波兰上空的时候，总是高兴地看到地面设施正在拔地而起，于是，早在1939年年底之前，首批飞行员训练学校（例如托伦轰炸机飞行学校）和华沙飞机修理厂便已建成。训练工作的规模当时有必要进一步扩大，而放在波兰境内进行，可以减少对德国有限空域的占用。再者，随着德国空军的大批部队不断涌入，形成一个全面覆盖整个地区的治安网络，也为安定这个国家做出了很大贡献。

在我的航空队原有辖区内，强化防空建设成为当务之急。英国和法国已经是我们的敌人，空袭只是早晚的问题。柏林、包括马格德堡和莱比锡在内的中德工业区、布雷斯劳及其附近的煤田、以汉堡和斯德丁为重点的海港及其工业设施和造船厂的防空需要是重中之重，而东普鲁士各港口和波西米亚各工业城市的重要性暂时放在第二位。

我一如既往地亲临现场考察情况，尽可能参加各种防空演习、空袭警报演练、高射炮大部队的射击指挥演练，甚至是炮兵连的演练。利用这年的圣诞节假期，我突击视察辖区内的各个地点，基本摸清了整个航空队辖区的防御状况，自信地看到我们已经克服磨合期的缺陷。这段时间大有裨益，对于进一步发展防空，适应进攻性空中作战在技术和战术两方面的进步也是必要的。从心理学角度考虑，我认为最重要的事情是在负责国土防空的高射炮兵中培养兵种自豪感。如果飞行员广受赞誉是因为他们个人的大无畏精神和整体上足以决定会战胜负的重要性，那么吸引敌机攻击的高射炮手就不应该被简单归类为"后方战士"。相反，当身处空袭区域的全体军人都在轰炸或低空扫射之下四处隐蔽的时候，高射炮手却要冒着枪林弹雨操作自己的武器装备，要么开炮还击，要么打开探照灯，并且争取在最短时间内以最快射速达到最佳防御效果。

　　1939年最后一个季度的某一天，耶顺内克将军首次向我透露改组国土防空体系的设想。他想把本土的全部积极防空力量和消极防空力量整合到一个大型编制之内。我们一起反复斟酌其中的利弊。结论是，新的组织结构不但优秀，而且是用最少资源实现最强大防空的唯一解决办法。为把这个想法付诸实施，未来的"帝国航空队"司令施通普夫大将和高射炮兵专家魏泽大将做出了巨大贡献。戈林提供的指导意见也很关键。即使他知道怎样用一种堪称典范的方式放手让下属为自己工作，还是偶尔会从大把的闲暇时光中专门抽出一些来做这种天马行空式的思考，从而为空军提出许多启发性意见。把高射炮兵整编成大部队，即高射炮师和高射炮军，就是戈林自己想到的主意之一。它的实现是一项伟大成就。高射炮师和高射炮军将在接下来的几场战局中为赢得胜利起到决定性作用。不过，它们编入陆军的战斗队形，却直接隶属于航空队，从而间接隶属于空军总司令部，这样的组织结构本身并不完善，有可能损害作战指挥的统一性，除非航空队主动放弃自己的一部分权力。

　　1940年1月12日，作为驻柏林的航空队司令，我准备像往年一样当面向陆军元帅表达我个人和整个航空队的生日祝福，并希望随后在与诸位"巨头们"共进早餐的时候澄清一些工作上的事务。早在11日，便有传闻说戈林和希特勒之间的气氛异常紧张，但谁都不知道到底是因为什么事。有人通知我1月12日提前一个小时去见戈林，我猜想这肯定与那件"坏事"有关。果不其然！无论在这之前还是之后，我从未见过戈林在精神上如此萎靡不振，就他的秉性而言，这足以说明问题很严重。接下来，总算真相大白！实际情况是一名航空兵军官携带着西方战局的基本计划搭乘飞机，却偏偏紧急迫降在比利时境内，这足以令一个意志坚定的人紧张不安。因为当时没有任何一份报告能讲清楚计划中到底有哪些章节未能销毁，将会落入比利时总参谋部的手中，进而不可避免地被他们交给法国人和英国人，所以我们无法预计这起事件将在多大程度上妨碍战争进程。

　　随后到场的驻伦敦空军武官文宁格航空兵上将当时还负责维护我们在比荷卢三国的航空权益，可是他提供的消息也一样无法令人彻底放心。我们都感觉到军事法庭的审判正在等待那两位不幸的飞行员，而判决书早在这时便已定稿。到最后，运气又一次像首场战局时那样站在我们这边，简单说来就是对方没有认识到缴获文件的重要性，而德国方面迅速更改全盘计划。当时，一场暴风骤雨席卷德国空军的领导层，至于第2航空队的相关人员是否应该为这起事件负责，显然并不重要。第2航空队司令费尔米航空兵上将和他的参谋长卡姆胡伯总参勤务上校都被调任闲职。不仅如此，戈林还用多少有些激烈的言辞逐个把我们这些将领教训一番，并把新的任务当作礼物分派下去。他唠唠叨叨地冲着我发了一通牢骚（我只能使用这个词表达）[37]，最后是一句不太友善但很直白的话："你去担任第2航空队司令。"——（停顿）——"反正我也没有别的人选。"这才是要点！施通普夫成为我的接班人，接管我在第1航空队的指挥工作。于是，接下来的早餐时间变成了我就施通普夫的新任务向他面授机宜。

对我而言，两场战局之间的时光到此结束。早在1940年1月13日，我便坐进自己那架老旧的 Ju 52，由从未出过差错的老飞行员策尔曼驾驶，在飞机严重积冰的情况下飞往明斯特，空军通信兵在那里有一座很气派的军营，第2航空队的作战司令部就设在里面。我在第1航空队的老参谋长施派德尔总参勤务上校随后也前来赴任。

西方战局中的第 2 航空队

时间表:

  西线的兵力部署,陆军编成 B、A 和 C 三个集团军群,A 集团军群负责主要突击(冯·克莱斯特的装甲集群在阿登高原实施突破)

· 1940 年 5 月 10 日凌晨 5 时 35 分开始进攻,并在荷兰(鹿特丹等地)实施空降

· 1940 年 5 月 11 日,比利时境内的重要屏障埃本·埃马尔要塞陷落

· 1940 年 5 月 14 日,荷兰投降

· 1940 年 5 月 17—24 日,德国坦克突破到海峡沿岸,阿图瓦、佛兰德地区和敦刻尔克的包围战役

· 1940 年 5 月 28 日,比利时投降

· 1940 年 6 月 4 日,英国远征军从敦刻尔克撤离完毕

· 1940 年 6 月 5 日,B 集团军群进攻塞纳河沿岸和马恩河下游

· 1940 年 6 月 9 日,A 集团军群进攻埃纳河上游

· 1940 年 6 月 10 日,意大利参战

· 1940 年 6 月 14 日,C 集团军群沿莱茵河上游的战线转入进攻

· 1940 年 6 月 14 日,巴黎陷落

· 1940 年 6 月 16 日,贝当元帅组建新的法国政府

· 1940 年 6 月 22 日,停战协定生效

  部署在广阔地域内的两个陆军集团军群毫无顾忌地长驱直入,再加上空军为

他们提供的机动灵活和卓有成效的支援，在短时间内把波兰打得一败涂地。如今到了西线，我们将要击败的对手换成两大强国的军队，他们还得到有利地形和筑垒化阵地的有力支援，战况又会朝什么方向发展呢？展望未来，我充满信心。陆军和空军都通过波兰战局证明自己的能力，而我认为更重要的是，德国各军兵种从中得到的经验是其他军队望尘莫及的。这场战局堪称一所无与伦比的学校，让指挥机构和基层官兵都受益匪浅。我坚信，发动进攻之前，还有足够时间把这些经验贯彻到最基层的分队当中去，并填补物资装备方面的缺口。另一方面，西方列强在过去四个月里表现出一种观望态度，几乎可以看作是懦弱。

通过第2航空队前任司令费尔米航空兵上将对我这个新岗位的介绍，我发现这个航空队的战备工作极其优秀。鉴于敌方的表现并不活跃，我们只是适当地实施侦察和攻击海上舰船。

第2航空队编成内现有和将要编入的单位有：

第2高级通信指挥部

第122远程侦察机大队

凯勒航空兵上将指挥的第4航空军

冯·里希特霍芬航空兵上将指挥的第8航空军

克勒航空兵上将指挥的第9航空军（1940年5月23日起）[38]

格劳尔特航空兵上将指挥的第1航空军（1940年5月15日起）

施图登特航空兵上将指挥的空降军

奥斯特坎普将军[39]指挥的第1战斗机指挥部

德斯洛赫中将指挥的第2高射炮军

施密特中将指挥的（明斯特）第6航空区

沃尔夫中将指挥的（汉堡）第10航空区

第2航空队奉命配合冯·博克大将的B集团军群和卡尔斯海军上将的海军北方指挥部作战，B集团军群编成内有冯·屈希勒尔大将的第18集团军和冯·赖歇瑙大将的第6集团军。

接下来的日子里，我忙于接管工作和飞行视察。第一次出行是拜访B集团军群司令部，因为我发现彼此之间的联系不够密切，这有悖于我的想法。冯·博克大将看到我出现在原本属于费尔米的岗位上时颇感意外，但想到能够续写经历过战斗考验的战友情谊，也由衷地感到高兴。我们一致认为战局计划可能会有所修改，但不会对我们的讨论结果构成直接影响，后来于2月中旬接到的命令也确实如此。我重新向冯·博克通报航空队的编成和作战任务，并向他保证我们不会辜负他的期望。我更郑重其事地谈到两件事情：第一，第18集团军的装甲兵必须在三天之内与施图登特航空兵上将的空降兵会师于鹿特丹市内或附近；第二，陆军的先头部队必须在第一时间与降落在阿尔贝特运河桥梁上的滑翔机小分队会师，因为后者的战斗力过于薄弱，无法长时间坚守所夺占的桥梁。冯·博克大将表示，他非常担心自己能不能满足上述这个"鹿特丹的最后期限"的要求。当我明确指出空降军的命运乃至整个集团军群的作战都取决于陆军摩托化部队能否及时到达的时候，他向我保证他将尽力而为。我也向他保证第2航空队将提供最强有力的空中支援，从而帮助他兑现这个诺言。为了与火速冲向鹿特丹的第18集团军这部分兵力保持接触，作为其左侧友邻的B集团军群各部，尤其是第6集团军，必须全力向前推进，进而也为冯·伦德施泰特大将指挥的A集团军群在更左侧向法国军队发起决定性进攻创造最有利的条件。

在第8航空军，我发现该军已经与第6集团军和赫普纳装甲军达成最完美的一致意见，而这个印象在我后来拜访第6集团军司令部的时候得到证实。该集团军的参谋长是后来在斯大林格勒会战期间闻名遐迩的保卢斯将军，他向我介绍情况时表现出的冷静和清醒让我印象颇佳。由于与他搭档的司令是精力充沛的冯·赖歇瑙大将，这里的战事不可能遇到挫折。

第4航空军主要负责实施远程作战，其任务包括向空降军提供远距离的空中支援，压制敌航空兵的地勤组织，监视并打击敌方腹地的运动，以法国所在的左侧作为关注的重点区域和方向。

第9航空军尚在组建，正在接受空投水雷和鱼雷的训练，预计将在1940年4月底或5月初做好参战准备。

航空队直属的远程侦察机大队（F. 122）已经开始以海上侦察飞行等方式执行其未来的任务。这个大队具有较高的素质，工作卓有成效。他们遭受的损失令人非常惋惜，但尚能接受。

空降军编有第7航空师、第22步兵师、航空运输部队、一批运输滑翔机等，空降行动的战役战术细节都由希特勒亲自敲定，施图登特将军尽可能耐心细致和富有想象力地让这场行动准备就绪。在技术和战术领域的艰难革新工作中，一批深受部下爱戴的基层指挥官（科赫上尉、维齐希中尉等）给予施图登特的支持堪称典范。

尽管我在空降作战方面并不是纯粹的新手，但在敢于提出技术和战术上的建议之前，还是要先学习各种各样的新东西。只有提出纯粹的战术设想和下达命令的时候，我才更有发言权。与此同时，我还高兴地看到少将冯·施波内克伯爵在指挥作为空降师训练的第22步兵师，他是一位有见识、精力充沛和才思敏捷的指挥官，也对空降行动的飞行特点表现出必要的理解①。

奥斯特坎普将军是一位久经考验的"第一次世界大战之鹰"（Weltkriegsadler），他的任务是通过作战飞行提高手下战斗机飞行员的水平，并在航途中和着陆时掩护实施空降的容克式飞机联队。这同样是一个新领域，需要高超的飞行技巧、组织能力和敏锐的战术洞察力，并能得心应手地掌握三维空间。

第2高射炮军仍然在努力克服仓促组建遗留下来的困难。德斯洛赫将军原先既当过骑兵，又当过飞行员，具有丰富的陆战经验，能够按照陆军的意图有效协调高射炮兵的行动。想要把高射炮部队编入任何一支行军纵队当中都绝非易事，任何一位陆军指挥官都不愿意看到他的部队里面有其他人掺进来，也没有人愿意跟在高射炮后面行军，但当空中和地面发生战斗的时候，每个人又都希望及时得到高射炮的支援。对此，我不得不亲自出面干预并做出妥协，而结果并非尽如人意，事实证明有时我是在帮倒忙。

结束对各个司令部和指挥部的第一轮飞行访问和视察之后，接下来是从2月到5月初连续忙碌的十几个星期，充斥着与各级参谋部讨论作战任务和指挥事务

---

① 原注：后来，冯·施波内克伯爵因在克里米亚违抗上级命令，擅自退却而被送交军事法庭，战争结束时在盖默斯海姆被枪杀。据我所知，这是在某种恐慌状态下，执行希姆莱或希特勒下达的即决命令。[40]

的会议、与部队一起进行的图上作业和兵棋推演、在野外和空中实施的实战演习和操演。这样的三个月下来，我已经充分摸清下属的情况。部队换装 He 111（第4轰炸机联队）和 Ju 88（第30轰炸机联队）的重新训练在一度付出惨重代价之后终告完成，各级首长和部队都深入钻研自己的首要任务，并与陆军的相应首长充分统一意见。1940年5月8日，我出席空降军的最后一场讨论会，该军所有独立行动的指挥官悉数到场。所有疑虑都已打消，但指挥关系在我看来还是有些复杂，尤其是因为施图登特将军不想放松对第22步兵师的掌控。再加上希特勒和戈林经常在空降行动的准备工作中指手画脚①，在某种程度上把施图登特将军当作他们的直接下属，而施图登特将军又欣然接受这种地位，导致指挥变得更加困难。战斗打响后几个小时内的事实明确显示，航空队作为唯一能发挥作用的主要枢纽，不得不更深入地干预空降行动的指挥。

如前所述，施图登特将军想亲临前线指挥。更好的做法是他在战斗刚打响的时候留在后方指挥所里，直到事实允许从一个前方指挥所统率两个空降师的情况下，才接管战场的指挥权。当然，第7航空师应当有自己的指挥参谋部，单独为它组建一个也不是什么难事。另外，还有一些令我担心的问题。Ju 52作为运输机虽然有明显的优点，但是也存在严重的缺点：没有防弹油箱，只是临时用来搭载空降兵，自卫能力薄弱，航程也不够。着陆场上空的交通需要在数小时内严格遵守精确到分钟的时间表。战斗机要保证长达数百千米航线的安全，这对于飞行时间较短的 Me 109几乎是一个无法解决的问题，但奥斯特坎普将军和他手下出色的战斗机飞行员成功解决了这个问题。预先轰炸荷兰各个机场与空投伞兵在时间上的协调，也是说起来容易做起来难。除此之外，5月9日傍晚，空军总司令部还神经兮兮地下达一道命令，要我出动两个重型轰炸机大队攻击突然出现在荷兰海岸附近的敌方舰艇，由于我当时不在场，我的参谋长未能让他们收回成命。其实，他们的担心并非没有道理，因为伞降可能受到干扰，无法按计划实施。然而，我在重大事件发生之前的一贯做法是平静和充满希望地等待，后来的几场战局中

---

① 原注："空心装药地雷"（Hohlminen）的应用，例如摧毁埃本·埃马尔要塞的装甲炮塔，便是按照希特勒直接提出的建议。

也经常是这样；我们这些卑微的地球人已经尽了最大努力，能否顺利实施，只能仰仗上帝保佑，正所谓"谋事在人，成事在天"。

西方战局第一阶段

开战之初的军事行动完全按预定计划进行。第一批捷报传来，称已经攻克阿尔贝特运河上的桥梁和埃本·埃马尔要塞，准时在穆尔代克附近的马斯河大桥和鹿特丹机场上空跳伞并夺取这两个目标，听到这些消息让我不禁长舒一口气。

接下来可谓风云突变，关于 Ju 52 在海牙以南海岸实施机降的报告相当含糊，一位空中运输联队的联队长口头报告在鹿特丹—海牙公路干线上降落时，遭到敌方从地面和空中的攻击，鹿特丹机场周围爆发新的战斗，导致后续不断着陆的飞机遭受较大损失，情况的瞬息万变让我和空军总司令部都很不满意。我的作战参谋亲自飞去侦察，终于带回来关于鹿特丹附近局势令人放心的消息。空降军发回的报告显得非常迟疑，无线电通信只有在每一次要求提供支援的时候才会变得密集和响亮，但仍然闭口不提第22步兵师的处境。不久，航空队派出的空中侦察发现占领海牙机场的行动未能成功。5月13日上午，施图登特将军多次请求轰炸机支援对鹿特丹市内敌军支撑点的进攻，重点是伞兵未能攻克的几座桥梁。时间：14时整[41]。空袭应要求实施，大获全胜并最终导致荷兰于1940年5月14日投降。

我们赢得的军事胜利有多么辉煌，荷兰人在战后指控我和戈林的罪状就有多么严重，并在纽伦堡国际军事法庭上一再提出。关于这件事，我还要指出，轰炸机联队起飞之前，我和戈林曾在电话里就施图登特要求的轰炸应该怎样实施，乃至这样的轰炸到底有没有必要激烈争论长达几个小时，其结果是，我反复提醒那位联队长要特别注意战斗地域出现的信号弹和识别标志，并与我和空降军的无线电台不间断地保持无线电联系。局势之所以变得如此紧张，是因为自从上午与施图登特的通话结束后，无线电通信即告中断，这不仅意味着航空队无法得知鹿特丹市内和周围的战况，还造成有可能误炸友军的危险。当时，无论航空队司令部还是集团军群司令部都不知道，施图登特已经开始与荷兰人谈判，他本人身负重伤，并把指挥权交给装甲军军长施密特装甲兵上将。作为一名老兵、炮手和飞行员，通信中断对我来说有如家常便饭，尤其是在战斗最关键的时刻。正因如此，我才会事先反复提醒那位联队长，从而避免他手下的第2轰炸机大队向城市投弹。那位联队长关于这起事件的报告如下：

> 我当时指挥的第54轰炸机联队，奉当时还是少将的普齐尔命令，前往鹿特丹支援施图登特将军的部下，把荷兰人从城内的某些地点赶走，他们正在那里纵射马斯河上的几座桥梁，阻止施图登特的部下继续前进。为此，需要轰炸的各处目标都标明在一张地图上。
>
> 起飞前不久，航空队向联队通报施图登特已经要求鹿特丹投降的消息，并下达相关的命令，一旦鹿特丹确实在此期间（接敌飞行的途中）投降，就改为轰炸备用目标。出现这种情况的标志，是从鹿特丹城外马斯河河心的小岛[42]上发射红色信号弹。为了执行这项任务，我们联队划分成两个实力大致相当的纵队。浓密的烟雾使能见度变得很差，再加上联队得到严格命令，只准攻击地图上标明的那部分区域，于是我们不顾地面的防空炮火在大约750米高度投弹攻击。——我率领右纵队，因为马斯河那座岛的上空没有任何红色信号弹的迹象，所以攻击按计划进行。
>
> 炸弹精准地落入命令规定的区域。第一批炸弹落下之后，地面防空炮火几乎彻底停止。——当时中校军衔的赫内率领左纵队，他观察到有红色信号弹从马斯河的岛上升起，于是改变航向，攻击备用目标。
>
> 我着陆后用电话向普齐尔将军报告这次飞行情况的时候，他问我，我们有没有注意到岛的上空有红色信号弹。我告诉他右纵队根本没见过，但左纵队确实见到一些零星的信号弹，并问他鹿特丹有没有投降。然后，他告诉我，我们与施图登特将军的联系又一次中断，但鹿特丹显然还没有投降，联队要立即再次起飞实施同样的攻击。
>
> 整个联队又一次起飞，但在途中被无线电召回，因为鹿特丹已经投降。最后，我要声明的是，这次飞行任务明显属于战术行动，即空军对地面部队的支援。

鉴于这份证词在国际上的重要意义，我认为有必要引用其中的主要部分，尽管它与我自己的陈述在某些内容上有出入。另外，根据适用的国际法和当时在鹿特丹的伞兵的个人陈述，我想补充说明：轰炸一座城市的守军是国际法允许的，在战术上是炮火支援的延伸。炸弹确实命中了目标。破坏的发生主要来自火焰的燃烧效果，火势又借助燃料和油脂的泄漏和燃烧进一步蔓延。利用战斗的间歇期，火势原本可以得到有效的控制。

有件事情也许会让人感兴趣，西方战局开始的时候，第7航空师还没有完成全员的跳伞训练，于是只能有一部分参加伞降作战。参加空降行动的主要是4500名伞兵，其中4000人在荷兰伞降，500人乘坐滑翔机降落在埃本·埃马尔要塞附近；其余人员乘坐容克式飞机和水上飞机实施机降。

5月13日中午，为了支援冯·克莱斯特的装甲集群强渡马斯河，第8航空军转隶负责支援冯·伦德施泰特集团军群的第3航空队。至此，第2航空队编成内主要剩下第4航空军和第2高射炮军，只有更密集地出动，才能有力协助第6集团军和第18集团军左翼艰难地跨过河道纵横的各处地段，粉碎法国坦克大大小小的攻击，例如5月14日在让布卢，并有效支援我军各师在勒芬和阿拉斯与英国远征军交战。航空兵的有生力量在人员和物资两方面都遭受巨大的消耗，实力下降到30%—50%。部队转移到更靠近前线的机场对于每天的总飞行架次数几乎没有任何影响，因为越来越严重的损失无法以同样的速度得到补充。

比利时军队于5月28日投降后，我希望英国远征军很快也束手就擒，特别是考虑到我手下航空兵部队的利益。鉴于装甲兵和航空兵之间出色的协同动作、德国军队的杰出指挥和快速部队的强大实力，我估计这只是几天之内的事情。当我的航空队奉命在几乎没有陆军参与的情况下单独消灭英国远征军余部的时候，虽然我可以把这看作是对我们迄今为止所获成就的奖励，但更多是感到惊讶。空军总司令部一定很清楚我的飞行员不间断地执行对敌作战任务近三个星期之后是什么状况，不应该下达这样一个没有新锐兵力补充就无法完成的任务。我非常明确地向戈林表达这个观点，并表示，即使得到第8航空军的支援，这个任务也无法完成。耶顺内克大将告诉我，他也有相同的想法，但戈林出于某种令人费解和骄傲自大的理由，已经在元首面前夸下海口，他的空军可以彻底消灭英国人。与戈林提出这个不切实际的建议相比，希特勒要考虑的作战事务太多，接受这个建议所需承担的责任相对较小。我向空军总司令部指出，最近出现在战场上的现代化"喷火"式战斗机使我们的空中攻击变得困难和代价高昂；到最后，正是它们让英国人和法国人从海上撤离成为可能。

向他们表达我的担忧并没有让任务有任何改变——犯下错误之后拒绝承认，是出于固执还是懦弱？实力严重削弱的航空兵部队只能一点一滴地得到补充，为了完成任务已经拼尽全力；第4航空军军长把自己当作一名联队长，亲自率领他的部下出击；过度疲劳的部队还要比往常更频繁地出动，自然导致"喷火"造成的损失越来越严重。尽管如此，如果不是恶劣的气象条件使飞行变得更加危险，我们就不会只赢得一场普普通通的胜利。凡是亲眼看到沿海水域和海滩上遍布各种残骸和散落物资的人，凡是亲耳听过完成攻击任务后返航的战斗机、驱逐机和轰炸机的空勤人员汇报敌军撤退情况的人，都不得不对航空兵克服一切困难取得的成就致以最崇高的敬意，并对英国人的不懈努力以及他们表现出的创造力和英勇顽强赞不绝口。1940年的我们根本没有想到逃出生天的英国人和法国人竟然有今天公布的30万人之多，当时认为漏网人数充其量不会超过10万。希特勒的决定可能还受到其他因素的综合影响，例如地形不利，过度磨损的坦克需要保养和修理，等等，但无论如何，这个决定都是一个致命的错误，给英国留下了重新组织其武装力量的机会。

只用略多于三个星期的时间（1940年5月10日到6月4日），向海峡沿岸的快速进军便令人难以置信地迅速结束了；荷兰和比利时以及英国远征军都被排除在战事之外。我们付出损失近450架飞机的代价，支援陆军赢得一场空前的战术胜利，在地面和空中击毁3000多架飞机，除此之外，还击沉或击伤相当数量的军舰，击沉50多艘、击伤100多艘商船和小艇。

西方战局第二阶段

5月29日，即我军攻克里尔的前几天，希特勒在康布雷机场的飞行控制室向右翼各部的司令通报他的下一步意图，标志着战局的第二阶段正式拉开帷幕。首先由各位司令简要总结过去几个星期里的军事行动，而希特勒为此向基层官兵和指挥机构表达了特别的感谢，随后讲解接下来的作战意图。他的讲话非常严肃，提到他担心法军主力可能会发起强大的侧翼突击，为了抗击这种突击，摩托化部队应当在接下来的一系列行动期间全面做好迅速变更部署的准备。他清醒地看待局势，警告我们不要过于乐观，关于时间和地点的指示也非常谨慎。我们怀着欣慰的心情离开会场，觉得他一定妥善考虑过后续的军事行动，而他所预见到的困难之大，是我们根据与法国人作战的经验和自身的战斗表现没有想到的。

敦刻尔克的军事行动结束后，第2航空队在向南变更部署的过程中仍然不断接到要求，导致作战实力进一步削弱。首要任务是向索姆河沿岸和塞纳河下游的B集团军群提供战术上的空中支援，并为陆军的地面运动提供空中掩护。凡是像我一样从空中和地面亲眼见到过冯·克莱斯特和古德里安的装甲集群在北面完成直扑海峡的快速机动之后，调头向南和东南开赴索姆河和埃纳河沿岸的人，都不禁会发自内心地为德国陆军指挥机构的应变能力和高超技艺以及基层官兵的训练水平感到自豪。这些运动之所以能在光天化日之下顺利进行，完全是因为德国人掌握着制空权。

我从设在索姆河北岸的一处前进指挥所里目睹第4集团军和霍特的装甲集群乘胜长驱直入塞纳河沿岸，第16和第14装甲军在亚眠和佩罗讷附近不太顺利的交战，并再次变更部署到冯·伦德施泰特的A集团军群。航空兵各部队重点攻击法国人沿公路和铁路的兵力调动，摧毁桥梁，并为法国陆军的秩序瓦解和随后投降做出巨大贡献。不幸的是，尽管飞行员试图只攻击法国陆军中仍然保持建制的单位，但这些从高空和低空实施的攻击还是殃及一些混杂在军人队伍中的平民。

另外，还有一系列重要任务要执行，有时甚至在恶劣的气象条件下也不能中断。丢失海峡沿岸之后，英法两国之间的航运集中到更南面的港口和沿海地区，又遭到我们的沉重打击，从海上撤出英国军队的运输彻底陷入瘫痪。从1940年6月5日开始的20天内，除了2艘小型军舰之外，还有大约30万吨商船沉没，4艘军舰和25艘商船受到不同程度的损伤。针对铁路线和火车站的攻击也取得同样的效果，例如在雷恩和布列塔尼半岛，仅一天之内便有30列火车被毁。1940年6月3日，针对巴黎空军基地的一场大规模突然袭击中，超过100架法国飞机被击落，毁于地面上的飞机达到这个数字的3—4倍。这一次，我军空中战术的改进不仅明确体现在低空接近目标时用故意改变航向的方式迷惑对手，还表现在高空、低空和俯冲的攻击过程中。

军事行动的进展之快出乎所有人的意料，导致法国在短时间内彻底崩溃。随着6月22日停战协定的签订，这场战局实际上已经结束。当我听说德国陆军有些部队开始复员的时候，觉得希特勒就此结束战争的希望并非空穴来风。他这样做无疑是在遵循某种具有前瞻性的国家政治构想，又出于暗地里对英国人的好感，他后来不止一次表露出这种态度，而我也亲眼见到过。我记得那是在1943年，有一次我在向希特勒汇报的时候称赞英国人的战斗表现，他挺起身来，用锐利的目光直盯着我说："没错，他们也是日耳曼人！"

[法国]投降带来的喜悦固然令人陶醉，可是我们不能忘记总结得失。我们在正确的道路上继续迈进；波兰战局的经验得到了广泛吸收，成为各级指挥机构和基层官兵的共同财富。实际战果证明这个战局的计划是正确的。同样的评价也适用于计划的执行过程。B集团军群和第2航空队齐心协力的奋斗，变更部署和集中过程展现的战术灵活性都堪称经典。近距离支援飞机部队、远程轰炸机部队和高射炮军的实战表现证明，空军的组织结构基本正确；虽然它们承担的任务多种多样，但能在关键时刻协调一致地出现在足以决定战役胜负的关键地点。即使在困难的条件下，集中空军的有生力量于**唯一的**目标，也是夺取胜利的根本保证。

第十章
重大转折前夕，1940 年夏季

古语有云："胜利之后，更须系紧头盔。"[43]希特勒却没有遵守这条基本法则。即使他相信确实有外交谈判的可能，我们这些军人还是无法理解在战争结束之前就迫不及待地开始局部复员陆军的做法。即使有人从中推断出希特勒至少当时不愿意与英国发生武装冲突，也无意把战争扩大到东方，他也一定知道，一支强大和做好战斗准备的军事力量才能最有效地推动外交谈判。单纯依靠没有复员的空军，不足以达成同样的效果。令人遗憾的是，虽然前两场战局的经验证明空军在供应不足的情况下仍能发挥决定性作用，但是飞机、高射炮和高射炮弹的采购直到1941年10月初才整合成一个优先的采购计划。众所周知，飞机的采购需要较长的启动周期，因此，提升产能和启动新型号的准备工作不可能开始得足够早[1]。另外还有一件事：我们这些身处前线的指挥官无法想象希特勒打算怎样与英国人达成协议，因为日复一日，周复一周，时间白白流逝，任何事情都没有发生。我们唯一能做的事情是在越来越激烈的海空战所允许的范围内尽可能地休整部队。

我当时不得不更深入地研究海空战，并从第9航空军的经验中学到了许多东西，这个军几乎专门负责实施这种类型的空中战争。在多次会见优秀的军长克勒将军并视察其部队的过程中，我发现这些老水手们具有高超的飞行技能和丰富的想象力，也听他们讲述过一些真实的"海员历险记"（Seemannsgarn）。这个军的

---

① 原注：关于这个问题的更详细论述，请参阅附录《德国空军及其兴衰》。

重型飞机部队除了负责监视整个英格兰东海岸的航运交通之外，还要在航运路线上和港口的入口处敷设水雷，并通过高空轰炸或鱼雷攻击直接打击同盟国舰船。在航空鱼雷这件事情上，空军总是无法摆脱海军的制约。这不难理解，因为海上航空兵是海军的附庸，却不隶属于海军；然而，我们未能研制出任何一种与飞机性能相匹配的鱼雷，也给空军指挥机构造成很大压力。我们早在1940年就应该提出自己的建议，为速度快和机动能力强的飞机配备能在高速状态下投掷的鱼雷，更应该在与海军打交道的时候更坚决地捍卫它。海上鱼雷轰炸机的飞行员当时驾驶着自己那慢吞吞的"老爷车"（Schlitten）——我认为 He 111 也在其列——迎着令人望而生畏的防空炮火从低空接近敌方舰艇，越过其上空后还要冒着军舰舷侧火力的追击飞走，这样英勇的壮举足以让任何人肃然起敬。

相比之下，航空水雷也是由海军研制并提供给我们的，情况就比较理想。每一种矛都迟早会遇到它的盾，航空水雷当然也不例外。令人欣喜的是，我们总能领先一步列装新型号的水雷，只要发现敌人有能力清扫某种水雷，就立即改用新的型号，让敌人损失大批舰船或者彻底阻塞航道，直到使用更新型号的下一个回合比赛拉开帷幕。[①]就这样，我们从可设定为一艘或多艘舰船的磁场强度引爆的磁性水雷，一步步切换成可在不同磁场强度和噪音类型之间调整的声磁水雷。

姑且不考虑下一步的政治动向，空军总司令部批准成立"比利时"航空区和"荷兰"航空区，前者在精明强干的勒布将军死于飞机失事后，由我的老朋友巴伐利亚人维默尔航空兵上将指挥[44]，后者由原海军飞行员西堡航空兵上将指挥。与此同时，对空观察勤务和报知勤务以及四通八达的通信网也开始动工建设。有了荷兰和比利时这两处前沿阵地，我们相信自己能够比过去更从容地抗击英国人势必发动的更猛烈的空袭。

上述各项工作的真正意义，直到7月中旬我的航空队接到准备实施英格兰空中战役[45]的命令以后才显现出来。为了在海峡沿岸部署轻型飞机联队，我有时会亲率部下勘察地形，只是尚未收割的庄稼妨碍我做出无可争议的判断。新成立的

---

① 原注：丘吉尔的书中有一段话提到，损失的舰船中有一半是水雷造成的。

两个航空区以及配属给它们的帝国劳动勤务营想方设法保证全部机场都在8月初之前投入使用，并备齐这场大规模进攻所需的弹药和燃料。各飞行联队刚刚在机场上安顿停当，就要马上起飞执行首次战斗任务。相比之下，高射炮兵的日子显然更轻松，他们早已与空军通信兵一起各就各位。

除了上述工作和考虑之外，第9航空军和芬克上校指挥的第2轰炸机联队还"在武装侦察的过程中"成功实施战斗飞行，打击海峡内和周边港口的英国航运，但这也向奥斯坎普将军手下的战斗机飞行员和驱逐机飞行员提出了很高的要求。在这个阶段，我们只能严重干扰进出英国的海上航运，还不能将其彻底切断。更重要的是，通过这种空袭训练轰炸机飞行员，让他们适应自己的新任务，并为海空战制定基本原则。我们还不时空袭英国的各个军工厂，特别是雷丁、维克斯、阿姆斯特朗的飞机制造厂[46]，但与英国人在汉诺威、多特蒙德等地的做法不同，我们的空袭不针对城市。敌人使用维克斯的"惠灵顿"式飞机闯进我军占领区，遭受相当惨重的损失，以至于一度中断这种飞行；英国战斗机部队的状态也依旧在最低谷徘徊。

1940年7月19日，我在柏林国会大厦的现场。国会大厦的那场演讲和其间宣布晋升我为元帅的插曲让我们大为宽慰。我们觉得希特勒的和平提议相当郑重而诚挚，并认为英国有可能做出让步。怀着这种印象，我们7月20日在卡琳庄园[47]庆祝这一轮晋衔。我问戈林：为什么我们空军的元帅不是单独起名"Luftmarschall"，而是用现成的"Feldmarschall"？他回答说：这是为了让空军和陆军的这一级将领完全对等。这个答案令我很惊讶。我坦白承认，姓名前面若是冠以Luftmarschall，会让我觉得高人一等，因为这个名称凸显出我的服役经历非同寻常。我当时根本不知道，有些陆军军官认为空军的元帅根本不配与陆军的元帅相提并论。而我至今仍然坚信的是，倘若不是希特勒认为有望结束战争，那么我们谁都不可能在西方战局结束后成为Feldmarschall。

我身兼陆军和空军的军官，战争后期还同时统领着航空队和集团军群，因此，我相信自己有资格评判具体某一位指挥官承担的责任。首先也最重要的一点是，战绩是根据战果来评定的。不可否认，空军在陆军的作战行动中发挥着决定性作用，而空中战争在战役和战术范畴内的胜利也足以决定整场战局的胜负。至于指挥机构和指挥决策，它们在不同的空间层面上发挥作用，也就不能相互比较。因此，谈论哪一个指挥机构"更有价值"或"更没有价值"是错误的，只能说承担的责任不一样。长期以来，各国海军的指挥机构一直是空军指挥机构效仿的榜样。与陆军相比，这两个军种指挥机构的业绩更多取决于技术方面的因素。毫无疑问，策划一场战略性空中战争或空中战役需要博大精深的知识和深思熟虑，虽然考虑的事情不在同一个空间层面上，但是涵盖的重点专业学科并不比陆军的策划工作少。同样毫无疑问的是，除了具备战略性空中战争的特殊知识之外，在陆军作战区域内或海战中使用航空兵还需要深入了解构成武装力量三个组成部分的基本要素，并有换位思考的能力。一个决定的对错能在最短时间内转化成战场上的胜负，仅凭这一点，就足以证明指挥官肩上的责任是多么不同寻常，更何况还要考虑技术的局限性和局势的瞬息万变。评价一位指挥官够不够资格晋升元帅的依据只能是战绩，至于他来自哪个军种，无论陆军还是空军，连问都不应该问。不过，我要向所有的空军元帅发出一个呼吁："不要埋头做片面的技术员，而要学会从武装力量整体的角度去思考和指挥。"

第十一章
"海狮"行动和英伦空战

旨在进攻英国的"海狮"行动出台的背景和过程证明，我方的战争指导缺乏计划性。我在1946年的一份研究专著中把这种想法概括成下面几句话："然而，主要错误在于战争开始的时候没有一个周密的《战争计划》。到最后，继续进行战争的方式完全取决于当前战事的胜负，我们必须把**这个**事实当作德国方面在战争指导上的错误。阿道夫·希特勒应该为这件事负责。"

实际情况是什么样呢？像其他国家一样，我国武装力量的作战计划和展开计划从1936年开始也是由国家战争部武装力量局的国土防卫处（der Abteilung Landesverteidigung im Wehrmacht-Amt des Reichskriegsministeriums）起草，后来改为国防军统帅部和具体军种的总司令部负责。由于计划制定后的一年之内可能出现政治变动，军事任务是卡着有可能完成的极限来设定的。缺少军事装备也必然在政治上构成制约，并限制任务的设定。总之，当时无论在政治上还是军事上，我们都没有做好同英法两国开战的准备。甚至到1939年秋季西线的进攻已成定局的时候，也没有证据显示我们对进攻英国的准备工作有任何设想。就算国防军统帅部和希特勒谈不上高瞻远瞩，就算一举击败西方列强的闪电式胜利让希特勒始料未及，他们也不应该彻底忽视登陆的想法，因为这是每一名军人都能想到的。只要知道希特勒在其他几场战局之前是多么一丝不苟地检查准备工作和讨论可能的发展过程，任何人都能从他在面对英国时举棋不定的态度当中得出结论：他想避免与英国的公开较量。在我看来，他真的相信英国人会握住他伸出的和平之手。放弃必要的准备工作当时便能看出是一个严重错误，现在仍然如此。另外，希特勒也像德国总参谋部一样局限于大陆性思维，不愿意"跨海作战"。而他的上述态度又进一步受到雷德尔海军元帅的鼓舞。如果说陆军是不情愿对大不列颠采取军事行动，那么海军就是直截了当地反对。相比之下，我们这些空军将领的态度更加积极，包括戈林在内。鉴于经常有人指责飞行员是乐天派，我们当然有理由做出这种比较积极的判断——经过仔细考虑，我在这句话里特地使用比较级形式。

不入虎穴焉得虎子！任何行动都有风险。判断局势必须以迄今为止的战争进程作为依据。三场战局的大获全胜足以向全世界展示德国武装力量的战斗力。英国远征军在武器装备方面损失殆尽，震慑效果让他们的抵抗能力大打折扣，重新武装可能需要几个月的时间。英国空军遭受重创，其战斗机实力在9月6日降至最低点，许多机场严重受损，尤其是那些地理位置最优越的机场。英国方面没有近距离支援飞机，像"惠灵顿"这样的中型轰炸机不得不为执行寥寥无几的作战任务付出极其惨重的代价，英国现有的轰炸机仅凭高射炮便可拦截，也迟早会沦为德国战斗机的猎物，后者早就渴望遇到这种轰炸机目标。我们采用适当的战术措施，完全可以使英国的战斗机部队疲于应付，并将其各个击破和彻底粉碎；何况还可以用扫射、轰炸或伞兵（乘滑翔机）破坏的方式让至少几座雷达站失去作用，从而使英国本土防御的指挥手段失灵。就"海狮"行动而言，没有必要夺取传统意义上的制空权，因为敌方用来破坏海上航渡的空中力量即使存在也微不足道，并且有可能用某种方法使之彻底瘫痪。

空军仅凭一己之力无法阻挡英国本土舰队，这项任务需要动用海军、空军和陆军的全部有生力量。除了水面舰艇和飞机之外，水雷和重型海岸火炮同样可以发挥重要作用。只要在英国近岸水域大量敷设水雷，又让对方在一定期限内无法清扫干净，那么海峡中可供本土舰队实施机动的水域就会变得非常狭小。我当时就无法理解海军对岸炮火力的评价，而后来根据在地中海沿岸地区得到的经验，更是如此。过去，人们公认海岸炮兵连在重型水面舰艇分队面前占绝对优势，但现在这个评价不但不能成立，而且可以不客气地说，它们几乎毫无用处。海岸炮兵连的数量再多也不能改变这个论断，主要问题在于它们的射击阵地固定不变，有些甚至嵌入筑城工事之内。当然，压制敌方的海岸炮兵连是必要的。我方用海岸火炮轰击和飞机轰炸都完全有机会取得战果，更何况还可以施放烟幕。然而，以进攻区域及其相邻地带内的全部英国海岸火炮都保持沉默作为登陆的前提条件实属过分。这个要求让我想起1942年在意大利最高统帅部（Comando Supremo）的一次会议上，意大利海军的领导班子认为在马耳他实施登陆的前提是彻底摧毁岛上的海岸炮兵连。我的回答是这个要求根本办不到，并补充说，在我参加过的许多场进攻性军事行动中，敌人的防御武器甚至根本没有受到压制也没有妨碍进攻获胜。就算有一两艘小艇被击沉，也是可以接受的损失，因为当前的胜利能够决定整场战局乃至整场战争的胜利，更何况舰船的沉没并不意味着损失全体船员。我还对西贝尔设计的战斗渡船寄予厚望，并亲自驾驶过这种易于大批量组装的渡船。即使1940年的我没有经历过我军在图卜鲁格仅凭8.8厘米火炮击毁四艘英国驱逐舰中的两艘，中小口径的海岸炮火又在安齐奥－内图诺把装甲防护较厚的军舰赶走，还是相信大量运用配备三门8.8厘米高射炮和轻武器的"西贝尔"战斗渡船可以显著提高防空能力，掩护水雷场不被敌方扫雷舰艇清扫，并有效防止英国海军轻型舰艇攻击我方航渡过程。我知道海军不会待见任何一种不符合海军观念的船舶，但这不能否认这种出自西贝尔奇思妙想的渡船和工兵突击艇是实施跨海机动的绝佳手段，它们后来的表现足以证明这一点，例如在墨西拿海峡内、西西里岛与突尼斯之间。

最值得注意的事情是，"海狮"行动的设想根本没有参考德国在荷兰实施空降行动的经验，企图在没有伞兵支援的情况下作战。如果策划得当，我们本可以使用足够的伞兵和滑翔机摧毁相应海岸地段的防御要点和雷达基地，并占领可供一两个空降师着陆的机场。

在埃塞克斯、肯特和萨塞克斯境内广泛实施欺骗性空投，可以像在荷兰和比利时的空降行动一样迷惑英国统帅部、守军官兵和民众，仅此一项就可以让"海狮"行动变得更容易。即便如此，也必须满足**一个**前提条件：我方非但不能裁减军备，反而必须加强到前所未有的水平。

除了上报空军总司令部之外，我还向布施大将指挥的第9集团军司令部和海军的相关指挥部通报自己的意见。——但是，核心机构迟迟不能下定决心。开展准备工作的那几个星期里，我越来越相信这场军事行动不会付诸实施。与前几场战局的准备工作相反，空军内部没有举行过讨论作战细节的会议，并邀请其他军种参战大部队的司令列席，更不用说与国防军统帅部甚至希特勒本人进行讨论。另外，我在海峡沿岸的作战司令部里与戈林以及预定参加"海狮"行动的陆海军指挥官举行的会谈，也更多是泛泛而谈，不是具有约束力的讨论。甚至连当前对英国的空袭与莫须有的登陆计划之间有什么内在联系，我也从未得到明确指示；两个航空队都没有接到过这样的命令。至于我的航空队要完成哪些战术任务，应该怎样与陆军和海军协同动作，这些统统没有讨论过。更让我感到沮丧的是，根据1940年8月6日收到的口头指示，我本以为从1940年8月8日开始的空中进攻战役是在为"海狮"行动做准备，但其具体实施才开始几天便已偏离上述指示，整体进程也不符合登陆的要求。再者，每一位指挥官都心中有数，以我们当时的装备水平，即便在最有利的条件下，一场为期五个星期（从1940年8月8日到9月15日）的空中进攻战役也会把德国的空中力量削弱到无力支援登陆的地步。更何况物资和人员的补充休整，以及在几个月内保持作战部队的全部战斗力都几乎得不到保证。

想要实施登陆，就要通过短促有力的打击震慑英国本岛的对空防御，随即在几乎毫发无损的德国空军掩护下突然发起登陆作战。然而，当时也不应该禁止我们攻击伦敦地区的空军基地，这道禁令使争夺制空权的斗争从一开始便存在问题。同样值得怀疑的是，打击邻近欧洲大陆的英国海港在这个时候是不是像人们强迫我们接受的那样重要。尽管英格兰空中战役开始时的作战命令并不让我感到乐观，但与戈林的各种讨论还是让我拾起"海狮"有可能变成现实的一丁点信心。我无法想象，仅仅为了避免无所事事，便在不合适的目标上消耗宝贵的航空兵部队，导致德国空军能否迅速恢复优势都成为未知数。只有设想有人为了安慰自己的良心在不断玩弄登陆行动的念头，但确实由于在政治和军事上顾虑重重而无法下定决心，我们才能理解围绕在"海狮"行动周围的一系列事件。在上述事实面前，我不得不同意英国军事作家富勒的说法，他说："'海狮'行动经常被设想，但从未有计划。"

所谓的"英格兰空中战役"也因"海狮"计划的混沌状态而深受其害。包括希特勒在内的有识之士组成的每一个小圈子里都说得很明白，仅凭空军不可能让英国屈膝投降。因此，就算没有实现不可企及的目标，也不能说是德国空军的失败。同样，我们这些空军指挥官也十分清楚我们虽然能暂时掌握制空权，但是不占领土地就不可能长期保持，因为英国的空军基地、飞机工厂和发动机工厂有相当一部分处在我方轰炸机的航程之外，出于同样的原因，我们能攻击的英国海港也寥寥无几。战斗机的航程不够更是让作战难度陡增。从9月初开始便有小道消息说"海狮"行动可能撤销或推迟，这让我们有些愤愤不平，只有知道对英斗争的重担在当时的困难条件下将彻底转移到空军肩上的人，才能理解我们的想法。

针对[大不列颠]岛内外目标的经济战无疑是战略性空中战争的一个实际组成部分，倘若经过精心策划，完全可以达成预期目的，但在没有额外提供一切必要手段的情况下，用发动经济战来代替另一场已经撤销的军事行动，只能是一种不合格的权宜之计，具有各种各样的缺陷。

就当时的飞机数量、航程和战斗力等方面而言，第2航空队和第3航空队根本无法完成各自受领的任务。正如1939年仓促对波兰开战一样，我们也没有为对英经济战的纵深和目标多样性做好准备。当然，我们肯定能让岛上的英国人生活得更艰难，但无法彻底切断大不列颠的生命线。

英国文献严重夸大德国军队在"海狮"行动预定日期（1940年9月15日）的实力，例如，据说丘吉尔曾经谈到过1700架战斗机。这个数字不正确，可以根据年度生产数字来核实。1939年度[①]的产量中大约有450架战斗机，可以认为它们全部在1940年8月以前消耗殆尽。同样，1940年度生产的1700架战斗机当中，大约有600架在此前与荷兰、比利时、法国和英国的交战中损失或报废，另外还有大约400架无法在8月以前交付使用，不应列入统计范围之内。各战斗机联队的实际保有量顶多是1700减1000等于700架战斗机。即使再算上从9月开始拥有两个驱逐机联队中的200架Me 110，总共也只有900架战斗机和类似的飞机，而不是丘吉尔所谓的1700架。

---

① 原注：这些数据摘自鲍姆巴赫的著作《太迟》（*Zu Spät*）。普勒茨的《第二次世界大战史》（比勒费尔德，1951年版）中给出第2航空队和第3航空队的总实力是1361架轰炸机和1308架战斗机。本书作者认为，这1308架战斗机应该是把正文所述的400架尚未交付的战斗机也计算在内。

第2航空队的编成

（出发地域位于荷兰、比利时和索姆河以北的法国东北部地区）

作战参谋部

第122远程侦察机大队

第9航空军

第2航空军

第1航空军

第1战斗机指挥部

第2战斗机指挥部

夜间航空军

第10航空区指挥部（汉堡）

第6航空区指挥部（明斯特）　　编有若干个高射炮师、

荷兰航空区指挥部（阿姆斯特丹）　地勤部队和供应部队

比利时航空区指挥部（布鲁塞尔）

出于政治或军事上的考虑，1940—1941年对英空中战争的过程可以分成 [两个] 不同的阶段。

第一阶段从1940年8月8日的"鹰日"（Adlertag）持续到9月6日，其中包括为预期9月中旬的登陆实施空中的战术准备，换言之，摧毁英国的对空防御，同时继续以海空战打击商业航运，从而切断英国的供应，并使其航空武器工业瘫痪。具体方法包括大型战斗机编队的战斗巡弋和对英格兰东南部各空军基地的低空攻击，为了扩大战斗机扫射的战果，还出动规模不等的个别轰炸机编队在战斗机掩护下轰炸机场和军工厂，而"斯图卡"和战斗轰炸机负责在英格兰东部和南部的近海海域攻击英国的供应交通线和这个地区各处港口的卸载作业。禁止实施恐怖性攻击[48]。

英国战斗机首战失利并遭受重创之后，开始躲避占优势的德国飞机；英国的一部分地勤组织也在交战过程中转移到远在德国战斗机最大航程之外的某处基地。以小型的轰炸机分队作为诱饵，可以引诱英国战斗机飞行员重新出来较量一番，直到后者接到明确命令避免与德国战斗机正面交锋，让这种较量的可能性变得极其渺茫，以至于无法在空中取得任何决定性的战果。困难的不是击落敌方战斗机，而是让它们出来迎战，我们有加兰德、默尔德斯、厄绍、巴尔塔扎这些名副其实的王牌飞行员，击落敌机的庞大数量[1]也可以作证。

飞机中弹或被击落对于双方来说完全是两码事。英国战斗机飞行员在岛上空跳伞或迫降就是回到他自己的国土上，根据伤情的轻重和能否得到新飞机，迟早都将重新投入战斗。反观德国飞行员，一旦降落在敌国领土上就会列入不可归队的损失。他应该在飞机中弹之后争取飞到海上迫降，即使我们立即出动救援飞机或使用救生浮标，通常还是无法让他归队，因为英国方面不承认这两种涂有红十字标志的救生装备受国际法保护。[2]而我们却把派出自己的海上救援勤务搜救迫降在英国沿海水域和地中海上的英国飞行员当作天经地义的事情，这个事实足以展示我方作战指挥的水平。

尽管英国战斗机消极避战，我方战斗机还是取得了相当可观的战果，不过付出的代价也不小。英国在作战初期投入大约700架"飓风"和"喷火"，总共损失大约500架；同一时期，德国损失近800架战斗机、轰炸机和侦察机。德国总损失数字较大的原因已在上文提到。航摄照片显示，炸弹命中英国空军的场站，利物浦、伯明翰、考文垂、泰晤士港和赫尔等地的航空工业设施，查塔姆、纽卡斯尔和希尔内斯等港口，都取得了令人满意的效果。"斯图卡"和战斗轰炸机攻击海上航运的行动非常成功，战果远远超过前几个月，但毕竟受到单座飞机航程的限制。许多情况下，我能够从我的作战司令部观察这种攻击的效果。敷设进攻性航空水雷障碍的战果即便完全无法估计，但根据英国人的报道也知道这个数字相当可观，正如第9航空军在这场空中战役期间一再向我报告的那样。到9月初，我们已经在一个有限区域内赢得暂时的空中优势，却因为这时开始攻击伦敦地区，未能长期保持。但可以肯定的是，我们仍旧能像和平时期一样在英国本岛之外自由行动，这说明英国轰炸航空兵的实力极其薄弱，在抗击德国登陆的时候不足为惧，因为

---

① 　原注：见第390页附录二《作者说明1》。

② 　原注：见第391页附录二《作者说明2》。

"惠灵顿"式轰炸机的战斗性能太差，而德国防空力量比较强大，并且协调一致。

把英格兰空中进攻战役第一阶段的计划当作"海狮"行动的准备工作是错误的。有些德国和英国的文学作品宣称，因为德国空军在第一轮战事中受挫，未能赢得空中优势，所以登陆不得不取消，这种形式的批评也不正确。因此，我重申一个基本要点：只有在敌方空军敢于一战的情况下，才能赢得绝对意义上的空中优势，即制空权。当时的情况并非如此。英国空军的战术行为固然正确，却不是实力强大甚至占优势的表现，他们只不过在有限的空间内是优秀的防御技术专家。

第一轮空中交战取得的击落战果相当可观，足以抵消我们自己初期遭受的损失，也显示我们在尚未完善的英国防空体系面前具有战术优势。只有后来的空中交战，才会出现几乎势均力敌的战况。

对英国军事工业、海港、储备仓库和兵营的攻击在物质和心理两方面都取得了显著成效，也符合登陆的设想，但实际上令人不安地分散了我军的兵力。

德国空中力量完全可以在实施登陆的时候完成自己的任务，只要采取措施夺取有限的、我认为刚好能满足登陆需求的空中优势，避免以任何形式分散兵力，并保证整支德国空军在那个时刻全面完成休整补充，随时可以投入战斗，而这些前提条件原本都可以得到满足。

英国统帅部的眼光局限于单纯的岛屿防御，并把全部技术知识和创新都应用在这个方面；小股轰炸机对法国沿海地区实施少数不成功的夜间轰炸非但不能改变这一点，反而证明英国轰炸机部队在抗击登陆的时候不可能构成威胁。英国攻击德国设在占领区的空军基地只不过是疥癣之疾，而针对德国城市的恐怖性攻击应该得到我们更认真的对待。

随着这场"空中大会战"拉开帷幕，空战指挥也开启新的篇章，需要所有担任指挥职务的人密切关注。因为有明令禁止我亲自飞往英国，所以我尝试用下列方式履行自己的指挥职责：跟随部下出击，直至他们飞离我方控制的海岸线为止，有时还会干预指挥；多次到刚刚着陆的部队，亲自与联队长、大队长和空勤人员交谈，试图了解他们的情绪变化，从而让我的指挥更贴近基层。我的做法当然会让相关的责任人紧张不安，具体表现在飞行编队集结和出击的空域不再是我抬头可见的加来周围，而是挪到南北两侧。我相信我的做法可以避免损失，因为只要让我看见哪个编队的队形不整，就会通过无线电下令返航，但在他们看来，敌人显然还没有令人讨厌的航空队司令那么可怕。战役后续阶段的情形依然如此。

　　按照丘吉尔在《他们最光荣的时刻》一书中的说法，英国不得不面对登陆的威胁，而德国显然倾向于冒一冒险。但是，"德国未能获得制空权"让这个企图不了了之。我同意丘吉尔的部分观点，即反对这个企图的意见主要来自德国海军对作战难度的深刻认识。"……未能夺取海峡上空的绝对制空权，而这是实施登陆所必要的作战条件。"为了推迟甚至取消登陆，雷德尔想方设法把一切反对登陆的观点全都报告给希特勒，其方式可谓不同寻常。总之，德国空军似乎是一切事情的罪魁祸首。但是，我本人曾连续几天从位于格里内角的指挥所观察整个海峡，几乎看不到敌人占空中优势的任何迹象，也看不到他们的海军，实际上根本看不到对海峡有任何持续的威胁——正如我的飞行员所证实的那样。〔也许有必要在这里指出，后来，英国人在西西里岛与突尼斯之间对我方小型运输队（渡船和驳船）的空中攻击，在我方强大防空火力的拦截之下，几乎没有造成任何损失。〕

　　如果希特勒确实想要成功实施某个项目，他就会像进攻挪威的时候一样，深入细致地研究每一个细节，并把他的意志强加于陆海军三军，这种做法很像丘吉尔，他们两人的性格在这方面颇为相似。这种情况下，不会再发布这么多含糊不清的、妨碍各军种指挥官达成一致意见的命令。

　　英国政府提高其本土防御潜力的努力值得我钦佩。然而，根据从其他地点的登陆方法中得到的经验，我认为筑城工事和其他障碍物的价值固然无可争议，可是如果没有军队持续驻守，过多建造它们有害无益，因为它们可能会成为敌方先头坦克、侦察兵和伞兵依托的有利地形。我赞赏英国人民的热情和奉献精神，但不相信像国民军（Home Guard）这样的乌合之众有任何特殊的战斗价值，最重要的原因是他们使用的武器性能低劣。即便他们能在正规军的帮助下守住阵地，也终究只会成为炮灰，1944—1945年德国境内的情况便是如此。人民冲锋队（Volksturm）尽管具有强大的宣传作用，装备水平也比国民军更好，结果还是一败涂地。鉴于牺牲人的生命是意料之中的事情，让这种部队投入战斗要背负沉重的责任。根据我们的经验，最好的解决办法是把原来参过军的征召人员分配到前线各团。即使考虑到国民军的士气极为高涨，其防御能力也不容高估。

当时，英国能投入英格兰南部战场的兵力始终不超过15—16个一流的、能满足运动战要求的师。但在久经战火考验的对手面前，一切都不能弥补战斗经验的欠缺。调集预备队会受到伞兵、空袭等军事行动的迟滞甚至阻止，随之而来的将是严重逆转和损失。因此，我的观点与丘吉尔的相反，相信至少在8月中旬之前，一场精心准备的进攻必然会取得胜利——而如果晚于这个时间，能否获胜将比任何时候都更多取决于空军和空降兵的行动。

摆在我们面前的最大威胁当然是英国本土舰队，只有通过集中德国海军和空军的全部力量才能摆脱它，而态度犹豫的德国海军不会提供多大帮助。尽管如此，只要认真策划和执行，这些困难还是可以克服。我们可以使用的手段有：通过空中和海上在港口入口处集中敷设水雷，大批量使用潜艇、驱逐舰、鱼雷艇和"西贝尔"式渡船，同时使用我方海岸火炮和烟幕，甚至有可能让占有优势的敌人动弹不得。按照非常粗略的估计，海军和海岸炮兵在这些行动中发挥的作用将占60%，空军占40%。

经过几个月来对英国空中活动的观察，我可以总结一下我对9月份局势的印象：

1. 我们无疑掌握着荷兰、比利时和法国北部的制空权。

2. 英国的昼间轰炸代价高昂，不得不取消。

3. 英国的夜间轰炸起初使用小股兵力攻击海岸附近的目标，后来改为攻击机场，所获的战果均微不足道。

4. 为"海狮"行动提供的对空防御措施尚未到位，但即便按照我方海军的报告，对海峡沿岸各登船港的空袭也没有造成重大影响。

5. 对德国城市的夜间轰炸越来越频繁，但没有在物质上或心理上造成任何特别的危害。

在遭受进攻的情况下，英国皇家空军以当时的实力不可能完成下列各种各样的任务：实施空中侦察，反击包括伞兵在内的登陆部队，切断供应，防止护航船队驶入法国港口，并为驱逐舰提供战斗机掩护。除了上述任务之外，还要攻击德国人的机场、散布着大量舰船的海峡港口和海峡本身、已经登陆的敌军，并掩护己方的陆地运输和海上运输，不难想象，这明显超出皇家空军实力允许的范围。除此之外，还必须考虑我方战斗机、驱逐机和高射炮的作用。至于轰炸机，我无法想象数量有限、性能平平的英国近程轰炸机能造成多大破坏，特别是考虑到我方空军和海军会使用高射炮在港口上空建立一道几乎不可逾越的屏障。而此前一直被用来攻击德国心脏地带目标的重型轰炸机则要另当别论——但即便如此，我方高射炮和夜间战斗机的强大实力也会把它们在登陆空域的活动控制在可接受的范围内。①

综上所述，登陆的尝试可能很困难，甚至非常困难，但并非毫无希望。每一项事业都存在风险，除了计划之外，还需要不屈不挠的执行力和某种乐观精神。丘吉尔作为防御一方最大限度地满足了上述条件。而我认为德国指挥机构也配得到同样的评价。[49]

英格兰空中战役第二阶段从1940年9月6日持续到1941年6月，结果是登陆的想法被彻底放弃。主要任务变成破坏大不列颠的生产和供应，这使人很容易认识到更深层次的意图是延缓英国重新武装的进度，并对这个国家发动经济战。所谓的"报复性攻击"（Vergeltungsangriffe）也在这个阶段应运而生。

9月初新下达的作战任务让明眼人一看便知，"海狮"行动已经盖棺定论。一

---

① 原注：见第392页附录二《作者说明3》。

个在政治和战略上千载难逢的机会就这样错过了。^①即便预定日期从9月中旬先
是无限期推迟，再最终推迟到1941年春季，也无法带来任何转机。

希特勒后来下令对伦敦发动的报复性攻击，只是在表面上与刚下达的新任务
有冲突，因为这些目标仍然属于"经济战"的范畴。

根据气象条件、敌方防御、自身训练水平和装备水平，我们使用的战法、进
攻兵力和攻击目标都会发生改变。有人指责空军指挥机构没有充分在主要突击方
向上集结力量，也就是在琐事上浪费打击效果，这样说并非完全没有道理。而我
自己几乎是一个"集中兵力的狂热分子"，更是为遭受这种指责而深感痛苦。除
了个别情况是由于上级武断地下达命令，又不幸地拒绝收回成命之外，广为诟病
的改变攻击目标实际上是1940年秋季和1941年春季具体战况的必然结果。正确
做法是根据目标的重要程度确定先后顺序，连续攻击直至将其彻底摧毁，然后实
施监控，一旦发现重建工作的迹象，就立即加以干扰和破坏。经济战的应急计划
确实存在，但执行计划的手段要么干脆没有，要么还停留在不完善的技术结构图
纸阶段。我们既没有航程远、爬升能力强、速度快、载弹量大和防御火力猛的四
引擎轰炸机，又没有可以伴随轰炸机进入敌方纵深空域的远程战斗机。我们还严
重依赖那几个月里变幻无常的气象条件，这意味着一个严重受损的目标有可能借
助持久不散的浓雾、大雨和乌云在很长一段时间内躲过后续的编队攻击。奇袭能
在避免严重损失的情况下达成最大战果，甚至有可能不止一次达成。而随着英国
积极防空力量（航空兵和高射炮兵）迅速做出反应，加速集结到重点目标空域和
往返航线上，我们的损失不久便会增加到无法承受的程度。为了避免伤及空军的
元气，我们唯有违背比较优秀的战术认识，不断调整攻击的目标、时间和方法。

戈林亲临现场指挥我们对伦敦的军事设施发动第一场大规模空袭，这场空袭
以一系列辅助攻击拉开序幕，战果相当辉煌，并通过夜间攻击进一步扩大战果。

---

① 原注：丘吉尔对9月11日局势的看法，体现在他当天发表的广播讲话里，这里摘录其中部分内容：
"……进攻随时可能开始。——有一件事确定无疑，希特勒不能再推迟他的入侵计划了——因此，我们必须把下
个星期看作我国历史上一个非常重要的时期。我们完全可以拿它和当年西班牙无敌舰队逼近英吉利海峡，即将
遭到德雷克迎头痛击的时候⁵⁰相比，也可以和纳尔逊在布洛涅为我们挡住拿破仑大军的时候相提并论……"

飞行编队大举出击的壮观景象和在作战司令部里听到的战果汇报令戈林深受震撼，以至于他忘乎所以地向德国人民发表了一通多余和夸张的广播讲话。这种事情与我的性格和作为一名军人的感受完全背道而驰。为了实现目标，我们不但要充分运用一切技能和奉献精神，而且需要运气，绝不是空喊口号。第二天的天气转坏，并持续了很长时间，导致战斗条件变得极其艰难，战果也大打折扣。对伦敦的这场空袭以及后续空袭的主要目标是这个庞大的指挥中心、交通中心和商业中心的重要军事设施，它们在9月份的几乎每个昼夜都遭到不同强度的轰炸。另外，舰船密集的海港及其永久性设施和各种军事工业设施也作为备用目标遭到攻击，破坏效果各不相同，但基本令人满意。主要的攻击目标有南安普顿、朴次茅斯、利物浦、伯明翰、德比和查塔姆，等等。

对英格兰南部空袭的主要制约因素是 Me 109 的航程不够，而它们的掩护不可或缺；我们尝试过使用 Me 110 驱逐机①提供护航，从轰炸行动中腾出战斗机独立作战，但未能成功；Me 110 的速度太慢，更离奇的是机动性太差，如果不想陷入疲于奔命的自卫状态，那么连它们自己都需要战斗机掩护。为轰炸机编队提供战斗机护航在当时和后来都是一个特别的难题。浓密的云层足以使轰炸机编队在集结和保持密集队形时遇到困难——能解决这个问题的技术辅助手段当时还没有问世——而对于无法进行仪表飞行，又要直接掩护轰炸机的战斗机部队来说，更是难上加难。不幸的是，这种气象条件对英国战斗机部队的不利影响较小；对于飞行技术和战斗素质都很优秀的单机、双机或三机小队来说，云层的出现反而恰到好处。

根据与第3航空队达成的一致意见，我们两个航空队有时集中兵力实施重点进攻，有时同时攻击多个目标，有时轮番攻击不同的目标，有时全天不间断地攻击同一个目标。我们还使用外挂炸弹的战斗机和驱逐机攻击英国本岛的目标，从而在短时间内使英国的防御力量不知所措。

与此同时，英国越来越频繁地对德国本土实施恐怖性攻击，但没有造成任何

---

① 原注：Me 110曾经名噪一时。戈林称它们是"我的（克伦威尔）铁骑军"。列装部队以后，我们发现这种飞机相当笨重，速度和武器装备水平都不够。

特别的物质损失和心理影响。卡姆胡伯将军指挥的夜间战斗机部队对飞越其上空的敌机构成严重干扰，逐渐成为覆盖作战区域全纵深的积极防空体系当中一个不可或缺的组成部分。

墨索里尼提出派一个航空军[51]参加对英国的进攻，我们尽管有所保留，还是欣然接受。德意合作的主要特点是翱翔蓝天时志同道合的深厚情谊。这里不对意大利空军做盖棺定论的评价，但应当指出，意大利战斗机还不能与英国的现代化战斗机同日而语，即便是与"飓风"式相比。意大利轰炸机无法胜任白昼的战斗任务，后来参加夜间作战的时候，又暴露出仪表飞行训练不充分和仪表性能不佳的缺陷。意大利各部队曾经对赫尔的港口设施进行过一两次小规模攻击，每当他们返航着陆的时候，我总是如释重负。他们遭受的损失很可能远远超过战果。意大利航空军军长富日耶航空兵上将是一个非常精明强干的人，不可能看不到这一点，当然知道抓紧时间强化训练。

英国的积极防空是以强大的高射炮防御作为基础，但不是整个防空体系中的决定性因素。防空的骨干力量始终是负责英国国土防空的战斗机部队。这个认识促使我向空军总司令部提出建议，除了轻型轰炸机的编队作战之外，还有另一种运用重型轰炸机的攻击方法，我希望通过它可以在出动更少架次、付出更小代价的情况下达成更大战果。

空中战役从此进入一个新的阶段，在不放弃重型轰炸机部队现有任务的前提下，最大限度发挥轰炸机空勤人员的个性、技术和作战积极性。我们偶尔有意识地放弃同时投下大量炸弹的规模效应，尝试攻击一些工业目标的要害部位，例如摧毁机器和设备，从而长时间打乱生产进度。当然，这种飞行任务需要一丝不苟的准备工作。有时，我还会亲自检查核实。为了保证轰炸机无论遇到什么情况都能把炸弹投掷在重要的目标上，通常还会事先规定一个或多个备用目标。虽然轰炸机空勤人员满怀热忱，但是这种攻击终究无法获得一鸣惊人的战果，这种零敲碎打的冒险行为好比是针刺，肯定能起到骚扰作用，但很难拖延英国重整军备的进度。

然而，改变战法也让我们有机会利用突然性因素，以较小代价完成战斗任务。第2航空队多次以这种方式在轮番作战中对伦敦的军事目标和英国各地的空军基地，以及利物浦、曼彻斯特、朴次茅斯、考文垂等港口和军工生产中心非常有效地实施大规模攻击。轻型轰炸机部队继续打击护航运输船队，并按照精心制定的计划抓紧敷设水雷。不过，尽管我们尽一切努力向主要突击地点集中更多的兵力，并且充分发挥个人的作用，整体结果还是不理想。随着经济战愈演愈烈，飞行目的地势必越来越遥远，我们在充斥着恶劣天气的几个月里又该怎么办呢？如果想更沉重地打击英国的战争机器，我们就有必要改变作战方法，于是，从1940年11月起基本上改为夜袭。

空军总司令部统一指挥专门对英作战的第2和第3航空队，并组织施通普夫大将麾下第5航空队（驻挪威）的协同动作。我们已经在漫长的海上飞行和实施夜袭方面积累许多经验，而它们只是证明一个事实，即这种形式的战争已经让德国空军的能力发挥到极限。只有亲身经历过的人才能体会到，用尽最后一滴汽油飞回机场，或者依靠仅有的一台发动机飞越数百千米海洋是什么样的滋味。因此，我们必须对在寒冷地带和在英国夜间战斗机的威胁下执行这种战斗飞行任务的空勤人员致以最崇高的敬意。

上述作战任务的总体原则是：根据对英国战争经济的重要程度选择目标，使用大型飞行编队实施攻击，然后通过骚扰性攻击，增加清理工作的难度；只有得到最新的航摄照片和最详细的地图材料，明确具体目标的地理位置以及在军事领域和军工技术领域的重要性之后，才发动攻击；还要向参战的所有飞行编队和单独行动的空勤组详细通报情况，并由航空军指挥部、航空队司令部或空军总司令部核查。我们选拔一批最优秀的轰炸机空勤组，先于主力飞抵目标实施侦察和照明，他们的任务与后来名噪一时的英国"探路者"（Pfadfinder）大致相同。有关战果的报告还要通过航空照相加以核实。除了距离、导航和天气造成的困难之外，敌方反制措施的力度在每个星期都会变得更大。

我们逐渐适应了这一切；只要无线电设备完好无损，就算万事大吉，但如果它们失灵，那么在恶劣天气和大雾中引导完成战斗任务后返航的轰炸机回到任何一个合适的机场，对全体地勤人员都是一件伤脑筋的事情。即使他们全力以赴，用尽一切可能的技术手段，也不一定能成功。在这种情况下只能用机腹在海岸上迫降，飞往以新勃兰登堡为代表的西德地区或中德地区，或者让空勤人员跳伞逃生，都是至少可以保住他们性命的救援手段。有趣的是，飞行员在布鲁塞尔一带弃机跳伞之前会对飞机进行适当的配平，让无人驾驶的飞机耗尽储备燃料之后在像佩勒贝格或施滕达尔这样的地区着陆。

这是一块让所有飞行联队啃了许多个星期的"硬骨头"，而除了潜艇和小型舰艇之外，全体陆军和海军都有机会进行休整，并为未来的不测事件做准备。在此期间，空军投入全部可以动用的兵力，攻击伦敦、朴次茅斯、南安普顿、普利茅斯、布里斯托尔、利物浦、赫尔、贝尔法斯特等供应港口，伯明翰、考文垂、曼彻斯特、谢菲尔德、格拉斯哥等军事工业中心，并抓紧在各个港口的入口处空投水雷，从而给大不列颠的物资供应制造困难，并推迟其重新武装的进度。尽管目标众多，还是能实现某种程度的集中兵力。

进攻性军事行动只中断过几天。总体而言，气象条件对作战进程有决定性的影响。空袭次数从8月和9月的高峰开始，逐渐减少到1940年12月的低谷，然后从1941年1月再度增加到4月的高峰，直到6月大幅度减少。从各部队的作战报告和航摄照片来看，战果应该相当可观。然而，正如盟军后来的错误判断一样，我们也把轰炸效果估计得太高。炸弹命中的效力固然无法否认——航摄照片可以作证——但即便是重磅炸弹的摧毁能力也终究是有限的，不足以造成毁灭性打击。更好的办法是使用燃烧弹，可以在较大的目标区域投下数千枚甚至数十万枚燃烧弹，点燃和烧毁高爆弹命中但未能彻底摧毁的目标。防御迟早能跟上进攻的步伐。人们也能学会对这样的暴风骤雨习以为常——通过每个人的齐心协力，加固和修缮受损的建筑物，可以取得原先在理论上公认不可能的成就。那时候，针对同一个目标倾泻大量弹药，直至寸草不生，就像不断重复攻击同一个目标一样，都是史无前例的特殊现象。从这个意义上讲，削弱英国军工生产潜力的预期目标根本无法实现。

后来的事实证明，要真正打败一个坚韧不拔和军事工业潜力雄厚的民族，不但需要一支强大的空军夜以继日地连续实施攻击，而且要持续数年越来越猛烈的恐怖性攻击。异常辉煌的战果纯属机缘巧合之下的例外情况，例如1940年11月对考文垂的轰炸。纽伦堡国际军事法庭上，人们问过我一些关于轰炸考文垂的问题，而这座城市遭受的破坏令英国人群情激愤也在情理之中。我在纽伦堡声明，考文垂作为英国的"小埃森"（Klein-Essen）确实列在目标清单中，其军工设施的位置也精确标在地图上。这场攻击之所以能取得重大战果，不仅是因为飞行距离较短，轰炸机编队可以在同一个晚上出动两三次，还因为气象条件和照明条件非常理想，有利于仪器的导航和瞄准，更是因为防空力量不够强大。即使是精确轰炸，也难免造成令人极其遗憾的副作用，而每一场大规模轰炸更是根本无法避免。火光和烟云导致不可能精确地瞄准和投弹，每一轮投弹又会因为散布规律造成整个弹着区域的范围进一步扩大，最终波及绝不应该成为攻击目标的地点。军人在发表和平主义言论的时候，经常受到人们的嘲笑，但他们的真实情感不应该受怀疑，毕竟有责任感的军人才是一个民族在这个领域的领导者。自古知兵非好战，既然他们掌握现代战争武器的知识，就当然知道一场全民战争将有多么恐怖。

　　请允许我再次提醒读者，德国政府曾经希望宣布空中战争违反国际法，因此攻讦这场空中战争的指挥者是搞错了对象。我想在此重申，尽管空军总司令部下令把纯粹的恐怖性攻击作为个别情况下的报复措施，可是航空队淡化了这道命令的执行，并把它限定在重要的军事目标上。我还要在这里明确指出，对不设防城市的第一场攻击是英国空军发动的，顺便说一句，这一点也得到英国战争历史学家们的证实；另外，德国统帅部并不情愿实施报复性攻击，例如9月对伦敦的那种攻击；然而，随着同盟国变本加厉地发动攻击，我方有必要从实际情况出发实施报复。

　　出于军事和政治上的某种动机，空袭大不列颠的次数逐渐减少，而我作为在即将到来的对俄作战中发挥关键作用的航空队司令之一，起初也不知道这些动机是什么。

　　到这时，攻击英国的飞行任务已经让我比以前有更多机会去考虑部队的休整补充、官兵的需求和气象条件，这固然令我大为宽慰，但航空队肩上的重担却几乎没有任何缓解，直到1941年5月才开始明显减轻。然而，我下令1940年12月24—26日和31日不对英国发动攻击，并一心以为对方会桃李相报，只可惜这是一厢情愿。我感到自己罪不可逭，无论是这件事，还是后来的另一些事情，我的行为经常出于人之常情。尽管我背负的罪名是在指挥战争时违反人道主义，并因此被判死刑，但我还是明确地指出这一点，也不相信有人能提出反对。

1941年新年前后的几天休假，是我在整场战争期间仅有的一段假期，却没有带来期待的宁静，因为我下属的几个航空区内有一些德国城市遭到猛烈轰炸。我中断休假，飞到荷兰，与夜间战斗机部队举行了一场纲领性的严肃讨论。卡姆胡伯将军和法尔克上校是当时在场的最高级夜间战斗机指挥官。我给他们摆下两种选择：要么从根本上实现转变，要么干脆解散夜间战斗机部队。我保证考虑和满足与会者提出的一系列个人要求，其中大部分是合理的，但要他们拿出实实在在的战果作为满足要求的回报。这次谈话结束后，我一直与夜间战斗机部队保持着密切联系，在卡姆胡伯的组织下，富有作战经验的法尔克和一批令人难忘的飞行员，例如中尉军衔的赛恩－维特根施泰因亲王和后来成为夜间战斗机王牌的施特赖布上尉等人，以出人意料的速度用事实证明夜间歼击航空兵是一个令英国人闻风丧胆的防御兵种。作为"夜战之父"，我从未缺席他们组织的任何一场重大官方活动和业余活动。击落敌机的数量相当可观。这种值得称赞的改善首先得益于技术领域的进步。地面雷达装置不间断地记录来犯飞机的踪迹；探照灯与雷达装置一起整编成一个探照灯师，成功地实现"明亮的夜战"（helle Nachtjagd），而安装在战斗机上的雷达装置保证"黑暗的夜战"（dunkle Nachtjagd）也能赢得胜利。夜间航空军成立后不久，英国的夜间轰炸机部队便改为经海上接近我方目标，这件事进一步证明夜间战斗机的威力。

从这几个月直到1941年，英国对德国本土的攻击确实造成了一些破坏，并在波及的一些地区引起短时间的混乱，但从未取得重大战果。敌人遭受的损失相当可观，但很容易弥补。他们加大力度对荷兰和比利时两个航空区的地面设施实施夜间攻击，可以印证我们先前攻击英国地面设施的效果，两者都以失败告终。英国人也不在晴朗的白昼实施轰炸。相反，他们会派出一些战斗机巡弋，有时还侥幸有所斩获。我手下优秀的第1航空军军长格劳尔特航空兵上将[52]就是其中的受害者之一。敌机突入我方占领区的次数越少，我方高射炮手越容易变得神经质。1940年圣诞节与1941年新年之间的某一天，我前去奥斯特坎普将军的战斗机指挥部拜访他。当我那架小飞机冒着纷纷扬扬的小雪降落时，狠狠地挨了几发2厘米高射炮的炮弹，这完全有理由让我大发雷霆。我无法接受所谓的当时有报告称一架"英国轰炸机"正在逼近的借口，更不能接受那是"陆军的防空炮火"这个听上去有些荒唐的理由。无独有偶：1942年的一个夜晚，意大利高射炮手又在突尼斯附近把我的"鹳"式飞机当成一架英国轰炸机，并开炮射击，幸运的是他们高估了飞机的速度，设置的提前量偏大。

回想起来，英格兰空中战役的整个过程至今仍然历历在目。这是一场不断追求正确决策的斗争，而接到的命令并非总是适应当前局势、个人意愿和严酷条件，导致这场斗争变得异常艰难。由于种种原因，我自己也感到不满意。

那么，从策划和效果的角度来看，这场空中战役算不算一场失败呢？

西方战局的迅速结束让德国统帅部面临一种始料未及的局面。这是他们第二次，并且用一种特别明显的方式表示自己没有长远的战争计划。如果没有为下一个步骤奠定必要的基础，没有明确目标，只是被事态的发展牵着鼻子走，绝不是什么好事。无论希特勒对英国的态度出于什么原因，我都敢肯定他在那几个月里从未认真考虑过攻击英国本岛。正是在这种情况下，这场同英国的空中较量应运而生，它并非势在必行，只是为了显示某种"莫须有"的意志。这肯定会影响作战的进程和战果，实际情况也确实如此。还有一个无可否认的关键事实是，战果在许多情况下未能达到预期水平。然而，所谓德国空军输掉英格兰空中战役的说法是荒谬的。考虑到当时局势的发展状况和可以参战的飞机数量，以及即使在最恶劣的气象条件下也能长期使用的飞机数量，任何批评都必须作罢。

如前所述，历史无法证明所谓的德国空军战败和未能完成其任务，导致不得不放弃登陆（"海狮"行动）的说法。倘若事实果真如此，那么对英国的连续轰炸就不可能在"海狮"行动取消之后再持续九个月之久。同样，德国空军遭到强大防空力量的抵抗，无法实现自己的意图，导致登陆夭折的说法也是错误的。另外，还有一种纯属子虚乌有的说法是：1940年9月15日德国遭受高达185架飞机的重大损失，注定"海狮"夭折的命运。鉴于9月15—21日损失的德国飞机总共只有120架，英国人所谓一天之内损失185架飞机的说法很可能是蓄意夸大。事实是，由于没有明确的"海狮"行动计划，为了填补下一个作战方案（俄国）付诸实施之前的空档，德国空军"被动地投入战斗"（batailliert）。然而，在充分肯定自身成就和作用的同时，也必须承认我们只是行至中途，离目标的实现还相去甚远。只要拿为期十个月的英伦空战与同盟国为期三年的德国之战做个比较，任何人都能看出这个论断并不是负面评价。

温斯顿·丘吉尔认为，9月底以前的空战是德国在为"海狮"行动做准备，而这种说法也在德语出版物中屡见不鲜。以下是反驳它的几条理由：

（a）戈林在所谓的"海狮"行动预定日期的前几天里连续下达数道命令，向第2航空队和第3航空队布置的一系列任务基本上与"海狮"行动无关。

（b）航空队司令一如既往地被排除在"海狮"的策划和筹备工作之外。

（c）德国9月5日的命令指出，对伦敦的空袭不是集中攻击政府中心，而是主要针对泰晤士河沿岸的设施，后者虽然是很有价值的目标，但对它们的攻击与登陆的意图几乎没有直接联系。

（d）希特勒在第17号训令中提到的准备阶段为期一个星期。鉴于起初设想的最短准备期限是五个星期，仅此一项便足以证明，他从未认真考虑过这项行动。

丘吉尔（第291页）称，英国人在法国面临的劣势是1:2—1:3，敦刻尔克战役期间甚至达到1:4—1:5。这些数字可能基本上是正确的，尽管我相信德国飞机每天出动的次数较多（每架轻型飞机每天可达3—6次），很可能造成视觉上的假象。不幸的是，战斗机之间很少出现传统意义上那种交战。对我们有利的一点是，作为攻击一方，军事行动通常可以按计划进行，而英国人不得不因敌而动，从而导致分散和浪费兵力，丧失赢得胜利的机会。他们的侦察和指挥设备也或多或少会受到干扰。

8月20日，丘吉尔告诉英国议会，经历过所有的战斗之后，英国战斗机部队仍然比以往任何时候都更强大。他这句话必须从心理方面加以解读，因为在我们看来，截至那时尚未发生重大空战。更何况，按照我方的经验，即使平均损失率高达30%—50%，也能保证按期得到补充。丘吉尔在第284页称，经历过几个阶段之后，"戈林无计可施，只能改为对伦敦和工业生产中心的狂轰滥炸"。另外，"（9月底之后）德国人把集中攻击改为四面出击"。这些话暗示，我们是在某种程度上被迫放弃既定的作战计划。然而，后面提到我们多次分兵原因的一句话，才更接近事实的真相："因为他们可以集中庞大的兵力对付我们，并用伪装和欺骗措施掩盖真正的攻击地点。"战术上的机动灵活绝不是实力薄弱的表现。我们能在面临最不利的气象条件和抵抗的情况下避免严重削弱己方的军队实力，在这场空中战役中几乎始终以基本不变的兵力不断进攻；1941年6月结束进攻以后，又在英国上空积极活动的同时动用强大的兵力投入俄国战局，并在几个月内取得重大战果，这个事实足以显示我们的实力和信心。

丘吉尔说英国皇家空军"远未一败涂地，反而高奏凯歌"，我欣然同意他的溢美之词。毫无疑问，英国飞行员的勇气和技巧、整个防御体系在新的技术方法面前堪称典范的响应能力，都值得这样称赞。另一方面，我不能接受所谓的德国空军在7月、8月和9月的第一轮交锋以决定性失败告终的说法。主动中止一场正在顺利进行的战役，与遭受决定性的失败绝对是两回事。英国官方小册子《不列颠之战》里面就有最好的回答："这可以解释德国人为了实施他们的下一阶段计划，为什么几次在当前的进攻方式即将收获回报，从而能继续坚持下去的那一刻放弃它。"

总之，双方在这场斗争中势均力敌，你追我赶地履行着自己的最高职责。

第十二章

1941 年 11 月底以前的俄国战局

时间表：

1941 年 6 月 22 日，北方、中央、南方三个集团军群发动进攻（北方集团军群通过波罗的海沿岸地区进军列宁格勒，南方集团军群进军乌克兰），编成内有两个（后来三个）步兵集团军和两个装甲集群的中央集团军群：

· 1941 年 7 月初的比亚韦斯托克—明斯克包围战役

· 1941 年 7 月 16 日，占领斯摩棱斯克

· 1941 年 8 月初，包围奥尔沙—维捷布斯克附近的俄国军队

· 1941 年 8 月 9—19 日的戈梅利战役

· 1941 年 9 月 9—19 日，与南方集团军群一道参加基辅包围战役

· 1941 年 10 月 2—22 日，以 3 个步兵集团军和 3 个装甲集群向莫斯科发动迟到的进攻，维亚济马—布良斯克双重包围战役

· 1941 年 11 月 2 日，古德里安在图拉附近停止前进

· 第 4 装甲集群的推进速度放慢，进抵莫斯科前方的莫扎伊斯克

· 俄国首都陷入危机

我已在上文提到，关于东线战局的指令是保密的，各级参谋部和部队都一无所知。我也认为，不应该让我手下的参谋人员在最初几个月里受这件事干扰。1941 年 2 月 20 日，一个由空军总司令部直接领导的小型参谋工作班子在柏林附近的加托（空军军事学校）成立，其负责人勒贝尔总参勤务上校不时向我通报进展，

或者请我作决定。1941年年初，我飞往华沙会见该地驻军总司令冯·克卢格陆军元帅，表达对扩建空军地面设施的意见，并做出一些补充指示。1941年5月，我再次飞往我的航空队在东线的前进基地，发现施工无法在6月初以前完成，主要是受到气象条件和地面条件的影响，但还能赶上新确定的 X 日（6月22日）。战役和战术层面的检查表明，空军总司令部提供的兵力不足，无法以应有的力度支援中央集团军群进攻。我登上戈林停靠在巴黎北部的指挥列车，与他激烈争论一番，并在我亲爱的老朋友、空军总参谋长耶顺内克的支持下成功说服他，从而得到为我加强航空兵和高射炮兵的承诺，至少可以满足我最低限度的要求。尽管如此，当戈林怒气冲冲地说向他索要东西的人不只我一个的时候，我还是表示理解，毕竟与英国的较量还在继续。但我也请他理解我的观点：如果不能提供必要的兵力，就不应该发动进攻。我坚持自己的要求是出于三个原因：第一，我已从两个战局中充分了解陆军官兵对空中支援的需要；第二，我十分怀疑对英国的空中战争在兵力急剧减少的情况下还能不能继续坚持下去；第三，我相信通过这种方式，可以重新推动长期以来要求加强空军实力的倡议。

1941年6月12日或13日，我离开海峡沿岸，前去参加希特勒召开的最后一场"巴巴罗萨"行动（对俄战局准备工作的代号）讨论会。按照官方宣布的消息，我的姓名还会在西线继续出现一段时间，目的是让世界公众相信德国空军的主力仍在凯塞林元帅的指挥下继续对英作战。（例如，可以参阅国防军统帅部1942年[53]6月17日的公报。）

我已经在关于闪电战的章节中提到，希特勒在对波兰开战之前向我们通报俄国和德国签订互不侵犯条约的消息，让我如释重负。那是1939年8月23日的事，而现在我们讲述的是1941年年中。这短短的两年里，世事变迁，情况已经大不相同，我是不是可以放下彼时的顾虑？此时的局势又是什么样的呢？1939年，如果不是西方列强未能立即集结全部兵力，如果不是俄国置身事外，如果不是我们动用德国国防军的全部快速部队以一场摧枯拉朽式的胜利一举结束波兰境内的战事，那么西方列强的进攻势必到来，需要我们严加防范。这些几乎连想都不敢想的事情，却在机缘巧合之下变成了现实，才让我们有可能避免同时在两线作战。1941年，欧陆列强已经退出同盟国的阵营，英国陆军撤离敦刻尔克之后还不具备实施重大军事行动的能力，英国空军在飞机产量和战斗力方面同样没有做好实施重大空中战役的准备。我们的北翼由法尔肯霍斯特大将的集团军和施通普夫大将的航空队在挪威提供掩护，南翼由隆美尔大将[54]的非洲军和意大利军队掩护，刚刚结束的一场闪电式战局又把作为敌方战线的巴尔干地区彻底击垮。美国人会不会干预仍然是一个疑问，至少他们还有一段很长的路要走。与1939年相比，1941年的第二战场实际上远远没有那么危险。那么，进攻俄国是必要的吗？希特勒早些时候宣布过，又在1941年6月14日开战前对将军们的最后一次讲话中重申，东线的这场战局不可避免，如果不想在未来某个不合时宜的时刻抵挡俄国人的进攻，现在就必须先下手为强。他再次提醒我们，有几个因素使俄国和德国之间不可能长时间维持友好关系：双方虽然暂时搁置意识形态上不可调和的矛盾，但是无法从根本上消除，俄国正在其西部边境地区和波罗的海沿岸采取类似于动员的措施，向国界一带调遣军队，并全面而快速地发展其军事工业，俄国军人欺凌我方边民的行为越来越频繁，等等。

仅举一例：我方判断和查明俄国1939年9月在距离国界300千米的纵深地区内展开的大部队有65个，1939年12月达到106个，1940年5月则是153个外加36个摩托化的师或旅，共计189个。俄国人在中央地段囤积重兵，仅在比亚韦斯托克突出部内便部署了大约50支大部队，这种兵力分布所展示的进攻意图更甚于防御意图。另一方面，我们在国界附近发现的俄国航空兵地勤组织及其布局明显具有进攻性，同样能暴露俄国陆军的意图。

希特勒宣称，俄国人将利用有利情况，在第一时间进攻我们，而我认为这个判断无疑是对的。英国已经成为"现有的战线"（英语：front in being）。谁都无法预测那里的事态会怎样发展。到了政治和军事上最不利的时刻，德国武装力量的主力很有可能被牵制在那里；而克里姆林宫可以轻而易举地找到发动突然袭击的某种借口。时间对它有利，更何况，它还是等待时机的大师。我从几位刚刚从俄国旅行归来的空军工程师那里得到报告，俄国人已经启动了一个大规模发展制造业和军事工业的计划，而我们无法在短时间内用任何东西与之抗衡[①]，不幸的是，

---

① 原注：一位俄国军官在1945年的审讯期间告诉我，俄国的军事工业和战备在1943年达到最高水平。再联想到俄国人1941年在其西部国界附近大张旗鼓地展开军队，我们能从这句话推导出什么结论是显而易见的。

空军总司令部和希特勒都认为工程师们所说的这个计划纯属幻想。客观地看，未来的发展肯定对我们不利。时至今日，我相信只有无可救药的乐观主义者才会认为俄国人将满足于波兰战事结束后的局面。虽然到处有人诋毁我是乐观主义者，但是就连当时的我也没有乐观到相信克里姆林宫能保持沉默。

　　那么，倘若战争已在意料之中，1941年的军事前景又是什么样呢？首先应该提到的负面因素是，预定的攻击日期太晚。通过合理选择目标，可以在一定程度上抵消这个不利条件。我坚信，在可以利用的少数几个月里，我们还来得及全力以赴地使俄国巨人的未来发展不构成威胁，至少是受到严重制约。即便俄国现有的陆军和空军占优势，也无法阻止我们。原因就是我下面要谈到的正面因素：我们从过去两场大型战局和两场小型战局中获得的经验，是俄国人无法企及的。我们已经成为精通本行的资深战士，为计划中的运动战做好了一切准备，势必旗开得胜。诚然，我们曾经在20世纪20年代中期与俄国人一起研制过坦克和飞机，但在那之后，我们又经历过多年的发展和考验，而俄芬战争却没有给俄国人带来证明能力的机会。谈到空军，我对我们的飞行联队充满信心，相信再度与第2航空队配合作战的冯·博克集团军群会像以前一样不会有孤立无援的感觉。令人不安的是，第8航空军刚刚从克里特岛赶过来。但在优秀的军长冯·里希特霍芬航空兵上将的指挥下，这个在空中战争中接受过特别训练和久经考验的军能迅速适应新情况，如期完成升空作战的准备工作。一个高射炮军将在精明强干的冯·阿克斯特黑尔姆将军的指挥下首次参战，与两个强大的装甲集群一起投入冯·博克集团军群的主要突击地段，冒着布列斯特－立陶夫斯克最重型火炮的威胁前进，这件事不容有任何闪失。

　　这场斗争绝非易事，可能不断遭遇一场又一场危机，而供应方面一定会出现意想不到的困难。但是，难道让共产主义远离西欧的目标还不够伟大，不值得我们全力以赴地去冒一冒险吗？只有克服自身的疑虑，才能向手下的部队灌输必胜信念。从那一刻开始，我便刻意不作他想，战果证明我的想法是正确的。一个人不能同时为两种思想服务，否则就是自取灭亡。在一定程度上专注于本职工作，无疑是这种想法的结果。

　　到了必须把这个战局看作决定性事业的时候，再去考虑其他军事行动的设想也不对。那本来是希特勒的事！希特勒在《我的奋斗》一书中说两线战争是错误和危险的。我们不能认为他忘记了自己对两线战争的看法，而在没有意识到其中危险的情况下涉足两线战争，至少我不是这么想的。因此，一定有某种令人信服的理由推动他这么做。我们只能顺着他的思路去推理。也许他根据"内线作战"的设想，相信自己有能力及时把俄国人排除在欧洲战区之外，从而集中全部力量对抗西线的威胁。但有一件事是肯定的，他根本没有考虑过从地中海沿岸诸国向俄国发动猛烈乃至决定性的打击，同时还能在英国最敏感的地点造成致命伤害。他局限于大陆性思维，低估了地中海沿岸地区的重要性，于是又犯下一个足以决定战争胜负的错误。然而，要求太高反难成功。[55]

1941年6月15日或16日，我降落在华沙以北一座条件相当优越的野战机场，发现航空队的指挥控制组织正在优秀的新任参谋长赛德曼将军领导下继续组建，有的参谋部和作战部队已经到位，有的像第8航空军那样还在开进的途中。接下来的日子非常忙碌。我到航空军和高射炮军召集大队长和营长以上的全体指挥官参加兵棋推演形式的讨论会，再次传达我对空中战争的看法，并确信每个人既能正确理解自己的任务，又有奋勇争先的战斗意志。各个联队的飞机都非常密集地排列在机场上；改进后的伪装掩蔽、优秀的对空情报勤务和众多的高射炮即便不能把每一次攻击都挡在机场之外，也很可能把俄国人的空袭效果降低到最低水平。通信联络一如既往地在各方面都令人满意，干线一直向前铺设到最前沿的阵地。

然而，这看起来有多容易，各级首长承担的责任就有多艰巨。其中的一个例证是，我手下优秀的航空队通信指挥官（Luftflotten-Nachrichtenführer）赛德尔双学位博士在开战前不久自杀身亡，因为他认为自己再也无法承担如此沉重的责任。曾经担任驻莫斯科空军武官的阿申布雷纳上校成为他的继任者，这个安排让我特别满意，因为阿申布雷纳非常了解我们的俄国对手。正是由于他的灵活和敏锐的指挥，航空队总能对情况了如指掌。我无数次驾驶自己那架双机身双引擎的FW189飞遍第2航空队从布列斯特－立陶夫斯克以南直到东普鲁士南部边境的集结地域，充分领教了整个区域的宽度和纵深以及这个月的降雨量，即使作战部队能如期从巴尔干地区赶来，这样的滂沱大雨也足以迫使我们推迟进攻时间。航空队已经下达最严格的保密命令：各联队只有在后方机场确实无法出动第一攻击波的情况下，才获准以低空单飞的方式把飞机转移到国界附近的出发机场。俄国航空兵部队在其机场上遭受的战术奇袭，充分证明我方航空兵的做法是正确的，这个评价当然对陆军也适用。考虑到克里姆林宫对6月20日以后不断恶化的局势不可能再有任何幻想，这样的奇袭更是非同寻常。与空军的愿望相反，出于地面战术上非常明显和令人信服的理由，进攻的开始时间定在黎明时分，也就是单引擎战斗机和俯冲轰炸机还无法编队飞行的时候；这给飞行带来很大的困难，但可以设法克服。[①]

　　我与冯·博克陆军元帅（中央集团军群）的讨论一向干脆利落，我们互相理解，齐心协力地解决进攻方面的问题。1941年6月21日傍晚，我又一次去找他，看看上次见面之后有没有出现新的疑虑或想法需要讨论，结果发现他有些消沉，这与原先几场战局前夕作最后讨论的时候截然不同，在一场命运攸关的重大军事行动面前，心事重重其实是每一位负责任的指挥官都有的正面表现。我又一次注意到，两个志同道合的人在这种情况下进行简短的讨论是多么有意义。鉴于这场战局中肯定会出现许多无法预料的事情，我打算把驻地设在离集团军群司令部更近的地方，并向对方派驻一名陆军出身的空军总参谋部军官，随时保持密切联系。于贝总参勤务中校巧妙而成功地完成了这项任务。每天傍晚，他都来我的作战司令部参加"晚间形势讨论会"，通报当天的"陆军形势"和准备在第二天采取的措施，同时听取"空军形势"，并向集团军群司令部详细转达。

　　作为空军的航空队司令，我可以站在一个相对较远的角度观察陆军的动向，并通过航空军（空军联络组）和高射炮军接收从陆军前沿直接传来的报告，其中有些内容可能与集团军群的通报大相径庭。每个傍晚的形势讨论会上，我都会评价陆军的态势，并指示于贝把我的批评意见转达到集团军群司令部，除非遇到比较重大的事件，我会亲自打电话同冯·博克陆军元帅讨论，或者交给我们的参谋长去讨论。冯·博克陆军元帅知道，我无意对他指手画脚，只是为了帮助陆军这个休戚与共的兄弟军种，作为一名合作伙伴应当做出一些反应。每天早上，我都

---

① 原注：见第394页附录二《作者说明4》。

与空军总参谋长耶顺内克大将详细讨论当天的战况和第二天的措施，傍晚经常再追加一次，以便空军总司令部派到元首大本营出席"元首形势讨论会"的时候能为空军的利益据理力争，并使之与陆军的意向协调一致。极少数的特殊情况下，例如在斯摩棱斯克或莫斯科附近，我还通过这种联系方式在关键性问题上就陆军的某些措施提出我的个人意见。尽管如此，本章的主题还是陆军和空军之间堪称典范的、最有成功希望的合作。基于这种态度，我指示手下的航空兵将领和高射炮兵将领，只要以不影响只隶属于我的指挥关系为前提，就可以把陆军的愿望当成我的命令，除非这样做涉及空军的重大利益，不切实际，甚至有害。我和我手下的全体指挥官都深感自豪，我们能把握作战进程，在陆军提出愿望之前采取行动，并根据形势发展尽可能迅速和全面地满足陆军的合理要求。

　　按照命令的明确规定，俄国战局的意图是击败俄国展开在白俄罗斯地区，即大致在国界与第聂伯河之间的武装力量。根据俄国人的兵力部署，冯·博克的集团军群担任主攻，其任务是以最迅速和最势不可挡的行动，阻止俄国军队逃回俄罗斯的广袤空间，并将其就地歼灭。同时应该实现的另一个目标是，迫使俄国轰炸机退至第聂伯河以东的后方基地，无法再攻击德国本土[56]。根据空军总司令部的命令，我的航空队首要夺取空中优势，在可能的情况下掌握制空权，并且支援陆军与俄国陆军交战，重点是支援各装甲集群。进一步安排其他任务会导致分散兵力的不良后果，不得不暂时搁置。我清楚地认识到，这些任务不可能一蹴而就，只能按照轻重缓急一个接一个地完成。

　　第2航空队当时可以动用哪些军队呢？上文已经提到，我一直在争取让自己手中的兵力满足最低限度的要求，并逐渐实现了这个目标。除了一个航空队直属的远程侦察机大队之外，这些军队是：

　　第2航空军（勒尔策），编成内有1个侦察机大队、2个轰炸机联队、1个"斯图卡"联队、1个四大队制的战斗机联队、1个驱逐机联队、1个通信营和1个航空区特别参谋部。另外，还利用上述部队组建第2近距离支援航空指挥部（菲比希）。

　　第8航空军（冯·里希特霍芬男爵），编成内有1个侦察机大队、1个轰炸机联队、2个"斯图卡"联队、1个对地攻击机大队、1个战斗机联队、1个驱逐机联队、1个通信营和1个航空区特别参谋部。

第1高射炮军（冯·阿克斯特黑尔姆）和后来编入的第2高射炮军（德斯洛赫），分别有3—4个高射炮团

波森航空区（比内克）

得益于战术层面的空战策划和各部队的不懈努力，凭借出色的空中侦察，我们才有可能在短短两天之内成功实现"绝对的制空权"。报告显示，在空中击落和地面击毁的敌机多达2500架左右，以至于帝国元帅起初不肯相信这个数字。随着相关地点纳入我军占领区，他在派人前来核实之后不得不向我承认，实际数字比我们上报的还要多200—300架。我认为我有权强调，如果没有这样的序幕，陆军的军事行动就不可能这样迅速和顺利，这种说法绝对没有错，经得起任何检验。从第二天开始，我观察到有些俄国的中型轰炸机从其领土纵深处飞来参战。这种飞机在空中极其笨拙，遭受攻击时的战术表现也可谓惨不忍睹，这样做在我看来简直是犯罪。而就这样，一个中队又一个中队以相同的时间间隔不断飞来，成为我军战斗机唾手可得的猎物，我当时便想到，这纯粹是飞蛾扑火式的"送死"。另外，我们已经严重破坏俄国人大举建设轰炸航空兵的根基，以至于俄国轰炸机在整场战局期间再也没有出现过，这是德国东线空中力量取得的胜利，却从未得到应有的承认和赞赏。这里至少有必要以正视听。

从第三天开始，第2航空队越来越多地动用其他部队，强化"斯图卡"对敌方前线地面部队的攻击。他们这时受领和完成的任务包括：压制敌方空军，这项任务已经不需要再单独指定具体的兵力来执行；支援装甲兵和步兵，粉碎敌军的局部抵抗或侧翼威胁，这项任务主要由"斯图卡"和对地攻击机负责；歼灭或制止仍在向前线开进或企图后退的俄国军队，由"斯图卡"、对地攻击机、战斗机、驱逐机和其他类型的作战飞机来完成；干扰铁路沿线的战役运动；不间断地实施侦察。

对于伴随装甲集群行动的高射炮军而言，最基本的任务逐渐从"对空防御"转变成对坦克防御和克服俄军防御要点时的战术支援。高射炮军与陆军各部队的关系密切而融洽，以至于可以把它们看作陆军的组成部分之一，而它们发挥的作用也通常具有决定性。

这几个月里的任务几乎是为第8航空军量身定做的，近距离支援飞机等武器

装备与前三场战局在这个领域内取得的实战经验可谓相得益彰。第2航空军的状况则不太理想，只有采取临时手段满足一些前提条件，才能直接支援地面部队。为完成他们受领的任务，第2航空军任命了一位"航空指挥官"菲比希上校，统一指挥该军的主要轻型飞行部队。当务之急肯定是积累经验。我记得我军刚占领巴拉诺维奇机场不久，我前去视察并做出了一番深入细致和措辞强硬的指示，鉴于当时地面战斗的困难和危机四伏的局势，这是必要的。最关键的是要见效果。一度申请调任他职的菲比希后来不但向我表示感谢，而且成长为一名与冯·里希特霍芬并驾齐驱的近距离空中支援指挥官。即使在战争当中，为了整体的利益，铁石心肠和激烈辩论也不可避免。那些日子里，我已经可以驾驶着自己的 FW 189 在俄国上空单机飞行，这足以证明最初两天对俄国航空兵的打击是多么彻底。

夺取布列斯特－立陶夫斯克的战斗一直持续到1941年6月24日，一枚1000千克的炸弹把那里的堡垒炸得门户洞开。与此同时，两个装甲集群甩开各步兵集团军大踏步挺进，导致明斯克—比亚韦斯托克包围战役（1941年6月26日—7月3日）的发生，最终抓获30万名战俘，但仍有大批敌军漏网。随着装甲兵的主力继续向第聂伯河和"斯大林防线"挺进，而第4和第9集团军又无法在短时间内让非摩托化师在合围圈上各就其位，危机的出现在所难免。这场战役让陷入合围的俄军动弹不得，也有利于两个德国装甲集群强渡第聂伯河的运动。

1941年7月9日，第3装甲集群在冯·里希特霍芬航空军的支援下攻占维捷布斯克，为自己在斯摩棱斯克以北和东北的顺利作战赢得一个有利的出发点。有时候，恶劣的天气会让俄国极其简陋和陈旧的道路网难以通行。这是我们第一次这样深切地体验到俄国战场的真实面貌。作战部队陷入困境，甚至连包括坦克在内的履带式车辆都举步维艰，而后勤供应更是难上加难，因为在很长一段时间内无法使用铁路运输，所以只能依靠公路干线来维持。

第聂伯河沿线的交战（1941年7月10日至11日）表明俄国军队的抵抗能力虽有所减弱，但还存在大量预备队，尽管其素质极其低劣。

空军在这一系列胜利中发挥着决定性作用。一开始，航空兵部队的主要任务是攻击俄国人沿公路、便道和铁路的开进和后退，以及经常能识别出来的宿营地；后来，"斯图卡"、对地攻击机和战斗机从低空攻击设在河岸不同地段的防线重新成为重点。空军地勤组织在向前推进过程中遇到的困难甚至比陆军还要艰巨，因为地勤部队本身的摩托化水平不够，也没有任何履带式车辆。另外，除了少数永备机场之外，他们还要在陆军不负责直接保卫的情况下勘察和建设一批野战机场。战斗力低下的地勤部队有必要额外采取一些措施，保证自身的安全。波森航空区和两个航空区特别参谋部的表现可圈可点，他们想方设法保障航空兵部队能够随时轮番升空作战，特别是第8航空军和第2近距离支援航空指挥部。

为了确保对下属部队和陆军部队的影响，第2航空队于1941年6月23日把作战司令部转移到布列斯特－立陶夫斯克附近的一列指挥列车上。参谋部更是在7月初的几天里跟随一个汽车指挥纵队前出至明斯克以东。贴近部队的指挥是在这种大范围交战中赢得胜利的先决条件。

俄国战局的前几个星期里史无前例地攻占大片领土之后，怎样开展下一轮军事行动的问题很早便提上日程。我当时并不完全清楚国防军指挥机构内部的疑虑，只是透过战线中部的事件得到了一些侧面了解。我支持中央集团军群的意见，也主张把已经持续几个星期的歼灭战继续发展到第聂伯河对岸，从而把俄国的西线陆军一网打尽。令人遗憾的是，国防军指挥机构却被事态的发展冲昏了头脑，迟迟不能做出最后结论。当时，身处前线的人还丝毫感觉不到这种举棋不定的态度。攻城略地仍然在继续。依托奥尔沙空军基地及其南北两侧的各个野战机场，空军可以按照久经考验的原则，有效支援中央集团军群的两个装甲集群和几个步兵集团军的行动。

这一轮交战导致斯摩棱斯克地区的包围战役（从7月中旬到8月上旬）——一场抓获30余万名俘虏的辉煌胜利，但又一次未能锁定胜局，只不过是一场"普通的胜利"。如果能彻底封闭斯摩棱斯克以东的一处缺口，那么战果也许是决定性的。我和空军总司令部几度紧急提出的请求都石沉大海。那处狭长的缺口只有几千米宽，中央是一条小河形成的河谷，谷内有大量可供伪装用的地表覆盖物，足以在几天之内让相当数量的敌军溜走，尤其是夜间。尽管近距离支援飞机能在白昼通过不间断的攻击成功抑制这种化整为零的渗透，可是俄国人却更成功地利用拂晓、黄昏和夜晚。大批俄国军人以这种方式逃出生天，成为组建新部队时的骨干，我估计总数在10万人以上。至于未能在后续过程中彻底歼灭这批军队，则不能认为是德国基层官兵和指挥机构的过错，我在这里只提到1941年7月30日—9月5日在叶利尼亚突出部发生过一系列代价高昂的惨烈战斗。包括空军在内，每一支部队都在超负荷运转，已成强弩之末，并且远离稳妥可靠的供应中心。

当时的方针是：且战且进，且进且战。用将近一个半月的时间沿纵深方向挺进700千米，有时还会遭遇不利的天气，我军不仅在正面战线与俄国正在后撤的部队和刚从后方调来的师交战，各集团军的第二和第三梯队要剿灭在大大小小合围圈中困兽犹斗的俄国军人、首次成规模出现的游击队，还要提防具有防护装甲的俄国对地攻击机偶尔以中队规模突然出现，它们的低空攻击相当有杀伤力。无论正式休整，还是哪怕短暂但名副其实的休息，都是遥不可及的梦想。

中央集团军群的右翼缺少掩护，敌人的侧翼进攻是一种无法回避的新挑战。于是，第2航空队必须从1941年8月1日开始连续出动飞机和高射炮参加古德里安装甲集群在罗斯拉夫利地区的战斗（俘敌3.8万人），随后支援冯·魏克斯大将麾下的第2集团军在戈梅利一带几乎同时打响的战斗（俘敌近10万人），在8月底参与清剿滞留在大卢基以东的伊尔门湖与斯摩棱斯克之间低洼地带的俄军残部（俘敌3万人），并且摧毁巧妙伪装和令人相当讨厌的观察哨，为在基辅以北沼泽地带作战的骑兵师[57]扫清道路。指挥8月这几场战役的司令们——冯·魏克斯大将在戈梅利、古德里安大将在罗斯拉夫利、施图梅装甲兵上将在大卢基——都是把不可能实现的事情变成可能。航空兵的战果相当可观，短时间内共摧毁126列装甲列车、数以千计的机动车辆和15座桥梁，更不用说在前线地区给俄军部队造成的巨大伤亡。鉴于上文所述东线面临的窘境，中央集团军群在人力物力薄弱、空中支援和高射炮支援显著减少的情况下赢得这几场艰苦的防御战，这项成就足以与两翼友邻集团军群的辉煌战果并驾齐驱。各级指挥机构和全体官兵都为此做出了巨大贡献。

上述战役刚刚开始，我便把航空队的作战司令部前移至斯摩棱斯克，并将轻型的飞行部队展开在沙塔洛夫卡—斯摩棱斯克—维捷布斯克的基地。至于重型轰炸机部队，仅有的选项是把上述基地当作前方着陆场。为了从奥尔沙向进驻沙塔洛夫卡基地的部队运送物资，"巨人"式重型货运滑翔机首次成功投入使用。后勤部门充分利用从战利品仓库搞来的俄国越野运输车辆和随处可见的俄式马拉大车。地勤部队还借助缴获的俄国战斗车辆，击退敌方战斗车辆对机场的进攻，例如，米勒上校在博布鲁伊斯克就是这样做的。

我的高级军需主任海格尔总参勤务上校和陆军的铁路运输主任想方设法确保航空队的所有部队都得到足够补给，从而满足支援集团军群和独立实施空中战争的全部需要，至今看来，这仍然是他们的光辉时刻。鉴于补给至关重要，第2航空队把军需勤务置于与作战参谋勤务（Ia-Dienst）同等重要的地位上，这种组织方式能在工作中发挥积极作用，但令人遗憾的是对于勋章的颁发无能为力。①

1941年8月，就在我们这些战线中部的指挥官思考在什么时间和以什么方式沿莫斯科方向继续前进，军队在原地踏步中徒耗时日的时候，统帅部却经过反复斟酌，最终于1941年8月21日决定把主要突击方向转到南方，这让我们十分恼火。

尽管人们就9月初南下进攻俄国布琼尼集团军群的必要性有两种不同的看法——我留待下文再做讨论，但实际情况还是冯·博克的中央集团军群和我的航空队都要把主力转向现有的南正面，或者另行开辟一个新的南正面，从而保证冯·伦德施泰特的南方集团军群成功实施包围布琼尼所部的军事行动。经过四个多星期（1941年8月28日—9月26日）的战斗，基辅的命运已经注定，而布琼尼也在劫难逃。1941年9月13日，冯·克莱斯特装甲集群和古德里安装甲集群在基辅以东200千米处会师。共抓获超过65万名俘虏，近1000辆坦克和3500余台机动车辆成为他们的战利品。

这里必须提到第2航空军发挥的决定性作用，否则我对空军成就的评价就谈不上公正。第2航空军的轻型轰炸机部队原本不够强大，部分兵力又转隶位于南方的第4航空队，让这个军不得不在相当困难的条件下作战，而俄国人已经从先前的交战中吸取教训，几乎彻底停止白天的交通运输。恶劣天气使这个军很难出动完整的飞行部队，无法发挥大编队的规模效应。在这种情况下，空勤人员还能彻底切断作战地区的大部分铁路，表现出来的高超技艺值得钦佩。他们先设法把

---

①　原注：我在这件事情上的想法非常单纯。既然所有战局都证明战果取决于补给，再好的指挥理念在缺乏物资的情况下都毫无用处，那么让高级军需主任像作战参谋一样成为指挥官的首席助理，在我看来就是理所当然的事情。每当有人无视我申请为后勤人员授勋的建议，总是让我很生气。

20—30列火车困在短短的一个路段上，然后出动驱逐机将其彻底摧毁。直到这场战役的最后几天，敌方目标才成建制地出现在道路上，随即遭到毁灭性的打击。在这个背景下，友邻战线进攻敌人时的直接支援只能暂时搁置；敌方航空兵在适合飞行的天气下活动得比较猖獗，也向我军高射炮兵和歼击航空兵提出更高的要求；对战斗机掩护的迫切需要早在那时候也明显表现出来，但基本上没有人认识得到。

几乎在基辅方向开展军事行动的同时，霍特大将指挥的第3装甲集群从中央集团军群左翼撤下来休整，并把部分兵力投入北方集团军群的右侧。在此之前，国防军统帅部和空军总司令部下令临时抽调第8航空军在未作休整的情况下支援第4装甲集群（赫普纳）在伊尔门湖以南的进攻。这种做法显然没有体恤前线的下情，但为了保证在更重要的地点进行决定性较量，也是合理的。

根据1941年8月21日的命令（向基辅方向进攻），叶利尼亚突出部的命运也有了定论——必要时可以放弃。这时要选择一些地段建立防御，保证陆军在节约自身兵力和不需要空军支援的情况下也能坚守不退。放弃空军支援的原因，不仅是上文提到的全部近距离支援飞机向基辅和伊尔门湖两个方向变更部署，还有从1941年7月21日和22日开始对莫斯科的空袭。通过建立最必要的无线电指向标，展开航空兵，囤积必要的炸弹和弹药，创造大规模空袭的前提条件之后，全部远程重型轰炸机的攻击重点是**莫斯科**这个指挥中心、军事工业中心和交通中心。其他目标，例如沃罗涅日的大型飞机制造厂、图拉和布良斯克的工厂、布良斯克车满为患的铁路调车场等，作为备用目标、恶劣天气下或战术上的临时目标，平时只利用恶劣天气派战斗机实施单机袭扰，与动用的兵力相比，对这些设施的攻击效果可谓相当理想。

对莫斯科的空袭由第28、第54、第3和第2轰炸机联队以及第3航空队从西线派来的一个联队共同实施，让我为之牵肠挂肚。空勤人员一旦被击落就是不可归队的损失；俄国的防空火力和探照灯的炫目效果甚至让在英国上空征战过的飞行员都印象深刻。随着时间的推移，俄国防空战斗机的数量也越来越多，幸而只在白天出现。战果离我的预期有一定差距，毕竟动用的兵力与目标的规模相比非常薄弱，探照灯的炫目效果构成干扰，再加上燃料负荷的增加导致实际载弹量大大减少。然而，当我1945年在蒙多夫 [莱班] 的战俘营接受审讯时从俄国女翻译那里听到一些关于 "可怕的轰炸效果" 的说法之后，为了我手下英勇的部队和空勤人员的利益，我便欣然推翻当初的判断。无论如何，持续不断的空袭除了造成物质上的破坏之外，还从心理上营造出这座城市即将陷落的氛围。只可惜，我们无法充分利用！

随着上述发生在中央集团军群两翼的交战和第2航空队全部航空兵的不断出击，8月和9月上半月在变幻不定的气象条件下一晃而过。我同意冯·博克陆军元帅的意见，第4集团军和第9集团军占领的阵地不适合即将到来的冬季战局，尤其是因为当面之敌正在明显加强兵力。因此，在这段战线上再碰碰运气的想法可谓顺理成章。只要成功地打一场包围战役，就有可能重创俄国军队，并决定性地影响冬季的战争进程。此后是否乘胜进军莫斯科，取决于我军自身的实力和状态，更重要的因素是气象条件。而这是一个巨大的未知数，完全有可能制约我们扩大战果。

从9月15日开始，我们满怀热忱、头脑冷静地准备这场新的进攻；我亲自与第2、第4、第9集团军和第2、第4、第3装甲集团军[58]的司令们探讨联合指挥的细节。我早在梅斯便已结识的老朋友赫普纳大将（第4装甲集团军司令）认为胜算不大，似乎依旧对北方集团军群遭受的挫折耿耿于怀。我先后两次向他指出中央集团军群面临的局势有根本性区别，让他认识到当前是达成突破和合围的一个绝佳机会，可遇而不可求，并答应加强空中支援。他找回了自信——战役期间我去看望他的时候，总能看到他的脸上洋溢着快乐和自豪。至于我自己的部队，战术分工非常明确：高射炮军主要承担地面作战任务，作为加强火炮和突击火炮使用，主力集结在右翼；[①] 近距离支援飞机按照当时已经列入条令的规则，在战斗中为陆军部队尤其是装甲集群扫清道路，并攻击战场上运动的敌人，直至将其彻底歼灭；重型轰炸机的任务是从后方遮断战场。与刚刚过去的几场战役相比，这时能够观察到的敌机很少，它们在南侧最为活跃。

---

①　原注：从战局开始直到这时，第1高射炮军已经击落314架俄国飞机，击毁3000余辆坦克。

第8航空军还要执行一项特别任务：监视第3装甲集团军（霍特）左翼当面的动向，并粉碎敌人在别雷地区发动的任何进攻，其他任务全部要为此让路。我向冯·博克陆军元帅和霍特大将承诺，如果情况危急，我将亲自承担这项任务。令人遗憾的是，第3装甲集团军在前进和南下的过程中还是过分担心侧翼可能出现的威胁，导致左翼迂回的兵力未能及时封闭合围圈，至少有相当几个师级规模的敌军集团趁机逃脱。

这场抓获65万名俘虏①的战役又一次演变成一场"普通的"胜利，不利因素出现在最右翼。10月的头几天，第2装甲集团军在南部地区遭遇的恶劣天气使经过图拉大范围迂回莫斯科的希望破灭。不利于飞行的天气使航空兵很难提供空中支援；雨雪交加，再加上最重型履带车辆对道路的过度使用和反复碾压路面上的弹坑，使运动不仅变得缓慢，还从10月5日开始逐渐陷入停顿，甚至连坦克都无法幸免。我们试过用高射炮牵引车逐台拖曳运输车辆，最终结果不是拉坏车身，就是拉断牵引绳。到口粮供应中断的时候，第2航空队甚至不得不向第2装甲集团军的某些部队空投物资。由于陆军各部队还没有领到冬装，第2装甲集团军的全体官兵在生理和心理两方面承受着过重的压力。

这是东线一系列重大战役当中的转折点，这件事及其在精神上造成的繁重压力——后来表现得更加明显——也使意志坚定和坚韧不拔的第2装甲集团军司令古德里安大将这位我在魏玛国防部时代结识的老朋友不堪重负。

鉴于局势以这种形式发展，我认为这场进攻在战役层面几乎不会有什么成效。天气寒冷而多雨，地面状况异常糟糕，霜冻期在11月初来临，陆军缺少冬装，再加上俄国方面刚刚调来西伯利亚的军队，皮实耐用的战斗车辆（T 34）和对地攻击机越来越多地投入战斗，导致我们原先拥有的全部优势都转化成劣势。

就其本身而言，赫普纳大将和古德里安大将及其麾下的装甲兵在正常天气下进抵莫斯科乃至更远的地方都不是什么难事，当时我对此深信不疑。"天气之神"（Wettergott）却另有决定，他让俄国人有机会在莫斯科以西建立一条薄弱的防线，

---

① 原注：各方面都对德国公布的俘虏人数表示怀疑，但只要看见大批俄国战俘每天川流不息地向后方行进，任何人都不会再有所怀疑。

并投入由工人和军校学员组成的最后一批预备队来扼守；他们英勇地战斗，阻止几乎失去机动能力的我军继续前进。10月的那些天里，西伯利亚师还没有到达前线。我们的远程空中侦察虽然报告敌人后方的交通运输非常繁忙，但是据我所知，无论此前还是那几天都没有提到俄国远东军队的战略性变更部署，这件事至今对我来说仍然是一个谜。然而，10月底报告的铁路运输量增加足以引起国防军统帅部的警惕。最迟在11月中旬，也就是陆军各部队报告前线发现西伯利亚部队的时候，本应该下令后退占领冬季阵地。

恰恰相反，在基辅和布良斯克—维亚济马这两场包围战役的鼓舞下，[国防军统帅部]下达的命令却是继续进攻莫斯科。这道命令在整体上没有引起多少积极反响，尤其是在几位主要负责的指挥官当中，冯·克卢格陆军元帅的态度只是在受到前线战斗情绪感染之后才变得越来越积极，而赫普纳大将在这项任务面前完全是一种听天由命的态度，正如我从谈话中亲身感受到的那样。虽然冯·克卢格自己更需要别人推动而不是推动别人，但是就连他都对赫普纳犹豫不决的指挥颇有微词，而赫普纳在我面前用缺少补给当作借口为自己辩解。在这个不太令人满意的背景下，11月底，我奉命率领我的航空队司令部撤离东线，返回柏林，第2航空军的指挥部在几天后也接到同样的命令。

除了作战部队之外，各航空区及其编成内的地勤部队在这几个月里取得的成绩同样值得肯定。第2航空队的官兵从来没有严重缺少必要的物资。航空队卫勤部门的成就，以及航空队总医官少将军医施勒德博士、杰出和资深的外科主任——不知疲倦和热情洋溢的教授比尔克勒·德·拉·康博士、脑科专家和教授滕尼斯博士的声誉，都远播于空军之外。

空运伤员越来越受欢迎，规模也越来越大。早在8月，我意识到我们必须在俄国某个地方过冬，就要求提供冬季装备，这些装备在称职的陆军运输主任帮助下很快准备就绪。到我离开俄国的时候，完全有把握我手下的官兵们已经做好过冬的准备。我们还在芬兰人的帮助下制造出一批特殊的加热装置，确保航空兵部队即使在极度寒冷的情况下也能随时做好战斗准备。总而言之，这是一个相互理解的团队通力合作的绝佳见证。

难道空军不能凭借自己的力量弥补陆军明显表现出来的疲劳症状，并帮助各集团军继续向莫斯科快速推进吗？作为一名空军将领，我有权阐明航空兵的作用有一定限度，下文还会继续探讨这个话题。第2航空队1941年6月22日—11月30日的战果是击毁6670架飞机、1900辆坦克、1950门火炮、26000台汽车和2800列火车，完全足以证明自己的能力。然而，空中力量在1939年9月1日—1941年11月中旬的战争期间不间断地执行作战任务，物资和人员两方面都受到最严重的消耗。俄国秋季复杂多变的天气、雨雾交加和寒冷造成的困难，可谓压死骆驼的最后一根稻草。再者，飞机只能攻击自己看得见和有足够大小的目标，即使是近距离支援飞机。布良斯克—维亚济马包围战役结束之后，我们只有在特殊情况下才能观察到敌军成建制的运动，也没有查明西伯利亚部队的大规模调动，或者说至少未能认识到其实际规模，于是，没有攻击这一支后来发挥决定性作用的精锐之师。敌人的防御要点是分散在整个区域内的一系列孤立的小型掩体，导致飞机在快速移动中很难发现和瞄准，尤其是遇到"鬼天气"（Dreckwetter）的时候。

为了打击甚至在最恶劣的地面条件下都行动自如、越来越频繁出没的T 34坦克，对地攻击机飞行员只有表现出大无畏的牺牲精神，低空飞越大小树林和居民点。陆军各部队不断要求战斗机的掩护，以防有装甲防护的俄国对地攻击机从低空袭来，而我们为了安抚地面友军，不得不出动战斗机，这样使用武器的效率很低，因为根本没有成功击落敌机的机会。这时候，使用高射炮和反坦克炮更容易有所斩获，即便不利的地面条件和植被条件也会制约它们发挥效力。鉴于上述种种困难，航空兵虽然经常实施攻击，但是在能力和实际效果上都不具有决定性。

为了倾力相助，航空兵部队转移到大致位于奥廖尔—尤赫诺夫—勒热夫沿线的野战机场，紧贴在陆军前沿部队的后面，但仍然无法取得显著的战果。面对一个几乎看不见的敌人，无论空军有多么强大，都无法向已经冻僵和受到削弱的前沿部队提供决定性帮助。对于一支实力薄弱和过度疲劳的空军来说，更是力有不逮。

纵观德国国内外的战争史著作，我们会发现它们在浓墨重彩地讲述步兵或装甲兵的空前战绩，却几乎从未提到航空兵乃至高射炮兵的功劳。从德国方面来看，部分原因可能是空军的部队不直接隶属于陆军的相关指挥官，导致这些著作忽视"武装力量一体化的思维"。在我看来，还有一个更重要的原因是飞行编队经常在地面部队的视线之外作战：空袭虽然让敌人在开进、集结或退却的过程中遭受伤亡，经常为陆军这个兄弟军种的胜利创造前提条件，但是给他们留下的印象既不直接又不持久，自然就不会在著作里提到。只要像我一样，亲眼见到过航空兵如割草般把整支行军纵队齐刷刷地撂倒在道路上，集中击毁的火车残骸彻底堵塞交通，任何人都会同意上述结论。更让我感到不可思议的是，那些著作里几乎没有只言片语提到执行近距离支援任务的飞行员和高射炮军取得的决定性战果，因为我在作战期间实际上耳闻目睹的都是热情洋溢的称赞。写这些话的目的，不仅是提醒人们不要忘记空军的罕见功绩，还要说明辉煌的胜利建立在各军兵种之间通力合作的基础之上。

　　我用下面几段中立评论，作为本章的结束语。两线战争本身有缺陷，至少是不可取的，但在许多人看来，它未必是注定战争结局的致命因素。那么，怎样评价它才对呢？为此，我们首先要解答一个问题：以有限兵力在俄国实施的战局，能不能做到在1941年年底之前占领莫斯科和彻底粉碎俄国武装力量？

　　在我看来，这场战局如此短暂，当然只能力求摧毁俄国欧洲部分的武装力量、国防中心和军事工业场所。这个论断完全是以希特勒实际采纳的战略设想作为出发点。以我对战线中部战况的透彻了解，我认为偶然降临的恶劣天气和像沼泽一样泥泞的道路才明显是我们最大的敌人，尤其是进入1941年10月以后；如果不是这些不利因素，占领莫斯科本来不存在任何问题。如果把恶劣天气的那段时期及其后果看作俄国战区不可避免的现象，那么希特勒只要不把宝贵的几个星期时间浪费在不必要的犹豫和次要军事行动上，就可以实现既定目标。我相信，倘若我们在斯摩棱斯克包围战役结束后稍事休整，并在9月初继续发动莫斯科进攻战役，就能抢在冬季来临和西伯利亚师参战之前一举拿下这座城市。届时，我们很有可能继续向东推进，建立一个伞状桥头堡，使俄国人难以迂回机动和向其他战线前送补给。占领莫斯科的决定性后果，不但是切断整个俄国欧洲部分与其亚洲兵源地之间的联系，而且1942年占领重要的经济中心（列宁格勒、顿涅茨盆地和迈科普石油中心）也不再是一个不可能完成的任务。

　　要开展这场军事行动，还得先以某种方式解决布琼尼元帅指挥的俄军基辅集团。这条战线上的战斗肯定会非常艰难，并充满危机，但几乎无法成为决定整场战局胜负的因素。如上所述，莫斯科的陷落会破坏俄国的指挥和控制组织，切断其与远东地区的联系。如果只考虑战略目标，那么经过适当的休整和必要的变更部署，在更早的8月或9月就开始发动莫斯科进攻战役才是更正确的做法。这样也有足够的时间对布琼尼发动一场目标有限的进攻性军事行动。

第二个问题是，希特勒的战略设想是让中央集团军群在第聂伯河沿岸转入防御，从而加强两翼的集团军群，实现经济领域的重要目标，即在右翼占领顿涅茨盆地和油田盆地，在左翼占领列宁格勒并与芬兰人会师，这是不是比攻占莫斯科更正确？

随着我军进抵第聂伯河，有两个确凿无疑的事实凸显出来：第一，我军未能合围和歼灭俄国在第聂伯河以西的全部军队；第二，莫斯科和第聂伯河之间的地区显然还有一批现成的或者正在组建的生力军，并能得到必要的补给物资。这批军队的实力不容小觑。从他们后来的下落（俘虏和死者）倒推，中央集团军群当面之敌可能多达150万—200万人。冯·伦德施泰特集团军群当面的布琼尼所部肯定也有同样的实力，而北方集团军群当面之敌可能相对较弱。这些军队有能力根据德国人的动向进行调动。

即使德军在战线中部发起强有力的牵制性攻击，也不可能长时间阻止驻守那里的俄军主力向主要突击地段变更部署。只有南方集团军群和北方集团军群除了接收陆军直属的预备队之外，还得到中央集团军群并非绝对必要的一切兵力和空军从各条战线（也就是说，包括西线和北线）抽调的所有部队，并不迟于1941年7月底或8月初发起这些侧翼的军事行动，德国方面才能迅速而稳妥地赢得胜利。这些军事行动完全可以在冬季到来之前结束，尤其是南方不必像北方那样提防冬季的突然来临。北方集团军群在8月和9月陷入困境的事实并不意味着在完全不同的条件下更早发起更强有力的进攻也不可能获胜。两翼的军事行动本身有其优点，重要程度也不容低估。中央集团军群及其南北友邻的至少一部分完全可以占领坚固的阵地，并有可能将其构筑得极其完善，几乎不用在冬季后退一步。然而，占领列宁格勒、顿涅茨盆地和油田带来的好处，能不能与占领作为指挥中心、军事工业中心和交通中心的莫斯科相提并论，我至今仍像1941年一样持怀疑态度。因此，军事行动的首要目标只能是莫斯科，并有意识地限制南方集团军群和北方集团军群的目标。

最后一个问题：比亚韦斯托克—明斯克、斯摩棱斯克、基辅、维亚济马—布良斯克这几场在时间上交错进行的包围战役都拖得太久，导致两个装甲集群的行动不够迅速，无法完成自己的任务，也就是置左右两侧和后方的情况于不顾，直扑预定目标。倘若制定明确的作战计划，并一丝不苟地付诸实施，这个目标能不能实现呢？

尽管我在1941年的时候还不具备1942—1945年的经验（其具体内容留待下面几章讲述），可是根据所了解的常识，当时提出的意见至今在我看来仍然合情合理。我相信，第2装甲集群和第3装甲集群完全有能力突破俄军的防御地带。然而，我并不认为紧随其后的第二波和第三波步兵军能迅速制服俄军的百万之众，即便果真能办到，其进度也要快得足以保证及时追上和供给装甲集群，也就是在后者不可避免地陷入师老兵疲的状态之前。

两个装甲集群的实力没有强大到足以完成这项任务。作战军队的摩托化水平必须与它要征服的区域的纵深和广度以及敌军实力相匹配，而我们当时根本没有能力满足这个要求。包括坦克在内的履带式车辆在实战中表现出适应能力不足的缺陷，连续实施机动在技术上受到限制。要在敌军重兵据守的1000千米纵深范围内开展运动战，就要供应大量物资，尤其是在没有机会缴获和利用敌方大型仓库的情况下。补给通道和机场大多位于容易受敌人攻击的地点，无法得到足够的安全保障。空中补给没有做好应付这种大规模需求的准备，就像出于某种我至今仍不知道的原因不打算动用强大的空降兵一样，对于这样大范围的军事行动来说，两者本来都应该是不可或缺的。

总而言之，只有至少在两个地点（明斯克和斯摩棱斯克）让装甲集群暂时停止前进，与步兵军一起歼灭在这两地以西的敌军，并且只有在基地安全得到保证的情况下发动下一轮攻击，装甲集群的莫斯科进攻战役才会获得胜利。

最后，我想就开发利用额外的人力和物力资源的有关事宜做一番评论。1941年8月或9月初，第6集团军司令冯·赖歇瑙陆军元帅曾经申请组建一批白俄罗斯师和乌克兰师。但一向对他青睐有加的希特勒这一次却毫不客气，当即驳回了这个建议，并说："叫赖歇瑙好好考虑他的军事问题，其他事情归我管。"任何一个知道有那么多优秀的俄国人才心甘情愿地为我们效劳的人，都会对希特勒的态度感到惋惜。从1943年到战争结束，我手下一直都有德国人和俄国人混编的部队，有他们的支持，我们本可以获得实现军事目标和经济目标的最大可能。希特勒及其政治代理人的错误种族政策让我们不但在游击战领域，而且在整个军事领域都付出了代价。如果当初能迅速而有计划地利用俄国的原材料工业和军事工业，并在其基础上大规模扩建，我们的生产设施就不会像1943年以后那样容易遭到破坏，材料短缺也肯定能在相当程度上得到缓解。

只要我们冷静地观察东线的大环境（西线其实也有类似的机会），就会不由自主地想到一个问题：

"难道这场战争的结局只能像现实中那样，如同世界末日般可怕吗？"

译注

1. humanistische Gymnasien，侧重拉丁语和希腊语的高中。

2. 戈特利布·冯·黑泽勒伯爵（1836—1919年），德国陆军元帅，1890—1903年曾指挥驻梅斯的第16军。

3. Grenzgänger，这个词有多重含义，指（住在边境而在邻国工作）经常出入国境的人、协助他人偷渡的边民、走私者、经常偷越国境的人。这起事件的背景是1911年发生第二次摩洛哥危机，导致法德两国交恶。

4. Generals der Fuβartillerie。这种旅也译作将军指挥部，是德意志帝国时期通常设在师和团之间的指挥机关，有时直接隶属于军或集团军，编成内有若干个团或营，指挥官是将军。另外，还有步兵旅、骑兵旅和混成旅。炮兵旅后来改编成下一句的炮兵指挥部（Artilleire Kommandeur）。凯塞林在原来的团担任营副官，调任旅副官的具体日期是1914年12月5日。

5. Düna是德语写法，即俄语的西德维纳河，拉脱维亚语的道加瓦河。这两处"巴伐利亚第1后备师"（1.bayerischen Landwehrdivision）可能有笔误，该师并未去过东线，主要在洛林作战，当时在迪纳河以北的是巴伐利亚第2后备师。

6. 由于德国空军当时尚未公开宣布成立，后来也没有设置准将军衔，原文中的两个名称都加引号，前者也没有使用德语的Kommodore。

7. Mark是一个多义词。在上一句中的含义是边疆，即Mark Brandenburg（勃兰登堡边疆），指原勃兰登堡选侯（即勃兰登堡边疆伯爵Markgraf von Brandenburg）的领地，1939年成为纳粹德国勃兰登堡边疆大区的名称。Mark也是当时的货币单位马克，原文特地加引号，结合上文有"怎样花钱"的意思。

8. Nationalsozialismus，即纳粹主义（Nazismus）。除了最后一章中的"去纳粹化法庭"之外，原著从未使用"纳粹"这个简称。

9. Unterführer和Führer连用时表示指挥官的职务级别，前者指排职以下，后者指排职及以上。

10. Ministerialrat，部下面的处长或科长。

11. Risikoluftflotte，这个词是从第一次世界大战之前冯·提尔皮茨海军元帅提出的"风险舰队"（Risikoflotte）派生出来的。提尔皮茨的风险理论主张大幅度加强德国海军实力，让英国人在采取敌对行动时三思而后行，从而避免交战。

12. Schattenwerk，纳粹德国扩军备战的措施之一。这些工厂通常位于偏远的农村地区，只在动员或战争时才开始生产。

13. 鲁道夫·拉赫斯（1880—1954），1929—1952年担任德国航空工业国家协会主席。

14. Mefo的全称是Metallurgischen Forschungsgesellschaft mbH，成立于1933年7月，这是一种以信用交易所形式出现的金融工具。德国的政府开支可以由其提供资金，而不必求助于银行贷款，从而掩盖融资目的。

15. Nürnberger Gesetze，全称《关于公民权和种族的纽伦堡法》，纳粹德国迫害犹太人的一系列法律的统称。1935年纽伦堡党代会期间，德国国会于9月15日颁布的《国旗法》《德国公民权法》和《德意志血统和荣誉保护法》统称为《纽伦堡法》。由于后两项法律是纳粹德国展开全面排犹运动的重要标志和法律基础，又与同年11月颁布的13项补充法令统称为广义的《纽伦堡法》。

16. Treuhänder der Arbeit，1933年5月19日设立，直接隶属于德国劳动部，负责调解劳资关系。

17. 德国空军在这个时期频繁改编，原文省略过程，只使用最终名称。空军第3军区的番号在1937年10月12日之前使用罗马数字III，之后改为阿拉伯数字3。1938年2月4日，即下文提到的1938年春季，空军第2军区和第3军区合并成Luftwaffengruppenkommando 1（这个名称的级别对应陆军集团军群，应译作空军第1集团军群司令部），1939年2月1日改称第1航空队。

18. Höherer Fliegerführer 2，这个番号有笔误，应是第3，同样在1937年10月12日由罗马数字III改成阿拉伯数字3。另外，德国空军的航空区、飞行大队和陆军的军通常用罗马数字作番号，译文仍用阿拉伯数字。

19. 上午的公事结束或告一段落之后，邀请下属或客人一起吃点东西，是西方人以示亲近或重视的常用做法，也可以边吃边谈。只要不晚于中午 12 点半，在德国一般都称为早餐（Frühstück），而不是午餐（Mittagessen 或 Lunch）。

20. 现地徒步战术作业（Geländebesprechung）指军官徒步在现地进行的演习，与图上作业相对。

21. Luftschutz，指运用掩蔽、隐蔽、疏散等手段的对空防御。

22. Abwehr，德国军事侦察和反侦察机构，1919 年建立，1944 年解散。

23. 空军第 2 军区指挥官。

24. 1939 年 5 月 1 日担任第 8 航空区指挥官的伯恩哈德·瓦贝尔（Bernhard Waber）少将出生于今捷克共和国的摩拉维亚。旧奥地利（Altösterreich）在这里泛指奥匈帝国，狭义的概念特指奥地利王国，与 1918 年以后的共和制奥地利相区别。

25. X-Tag，战争（或战役）开始日的代号，类似于英语的 D-Day。

26. Jungvolk，纳粹德国希特勒青年团当中由 10—14 岁男孩组成的少年队。这种写法强调这是一些极其年轻的小伙子。

27. 原文的用词是 retabliert，军队的重建。

28. Weichsel，维斯瓦河的德语名称。为避免译注过多，下文不再一一说明，见正文后的《地名表》。

29. 斯德丁（Stettin）在波兰语中称什切青（Szczecin）。亨宁斯霍尔姆（Henningsholm）是该市东南普沃尼亚河（Plonia）北岸的一座庄园，现称奥莱什纳（Oleszna）。庄园内有两栋主要建筑——玻璃屋顶的宫殿和别墅。宫殿从 1938 年开始由德国军队接管，第二次世界大战结束后被拆除；别墅至今尚存，是波兰的一座青年社会化治疗中心。

30. Bergheim，在贝希特斯加登。

31. 原文如此，戈林当时还不是帝国元帅，而是唯一的陆军元帅。

32. 原文只在本章的时间表中称苏联（UdSSR），其他地方称俄国、苏俄或苏维埃俄国。

33. Großverband，指旅及以上级别的军队单位。另外，Verband（部队）指营、团、飞行大队和联队，Einheit（分队）指连和飞行中队，Teileinheit（小队）指排和飞行小队及以下的单位。

34. Tucheler Heide，波兰语称图霍拉（Tuchola）森林，位于波兰走廊的根部。9 月 1 日波兰骑兵向德国坦克发动冲锋的"神话"就是图霍拉森林战役的一部分，可参阅古德里安的回忆录《闪击英雄》。

35. 更深层的原因是布拉斯科维茨向希特勒抗议党卫队在占领区对待波兰战俘和犹太人的恶行。1940 年法国战局结束时，布拉斯科维茨成为唯一没有晋升陆军元帅的集团军司令，直到战争结束仍是大将军衔。

36. 第一次世界大战结束后，海军少将康拉德·冯·博登豪森男爵（1848—1938）买下庄园，别墅当时的主人是他的儿子汉斯·冯·博登豪森男爵。

37. raunzen 是德语方言中的口语词汇，意思是发牢骚、埋怨（嘀嘀咕咕地）抱怨，也指（小孩）哭着要东西，并非英译本中的 snarl（咆哮）。

38. 原文如此，第 9 航空军组建于 1940 年 11 月，这时还是其前身第 9 航空师。

39. 他当时还是上校军衔的第 51 战斗机联队长，1940 年 7 月 19 日晋升少将，22 日组建第 1 战斗机指挥部。

40. 受审原因可参阅他当时的上级冯·曼施泰因所著的《失去的胜利》。军事法庭判处冯·施波内克死刑，希特勒减刑为 6 年监禁。冯·施波内克遇害的时间是 1944 年 7 月 23 日，原因是"七·二〇事件"发生后，有人认为他是反纳粹人士。

41. 原文如此，可能有缺字或笔误，轰炸实际发生在 14 日。

42. 原文称为 Maas-Insel，因为不是实际名称，所以中间加连接号。这座岛的实际名称是北岛（Noordereiland）。

43. Nach dem Sieg binde den Helm fester. 出自日语的"胜つて兜の绪を缔めよ"，相传是日本战国时代的大名北条氏纲所说，1905 年 12 月 21 日东乡平八郎在日本联合舰队解散时的讲话中引用，讲话稿的英文版刊登在 1906

年2月28日的美国《时代周刊》，这句格言从此在西方广为流传。

44. 勒布在6月底去世，维默尔在8月底才到任，其间由库尔特·普夫卢格拜尔（Kurt Pflugbeil）指挥这个航空区，他在8月底调任第4航空军军长。

45. der Luftschlacht um England，又称"英伦空战"，即通常译自英语的"不列颠空战"。

46. 原文如此，显然是笔误，雷丁是地名，维克斯-阿姆斯特朗是公司名，应该是"位于雷丁的维克斯-阿姆斯特朗飞机制造厂"。

47. Karinhall，戈林在柏林郊外的私人庄园，卡琳是他已故前妻的名字。

48. Terrorangriffe，指以削弱敌方平民士气为目的，针对非军事目标的狂轰滥炸。

49. 本节和本章末尾的一节出自英译本，但1953年和2000年的德文版并没有相应内容，也从未使用皇家空军（RAF）这样的字眼。这两节文字显然符合作者的语气，故将其收录，仅供参考。

50. 这几个字应当是"德雷克快要打完那场木球的时候"。据传，西班牙无敌舰队逼近英吉利海峡的消息传来时，德雷克正同上级霍华德勋爵一起玩木球，霍华德想立刻出发，他阻止说："我们有充裕的时间，先打完这场球，再去打西班牙人。"这段引用并非英语，而是德语译文，或许在翻译时遗漏这个典故。

51. 原文多处缩写为CAJ，显然是笔误，意大利航空军的名称是Corpo Aereo Italiano，缩写应是CAI。

52. 格劳特已于1940年7月19日晋升大将。1941年5月15日在圣奥马尔（Saint Omer）上空被一架从云层中冲出的英国战斗机击落身亡。

53. 原文如此，1942显然是1941的笔误。

54. 当时还是装甲兵上将。他在1941年夏季晋升装甲兵上将，1942年1月晋升大将，1942年6月晋升元帅。

55. Das Bessere ist der Feind des Guten. 这是一句德国谚语，字面意思是"更好是好的敌人"，又作: Das Bessere ist des Guten Feind.

56. Altreich 的字面意思是旧帝国，在德语中有多种含义，本处指德国1937年以前的领土（含萨尔地区）。

57. 德国陆军当时仅有的第1骑兵师，1941年11月28日改编成第24装甲师。

58. 原文如此，三个装甲集群这时都还没有改编成装甲集团军。第2装甲集群的改编时间是1941年10月5日，第3和第4装甲集群的改编时间是1942年1月1日。

第二部
征战地中海，
1941—1945年

2

第十三章

对地中海局势的思考，1941—1942年

时间表：

· 1940年6月10日，意大利参战

· 1940年9月12日，格拉齐亚尼元帅指挥的意大利第10集团军攻入埃及，止步于西迪拜拉尼附近的边境地带

· 1940年12月8日，英国人发动反攻

· 1940年12月17日—1941年2月8日，意大利人放弃昔兰尼加及塞卢姆、拜尔迪耶、图卜鲁格和班加西诸港口，共有1.3万人被俘

· 1941年2月，德国组建由隆美尔将军指挥的非洲军

· 1941年2月24日，隆美尔发动反攻

· 1941年3—4月，重新占领昔兰尼加

· 1941年4月11日，包围图卜鲁格

· 1941年7月，英国人在塞卢姆发动以失败告终的第一场反攻

· 1941年秋季，英国海空力量成功打击德意向北非供应物资的通道

· 1941年11月18日，英国人在北非发动最终获胜的第二场反攻

· 1941年11月28日，第2航空队向地中海地区变更部署

· 1941年12月10日，英军成功为图卜鲁格解围

· 1941年12月底—1942年1月初，隆美尔从昔兰尼加退却至欧盖莱地区

    1941年9月的某一天，耶顺内克大将打电话问我是否有意前往意大利或非洲，

地中海战区到那时才第一次真正引起我的兴趣。想要避免意大利在北非的地位彻底崩溃，我们在不久的将来肯定要在那里有所作为。后来又是好几个星期杳无音讯，我也忙于东线的指挥事务，就没有再考虑这件事。1941年11月初，霍夫曼·冯·瓦尔道将军从空军指挥参谋部向我下达撤离俄国的准备命令，让我感到非常突然。我有多么期盼去阳光明媚的地方执行新任务，就有多么遗憾，不得不把冯·博克的集团军群和我手下的一些部队抛弃在前途未卜的境地中。

我飞回柏林，前往空军总司令部和国防军统帅部大本营接受指示。国防军统帅部和空军总司令部已经通过霍夫曼·冯·瓦尔道将军（时任空军总司令部指挥处处长、上一任驻罗马的空军武官）、冯·波尔将军（时任驻罗马的空军武官）和冯·林特伦将军（时任驻罗马的国防武官）在罗马与意大利最高统帅部（Comando Supremo）和空军司令部（Superaereo）商定我将在那里担任的职务（见图1）。因此，我以为我的岗位职责已经明确，最重要的措施——向以西西里岛为主的各个地点部署航空兵部队——即将付诸实施。我将要担任的职务名称是"南线总司令"（Oberbefehlshaber Süd，简称Ob Süd），看起来也符合我的职责范围和任务目标。我最后一次得到情况通报是在戈林和耶顺内克陪同下晋见希特勒的时候。希特勒认为，我们可以通过削弱英国的海空基地马耳他，改善北非在供应方面的不利局面。我提出反对意见，认为应该更干脆利落地直接占领马耳他，但被他轻而易举地驳回，理由是没有足够军队去这样做。鉴于事先没有详细了解这个战区的情况，我没有继续坚持自己的主张。后来，虽然我补上了这一课，但是始终未能把攻克这个海岛要塞变成现实。

1941年11月28日，我先于我的参谋部到达罗马，立刻感受到指挥联盟战争的难处。的确，墨索里尼为了表达合作的诚意，撤换了空军司令部的领导班子，任命原来的意大利航空兵（CAI）军长、在佛兰德地区与我一见如故的富日耶航空兵上将担任国务秘书。另一方面，意大利总参谋长卡瓦莱罗伯爵却不肯接受意大利陆海空三军所有准备执行新任务的军队都将隶属于我的安排。他声称，这种安排意味着彻底放弃独立指挥。他最多只肯接受把意大利空军交给我指挥。这种折中措施不可能解决任何问题，因此，我违反希特勒的指示，放弃对隶属关系的要求，但作为回报，要求意大利武装力量与我进行更密切和充满信任的合作。卡瓦莱罗伯爵保证，如果没有我参与制定或联名签署，意大利最高统帅部不会下达关于在意大利—非洲战区采取措施的任何命令。后来，他遵守了这项协议。回想起来，我不得不说，这个让步可以照顾意大利人的民族情怀和高涨的自尊心，让双方卓有成效的合作成为可能。我始终认为，建立在健康信任基础上的自愿合作，胜过强制服从和必然造成的摩擦。无论是里卡尔迪元帅[1]和圣佐内蒂上将出色领导下的海军司令部，还是空军司令部、的黎波里塔尼亚战区总司令部，抑或它们领导下的陆海空三军指挥官们，都在与德国指挥机关和部队的交往当中竞相展现出热烈的情谊和助人为乐的精神。我与卡瓦莱罗伯爵之间的合作既优秀又诚恳，就像从1943年开始与他的继任者安布罗西奥大将的合作多么糟糕和虚伪一样。我和卡瓦莱罗无条件地团结在一起，并在各自的下级面前以身作则。就个人而言，我只隶属于意大利国王和领袖（Duce，指墨索里尼）。

根据我的观察，的黎波里塔尼亚现有的指挥结构不但清晰，而且符合武装力量一体化的概念。殖民地总督巴斯蒂科元帅统一指挥当地陆海空三军的所有军队，包括隆美尔在内。这本身是一个理想的结构，但由于隆美尔与巴斯蒂科之间有矛盾，再加上隆美尔方面不愿意照顾意大利人的情绪，它不能发挥任何作用。隆美尔当时如日中天的声望成为实施这场变革的阻碍，但同时也在一定程度上缓和着矛盾。

1941年11月底的局势主要表现为运往非洲的补给日益明显减少，英国人越来越牢固地掌握着地中海上的制海权和制空权。马耳他已经成为他们在海上和空中的关键据点。在非洲，隆美尔的处境已经变得相当危急，他正在德尔纳以东进行一场阻滞战斗，采取行动时受到诸多因素的严重干扰，尤其是几个意大利师的战斗力较差。放弃整个昔兰尼加是意料之中的事情。

我的主要任务是通过压制马耳他的海空设施来保障供给。然而，在西西里岛建立地勤组织，调集进攻所需的部队和物资，并确保与意大利航空兵部队的协同动作，都不可能一蹴而就。起初能做的事情只是为最必要的护航运输队加强空中掩护。

隆美尔的集团军[2]也有自己的需求。尽管南线总司令部与意大利空军司令部、德国的非洲航空指挥部与意大利的北非航空队之间有良好的合作，意大利空军的全体指挥机关也都大力配合，但战斗的重任还是主要落在德国航空兵的肩上。总体而言，弱小的轴心国航空兵取得的战绩相当可观，却无法满足装甲集团军的期望。但是需要说明的是，如果没有飞行员们奋不顾身地英勇出击，隆美尔的集团军就不可能在苏尔特湾沿岸（1941年12月24日退到艾季达比亚，1942年1月12日起停在卜雷加港附近）站稳脚跟。

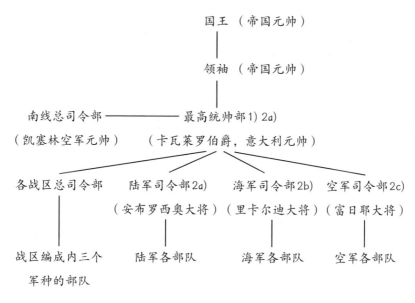

图1　意大利武装力量在墨索里尼垮台之前的顶级架构

1) 下设指挥、组织、补给、运输等业务参谋部。

2) 德国方面的合作人员：

　　a) 国防武官冯·林特伦将军，常驻意大利最高统帅部，除了向隆美尔提供陆军的补给之外，还代表不属于南线总司令部管辖范围的国防军利益。

　　b) 海军武官魏霍尔德将军，兼任德国海军驻意指挥部（Marine-Kommandos Italien）的指挥官，该指挥部隶属于意大利海军司令部（Supermarina）。

　　c) 空军武官里特尔·冯·波尔将军，随着第2航空队的到来，他必须承担起类似于航空区指挥官的战术任务。[3]

应卡瓦莱罗元帅的要求，我还负责一项次要任务：调解非洲战区德意两国指挥机构之间越来越频繁和严重的纠纷。

德国陆海空三军的人员非常优秀，但人数太少。武器装备的性能精良，有些方面令敌人望尘莫及，但数量只有在特殊情况下才能满足战术要求。除了其他战区的需求导致物资分配上的不足之外，非洲战区还要在跨海运输过程中遭受异常重大的损失。

每个战区都有自己独特的面貌，军队首先要适应气候影响、建筑、土壤类型和植被营造的特殊环境，并根据自然条件和新的对手调整战术。完成这种适应性准备以后，德国的指挥机构和基层官兵可以胜任一切任务。空军和海军增加出动次数固然可以暂时弥补数量上的劣势，可是包括陆军在内的全部德国军队不间断地执行作战任务，势必严重消耗官兵们的精力。尽管如此，他们的思想和情绪无论怎样称赞都不过分。

我们与意军官兵的情谊通常可以用良好来形容，即使在某些时候，意大利指挥机构和基层官兵的行为让我们由衷地感到苦恼，并为双方的友谊蒙上阴影。

这场战争是从意大利、从罗马主导的，整个国家却看不到战争的丝毫迹象。我的印象是，许多意大利人并没有像前线军人的职责所要求的那样认真对待这场战争。所做之事都拖拖拉拉。甚至到了每个人都必须全力以赴的时候，他们也总是采取折中措施。

为什么会这样？我认为原因在于他们不想充分动用现有的战争潜力。

针对我的抱怨，墨索里尼经常回答说，意大利人民已经对漫长而吃力的殖民战争感到厌倦，也流了太多宝贵的鲜血。这两个理由也许都能成立。但到1944年，可服兵役的人力储备仍然多得让我感到不可思议。

元帅卡瓦莱罗伯爵和安布罗西奥大将向我强调，他们没有足够的物资，无法让军队达到应有的装备水平，也无法充分利用人力资源。这个理由也许同样能成立。然而，除此之外，他们还蓄意推行一种令我费解的囤积政策。我们在1943年秋季以后发现大量未经使用的库存，这个事实就是证据。

[意大利的]军事工业体制不能满足数百万大军在一场长期战争中的作战需要。我不止一次注意到，即使到了决定战争胜负的紧要关头，和平时期的工作状

态还是随处可见。元帅卡瓦莱罗伯爵肯定想到过"总体战"的主意，所有与战争有关的国计民生部门也开始着手协调，但后来便没有了下文。

我从未觉得这里的人民从一开始就知道战争关系到整个民族的生存还是毁灭，他们只是在战争过程中遭受空袭和丧失领土（尤其是北非）之后才认识到这一点。德意两国城市之间的差异对我来说是如此巨大，以至于我想方设法让自己摆脱头脑中的这种印象，例如基本不造访城市和村镇，后来也只是由于公务上的必要才这样做。在这方面，罗马在安齐奥—内图诺战役期间一片歌舞升平的景象将永远铭刻在我的记忆里。如果墨索里尼不能从心理上改变人民对战争的认识，就必须避免卷入战争。然而，游击队针对德国武装力量展开的猛烈游击战表明，这个国家的民众当中并不缺少好战精神。

按照南方民族的性格，[意大利]武装力量的训练更多是为了作秀而不是战争。军营不适合开展作战训练，潜艇的下潜表演和战斗机的特技飞行同样徒有其表。另外，三个军种和武装力量整体都没有对不同军兵种之间的合同战斗训练给予应有重视，后者实际上也是大多数国家的通病。缺少大型军事训练场地也是一个重要因素。而更重要的因素是，直到深陷战争的时候，他们仍旧缺少高性能的武器装备。如果要求某位战士使用性能低劣的武器（例如4厘米反坦克炮或"纸糊的"战斗车辆）抗击重型战斗车辆的进攻，或者驾驶装甲防护力不足和火力薄弱的装甲车辆参加一场将被有现代化装备的敌人轻易挫败的进攻，或者操纵没有夜间射击仪器和反潜探测装置的舰艇与有现代化装备的敌方舰队进行海战，或者驾驶速度较慢和火力较弱的战斗机攻击敌方的高性能飞机，那么他作为一个凡人，迟早会被打垮。

从探测仪器到通信联络手段，再到可供就近使用的防空掩体，消极防空几乎是一片空白，仅凭一些"中世纪般"古老的高射炮无法有效提供掩护，在这种情况下，不能指望个人和整个民族有上佳表现。

这样的例子在任何一个领域内都屡见不鲜。因此，不能错误地认为意大利士兵的军事素质低劣，不适合打一场艰苦的战争。这正是墨索里尼和他的国务秘书们犯下的严重错误，应该予以谴责。如果墨索里尼知道上述严重缺陷的存在，就不应该参加战争。还有一个错误是，[意大利]武装力量的各个组成部分（各军种）

一心指望获得可能更精良但从未投产的国产武器，而不是引进久经实战检验的德国型号，并根据许可证投产。我在这里只列举他们新设计的战斗车辆和9厘米高射炮这两个例子。

由于没有机会实施作战训练，主要精力只好放在军营内的操练上，可是连纯粹的士兵操练也达不到我作为一名德国军官心目中的理想水平。操练仍然流于形式，但即便在形式上也没有获得令人满意、吸引眼球的效果。只要我们观看一次普普通通的卫兵换岗，就会做出这样的判断。意大利士兵没有全心全意地投入这个职业。也许我作为一个秉性迥异的北方人，使用的判断标准不对，可是结果证明我的看法是正确的。

我把这个令人失望的结果主要归咎于军官过着他自己的生活，无法与他的部下建立密切联系。军官不清楚他的部下有什么诉求，于是无法及时采取措施来纠正，到了危急关头，整支队伍都会抛下他，悄悄地溜走。

即使在战场上，每个人的给养定额也根据等级高低有很大差异。军衔越高，给养的数量越多，种类当然也更加丰富。军官单独开小灶，不跟自己的部下一起吃大锅饭，经常连士兵们吃什么、能吃多少都不知道。这不利于培养在战争中以同生共死为主要内容的情谊。意大利陆军不欢迎行军灶和一视同仁的集体就餐方式。我经常向卡瓦莱罗元帅指出这些问题及其对士气的危害，但始终无法得到他的无条件认同。但在另一方面，我亲眼见证意大利士兵把我们德国的行军灶围得几乎水泄不通，而我却能在作为意大利军官食堂的帐篷里享受着可口的军事主官伙食，比在我自己的参谋部里吃得好多了。到了1944年，格拉齐亚尼元帅还不得不雷厉风行地采取措施，保证士兵准时和足额领到军饷。这种干预完全有必要，在我看来，绝对是一个有代表性的典型案例。

发表上述评论的目的，不是批判这些问题，而是说明意大利士兵为什么经常遭受无可否认的失败。我绝不是说每一位军官与他的下属都搞不好关系。虽然在大多数情况下确实如此，但是这只能证明意大利士兵具有正直的本性，也有可能被训练成一名优秀而顽强的战士。我见证过许多意大利部队和孤胆英雄——阿拉曼附近的"闪电"（Folgore）伞兵师、突尼斯战役期间的炮兵、海军微型作战手段[4]的操作人员、鱼雷艇艇员、鱼雷机分队——的英勇表现，因此完全有把握讲这句话。然而，战争中的决定性因素不是个体的最佳表现，而是军队整体的训练水平和精神面貌。

另一方面，[意大利]同样采用中欧军事强国普遍接受的指挥原则。我发现武装力量的每个军种当中都有一大批具有较高战役战术素养的指挥官。各个军事部门采用的工作方法在我看来也足以与任何一个国家相媲美。我找不到任何事实能证明许多人所说的尉级军官团（Subaltern-Offizierskorps）对条令条例的学习不够，而是认为他们欠缺的只是实践。但我相信，高级指挥机构活跃丰富的直觉与实际拥有的工具和手段不匹配，才是导致某些挫折的原因。尽管上级主管机关的工作很周密，可是执行情况却不及格。南方人的性格无疑也是其中的原因之一。

尤其引起我注意的是：在各岛屿和意大利本土的沿海地带，对海岸防御的忽视简直匪夷所思，而自从巴尔博去世之后，现代化飞机的研制和列装也陷入明显的停滞状态。

不用说，我试图用最短时间掌握我的这个新战区的大致情况。我前去视察德国各部队，并与隆美尔和意大利各级司令部建立联系。访问的第一站是西西里岛，不幸的是，冯·波尔将军在飞往西西里岛途中不得不迫降在第勒尼安海的海面上，让我牵肠挂肚许久，直到他获救脱险。意大利海军和空军积极施以援手的态度给我留下了良好印象。下一站是北非，我在那里了解到隆美尔的顾虑，首次见识到德意两军之间的矛盾，并向担任非洲航空指挥官这个艰难职务的久经考验的弗勒利希将军提供了一些支持。弗勒利希的上级机关是位于雅典的第10航空军指挥部，距离较远，而该军军长盖斯勒航空兵上将虽是一位久经考验的指挥官，但在我看来似乎难以在隆美尔面前有所作为，于是没过多久，我就把非洲航空指挥部划归南线总司令部直接领导。再下一站是拜访克里特岛的驻军司令安德烈航空兵上将，这让我有机会了解那里的困难。

通过这一系列作为"开场白"的飞行，我收获的成果是证实马耳他对我方物资供应有不可容忍的威胁，并认识到地中海地区对整场战争具有至关重要的意义。倘若我当时知道雷德尔海军元帅在放弃"海狮"行动之后也把地中海地区看作对英战争的战略重点，那么我们的共同努力很可能促成把主攻方向转移到这个地区。这是希特勒的保密政策以一种特殊的方式造成的严重后果。

那么，应该怎样对付马耳他呢？因为西西里岛上的空军基地当时还没有准备就绪，预定的轰炸航空兵也没有分配到位，所以还无法实施决定性的空中打击。第一步只能通过对马耳他实施各种规模的袭扰性攻击和加强护航船队的掩护来改善局势。感谢德国航空兵部队的积极参与和高超技艺，这项任务收获的战果令人喜出望外。1942年1月或2月，我在罗马用统计资料向戈林报告，局面已经大有改观。船舶的损失从70%—80%减少到20%—30%。然而，我们都清楚地认识到，虽然战果相当不错，也有利于隆美尔发动进攻，但补给仍旧是北非争夺战中的不确定因素。

我一次又一次向戈林和希特勒提议占领马耳他，从而建立我们在地中海地区的有利地位，一度得到意大利最高统帅部的支持，隆美尔也不再反对。直到1942年2月我在元首大本营发表了一篇慷慨激昂的演说，才让我的计划得到批准，当时，希特勒伸手握紧我的胳膊，用一句奥地利方言一锤定音："少安毋躁，凯塞林元帅，我会这样做。"这是个相当有趣的插曲，让我看清楚了指挥机构当时面临的困难。

的黎波里塔尼亚的存亡取决于供应。这个问题为什么一直得不到解决，是一个令人感兴趣的话题，有必要详细讨论。如果我们知道其中的来龙去脉，至少在评判的时候会更加谨慎。地中海地区当时是什么样的状况呢？

按道理，意大利人凭借其强大的舰队和地理位置优越的海岛（西西里岛和潘泰莱里亚岛），足以控制他们所谓的"我们的海"（意大利语：Mare nostro），或者至少能封锁突尼斯和西西里岛之间的狭窄水道。我也是带着这种纯理论的看法来到意大利，但很快便发现理论与实际相去甚远。护航船队要想不受阻碍和卓有成效地运作起来，必须满足各种要求。首先，需要一个明确的指挥和控制组织。尽管元帅卡瓦莱罗伯爵并非对任何建议都无动于衷，可是这个组织起初并不存在。从1942年开始，几乎每天都要举行由他担任主席的主管会议，详细讨论运输和供应的措施，所有相关的国务秘书或他们手下的部门主管都要出席，而我作为南线总司令也要列席，或者在因故缺席的情况下派冯·林特伦将军作代表。每个部门在会后分头工作，没有人在整体上监督。这种做法不能令人满意。于是，意大利海军司令部组建了一个由各部门派出官员组成的常设指挥机关，工作开展得相当顺利；这是当时所能找到的最佳解决方案，但由于民族特点和军事思维方式上的差异，也存在根本性缺陷。

理论上有一个公认的原则：必须在地中海两岸储备各种门类的物资，随时满足前线部队的不时之需。但在实际上，物资供应在任何时候都达不到这样做所需的水平。意大利国内的生产虽然按照周密的军事工业计划进行，但是跟不上需求的增长。没有充分考虑海外战区的特殊性，实际需求量在某些情况下有可能会急剧增加。另外，库存的补充量应该始终超过预期的消耗量。由于运输通道并非一贯畅通无阻，应该充分把握有利时机抢运物资。这两个要求都根本不可能实现。更糟糕的是，港口和仓库从1943年新年前后[5]开始遭到空袭，尤其是在非洲。

意大利的供应在某些领域 [比德国] 更容易。比较有利的方面是，军队在自己的帝国版图内作战，资源的产地堪称近在咫尺，并且在整体上只需要供应一个战区。的黎波里塔尼亚在和平时期已经驻扎着武装力量的一支分遣队，并拥有与之相匹配的充裕库存。由于没有连续的铁路线，这个殖民地拥有一个庞大而高效的汽车运输系统和相应数量的机动车辆，后者中的绝大多数使用柴油驱动，带来不少便利。比较不利的方面是，船舶运输除了满足军队的需求之外，还要供应给普通居民，甚至包括木材。殖民地自身的产量正在提高，但还不够用。

令人遗憾的是，德意两军的装备不同，只有在个别情况下才能互通有无。口味的差异甚至让他们难以互换口粮。而有趣的是，德国士兵一度难以割舍自己习以为常的本国伙食，后来还是迫不得已换成适合炎热地区的伙食。

战争爆发的时候，地中海上有一支庞大而种类多样的意大利商船队和一批数量有限但性能优秀的德国船舶，都可以投入海上的交通运输。船舶总吨位本来可以满足战争的需要，因为除了亚得里亚海沿岸地区、希腊和各岛屿的交通之外，其他地方没有值得一提的运输量。然而，实际情况并非如此。

在我看来，主要原因有以下几条：意大利船舶工业仍在采用和平时期的作业方式，分配给造船厂的原材料和零配件不够；意大利海运公司不愿意冒任何风险，一心只想在战争结束之前保全自己的船只，而不是为战争着想，也没有意识到意大利的战败同样会让他们损失整支船队；商船队未能实现军事化，船只分布在距离较远的不同港口，并且由于船只的航速有差异，很难编成护航船队；最后一点是缺少发动机燃料和煤炭。

上述所有缺陷都只能一点一滴地补救，永远得不到根治。"总动员"的概念不符合意大利民族的性格。随着德国船只逐渐消耗殆尽，意大利船舶总吨位日益减少造成的困难也越来越大。

我军前出至阿拉曼阵地之后不久，就能明显看出可供使用的船舶资源太少，无法长期维持供应。因为当时占领马耳他的前提条件已不复存在，国防军统帅部又出于对法国的考虑不允许船只驶向突尼斯和比塞大，甚至连克里特岛—图卜鲁格这条短距离的海上航线也未能明显缓解运输压力，所以我们只能另辟蹊径。具体方法包括使用潜艇、炮艇和驱逐舰运送轻便的物资，更频繁地出动当时已经整编成联队的空中运输部队，最后还使用适于远航的近海帆船单独出航，与此同时，还启动一个大规模建造小型船只和驳船的新计划。经验表明，吃水浅、航速为15—16节的微型船只以及像海军机动驳船和"西贝尔"渡船这样航速为6—10节的微型运输工具，都不会受到鱼雷的破坏；因为它们的小口径高射炮有强大的自卫能力，再加上安插一些火力猛烈的"西贝尔"渡船作为战斗渡船，所以几乎不会受到什么损失；它们在4级以下的海况安然无恙，甚至可以承受5—6级海况，只是会出现一些破损。另外，它们的装卸作业非常迅速，如有必要，可以避开容易受到空袭的港口，直接在空旷的海岸上进行。使用高速船只在夜间沿主航道航行，本来是非常有益的做法，可是我们几乎连一条这样的船都没有，也无法在这么短的时间内造出来。

南线总司令部郑重提出的要求是至少1000艘微型运输工具（海军的机动驳船和空军的"西贝尔"渡船）、载货量400吨左右的新式木船和500—600吨的特种军舰。这个计划的确启动了，但德意两国军事工业体制之间无休止的摩擦让它无法产生实效。

油轮问题早已进入关键阶段。油轮是敌人攻击的重点目标，就像猎人寻找的马鹿一样。这种运输工具理应得到特殊掩护，伪装措施只能偶尔奏效。我们从一开始就在寻找它们的替代物。汽油本身是一种稀缺物资，损失一艘4000—6000吨的油轮意味着撕开一个几乎无法弥合的缺口。向意大利本土持续供应石油的最简单方法是，可以烧原油的进港舰船除了留下返航所需之外，其余的燃料都要卸下。潜艇、炮艇和驱逐舰几乎无一例外都要用来运输燃料，小型运输工具和运载能力为每天200—500吨的空中运输联队也一样要参加。四引擎的运输机和轰炸机特别适合做这件事，因为它们在返航前同样可以卸下油箱里多余的燃料。航空汽油消耗在坦克和机动车辆上很不划算，但也只能接受。像海上的油轮一样，陆地上的油库和运输燃料的车辆纵队也是最抢手的目标。原本就不富裕的动力燃料又要以这种方式损失掉一部分。即使1942年秋季之前缺少动力燃料还没有导致决定性的挫折，燃料的数量也已经对作战进程构成致命影响。正确乃至必要的措施往往因此变得不切实际。

意大利舰队的规模足以保证完成所有护航任务。德国没有可以使用的护航力量。直到1942年年底，一艘由希腊造船厂建造的驱逐舰才开始服役，它的表现非常出色。德国潜艇间接参与护航工作，根据具体情况部署在地中海东部或西部，通常埋伏在主要港口（直布罗陀和亚历山大）附近，准备攻击英国的护航船队或舰队。由于潜艇数量较少，它们取得的战果不可能具有决定性，但足以扰乱英国在地中海上的交通。它们的指挥官当中有王牌艇长勃兰特海军上尉。

护航勤务通常只考虑使用轻型海军舰艇，遇到特殊情况才使用巡洋舰。轻型舰艇的适航能力有限，大多数不能经受5级海况。这种能力上的欠缺导致以下情形的出现：一旦海面平静，也就是天气晴朗，英国人就会从直布罗陀、马耳他、埃及和叙利亚出动全部海空打击力量。由于反潜和防空的能力有限，一支没有护航的船队将或多或少无助地暴露在敌方攻击之下。除非船只通过机动有效地规避鱼雷，或者我方有足够数量的战斗机及时赶到并拦截敌机，否则总会有些船只被击沉或至少遭到重创。恶劣的暴风雨天气本可以提供很大程度的掩护，有时甚至足以保证安全，可是护航舰艇不能经受这样的海况，导致整个船队不能起航。只有在个别的例外情况下，才会动用巡洋舰为高速船只提供护航。随着炮艇和驱逐舰渐趋老旧、频繁使用、长时间大修和各种损毁，护航舰艇的数量总有一天会不敷使用。然而，无论护航船队受到更大损失还是滞留在港口，都意味着无法及时满足前线的物资需求。

通过接管和分配法国南部港口的船只，并让它们重新出海，我们在最危急的关头（1942年与1943年之交）暂时渡过难关。可是，三艘大型快速驱逐舰和停靠在突尼斯市、比塞大的一批潜艇到底归谁所有又长时间争执不下，导致它们的帮助变得无关痛痒。联盟战争在指挥方面的缺点是不去关注怎样尽量发挥舰船的作用，却在国家声望和战后格局这些事情上纠缠。

借助德国本土的支援，我们用尽各种手段弥补现有的缺陷。具体做法是调来动力燃料、原材料和维修装备，为意大利舰艇安装探测潜艇的装置，训练操作人员和派遣教官。所有措施基本上都来不及发挥效果。整个地中海战区还有一个特点是敌方的间谍活动非常广泛并卓有成效。当时，我还不知道它具体发展到什么程度，可能里卡尔迪元帅和圣佐内蒂上将也不知道。我们虽然无法证明这一点，但是怀疑有人出卖了护航船队。①

所有反制措施都始终不能令人满意。现在我们知道，是意大利海军上将毛杰里用他的背叛行为造成许多舰船沉没和大批人员死亡。⁶

克服相当严重的内部困难之后，意大利舰队才三度起航。人们认为它是"国之重器"（法语：pièce de résistance），不能轻易动用。这正是内部困难的根源所在。最重要的是，这支舰队分散驻扎在各个港口，需要耗费时间集结，也会加剧燃料消耗。到最后，总会有这艘或那艘舰艇没有做好出海准备，无油可加，或者还躺在船坞里。大型舰艇编队无法进行演习，主要也是由于缺少动力燃料。实弹演习的次数寥寥无几。另外，还有一些非同寻常的技术缺陷，让意大利舰队当之无愧地赢得"晴天舰队"（Schönwetterflotte）的称号。舰艇适航能力的欠缺要求加强空中掩护，鉴于轴心国空军投入地中海地区的兵力相对有限，这个闻所未闻的要求又被硬塞给正在忙于掩护运输船队的德国空军；德国飞行员的出击次数占总架次数的75%—90%，直至把他们累得筋疲力尽。即使当时双方舰队已经进入最大射程之内，并且实际上开始交火，可是随着黄昏的来临，意大利舰队也会因为夜间射击能力差不得不退出战斗，返回最近的母港（塔兰托或墨西拿）。这样出动舰队既不能缓解护航交通的压力，又无法重新建立意大利在海上的影响力。

意大利人的造舰政策也显得很奇怪。当时，他们一定知道主力舰队尤其是战

---

① 原注：卡瓦莱罗伯爵在1941年12月13日的日记里写道："凯塞林元帅向我表达的看法是，这里有大量间谍活动。"（意大利语：Il Maresciallo Kesselring mi esprime l'opinione che vi sia molto spionaggio.）

列舰的作用有限，却不顾造船厂的任务繁重和材料匮乏，仍然继续建造"罗马"号战列舰。墨索里尼在亚得里亚海检阅该舰的时候充满骄傲地称之为"技术上的奇迹"（这艘军舰1943年从拉斯佩齐亚逃往马耳他的时候被德国制导滑翔炸弹击沉），却没有意识到他的军事工业政策是多么让人怀疑。我相信当时还有一些大型军舰也已经开工建造，或者正在进行延长服役期的改装。即使是外行也肯定能认识到，一项符合实际情况和战争需要的军事工业政策还可以给后勤带来很大便利。墨索里尼曾经设想在某个决定性时刻出动整个舰队，而我早在很久以前就不再相信这个想法能够实现。

最后需要指出，我试图客观地描述实际情况。任何伤害他人的批评都远非我的本意，因为我与几位当事的领袖人物有太深厚的情谊，也有太多机会见证他们为事业所做的贡献。但历史需要真相，也需要揭露缺点。

我与意大利空军司令部国务秘书富日耶大将等众多航空兵军官的友谊，足以保证我对意大利空军的批评是客观的。

意大利战斗机只能用来执行纯粹的警戒勤务，进攻主要依靠鱼雷机和轰炸机，个别情况下也能成功使用俯冲轰炸机和战斗轰炸机。我已经在上文谈到他们的技术成就，或者更准确地说，是技术失误。我的结论是，意大利战斗机主要用于威胁较小的区域、第勒尼安海、班加西与的黎波里之间的沿海地带，还有一部分在亚得里亚海和帕特雷湾。地中海沿岸面临较大威胁的区域、西西里岛和克里特岛以南的海域、爱琴海由几个德国战斗机联队负责，包括仅在一定程度上适合执行这项任务的Ju 88和Me 110夜间战斗机联队。双方按照作战区域的需要共同部署航空兵。早在1942年春季，每个护航船队就有1—3架携带深水炸弹的轰炸机伴随，它们负责发现和攻击敌方潜艇，并向船队发出警报。鱼雷艇负责支援轰炸机，同样用深水炸弹参加战斗，个别例外情况下还使用过枪炮。而飞机用2厘米航炮攻击浮出水面的潜艇，至少可以成功迫使敌人立即下潜。

第2航空队指挥参谋部通过向第2航空军、第10航空军和非洲航空指挥部下达命令，统一指挥上述行动，并请求意大利空军司令部提供适当帮助。

所有德国飞机都携带副油箱，海上救援飞机全都做好随时起飞的准备，海上救援船只也要做好随时出海的准备或在指定位置待机。跟踪飞机的设备是准备工作中的重点。空中掩护的兵力取决于面临威胁的大小、气象条件、白昼的长短，以及护航船队的航速、规模和重要程度。黄昏时分，"临时客串的战斗机"（Ju 88 和 Me 110）单独接管空中掩护，因为战斗机必须在夜幕降临之前降落。空中掩护的兵力为2—16架飞机。战斗机在海上换防的时候遇到的困难很大，但飞行员同样有办法克服。他们通过练习，屡创破纪录的佳绩。如果确实遇到困难情况，还要派出一架领航机（Ju 88或 Me 110），个别时候，这架飞机可以把整个战斗机编队带回来。一旦有敌方航空兵朝护航船队的方向飞去，所有可以使用并有足够航程的战斗机都要编组成攻击梯队立即出动，以便在船队与敌机编队遭遇之前及时赶到。由于战斗机的航程有限，再加上海上距离很远，这种飞行总是伴有相当大的风险，但我们不得不接受。一旦查明有英国水面舰艇部队扑向护航船队，所有可用的轰炸机、"斯图卡"和鱼雷机都要编队出动。航空兵部队执行这种任务不仅必须飞出去很远，还要突破威力极大的防空弹幕，这对他们来说是一个前所未有的沉重负担。中弹通常意味着葬身大海。空勤人员获救生还只是个别情况。盟军舰艇偶尔也会通报对我方落水空勤人员的救助。无论如何，我们至少能实现一个目标：阻止敌方分遣舰队靠近我方护航船队。

直到突尼斯境内的战斗打响之后，意大利鱼雷机才成功地参加这种攻击。如果我方即将出动的护航船队规模较大，又已经查明敌方舰艇还停泊在同盟国的基地里，那么南线总司令部会下令出动飞机，攻击港内的敌方舰艇分队，或者使用飞机或水面舰艇在港口的入口处布雷。这种攻击通常在夜间进行，代价较小，但战果肯定有限。实施攻击的同时，我们还用潜艇封锁港口，在达成突然性的前提下也能取得相当可观的战果。

与试图拦截我方护航船队的敌方海空力量做斗争固然重要，可是歼灭开往马耳他，有时开往的黎波里、班加西或图卜鲁格，以及后来开往阿尔及尔的敌方护航船队至少具有同样的重要性。马耳他孤悬海外，没有补给就不能发挥战役和战术层面的作用。这种战斗几乎只能由德国航空兵单独实施，并且无一例外地提出很高要求。敌方护航船队要么由航空母舰提供特别掩护，要么取道近岸海域，以便得到盟军岸基战斗机的护送，直到驶入目的港的战斗机掩护范围之内。统一的编制和船只的高航速能减少它们面临的风险。况且，那些船员来自英国的贸易船队和海军，更善于在惊涛骇浪和暴风骤雨中航行，仅凭这一点就可以增加我方空袭的难度。尽管如此，空袭的战果还是令人信服的：曾经有两个船队同时从东西两个方向驶往马耳他，最后只剩下两艘能够到达该岛（不幸的是其中有一艘油轮），其他船只全都被击沉。后来，我们再也没有取得这样的战果，但总能在每支护航船队中击沉或击伤不同数量的船只。

护航船队的夜间掩护主要由海军负责，如前所述，缺少探测飞机和潜艇的技术手段让这种掩护变得更加困难。空军的参与仅限于派出侦察机。

仅凭这些对护航保障的描述，就足以证明轴心国空中力量在过度使用的过程中势必遭到严重削弱。除了彻底损毁和故障之外，还有飞机的磨损和空勤人员的精力消耗。从战术角度看，使用航空兵在船队上空执行护航勤务收效甚微。在大多数情况下，这样做纯属浪费宝贵的飞行时间。可是我们别无选择，更不幸的是，这让我们很难腾出必要数量的飞机，随时准备执行纯粹的作战任务。空勤人员的休息时间越来越少，而部队承受的整体压力却越来越大。我们只能站在相对积极的角度，把这种任务当作海上的适应性飞行。

截至1942年新年前后，无论是意大利还是德国都还没有在组织上建立专门的空中运输部队。每个飞行大队只有自己的运输机，用来满足最迫切的需要。大规模使用运输机的案例首先是挪威战役和克里特岛战役，接下来是1941年与1942年之交那个冬季的东线。荷兰空降战役在某种意义上也可以看作整编工作的铺垫。那场战役把飞行学校洗劫一空，损失的大批教官和飞机无可替代，妨碍年轻飞行员的成长。从那时起，运输机便从组织上整编成大队，只是还没有固定的编制。这种灵活机动的小型军队单位显然在前线和后方都能得到广泛应用。后来，随着大队整编成联队，并在组织和军队勤务方面隶属于他们自己的一位将级指挥官，情况得到进一步改善。此举造成的双重隶属关系，只是两害相较取其轻。这些过渡性编制全都在地中海战区出现过。空军总司令部在我急需的时候派来两三个联队，进驻西西里岛、意大利、希腊、克里特岛和的黎波里塔尼亚，执行这项繁重而吃力不讨好的任务。不在夜间进行的运输飞行需要战斗机掩护，至少是从黎明时分开始伴飞和保卫机场。空中运输的表现非常出色，特别是在六引擎的"巨人"式运输机投入使用之后。很长一段时间内，运输飞行没有遭受损失，直到1943年春季，一个 Ju 52的空中运输联队和一个六引擎"巨人"飞行大队先后在突尼斯城外遭到敌方战斗机拦截，几乎全军覆没。这让美国新闻界逮到机会对我们大肆批判。为了澄清历史真相，我有必要声明这些损失不是第2航空队在指挥中的失误或鲁莽造成的。

意大利自身的煤炭储量和石油储量非常匮乏，所谓的"动员储备"也不够用，德国不得不在这两个方面提供帮助。可是对于德国的战争指挥机构来说，石油也是一种特别稀缺的资源。结果，这种贸易让双方都感到别扭，也都对最终结果不满意。另一个后果是，有限的库存还要分配到各种各样的仓库和营地，不能随时满足护航船队对油料的需求，从而造成延误。实在缺少油料的时候，我们不得不动用意大利公海舰队的固定储备；还有一两次，为了解决护航舰艇的燃眉之急，我们被迫从战列舰的油舱里抽出一部分油料。这不仅惹出许多事端，还造成时间上的延误。必须承认，雷德尔海军元帅总是慷慨大方地响应意大利海军司令部的临时求助。第2航空队也给予意大利空军司令部同样的支援。煤炭扮演的角色有所不同，德国的临时援助可以在这方面满足燃煤式货船和运输船的需要。很难断言上述情况能不能得到彻底改善，否则就会有"事后诸葛亮"的嫌疑。当然，前提条件是德国方面给予更多资源，而意大利方面更合理地使用。不过可以肯定的是，上述困难导致我们既不能抓住有利时机抢运物资，又不是每一次都能提供必要的护航舰艇，于是在其他问题的共同作用下，物资供应越来越匮乏。

我没有得到直接监管装卸作业的正式授权，只能通过德国装卸官员间接了解这方面的症结，但不幸的是，他们只在部分领域接受我的领导。我在不定期到访港口的过程中证实他们的抱怨是有道理的。1943年我就此事发给国防军统帅部的报告，让希特勒先后把帝国元帅戈林和海军元帅邓尼茨派到意大利，协助我说服意大利最高统帅部和海军司令部。戈林主持召开了长时间的讨论会，并四处视察，还把担任商船建造专员的全国领袖[7]考夫曼请来纠正最引人注目的缺陷。情况略有起色，但远不能用好来形容。

装卸部门的工作拖拖拉拉。材料供应和装载的协调也存在许多缺陷。空袭警报的持续时间被不必要地延长。卸载的货物被不负责任地长时间闲置在码头上，导致有时候在轰炸中毁于一旦。

建立足够强大的防空保障尚需时日，而它几乎完全依靠德国高射炮。这样又会削弱前线的对空防御和对坦克防御。

南线总司令部向突尼斯派出一个由原第2航空队高级军需主任领导的高级军需参谋部，取得了创纪录的佳绩。在班加西或的黎波里，一艘运输船需要2—5天才能完成卸载，而在突尼斯市或比塞大只用1.5—2天。如果预计将遭到猛烈空袭，船只就会被预先拖离码头，停泊在港区内，要是在比塞大的话，还可以停到比塞大湖里。这样做可以避免重大损失。作为反面案例，允许一艘油轮驶离防御完备的图卜鲁格港是一个战术错误，它的损毁导致隆美尔从阿拉曼阵地发动进攻的有利条件彻底逆转。

卸载作业的缺陷和大型船舶面临的较高风险，促使我大力推广小型、微型船舶的使用和建造。它们当中只有少数在航行途中被毁，几乎没有一艘在满载货物的状态下被毁于港内。这导致希特勒下达一道"元首令"，要求像战斗车辆这样的贵重武器只能使用渡船或驳船运输，即便使用大型船舶，每艘也最多只能装6辆，这又太过分了。组建6—20门高射炮组成的大型高射炮兵连，可以实现最有效的防空。

护航船队的交通总是要适应空中和海上的敌情。间谍、潜艇和飞机的侦察以及无线监听勤务完全可以满足这方面的要求。然而，决策不应该受到这些消息的摆布，其中有些消息还无法核实，以至于错失大胆行动和掌握主动性的所有机会。不幸的是，这种事情确实发生过。优秀的侦察必须与灵活的指挥、对可靠舰船的运用相结合。恐惧心理往往与行动上的观望、令人费解甚至充满恐慌的决定纠缠在一起，成为埋葬任何成就的坟墓。

德意联军的地面和空中力量退到苏尔特阵地的时候即将消耗殆尽，没有任何储备物资，仅靠一艘搁浅在欧盖莱附近海湾里的运输船暂时得到给养，只有牢记这种情况，才能正确评价补给工作在1941年12月和1942年1月间的成绩。

第十四章

马耳他还是埃及?
1941 年 11 月底—1942 年 10 月

时间表：

· 1941 年 1 月 21—30 日，隆美尔在昔兰尼加的反突击直抵艾因盖扎莱

· 1942 年 4 月 2 日—5 月 10 日，德国针对马耳他的空中进攻战役

· 1942 年 5 月 26 日，隆美尔指挥德意联军发起新的进攻战役

· 1942 年 6 月 11 日，攻克比尔哈基姆

· 1942 年 6 月 21 日，攻克图卜鲁格

· 1942 年 6 月 23 日，隆美尔跨过埃及国界

· 1942 年 7 月 1 日，隆美尔进抵亚历山大西南大约 100 千米处的阿拉曼

· 德意联军的进攻受挫

· 1942 年 8 月 30 日夜间到 31 日凌晨，隆美尔在阿拉曼重新发动进攻，但以失利告终

· 1942 年 10 月 23 日，英国发动反攻，阿拉曼会战开始

· 1942 年 11 月 5 日，隆美尔开始退却

　　我到达地中海地区的时候，隆美尔已经开始从图卜鲁格退往苏尔特湾沿岸，接下来，他在部队得到休整补充之后于 1942 年 1 月 21 日发动反攻，直抵艾因盖扎莱[8]一带。隆美尔在巅峰时期的指挥特点通过这两场军事行动展现得淋漓尽致，更是令初来乍到的我难以忘怀。我在这两场行动期间都必须扮演意大利最高统帅部与隆美尔之间的调解人。只有做出某种程度的让步，即使只是形式上的维持现

状，才能让双方的尖锐矛盾得到缓和，或者从根本上杜绝它的出现。隆美尔的退却让意大利在非洲和罗马的指挥机构一片哗然，卡瓦莱罗伯爵和巴斯蒂科两位元帅认为，无论隆美尔的决定是否合理，都是一种危及轴心国伙伴关系的冷落和侮辱。经过1941年12月16日和17日在贝达举行的一场激烈辩论，隆美尔首先获得批准，可以按他的要求实施运动战，他随后保证将尽一切努力使摩托化分队的运动与其余兵力协调一致。为了进一步平息事态，我也主动保证在意大利步兵安全撤离之前，决不放弃德尔纳附近的咽喉要地和机场。

实际上，这次后退运动[9]按计划圆满完成，并未遭受重大损失。步兵师一如既往地以惊人的速度撤离，使隆美尔几乎完全按照预定计划实施退却。不用说，航空兵和高射炮兵也有突出的贡献。

隆美尔决定在1942年1月21日实施的反击，源自他的作战参谋、后来成为将军的韦斯特法尔乘坐他的"鹳"式飞机飞越兵力薄弱的敌方战线时偶然生出的一个想法；这个想法突如其来，以最快速度准备就绪和付诸实施，并得到良好的伪装。隆美尔已经养成一个习惯，让他的行动尽可能长时间对意大利人保密，原因很简单，他不信任他们。不可否认，绝对保密带来的突然性是胜利的基础，因此，每一种保密手段肯定都有其道理。但同样可以肯定，这种行为将使任何一场联盟战争的指挥变得更加困难，毕竟隆美尔是巴斯蒂科元帅和意大利最高统帅部的下属。等到隆美尔发动进攻之后，我才在罗马向元帅卡瓦莱罗伯爵通报这个消息，而他一想到有可能再次遭受挫折，就变得异常激动。根据我的建议，他在我的陪同下于1942年1月22日飞往非洲，不过没有直接去找隆美尔。他首先去视察意军司令部，而我关心的则是我的空军和后勤补给。

到1942年1月，我们已经对英军的实力、部署和战斗素质了解得一清二楚。我在卡瓦莱罗元帅面前大力支持隆美尔的这场进攻战役，只要及时止步就不会冒特殊的风险。英国人的兵力分布和物资短缺从对方的角度证明这场军事行动合理可行，有可能一举拿下班加西，从而确保轴心国军队的补给。经过与意大利人在会议中的多次讨价还价，我们最终就实施一场目标有限的进攻战役达成一致意见。我在这场会议中努力斡旋，并非这场军事行动的反对者，而我在战后看到的某些说法恰恰相反。卡瓦莱罗的亲笔日记可以为我作证。意大利最高统帅部不想再经受任何新的挫折，于是不愿冒任何风险。尽管达成了一致意见，可是我很清楚隆美尔的想法，他只会乘胜前进，直到迫于敌人的抵抗不得不停止。那样做也是正确的。这场进攻战役只投入最薄弱的兵力，以令人钦佩的魄力发起，并得到非洲航空指挥部教科书式的支援，于1942年1月30日以前一举进抵所谓的艾因盖扎莱阵地。胜利的荣耀属于隆美尔陆军元帅。当时的他在指挥装甲部队和大胆奇袭方面堪称举世无双。尽管德意两国派往非洲的航空兵实力比较弱小，意大利航空兵的战斗力也有限，但整体上还是在英国人面前略胜一筹。德国方面的动力燃料短缺，不足以让英国人有挽回局面的机会。德国战斗机统治着这里的天空；"斯图卡"有多么受到自己人喜爱，就有多么令英军官兵闻风丧胆。英军航空兵在班加西城外施放的"夜火魔法"让人以为有强大的轰炸机编队在活动，给我留下了非常深刻的印象，还让光亮区域内的所有运动都陷入停顿。

　　我在这里补充一个小插曲，原因是它的过程可谓绝无仅有。1942年1月23日，我驾驶自己的"鹳"式飞机送卡瓦莱罗元帅去参加上述会议，因为当时只有这架飞机可以使用，而卡瓦莱罗又坚持要我陪他出席。争论让这场会议无法按预定时间结束，导致本应该于黄昏时分降落在欧盖莱的返程变成一次夜间飞行。就这样，一位德国的空军元帅驾驶着一架不适合夜间飞行的飞机，运送最资深的"意大利元帅"[10]飞越沙漠，最终把提心吊胆的卡瓦莱罗伯爵安然无恙地送回他手下众多将领的怀抱里。接下来的拥抱和亲吻（意大利语：abbracci 和 bacci）绝不是充满诗意的虚构！

　　1942年2月初，随着隆美尔的反击在艾因盖扎莱阵地停下脚步，的黎波里塔尼亚境内的德意联军也陷入类似于英国第8集团军不久前在班加西的境地。进攻的胜利果实能保持多久，取决于人力物力的补充。随着一年当中不利于作战的季节接近尾声，英国人的补给线越来越短，情况更是如此。当务之急是修复班加西和德尔纳两地的港口。按照南方人的标准，意大利人在修复工作中展现出非同寻常的干劲，甚至勇于做出一些大胆的临时创新。全意大利最优秀的港口建筑工程师应聘来到班加西，并在这项工作中有突出表现。攻占班加西后仅仅几天之内，第一艘货轮就可以进港卸货。还有一件特别幸运的事情是，我们发现德国原先的弹药库等仓库都完好无损，可以作为海运物资的补充。尽管有这些意料之外的有利条件，但我们还是迫切需要尽快完成空袭马耳他的准备工作。准备期已经由于非洲的局势拖延得令人头疼，但战果证明这样做是值得的。

通过在西西里岛与第2航空军的指挥官们举行会谈，我确信每个人都能掌握作战的指导原则，并充分领会攻击命令的精神。视察部队的时候，我发现官兵们信心百倍，战斗积极性高涨。第2航空军在攻击马耳他的命令中表达的基本思路是：以突然袭击的方式歼灭敌方战斗机，或者至少重创其实力，使之不能对接下来的轰炸构成严重威胁；以密集的波次攻击三座机场，使用重型炸弹、轻型杀伤炸弹和机载武器摧毁地面上的飞机，并至少暂时让跑道无法使用。

轰炸机联队的后续攻击旨在强化对机场的破坏效果，并尽可能摧毁港口设施和舰船，同时避免波及城市设施；白昼的攻击必须集中兵力不间断地实施，并派出强大的战斗机掩护，阻止英国战斗机接近我方轰炸机，并展开追击，直至将其歼灭。

夜间应频繁出动单机，实施骚扰性攻击，妨碍残骸的清理和修理作业。计划的后续内容是出动俯冲轰炸机，击沉少数正在进港的英国补给船，并通过空投水雷封锁港口的入口。

这份计划向每一支部队都提出了很高的要求，却在损失可以承受的情况下圆满完成。与这个海岛要塞的较量一度变得相当艰难。机场外围和港口内有一些深入岩石内部的天然设施、飞机洞库、仓库和避弹所，即使最重型的延时引信炸弹也对它们无能为力，甚至连战斗轰炸机炸毁入口的尝试也未能奏效。只有使用触发引信的小型炸弹，多次进行地毯式轰炸才有机会获得更大战果。英国人集中强大的地面防空火力，并在舰艇防空火力的辅助下形成一道掩护港口的火力屏障，突破它的拦截不仅需要足够顽强的意志，还会不可避免地损失一些飞机。

俯冲轰炸过程中容易受到攻击的时刻是"转入俯冲"和完成俯冲后的"改出动作"，因为这些动作需要减慢飞行速度，解散飞行编队。要减少在这两个阶段发生的损失，只能安排战斗机伴飞俯冲，并专门指定一些战斗机在改出的高度接应。英国战斗机部队表现出的勇敢和灵活性也值得肯定，特别是从高空（1万—1.2万米）俯冲攻击德国轰炸机密集编队的战术，已经在他们手中发展到炉火纯青的地步。卸货作业的组织工作也值得给予高度评价：在短得不可思议的时间内，进港的油轮和货轮就能完成卸载，货物也转移到码头的地下防弹储藏室里。

位于墨西拿的第2航空军指挥部在策划和实施这场进攻时表现得非常出色。这里要特别提到该军足智多谋的优秀参谋长戴希曼航空兵上将[11]的名字。

对马耳他的空袭几次暂时中断，原因是进攻兵力调去对付英国的护航船队了，歼灭这些船队是战胜马耳他的先决条件。除了少数船只逃脱之外，这些船队很可能在极其激烈的战斗中全部覆灭。

主攻从1942年4月2日开始，到1942年5月10日，我认为这项任务业已完成。由于在马耳他取得的胜利，我们暂时在意大利到非洲的补给通道上掌握了制海权和制空权。补给的运输量能够满足实际需要。轰炸结束后，攻占这座海岛本来犹如探囊取物。未能把它变成现实，是德意两国统帅部犯下的一个严重错误，后来终于酿成恶果。值得称道的是，德国空军成功地把作战对象限制在纯粹的军事目标范畴之内，这个事实也得到英国人的承认。

随着对马耳他的空袭获胜，德国国防军统帅部认为这里的局势得到了极大缓解，以至于可以抽调大部分航空兵去东线。当然，还在地中海地区留下足够的兵力，监视马耳他，打击敌方护航船队，掩护我方护航船队，而不必动用非洲航空指挥部的兵力。但从长远来看，这股力量不够强大，无法在后续作战过程中阻止马耳他这个海岛要塞的重建和获得补给。

然而，重整旗鼓的马耳他一旦恢复强大的战斗力，就会像1941年夏秋一样严重威胁我方的补给运输。

意大利刚刚参战的时候错失占领这座海岛的良机，必将作为一个根本性的错误载入史册。

德国国防军统帅部虽然早早意识到这里是引发危机的关键地点，但是满足于使用空军实施压制，全然不顾我要求攻占该岛的一再呼吁，以及后来意大利最高统帅部和隆美尔对我的支持。这是在犯下第一个错误之后故意不做纠正，从而错上加错，成为指挥方面的第二个根本性错误，也是地中海地区在战争指导上的决定性缺陷。

与南线总司令部的态度相比，意大利最高统帅部没有那么坚决：攻占图卜鲁格之后，1942年6月26日在西迪拜拉尼举行的决定性的元帅碰头会上，他们背离既定的基本作战路线，根据隆美尔的建议，批准下一步军事行动是进军尼罗河。

这个决定让北非的命运就此注定。我认为有必要引用会议中的一些关键性文字来表达我的反对意见：

隆美尔首先介绍了当前的战况，并声称当面之敌微不足道，他和他的集团军可以在十天之内进入开罗。接下来是我的声明：

> 即使我承认隆美尔对地面战况有更深入的了解，还是无法打消自己的顾虑。随着继续前进，哪怕只发生最轻微的战斗行动，我们都必须考虑发生故障的战斗车辆和机动车辆数量将会达到峰值，到现在为止，这个数字已经大得骇人听闻。很长一段时间内，我们不可能指望按照要求的数量得到补充。英国陆军目前在埃及境内固然可能没有值得一提的预备队，可是有理由设想，来自近东地区的第一批军队已经开拔。当然，我也认为，如果有绝对的把握不会遇到新的敌人，就应该对失败之敌穷追到底。
>
> 我更有资格代表德国空军发表意见。当我们进抵尼罗河的时候，我的飞行员将会彻底精疲力竭，飞机需要大修，却得不到充足的补给。而他们的对手将是一批充分做好战斗准备的部队，还能在短时间内得到进一步加强。作为一名飞行员，我认为在这种情况下与一个完好无损的空军基地去较量纯属发疯。鉴于航空兵的参与对整场会战有决定性影响，单纯从这个角度出发，我就必须拒绝继续向埃及—开罗这个目标进攻。

陆军元帅隆美尔应元帅卡瓦莱罗伯爵的要求再次发表意见，他坚持自己的乐观看法，并保证将在十天之内进入开罗。

巴斯蒂科和卡瓦莱罗两位元帅表示同意。领袖将要来到非洲，参加开罗的入城式。

我对这个决定感到遗憾，希特勒却发来一封无线电报，不准我再争辩，还有一个让我遗憾的原因是占领开罗不能在补给方面带来多少帮助，或者说根本没有任何好处。只有占领亚历山大，补给才有保障，轴心国军队才有足够的防御力量挫败敌人将来从亚丁和叙利亚发动的进攻。当时，这支力量既不存在，又无法从其他地方抽调。[①]

南线总司令部和非洲装甲集团军在1942年春季达成的一致意见是，下一轮的作战目标一定是马耳他和图卜鲁格。只取图卜鲁格而不顾马耳他是不够的。雅典—克里特岛和克里特岛—图卜鲁格的海上通道处于英军驻埃及基地的海空有效打击范围之内，需要派出强大的兵力护航，再加上驶离意大利的船队需要的掩护措施，以现有兵力无法兼顾。另外，通过希腊运送物资也有其自身的困难，迫于东线的特殊压力，这些困难不可能彻底克服。我与隆美尔之间只存在一个分歧：两场军事行动的先后顺序。保障海上通道和卸货港的安全是我的职责。这正是我请求希特勒把攻占马耳他放在首位，然后再从地面进攻图卜鲁格的原因。虽然希特勒已经同意这个时间顺序，但是后来到4月底隆美尔在贝希特斯加登提出首先从艾因盖扎莱阵地发起地面战役的时候，我又表示支持。我深谙地面战术，能理解隆美尔的迫不及待。再者，攻占马耳他的准备工作还不够充分，短时间内还无法发动进攻。我相信自己可以为这次让步负责，因为我认为留给英国人调集军队的时间越少，就能越早前出至这场战役的最远目标——意大利与埃及的国界。赢得非洲的地面胜利之后，攻占马耳他也会十拿九稳。到那时，各项准备工作也将全面就绪。只是到了攻陷图卜鲁格之后，我和隆美尔的观点才以上述形式发生冲突。

除了意大利最高统帅部之外，希特勒和德国国防军统帅部同样要为这个错误决定负责。然而，隆美尔鼓吹尼罗河战局的宣传机器开动起来之后，他们再想正确判断局势已经变得比较困难。

德国指挥机构的成员都只受过大陆性思维的教育，不重视海外战区，他们既没有意识到地中海地区的重要性，又不清楚这里固有的困难，不是按照一个明确的战局计划主动地领导，而是等到局面不允许有其他出路的时候被动地拆东墙补西墙。希特勒出于对墨索里尼的私人交情，不愿意插手地中海战区的指挥，从而给军事行动带来危害。"墨索里尼在开罗"正是这样一个预先安排好的节目。

---

　　① 　原注：即使国防军统帅部认真考虑过（我对此表示怀疑）途经埃及进军高加索地区的奇思妙想，至少还停留在不明确的设想阶段。实施这样的计划首先必须保证供应基地的安全，也就是必须占领马耳他。

那时候，隆美尔施加的影响在希特勒身上有近乎催眠的作用，让后者几乎彻底丧失自己对局势的客观判断。图卜鲁格的捷报令希特勒深受鼓舞，再加上很可能受到隆美尔的私人代表贝恩特博士的蛊惑，所以，他在发给我的那道严格命令当中非但不许对隆美尔的作战设想提出任何反对意见，反而还要我全力支持它。

戈林知道希特勒拒绝进攻马耳他的心理，并成为他的应声虫。戈林担心再次出现一个代价高昂的"克里特岛"，造成"非常巨大"的伤亡，尽管这两场军事行动根本无法相提并论。当然，希特勒也很乐意用图卜鲁格大捷作为一个借口，可以在无损颜面的情况下避免令他讨厌的"马耳他大冒险"。我曾经一再告诉戈林，经过4月和5月的空袭，只需动用最少兵力，付出最少的伤亡，便可轻而易举地拿下马耳他，如果推迟进攻，就要动用更多兵力，付出更大代价。另一方面，意大利最高统帅部也不得不一再打消其海军司令部不断产生的各种疑虑。

随着下定决心向尼罗河沿岸进军，我们只能搁置"马耳他"战役的设想。这个举动的不幸后果，再加上原定用于马耳他的陆军和空军有生力量全部投入非洲，使这个计划不可能实现。

总而言之，这是一个在战争史和心理学两方面都非常令人感兴趣的问题。这个计划的落空对于整场战局也起到了决定性作用。

随着1942年年初的冬季攻势大获全胜和艾因盖扎莱战线的建立，我们从1941年12月开始的退却中卷土重来。隆美尔大将再次在下属官兵心目中树立起更崇高的威望，也对英国人的弱点有充分的了解。他认为，时间对自己不利，必须考虑英军实力会在接下来的六个月里得到相当程度的加强，士气也将恢复。他还知道他手下的军队无法在沙漠阵地战中长期保持高昂斗志，而要继续压制敌人，就要投入大量人力物力，还会遭受一定程度的消耗。对他所策划的进攻战役而言，这是事先笼罩在头顶上的一片阴云，正如上文所述，我也意识到这一点。空袭马耳他达成的战果，足以保证抢运的物资能够满足隆美尔的需求。截至5月初，隆美尔的集团军连同意大利军队都已备齐物资，还在某些方面囤积了一定的储备。

战役计划由隆美尔制定，他要与非洲航空指挥官霍夫曼·冯·瓦尔道航空兵上将[12]商定空中事务，直接负责与同样赢得我充分信任的意大利航空队指挥官打交道，并与魏霍尔德将军一起安排海军需要参与的事务，即从海上对敌军后方实施一场侧翼突击和后续阶段的补给。

这场战役建立在突然性之上，具体做法是经过沙漠实施侧翼包围进攻，然后以一个精干的小型战斗群从海上实施的登陆机动作为辅助，从而给正面战场上的英军造成毁灭性打击。战役的第二阶段是包围和攻占图卜鲁格。隆美尔陆军元帅想要亲自在决定性的侧翼跟随军队行动，但仍然担任整场战役的总指挥。正面战场由克吕韦尔装甲兵上将指挥。

这个计划简明扼要，也得到了巴斯蒂科元帅批准，但我不喜欢它对指挥关系的安排。隆美尔作为总指挥跟随侧翼行动，就无法统领全局，而他应该做的是建立一个固定的指挥所。

我们确实达成了突然性，但与隆美尔的联系也告中断，根本收不到对于飞行员和克吕韦尔将军来说都同样重要的陆军作战报告。战场上的坦克冲击、反冲击和调转正面的机动造成一片混乱，让空中侦察变得极其困难，也使轰炸机的每一次出击都有误伤友军的风险。尽管如此，不间断的空袭还是没有伤及自己人，所以，我们完全有理由把那两天[13]当作航空兵指挥机构和基层官兵的荣誉日。

5月29日清晨，因为乘坐的"鹳"式飞机迫降在敌占区，克吕韦尔将军被俘，正面战场群龙无首。由于克吕韦尔的作战参谋冯·梅伦廷少校无法肩负起指挥责任[14]，其他地方又抽调不出一位合适的德国陆军指挥官来，应许多人的迫切要求，我同意接管正面战场的指挥权。这让我有机会体验到，当上级首长既不主动出声又联系不到的时候，一个要等他的命令采取行动的指挥机构将面临什么样的困难。隆美尔在决定性的侧翼身先士卒，固然可以激励士气，可是也直接暴露在战斗期间的各种意外事件和不确定因素之中。想必读者一定读过目击者的描述，知道隆美尔的参谋部在坦克战的第一天里是怎样一番景象。尽管困难重重，隆美尔还是在第二天的坦克战中占尽上风。陆军指挥机构和装甲部队也有了属于自己的荣誉日。

我一次又一次通过无线电呼叫隆美尔，要求与他会晤，具体时间和地点由他决定。这场碰头会在南翼举行，制定了侧翼和正面战场的协调措施，这在当时已经刻不容缓。能亲眼见到隆美尔的"沙漠指挥技巧"以空前绝后的方式付诸实践，实在是一件令我心情愉悦的事情。但我们的处境并不乐观。当我驾驶"鹳"式飞机接近作为会晤地点的意大利军指挥部时，在据称属于我方占领区的一处空域突然遭到机枪和2厘米火炮从地面的猛烈射击。不过，这场遭遇也给我一个直接观察的机会，让我可以在黄昏时分出动手下的一批飞机来对付这批已经突破进来的敌军，他们当时正沿着隆美尔的补给通道向西疾驰，大有可能把非洲装甲集团军的补给纵队一网打尽。我直接飞到每一支部队，拉响警报并出动全部"斯图卡"、Me 110和战斗轰炸机，也就是每一架能够找到和出动的飞机。这场空袭大获全胜，敌人遭受相当大的损失，不得不调头退了回去。当这批飞机在夕阳的最后一丝余晖中陆续降落的时候，我发现在沙漠战场上我手下最优秀、最年长和最敬业的两名空勤人员赫然出现在伤亡人员名单中，心情顿时沉重起来。

后来我与隆美尔发生争执的导火索是比尔哈基姆，那是柯尼希将军指挥自由法国军队重兵把守的一个据点，对我方构成严重威胁。应隆美尔的要求，我出动大批"斯图卡"密集实施俯冲轰炸，最后甚至还动用了煤油燃烧弹。这些轰炸和随后的步兵冲击都未能奏效，原因是空中和地面的动作未能在时间上形成有效衔接。这固然是引起争执的根源，却不无益处，因为没过多久我就可以祝贺隆美尔拿下比尔哈基姆了。

隆美尔刚刚得知攻占比尔哈基姆绿洲的消息，就在与我简单交谈之后亲率装甲部队直扑图卜鲁格，这是他精力过人的具体表现。通过从行进间发起进攻，我军不久便彻底完成了对图卜鲁格的包围。

德国陆军和空军在这场合围战前后达成的战果，足以作为战争史上最伟大的成就之一载入史册；对隆美尔来说，这一系列战斗实际上是他整个军旅生涯中的巅峰之作。意大利官兵的表现同样优秀。在现有胜利的鼓舞下，经过大胆策划，对图卜鲁格的进攻毫不拖延地付诸实施。具体的攻击措施由隆美尔和非洲航空指挥官霍夫曼·冯·瓦尔道共同制定。我还从希腊和克里特岛把所有可抽调的部队都调来参战。进攻前一天的晚上，我飞去探望每一支部队，并发表最简短的讲话：

飞行员们，如果你们明天上午尽职尽责，明天晚上的无线电广播就会向全世界宣告："图卜鲁格陷落。"预祝一切顺利！ [15]

没有一分钟的延误，进攻马上开始。地面部队在俯冲轰炸机和火炮的有力支援下，趁最后一批炸弹刚刚落入敌方阵地之际发动攻击，一举把港口纳入我方火炮射程之内。尽管这是一场艰难的较量，充满各种各样的危机，可是胜利终究属于我们。德国人占领了图卜鲁格！广播电台把这条消息播发到全世界。非洲航空指挥官荣获骑士十字勋章，隆美尔大将晋升陆军元帅，后一个举措令意大利人颇有微词。换成骑士十字勋章的"钻石饰"也许比晋升军衔更合适[16]。我们抓获的俘虏为数众多，缴获的各种战争物资储量极其丰富，其中包括大批粮食，可以在我们自己的补给中派上用场，而港口也成为我们的又一个供应基地。

这场胜利让双方付出的代价不可同日而语，英国人的抵抗能力遭到严重削弱，军队节节败退导致的补给困难又由于图卜鲁格失守进一步加剧，英军统帅部面临的局面令他们绝望。这个局面足以引诱一位对胜利的渴望远不及隆美尔迫切的将军积极采取下一步行动。现在可是有机会歼灭英国的整整一个集团军。但这需要迅速行动！ 1942年6月22日，我到隆美尔陆军元帅设在图卜鲁格的司令部拜访他，恰好赶上他正在下达当天中午继续向西迪拜拉尼挺进的命令。这个计划符合我的想法，也不会妨碍进攻马耳他。

德国的非洲航空指挥官霍夫曼·冯·瓦尔道将军已经与隆美尔做好具体的战术安排。我知道他们都会尽心尽力。

冯·波尔将军正准备把空军地勤组织转移到图卜鲁格地区，那里虽有足够的机场，但必须清扫地雷，做好各项准备，并提供高射炮的掩护。这些工作都在最短时间内完成了。

魏霍尔德将军和意大利海军司令部下令紧急采取措施，修复图卜鲁格的港口设施。 我极其重视在图卜鲁格卸载物资，无论使用码头还是平底驳船。即使汽油库存量有所增加，停车场塞满了缴获的车辆，可是从班加西甚至的黎波里到前线的距离实在太远，无法长时间保证补给。我们占领西迪拜拉尼固然又能得到一个可以利用的小型港口，但只要不占领马耳他，非洲战区就谈不上有安全保障。按计划，下一步应当进攻马耳他。到这时，从1942年2月开始的准备工作已经全部就绪。进攻计划动用的兵力十分强大，以至于根本不存在失败的可能。预计投入施图登特大将指挥的两个伞兵师，其中包括意大利的"闪电"（Folgore）伞兵师①。运输机联队、重型货物运输机（2.5 吨的 Go 242）和"巨人"（24 吨，用来运输坦克）的数量也很充足。除此之外，还有两到三个意大利突击师，主力舰队应派出部分舰艇炮击岛上的防御工事，护送运输船和突击舟艇，计划参战的航空兵部队也比第一次空袭马耳他的时候更强大。

作战纲要大致如下：

1. 空投的伞兵以主要突击夺取岛南部的几处高地，然后以此作为出发基地，进攻并占领城市以南的各个机场和瓦莱塔的港口。

在此之前，应短促而有效地轰炸机场和防空阵地。

2. 海军主力和登陆兵向瓦莱塔以南的敌军据点实施主要突击，并与伞兵一起攻击瓦莱塔的港口，空军应在同一时间轰炸敌方海岸炮兵连。

3. 从海上佯攻希罗科港附近的海湾。

当时，进军埃及的过程起初完全符合预定计划，战果足以证明隆美尔陆军元帅做得对。但是没过多久，敌方的抵抗变得极其顽强，以至于我们不得不考虑向那里派出生力军，或者以超常的速度休整补充现有部队。战斗越来越艰难，直到阿拉曼的激战迫使隆美尔停止前进并转入防御。战事发展到紧要关头的时候，只有断然动用装甲侦察部队和空军才能克服危机。陆军和空军的现有兵力已经师老兵疲，在人员和物资两方面都急需补充。为此，隆美尔要求从克里特岛和意大利抽调新的部队，除了第二个德国步兵师之外，还要把原计划用于马耳他的德意各一个伞兵师调给他。因为这批军队没有携带任何车辆，初步采取的补救措施只能是重新分配德意各师的现有车辆，所以进一步限制所有师的机动能力。于是，又必须向他们补充大批机动车辆，其中包括为高射炮兵和航空兵准备的车辆，再加上新来的单位需要补给，导致向供应部门提出的要求越来越高。要确保这一点，唯有拿下马耳他！可是随着预定的参战兵力挪作他用，这场进攻已经不可能实现。鉴于成功的前提条件不复存在，我自己也只好不再提出这个要求。放弃这项计划是对北非全盘计划**最致命的打击**。

---

①　原注：这个师由精力充沛的德国伞兵将领拉姆克迅速而成功地训练，堪称精锐。我观看的演习表明，这个师具备真正的伞兵精神，拥有非凡的活力去克服各式各样的困难。

几天之后，敌人的反击也陷入困境。英国第8集团军未能利用个别意大利师的失败扩大战果，显然还不具备发动决定性反攻的实力。

战线如今稳定在一个两翼都有妥善掩护的有利地带。阵地的宽度与我军加强之后的实力相匹配。英国第8集团军一定已经认识到，如果不按部就班地做好进攻准备，就不可能赢得胜利。这需要时间！德意联军是否有足够的时间抢运更多补给，从而重新发动进攻呢？

当初我多么坚决地主张在攻克图卜鲁格之后停止进攻，现在就多么迫切地要求重新发动进攻。地中海地区和北非的局势正在向极为不利的方向发展。在东面，英国第8集团军已经得到增援，拥有一支更强大的空军、一个安全可靠和设施完备的补给基地。在西面，威胁的发展仍是未知数，但肯定极其危险。在后方，供应状况令人担忧，随着马耳他和埃及的海空军基地重新活跃起来，补给中断的时刻已经不算遥远。

要想在两线作战中赢得胜利，必须在下一个敌人的挑战到来之前，从内线解决正在交锋的敌人。鉴于防御性作战行动存在巨大缺陷，最重要的是无法解决供应问题，只要有一丁点儿成功的机会，就必须全力以赴地尝试进攻性的解决方案。轴心国只有进攻才能掌握主动权，才有可能把握时机。一切都取决于隆美尔能否尽快出击，把尚在集结的英军打个措手不及。按照我的计算，最后期限是1942年8月底。

由于补给通道没有安全保障，不可能切实保证一切物资需求都能得到满足。我不但许诺自己会全力以赴，还要在这个问题上推动意大利最高统帅部，因为当时我确信，只有我们把埃及的地中海港口都掌握在自己手中，才能稳定北非的局势。我方补给通道同时受到来自两个方向——马耳他和亚历山大——的威胁，有彻底中断的危险。隆美尔又不想放弃开罗这个近在咫尺的目标。当然，他会担心物资供应能不能达到他期望的水平，国防军最高统帅部能不能满足他的要求。除了深入研究进攻计划之外，隆美尔还要确保阿拉曼阵地得到巩固，足以抵御英军的全面进攻，他在这件事情上不止一次向我做过保证。工兵们在那些日子里确实非常辛苦，但他们已经全力以赴了，隆美尔应该感到满足。另外，他还琢磨出一些富有想象力的新方法。

英国第8集团军轮番试探德军据守的每一段战线。这种冒险从未在任何一个地点取得值得一提的胜利，但对我们来说，不利之处在于我方的防御计划和火炮阵地的位置在短时间内被英国人摸得一清二楚，并且在战斗中有大批人员伤亡和大量物资消耗。反观对方，英国人肯定从防御阵地的坚固程度得出结论，隆美尔的想法不再是继续进攻，而是下定决心实施防御。隆美尔的进攻一定能做到出其不意。

截至1942年8月中旬，进攻计划已经基本制定完成，由装甲师和摩托化师组成的强大右翼发动攻击。下定决心则要等到最后时刻——8月29日，而进攻在30日夜间和31日凌晨正式开始。历史的真相需要澄清，意大利最高统帅部和南线总司令部已经尽一切可能运送动力燃料。南线总司令部至少不应该对那艘在图卜鲁格港口之外损失的油轮负责[17]。这次损失发生之后，作为航空队司令，我想动用自己的储备物资来缓解燃眉之急。尽管我保证向隆美尔的集团军提供400立方米的航空汽油，但动力燃料的短缺还是非常棘手，更何况出于我至今都不知道的某种原因，连这个数量也未能如数交付[18]。这正是我自责的原因所在，尽管直到战争结束之后我才知道这件事。然而，我不认为它具有决定性的作用。非洲现有的库存仍然能够保证我方全部摩托化部队在9月6日以前实施运动防御，这个事实证明有足够的燃料可用来继续进攻，特别是按照以往的经验，还可以指望缴获敌方库存作为补充。我军受挫的原因不在这里，而是更偏重于心理方面的因素。当时，我确信这场战役对于"原来的那个"隆美尔①来说根本不成问题，他永远不会在已经包围敌人的情况下罢手。如今，我才知道他手下的官兵接到撤退命令的时候也感到费解。应该考虑到，他们已经通过机动克服了英国人所谓"最后的希望"（Last Hope）的阵地。

隆美尔陆军元帅一如既往地亲自率领决定性的侧翼。由于遭遇密集的地雷场，最初几个小时内占领的地盘少于预期；另外，突如其来、强大而持续的空袭除了造成人员伤亡之外，还令人在精神上高度紧张。根据非洲航空指挥部的报告，隆

---

① 原注：必须考虑到，隆美尔陆军元帅在非洲连续征战，极度操劳，非常需要休息。

美尔受上述因素的影响在早上7点到8点之间停止攻击，随即经过重新考虑，又下令在下午早些时候再度攻击——甚至在我来得及亲自出面干预之前。当然，很难断定攻击在没有中断的情况下能不能达成预期战果。但可以肯定的是，当时胜利近在咫尺，中断攻击让敌人得到喘息之机，也让非洲装甲集团军获胜的前景变得暗淡。攻击地带内的密集地雷场表明，蒙哥马利陆军元帅[19]早已料定隆美尔会通过沙漠发动进攻。英国第8集团军完全有理由这样设想，因为德国人已在正面战线大规模布雷，不太可能从中央和左翼发动进攻。因此，英国人不可避免地会把工程防御措施和整体防御的重点转移到其左翼。英国人的地雷场让第8集团军有必要的时间采取对策，并把德国攻击力量限制在一个狭窄的区域内，成为英国飞机的绝佳目标。然而，姑且不在这里讨论是非对错，只要决定进攻，就必须不惜代价一口气克服这个瓶颈地带，前出到一个危险较小的空间，摆脱敌机的影响。这种坚韧不拔的钢铁意志已经消失得无影无踪，既然如此，再加上这场军事行动蕴藏着尽人皆知的风险，就根本不应该冒险一试。这场行动本身有成功的希望，最清楚的证明是蒙哥马利1942年8月在面临德军进攻时对英军防御前景的判断。随着这场进攻以失败告终，我认为北非战局的命运业已注定。具有实际意义的解决方案不复存在，只剩下在较小区域内长期坚守非洲阵地的可能性。从那时起，我尽心竭力争取的目标就是利用和巩固这种可能性，尽量长时间阻止南线之敌影响欧洲战区。

我们必须面对一个事实：补给已经失去长远的保障。时间也变成同盟国在南线的又一个盟友。

按照我的看法，英美两国蓄谋已久的登陆势必发生在北非，这意味着一场钳形的军事行动。虽然同盟国的两个集团军之间远隔数千千米，但是这种行动势必分散轴心国的兵力，并对在非洲孤军奋战的我军造成不容低估的心理影响。

蒙哥马利战胜隆美尔这件事在心理上的影响超过实际意义。德国方面明显暴露出来的缺陷，将会为英国人将来的作战行动带来便利。

英国空军已经克服其自身的低迷状态，从现在开始可以更有效地支援海战，并把马耳他变得几乎坚不可摧。有了更强大的空军，英国第8集团军也有能力完成更艰巨的任务，尤其是从这场防御战的胜利当中找到再创佳绩的信心。

　　这种情况下，在阿拉曼阵地坐待英国人大举进攻是不是正确的做法呢？鉴于有些战后文献把下定这个决心的责任归在我的名下，我首先要在这里声明，作为航空队司令和南线总司令，我有权发表意见和提出反对，但我不是隆美尔的上级。当时隆美尔隶属于巴斯蒂科元帅，进而隶属于意大利最高统帅部；另外，他还认为自己应当对德国国防军统帅部负责，并与之保持密切联系，这种做法的后果不容小觑。我不是想通过这个坦白的声明来推卸自己作为一名顾问理应共同承担的责任，至少在隆美尔听从我的建议所做的事情上不会推卸责任。但对我来说，这一次也像我经历过的许多事情一样，可以印证兴登堡的那句话：失败的责任总是由他承担，胜利的功劳却另有所属。我清楚记得1943年5月突尼斯战役结束后的一段插曲，我的两位参谋长敦促我出面驳斥一些针对我的指挥方式的指控是虚假和不公正的。我没有采纳这个建议，因为总要有人在全世界面前承担责任，而历史真相终将大白于天下。只要一个人问心无愧，就能让自己变得坚强和不可侵犯。顺便说一句，这种态度还在我日后出庭受审的时候带来许多帮助。

　　明确我的立场之后，我认为接下来有必要声明，无论德国国防军统帅部还是意大利最高统帅部，都不会强烈反对隆美尔确实想要退却到某个后方阵地的意图。隆美尔总能想方设法实现自己的意图。然而，他相信现有的阵地坚不可摧。军队的状态良好，用非洲原先的标准来衡量，可谓人数众多。补给数量暂时还算充足。根据当时我所了解的情况，我有理由设想这个阵地足以抵挡一场进攻，这个想法绝不是轻举妄动的冒险。

　　事后看来，综合考虑我们在阿拉曼阵地的巨大投入和实际产出，留在那里是错误的。无论在向东或向西几百千米的地点迎接决战，还是以阻滞防御抵抗蒙哥马利的突击，这都不是重点。唯一的决定性因素是从根本上制止第8集团军前进，并在的黎波里与图卜鲁格之间守住尽可能广大的根据地，保证补给的多种途径。但还必须考虑到，德意两国陆军和空军的大多数部队要么没有实现摩托化，要么摩托化程度较低，都不适合参加连续机动的军事行动；是的，这在指挥方面的确是一个障碍。另外，英国的空中优势还可能对行军状态的军队造成毁灭性影响。蒙哥马利的指挥风格到底是小心谨慎还是勇猛无畏，在此前的战斗中尚未有明确表现；按照以往的印象，他更倾向于谨小慎微地权衡利弊。最大的未知因素仍然是盟军登陆地中海西部地区的目标和时间。事实证明，隆美尔陆军元帅和他的代理人施图梅将军对阿拉曼阵地的绝对信任是不合理的。与在进攻第一天上午不幸去世的施图梅将军相比，隆美尔陆军元帅也许能在限定的空间从运动战当中获得更大战果。但总而言之，更理想的解决方案要么是在后卫掩护下退到某个易守难攻的阵地，例如哈勒法亚隘口就很合适，要么佯装在阿拉曼阵地实施主要抵抗，实际在其西面大约30千米处迎接决战，后者不但拥有与阿拉曼一带相同的地利，而且左翼的地形更加有利。

这两种方案都要求我们提前采取措施，即勘察和加固阵地。然而，无论隆美尔陆军元帅还是施图梅将军都从未向我提过他们有这样的计划。况且我们在下定最后的决心之后，也没有必要另作打算，因为地中海西部的登陆必将成为影响所有后续军事行动的决定性因素。夏季的后两个月里，我经常和隆美尔一起深入探讨局势的未来走向；他除了谈到撤离北非的问题之外，还提出德国军队退守亚平宁山脉或阿尔卑斯山脉的设想。我也告诉他，从政治和战略层面上考量，我的想法与他恰恰相反。这个话题留待下文讨论。

即便判断错误，决心也已经下定。意大利最高统帅部及其下属陆海空三军的总司令、巴斯蒂科元帅及其手下的陆海军将领、隆美尔和南线总司令部都尽心竭力地准备迎接这场决战。到隆美尔由于糟糕的健康状况去休疗养假的时候，代理他指挥军队的施图梅将军，一位曾经在东线久经考验的装甲兵宿将，又用一种不偏不倚的眼光审时度势和视察阵地，并做出适当改善。他比隆美尔更平易近人，也更幽默，不但为缓解指挥机构和基层官兵的情绪做出了重大贡献，而且设法与意大利指挥机构成功建立起还算融洽的关系。但他的身体也同样欠佳。对于他的血液循环系统疾病来说，炎热的气候就是一剂毒药。

每一个部门都在努力提高的黎波里、班加西、图卜鲁格、西迪拜拉尼和马特鲁港等港口的卸货效率，用飞机和高射炮更妥善地掩护它们，建造新的运输工具，并在意大利—希腊地区囤积更多补给物资。与此同时，针对双方补给船队的战事也愈演愈烈。

结果，敌我双方都遭受了重大损失，但都达到了各自的目的。驻非洲的轴心国军队按照需要得到援兵、装备和物资储备。但英国人也把马耳他岛恢复到防御完备的状态。我方护航交通遭受到日益频繁的骚扰表明，从长远来看，纯粹的防御不可能保证在地中海上行动的自由；更何况还要估计美英在这个地区大规模登陆的前景，它的成功势必让我们的供应陷入停顿。另外，非洲和克里特岛的空军基地也正在遭受非常严重的破坏性攻击。我不甘心这样无所作为地看着我们一步步滑向失败的深渊。到9月中旬，我清楚地意识到，作为"最后的手段"（拉丁语：ultima ratio），必须尝试通过对马耳他的空袭来有力地改善供应状况，即使只是暂时的。我非常清楚其中的困难：马耳他已经有充分的自卫能力，岛上的战斗机实力也得到了加强。从航空母舰起飞并转场到岛上的英国战斗机越来越多，而我们无法用任何有效的措施来阻止。即使能够通过侦察设备探测到飞机正在接近，我们的战斗机也来不及赶到它们的转场航线上；再者，在空中拦截快速的战斗机依旧是一个难题。另外，我方已经在力量对比上处于劣势，德意两国的部队都要忙于执行警戒勤务。最后，英国人还从第一次马耳他空中战役中吸取教训，扩建了他们的基地，并把对炸弹的防护能力提高到最佳水平。

德国空军总司令部大力支持这项进攻计划，但不能满足所有要求。部队的素质可以在某种程度上弥补缺憾。战斗机联队已经在与英国人的较量中久经考验，轰炸机部队也在多年来的作战行动中得到锻炼。而意大利的轰炸机和战斗机难堪大任，不仅因为飞机老旧过时，轰炸机空勤人员还没有充分接受夜间飞行训练。这场进攻再次由第2航空军指挥。虽然战术和斗志上的先决条件都得到满足，但是10月中旬的进攻却没有取得预期的战果，于是我在第三天决定取消行动，因为损失太大，尤其是考虑到美英的登陆已经指日可待。

这场进攻未能达成突然性，针对空军基地的轰炸也以失败告终。与敌方战斗机的较量只能通过空中格斗和攻击防弹洞库。我们还首次观察到英国人使用所谓的"Düppeln"（投放金属箔条实施欺骗）干扰德国的侦察设备，增加从地面导引战斗机的难度，削弱战斗机对轰炸机编队的掩护效果。英国人的防御战法确实大有改进。

甚至早在美英登陆北非之前，预料之中的对阿拉曼阵地的大规模进攻便在1942年10月23日打响。从上文提到的代理司令去世开始，直到隆美尔兼程赶回，指挥方面始终处于混沌状态。只要知道首批指挥措施在一场防御大会战中的关键性作用，任何人都能很容易认识到司令的缺席对整场会战有多么重要。同样令人遗憾的是隆美尔没有彻底康复，仍然需要休养。第三个因素是英国人的空中优势比以往任何时候都更加明显。有必要指出，所谓的"魔鬼的花园"——按照专项计划敷设的密集地雷场——没有发挥预期的效果。

　　阿拉曼会战面临紧要关头之际，我想再次面见隆美尔，与他讨论局势。1942年11月3日下午晚些时候，我在飞往代巴途中的地中海上空遭遇发动机故障，被迫改变航线，降落在距离最近的克里特岛机场。直到1942年11月4日黎明时分，我才在非洲着陆，非洲航空指挥官赛德曼将军前来迎接，并立即带我去见隆美尔。后者向我描述局势正在明显恶化，迫使他下达退却的命令。我军右翼已经撤出占据有利地形的阵地。希特勒在回复他的作战报告时，通过无线电表示不同意这样"懦弱地逃避"，并表示应当坚守阵地。[①]隆美尔怀着一种情有可原的激动下令停止退却，准备遵照命令战斗到最后一卒。我当着他的作战参谋的面向他解释，这些问题原本都不值得考虑，希特勒的命令也绝对不可以贯彻执行，因为那实际上意味着德国非洲集团军的全军覆没和的黎波里塔尼亚的彻底沦陷。我还向他解释说，由我来承担抗命不遵的责任，并准备立即通过无线电与希特勒联系。根据事实，希特勒肯定是错误地以为我军还在坚守自己的阵地，既然他们已经撤到空旷的沙漠里，仅凭这一个理由，就不应该执行他的命令。

　　紧接着，我向希特勒发出一封简短的无线电报，说明战况和执行他的命令会有什么后果，请求他赋予隆美尔陆军元帅在作战行动中机断行事的自主权。隆美尔也下定决心发出一份内容相似的无线电报。[②]当天下午，甚至早在我离开那里之前，这个请求已经获得批准。可是，这样的拖延让我们白白浪费了宝贵的几个小时。为什么我偏偏会在这次飞行中遭遇几乎从未经历过的发动机故障呢？这真

---

　　① 原注：赛德曼将军在送我去见隆美尔的路上向我汇报，空中侦察不力是导致下令退却的原因之一，而他已经为这件事遭受了最严厉的责备。另一方面，应当指出，他在拂晓时分亲自核实过前一天得到的空中侦察报告，而根据他的核实，无论锡瓦绿洲还是通过该绿洲和盖塔拉洼地的道路上，都没有敌军的踪影。隆美尔陆军元帅显然是被意大利人的一份错误报告所误导。上述文字旨在澄清事实真相，它与《无仇之战》（*Krieg ohne Hass*）[20]一书中的说法恰恰相反。

　　② 原注：我通过战后文献得知，隆美尔还派出他的私人特使贝恩特博士前往元首大本营。

是命运提出的一个无法解答的难题！我在1942年11月4日的所作所为，倘若提前到1942年11月3日，就会发挥最重大的作用，甚至可能是决定性作用。隆美尔及其手下指挥官的领导才能和士兵的卓越表现，让我有理由期待他们能在重创敌军之后全身而退。赛德曼航空兵上将对航空兵的出色指挥让我知道他是这方面的最佳人选，他与负责地勤部队和供应的米勒将军也合作得卓有成效，只有布克哈特将军的高射炮师不得不请求里特尔·冯·波尔将军[21]提供必要的支援。我现在能够投入更多精力到地中海西部的紧急任务和维持供应的努力上。一个令我在精神上极度紧张的时期从此拉开帷幕，而隆美尔的举止和要求更是让它变得难以忍受。

多亏长期奋战在非洲的老战士们，轴心国军队才能摆脱岌岌可危的局面。我从远处注视着一系列重大事件的发生，那一幅幅绝无仅有的战争画面至今还萦绕在我的脑海里：拉姆克的伞兵师在撤退途中从其追击者手中夺取机动车辆，利用缴获的英制车辆实现摩托化；敌我双方的行军纵队鱼龙混杂地出现在拜尔迪耶公路上，等等。幸运的是，英军航空兵还没有学会怎样攻击退却中的敌人，尽管他们有许多这样做的机会，例如在哈勒法亚隘口。

第十五章

盟军登陆北非与突尼斯之战，1942—1943年

时间表：

· 1942年11月8日，英美联军在摩洛哥和阿尔及利亚登陆

· 1942年11月9日，首批德军分队在突尼斯空降

· 建立突尼斯桥头堡

· 1942年12月—1943年1月，隆美尔放弃意属北非全境

· 英国第8集团军自东向西推进

· 1943年2月，德军从突尼斯桥头堡向位于阿尔及利亚与突尼斯边境的英国第1集团军和美军发动反攻

· 反攻失败，针对英国第8集团军的进攻尝试也以失败告终

· 1943年3—4月，突尼斯要塞面临盟军从西面和南面发起的钳形军事行动，被迫收缩

· 1943年5月12日，突尼斯境内的所有军事行动结束，最后一批德军投降

登陆之前

同盟国在登陆北非之前所做的宣传只能形容为一场登峰造极的心理战。若干个星期以来，我的大本营不断收到各种自相矛盾的谣言、个人直觉和观察报告。关于登陆地点、兵力和装备的说法千差万别，显然经过精湛的艺术加工。敌方舰队在西非海域的活动，令人怀疑他们是否会在西海岸登陆，然后进军横跨非洲大陆。另一方面，涌入直布罗陀的军队和舰船数量不断增长，又让我们在地中海沿

岸寻找他们的目标，航空母舰和大型运输船的出现使大规模登陆有可能发生在直布罗陀、马耳他、亚历山大和叙利亚各个空军基地的掩护范围之外。舰船多次从直布罗陀驶入地中海，更让我们难以确定军事行动的开始时间。经过对现有全部消息的批判性评估，我得出如下结论：

这场登陆应该与英国第8集团军在北非的动作有战役层面的呼应，因此不太可能发生在西非海岸。敌人还不具备实施那种作战行动的任何经验，就像美军没有任何战斗经验一样。

盟军肯定知道，意大利本土及其各岛屿上部署着相当强大的空中力量，仅凭航空母舰上的战斗机无法压制。因此，在距离意大利海岸或岛屿太近的地点实施登陆是不可取的。出于同一个原因，敌人似乎也不太可能突破西西里岛和突尼斯之间的狭窄水道。

如果敌人在非洲的北部海岸登陆，那么肯定会选择距离西西里岛和撒丁岛各机场较远的地点，以期我方前去攻击的轰炸机和鱼雷机飞得越远越好。这样做能给登陆舰队带来一定程度的安全保障。敌人也无须担心意大利舰队会开到距离其母港这么远的地点发动攻击。因此，主要考虑的登陆地点应该是阿尔及利亚及其相邻地区。法国人将在那里实施什么程度的抵抗，是一个悬而未决的问题，但即使是最轻微的抵抗也可能对我们有利。从那里前往突尼斯的陆路还很漫长，但对于一支久疏战阵的军队来说，首先实施这样的机动也颇有益处。

在西西里岛登陆相当诱人。这样能切断意大利与非洲之间的交通，使亚平宁半岛直接暴露在战火之下。这样的一场军事行动足以决定整场战局的胜负，但考虑到登陆舰队面临的巨大危险，也不太可能发生。

在撒丁岛和科西嘉岛登陆要当作一场最终目标在更远处的作战行动统筹考虑。占领这两座岛肯定能为下一步登陆意大利本土或法国南部带来很大便利，还能把意大利纳入同盟国空军的航程之内，但这一切都超出了当时作战条件的限制，因此在我看来也不太可能。

同样，法国南部似乎也是一个诱人的登陆目标。然而，这样的军事行动需要孤军奋战，登陆舰队尽管规模庞大，可是还不够强大。

根据上述对局势的评估，我采取的对策是：

向德国空军总司令部请求并获准为第2航空队火速提供最必要的增援，其中包括几个接受过海上作战训练的飞行大队。对西西里岛和撒丁岛上的空军基地进行检查，向那里调集援兵和储备物资。鱼雷机部队也在传统的航空鱼雷基地格罗塞托采取同样的措施。经过协商，与驻法国南部的那个德国航空师确定可能的协同动作。另外，与意大利空军也达成必要的协议，但不幸的是，他们手中只有为数不多的鱼雷机能真正派上用场。强化侦察和搜索活动。把德国潜艇部署到便于正面拦截敌方大型护航船队的有利位置。与意大利海军司令部共同讨论一系列计划，以防同盟国舰队出人意料地闯入意大利近海海域。

另外，我还请求德国国防军统帅部向西西里岛派出至少一个师，要么准备随时开赴突尼斯，要么留在西西里岛抗击可能的登陆。岛上的几个意大利师从未接受过抗登陆训练，对海岸防御的忽视程度也令人难以置信。

国防军统帅部没有批准这个请求，但为避免事到临头我除了自己的警卫营之外无兵可用，指定了一个加强伞兵营随时听候我的调遣。我仔细检查了意大利本土和各岛屿的防御状况，所见所闻让我大失所望，只好往各地派出一些德国的建筑参谋部。

北非登陆的前一天，戈林以希特勒的名义与我通话，而我当时根本不知道他其实在贝希特斯加登。他声称我对局势的判断是错误的，元首大本营坚信敌人的进攻目标是法国南部[22]，并要我负责保证整个第2航空队都能及时投入与这股敌人的战斗。

当务之急主要是干扰敌人的海上航渡，这是我手下各支部队责无旁贷的首要任务。第二步是航空兵向科西嘉岛和意大利中北部地区转场，当时必须出动运输机空运 [人员、装备和物资器材]。顺便插一句，我当时并不相信这场军事行动是针对法国南部的。

间谍和潜艇发回敌方登陆舰队从直布罗陀起航并通过直布罗陀海峡的报告。南线总司令部除了提前得知登陆舰队的规模之外，还清楚知道它的编队队形和几

次遭遇 [我方潜艇] 的情况。我们自己的远程侦察机也一直在跟踪它。不断传来的报告证实,舰队的航向始终朝东,因此,法国和意大利北部可以排除在目标之外。

隆美尔陆军元帅已经开始大踏步后退。的黎波里塔尼亚除了意大利的少数几支卫戍部队和要塞守备队之外,没有其他有战斗力的军队。补给状况明显恶化,如果继续以现有的速度撤退,势必还将损失大批物资。无论意大利人还是德国人,都没有对突尼斯采取任何预防措施。鉴于法国人对意大利人的公然敌视,反之亦然,即使最谨小慎微的措施也会遇到最顽固的抵制。对于南线总司令部来说,法属殖民地是一株“碰不得的凤仙花”[23]。任何一个港口都不准我们靠近,补给通道不得经过突尼斯市和比塞大,当然也不能向突尼斯境内派出维持治安的德国占领军。上述种种令人费解的做法固然全都可以推脱给高层的政治考量,可是我“举双手”(法语: à deux mains)请求派遣至少一个师到西西里岛,纯粹是出于军事上的需要,却依旧遭到拒绝,这无论如何也解释不通。德国航空兵的实力只得到有限的加强,无法挫败一场发生在其最大飞行半径上的登陆,没有伞兵或陆军的配合,也无法阻止或歼灭已经上岸的敌军。

我始终未能猜透希特勒和国防军指挥参谋部的想法。他们犯下的根本性错误在于彻底误判,也就是低估了地中海地区的重要性,于是总是采取折中措施。他们没有看到或者不想承认,这场殖民战争从1941年年底开始呈现出一种截然不同的面貌,非洲已经发展成一个对欧洲具有决定性意义的战区。从这个观点出发,地中海地区的战争要求我们在放弃针对英国本土的“海狮”行动之后,从思想上转变战争的战略设想和战役指挥。第二个错误是误判同盟国的登陆目标。可能希特勒还认为,这里不会对欧洲战区构成任何迫在眉睫的威胁,也就没有必要付出更多的努力。我认为,他不是想把主动权留给意大利人,而是信任法国人。

如果德国不投入新锐兵力抗击同盟国的登陆集团军,就意味着德意非洲集团军的彻底覆灭,因为英国第8集团军、登陆集团军和各自的航空队将会不受阻挡地组织协同动作,再加上同盟国无可争议地掌握着制海权,让我们根本不可能考虑把非洲集团军运回来。另外,这还意味着同盟国将一举拿下的黎波里塔尼亚全境,和平占领法属殖民地,不经一战便坐收那里的军队和物资,获得一个近乎完美的跃进基地,1943年春季即可在西西里岛和意大利本土登陆,有可能迫使意大利脱离轴心国，进而在1943年夏季对德国南部发动胜券在握的空中战争。

另外，还应该考虑到，同盟国接下来可能会经过东面的巴尔干半岛发起一场大规模决定性军事行动，或者翻越阿尔卑斯山脉的西段进军法国。

显而易见的结论是，上述事件的后果将不折不扣地决定战争进程，必须尽一切努力推迟它们的出现。由于德国国防军统帅部和意大利最高统帅部事先不做任何准备，我们只能通过随机应变，挺过最初的危急关头，并尝试为有计划地开展后续工作创造条件。战术上的要求不言而喻。首要措施是占领阿尔及尔与突尼斯之间的港口和机场，保证突尼斯的安全，从而推迟同盟国的登陆行动和扩大占领区。同样重要的是在比塞大—突尼斯市一线的前方建立起我们自己的桥头堡，法军官兵和突尼斯贝伊们[24]的一举一动有可能发挥决定性作用。另一个必须努力实现的目标是建立一个有效的补给基地。

计划和现实大相径庭。那么，上述简要概括的设想是不是根本不值得一试呢？

正如我所料，英国人在埃及境内的进攻让我对蒙哥马利的指挥风格了如指掌。一言以蔽之：计出万全——因此，谋定方能后动，这有利于隆美尔的后退运动。前提是隆美尔退出战斗的速度足够快，退却的距离足够远，更有计划地依托一处又一处有利地形节节抵抗，从而避免损失太多非摩托化部队。那段路长达300多千米[25]，完全可以找到不少易守难攻的地段。

更不容忽视的是，即便是一支乘胜追击的军队，也不能一口气完成"数千千米的追击"，自身的实力越强大，就越不可能做到，因为补给根本追不上行军的必要速度。英国人原先的几场追击行动之所以未竟全功，同样是因为缺少补给。而这一次，更没有理由设想他们不会重蹈覆辙，因为英军指挥机构几乎没有锐意进取的表现，第8集团军庞大的兵力需要的补给也特别多，图卜鲁格、班加西和的黎波里的港口设施可能由于修复缓慢，长时间无法投入使用，而英国人在空运补给方面仍旧缺少一个得力的组织结构。出于同一个原因，英国空军只能在战术层面有限地参与地面作战。如果蒙哥马利别出心裁地派出规模较小的快速先遣支队，无论在后面跟踪追击，还是从侧面平行追击，我方都可以轻易将其击退，为总退却赢得宝贵的时间。这项任务并不容易，但与隆美尔的能力很般配。只要他不是心存抵触，纵有千难万险也能克服。而他却一心想要退到突尼斯，甚至可能还想退到意大利本土和阿尔卑斯山里；他让这个一厢情愿的想法凌驾于上级的深思熟虑和三令五申之上。

艾森豪威尔麾下的登陆作战官兵固然装备精良、斗志昂扬，可是没有任何战斗经验，只要英国第8集团军还在远处作战，就不能向他们提供支援。凭借遍布着崎岖山地和沙漠的地形，初来乍到、尚未适应非洲环境的德军官兵也足以应付这样的敌人，但前提是他们必须及时赶到，并有足够的实力。

毕竟，一切都取决于补给。虽然我们在这方面还没有着手建立一个统筹兼顾的组织结构，但是海上和空中的环境尚未恶化，尤其是登陆行动所占用的英国海空力量尚无暇他顾，艾森豪威尔和蒙哥马利只是遥相呼应，没有组织起具体的协同动作。

轴心国的两个盟友对敌方登陆官兵的评价完全一致，但对我方非洲集团军的作战指挥有不同意见。无论口头谈话还是书面命令，隆美尔都不为所动。他想要做的事情最好用他自己的话来表达：他认为，避免他的集团军彻底覆没是他（在1942年12月初）唯一的任务。这导致"装甲集团军在战败之后从阿拉曼一路退到卜雷加，除了后卫战斗之外，或多或少是一次只受到敌人从地面和空中施加的轻微压力，并不断从后方得到人力物力补充的'旅次行军'[26]"。这句话是我从"隆美尔装甲集团军"的军官们编写的一部战争史研究著作中看到的。

我不想在这里讨论隆美尔的自作主张究竟是一种"政治上的壮举"，还是"造成严重后果的抗命"。不过，让隆美尔陆军元帅继续担任他的职务这件事肯定是错的，因为这样无法消除当时存在的纷争，不可避免地给军事行动造成负面影响。出于基本的战略路线等军事政治原因，乃至战役和战术上的考虑，职务高于隆美尔的德意两国首长都不可能接受他的想法。指挥关系本身也无助于改善这种状况。我在德国国防军统帅部的直接领导下，承担抗击同盟国登陆集团军的全部责任，其余的陆军和海军全部隶属于意大利最高统帅部。当然，我会忠实地向卡瓦莱罗伯爵和领袖通报情况，而卡瓦莱罗不会在没有通知我的情况下做出关于非洲战区的任何决定。但这绝对不是指挥架构的理想状态！为了尽可能发挥它的效力，我不得不使出浑身解数。

北非，1942 年 11 月—1943 年 1 月底

这场交战的开端是航空兵对敌方登陆舰队的空袭。尽管各飞行中队已经尽可能地向西转场，也就是转移到撒丁岛和西西里岛的机场上，还是要飞到飞行半径的尽头才能实施攻击。登陆舰队已经在最初几天里用舰载机和大批高射炮组成的对空防御，又迅速得到从阿尔及利亚各机场起飞的战斗机增援。我方飞行部队付出了牺牲，但战果未能达到预期水平，而根据我掌握的报告，登陆本身没有遭遇法国人任何值得一提的抵抗。早在1942 年11 月11 日和12 日，布日伊和波尼两地的海港和机场便已落入敌手。

直到1942 年11 月9 日上午，希特勒听到法国海军上将达尔朗的广播讲话之后才亲自给我打电话，赋予我在突尼斯采取行动的自由，不久之后又禁止我亲自前往那里。可是，那几天与希特勒不在一起办公[27]的国防军指挥参谋部又横插一脚，想在干涉突尼斯之前先征得贝当的同意，导致本身极其克制的措施被迫推迟执行。对突尼斯的军事占领，起初由一个缺编的伞兵团和我的司令部直属营在战斗机和"斯图卡"的掩护下实施。哈林豪森上校和勒尔策将军在11 月9 日做过一些外交上的准备工作，通过与法国驻突尼斯总督埃斯泰瓦海军上将的谈判，他们试图说服法国的陆海军加入我方阵营，或者至少保持中立。谈判的开局良好，法德两军官兵起初也相处得十分融洽。我军伞兵还能开着法国人的侦察车实施战斗巡逻。

随着一个意大利战斗机大队违反明确的协议，瞒着我偷偷降落到突尼斯，情况急转直下。转眼之间，朋友变成敌人，即便卡瓦莱罗伯爵在我的抗议之下立即让这个大队飞回撒丁岛也于事无补。更令人懊恼的是，卡瓦莱罗此举的理由是为了维护 [意大利的] 威望，却让我的意图化为泡影。我坚信，倘若没有发生这起意外事件，贝当后来要求法属殖民地军队配合我们行动的命令，本可以让局势变得对我们有利。事已至此，我很快就不得不设法对付巴雷将军的几个师，他的举动和意图相当高深莫测。精明强干且兢兢业业的德国领事默尔豪森用尽一切手段，也未能把巴雷将军争取到我方阵营里来。为了迅速澄清事态，我只能派出"斯图卡"对付这几个法国师——在战争中，根本就不应该与反复无常的人谈什么协议！

　　任何人都没有想到，这支实力薄弱、只得到高射炮加强的德国军队居然成功建立了一个小型桥头堡。11 月 15 日，内林装甲兵上将接管突尼斯境内的指挥权，他得到后来的 [驻意] 大使拉恩博士及其同事默尔豪森在外交领域的大力支持，并通过海军的门德森 – 博尔肯将军与法国海军的德里安将军通畅地保持联系。内林发现他的任务极其艰巨，但对一位年轻将领来说却具有非同寻常的吸引力。人们还经常用类似的情况来证明我是一个无可救药的乐观主义者。我从未在思想上轻视敌人，但乐于承认自己会在外部世界面前表现出一种乐观态度。乐观与轻敌之间存在根本性区别。为了说明这个问题，我以 1942 年 11 月 26 日 60 辆敌方侦察坦克对杰代达 "斯图卡" 机场的奇袭为例[28]，战后的各种出版物曾经对这件事做过广泛而错误的评论。内林将军怀着一种情有可原的激动给我打电话，并从这起事件当中得出最悲观的结论。我认为这是杞人之忧，试图让他冷静下来，并宣布我将在第二天亲自过去视察。

　　应该怎样判断当时的局面呢？登陆集团军的主力已经上岸，法军海岸防御基本上微不足道的抵抗已经崩溃。同盟国要花一些时间集结对战争尚感生疏的部队，并与法国人达成协议。尽管他们想要加快进军速度，可是肯定也想避免遭受任何挫折。还没有弄清楚突尼斯的局势之前，小心谨慎才是最合适的做法。他们肯定觉得包括阿拉伯人在内的突尼斯人和法国人的态度都很可疑，因此有必要当作敌人加以防范。相比之下，德国人只需要专心致志地巩固通往非洲的全部运输通道，同时尽一切可能坚守和扩大桥头堡。另一方面，敌人得知德军兵微将寡的情况必将受到引诱，发动打完就走的奇袭，以这种方式化解突尼斯人给他们造成的威胁。除了上述不确定因素之外，还要考虑交通状况：敌人要跨越陌生、危险和多山的地形长途跋涉 800 千米。铁路就算能正常使用，也没有足够的运输能力支持这么大规模的军队运动，更何况它还在德国俯冲轰炸机的有效打击范围之内。鉴于上述几个显而易见和令人信服的理由，我们当时还没有必要考虑敌人会实施较大规模的军事行动，但奇袭即大胆的侦察行动却是意料之中的事情。我们要有所防范，但不能大惊小怪；我们必须也完全可以保证自己的判断不受这种情况的干扰。这正是 [内林] 缺少的东西。

　　诸如此类的一系列事件让我认识到，尽管我军的人数很少，但在当时的特殊情况下还是需要一个集团军司令部的指挥框架。我请求派来一个装甲集团军司令部，并获得了批准，1942年12月初，冯·阿尼姆大将指挥的第5装甲集团军司令部奉命开到。希特勒给冯·阿尼姆配备了一名资历尚浅的将领——齐格勒将军作为没有固定职务的搭档和幕僚，与他的司令一起承担这个孤悬海外的战区在精神上造成的沉重压力，并在司令缺勤的情况下代理指挥。能否取得成效取决于两位将领能否精诚团结，而他们确实能做到。我觉得这个安排很妥当。内林装甲兵上将也得到了去东线大显身手的机会。

与此同时，隆美尔一边继续后退，一边连珠炮般向我提出不可能满足的物资需求，由于海运的补给能力不足，经过突尼斯的补给线尚未建成，即便我不近人情地把空中运输联队使用到极限，供应量也与他的要求相去甚远。英国人掌握的马耳他让一切都笼罩在它的阴影之下。通过我手下的各支部队尤其是非洲航空指挥部发来的情况报告，我越来越清楚地认识到，甚至有可能成功实施抵抗的地点也［被隆美尔］不战而弃。巴斯蒂科元帅发给意大利最高统帅部的报告更是措辞尖锐。我和卡瓦莱罗伯爵完全清楚，如果这场奔向突尼斯的"长距离赛跑"继续下去，几个意大利师很快就会荡然无存，班加西和的黎波里两地的港口将在未经破坏的状态下落入英国人之手，心力交瘁的德军官兵将在士气上遭受最沉重的打击。马雷斯阵地（突尼斯南部的边境防御地带）还没有得到充分加固，起不到挽回局面的作用。巴斯蒂科与隆美尔之间的脆弱关系有可能演化成一场公开争斗。卡瓦莱罗伯爵试图用1942年11月底在菲莱尼拱门[29]举行的一场碰头会来解决这个问题，虽然让双方的对立情绪略有缓和，但是无法彻底消除。卡瓦莱罗阐明意大利的立场是，的黎波里塔尼亚应当尽可能长时间坚守，意大利师的行军能力也要得到充分考虑。为了巩固突尼斯南部的边境防御阵地，这两个因素都必不可少。那里的施工正在争分夺秒地进行，而轴心国军队的补给物资现在要越来越多地从突尼斯发出。

到11月底，同盟国的登陆集团军已经逐渐开始有所动作。11月25日，美军的小股先头部队进抵迈贾兹巴卜。但与此同时，随着德意两国陆军和空军陆续到达，局势趋于稳定。一个战斗机大队在小股步兵的掩护下转场到加贝斯，成功开辟通往的黎波里塔尼亚的交通运输线，可以向隆美尔的集团军输送物资。兵力对比是英国、美国和法国的8—10个师对轴心国的略多于5个师，其中有2个师以上是意大利人，除此之外，高射炮兵还整编成1个由诺伊弗将军指挥的师。战斗机、"斯图卡"和侦察机的数量还算充足，都归原奥地利航空兵军官科施将军统一指挥。

西部战线的宽度超过400千米，想要凭借少量兵力尤其是薄弱的炮兵（起初不到100门火炮）守住它，绝对是一个疯狂的想法！而我想的却不只是守住这条战线，还要通过连续不断的小规模出击把它向前推进到足够远的地方，否则敌人在进攻中赢得任何一场微不足道的胜利都有可能把我们赶进海里。地形对我们有利。西部战线可以划分成大致相等的三段，其中只有北段通公路和铁路。中段两侧的道路比较崎岖难行，特别是盟军所在的那一侧；几条易守难攻的山脉封锁着通往沿海平原的道路，只剩下几处隘口可以通行。崎岖的地形和沙漠使通往南段的道路也比较艰难。我确信，缺少战争经验和不熟悉沙漠的盟军不会立即派兵赶赴这些偏远的前沿地段。南段和正面向南的战线日后将由隆美尔的集团军驻守，因为短时间内还不会受到威胁，所以不在我的考虑范围之内。中段有两个意大利师作为占领军，足以保证安全，但我知道一旦敌人达成突破，德军就必须向这里驰援。占三分之一的北段必须由德军占领，其任务是扩大桥头堡。与此同时，我们要在北段和中段的不同地点以不同兵力连续发动攻击，掩盖我军实力薄弱的事实，并防止敌人集结重兵用于进攻。通过这种方式，第5装甲集团军将要建立的主要战线（Hauptkampflinie，缩写为HKL）大致应该沿艾卜耶德山—巴杰—泰布尔苏格一线，然后经过锡勒亚奈，向斯贝特拉—加夫萨方向延伸。我的长远目标是推进到波尼—苏格艾赫拉斯—泰贝萨—弗里亚奈—加夫萨—吉比利一线。只有这处远离海岸大约250千米的阵地，才有可能经得起任何挫折。它的自然条件很优越，易于快速加固，交通也比较便利，而在敌人所在的一侧，整个南段都难以通行，北段也远不如轴心国一侧那么通畅。倘若在登陆开始的时候好歹有一个德国师可用，抑或是法国人没有临时变卦，这项任务就会变得多么轻而易举；当时只需一半兵力就能实现的事情，现在却要动用两倍乃至数倍的兵力。

海上的局势尚不足为虑。但可以预料，随着登陆的结束，敌人的海空力量一定会大举东进，一场根本性的转折已经为期不远。

德国空军在许多琐碎事情上浪费兵力的危害正在明显表现出来，她承担的任务太多，也太繁杂，特别是因为意大利航空兵几乎在海上彻底销声匿迹，否则还多少能有所分担。我只列举几项主要任务：为海上和空中的运输部队护航，掩护港口和机场，打击敌方空军基地，支援陆军。

我在频繁视察突尼斯的过程中从未情绪失控，但这并不排除有正当理由的批评。与我交谈的每一位师长都有信心完成自己受领的任务，他们确实斗志昂扬。我见到的每一位德国军人——无论装甲掷弹兵、步兵、伞兵，还是"赫尔曼·戈林"师的官兵——都令我赞不绝口。意大利人只有在个别情况下才能肩负起重任。

在的黎波里塔尼亚，英国人的猛烈追击在几个星期之后趋于缓和，埃及境内的连日暴雨间接影响着蒙哥马利的推进速度。随着非洲集团军于1942年11月底到达欧盖莱附近的瓶颈地带，他们面临的直接危险也已烟消云散。由于后方还有荒凉的苏尔特沙漠和坚固的布艾拉哈松阵地，前景更加乐观。1942年圣诞节前夕和1943年新年前夕，我两度飞往前线深入视察，有机会亲眼见到官兵的状况：任何地方都见不到一丁点儿灰心丧气的迹象，充其量只是对战斗没有按照应有的方式展开表示不满，并用相当克制的语气表达对改善补给质量的合理愿望。

1943年1月15日，敌人对布艾拉哈松阵地的进攻没有任何进展，但在南面的宰姆宰姆干河阵地，一场更强大的迂回进攻迫使非洲集团军全线后撤，这种做法再三重复，直到1月24日的黎波里沦陷。举例来说：1月16—22日的7天之内后退350千米（直线距离），平均每天50千米。不需要总参谋部的业务知识，也能看出战斗的持续时间很短。1942年11月24日举行的元帅碰头会显然没有发挥任何实际效果。为了避免误会，我要声明，我和卡瓦莱罗伯爵都反对实施一场可能导致非洲集团军损失全部或大部分兵力的交战。我们早已把隆美尔的集团军看作是"突尼斯要塞"防御计划的主要组成部分之一。但我们一致认为，必须充分把握战机，实施目标有限的反击。只要还有斗志，哪怕只有少得可怜的补给，也足以指挥这样的战斗。我们在每一个战场上都被迫进行"穷人的战争"（Arme- Leute- Krieg），而隆美尔陆军元帅在1941年娴熟驾驭这种战争的表现是多么令人钦佩啊！

随着撤离的黎波里，大批极有价值的战争物资不得不丢弃，意属殖民地的争夺战实际上已经宣告结束。结果，意大利人在使用武装力量的时候更加吝惜。隆美尔在1月25日顺水推舟地决定把由七个意大利师缩编成的三个师提前调往突尼斯南部战线，并得到意大利最高统帅部和南线总司令部的批准。

相比之下，冯·阿尼姆大将的第5装甲集团军司令部在前几个月里的指挥活动完全符合当前局势的需要。依靠杰出的指挥官、优秀尽管实力薄弱的地面和空中有生力量，这个集团军司令部表现出良好的洞察力，遇事机动灵活且坚决果断。倘若能把意大利部队换成德国的大部队，那么把战线推进到阿尔及利亚—突尼斯边境的作战目标完全可以实现。

第5装甲集团军司令部以第10装甲师作为先锋，在其优秀的师长米勒将军率领下连续发动攻击，推动西部战线缓慢而持续地前移。德军官兵凌驾于对手之上的优秀素质一次又一次得到证明。突尼斯西部战线的右翼由德军防守，即使由于抽调兵力参加进攻而遭到削弱，也不会受到攻击。盟军的唯一攻击目标是意大利师占领的阵地，意军官兵的素质甚至无法满足有限的战斗要求，他们受到攻击的结果总是丢失阵地，甚至让敌人达成相当程度的突破。德军随即发起的反击虽然能够取得重大胜利（例如，1943年1月25日的反击抓获4000名俘虏），但是无法掩盖我方攻击意图按计划、有步骤地执行受到严重威胁的事实。盟军1943年1月下旬经过法伊德向斯法克斯的推进原本是一场大胆的军事行动，甚至有可能决定突尼斯的命运，只要美军指挥机构和基层官兵具有克服困难局面的能力。鉴于实情并非如此，这个本来极具威力的战术动作只是拉长战线，并导致敌人不必要地分散兵力。如果德军指挥机构不能把握这个有利战机，从而有所斩获，那么其水平就只能用业余来形容。

德军飞行员仍然控制着突尼斯的上空，他们的低空攻击经常给缺少实战经验的美军官兵造成毁灭性影响。在地中海西部，战役层面的空中作战同样很成功。德意两国的海军正在全力以赴。然而，与广袤的空间相比，我方投入的兵力过于薄弱。在这个只争朝夕的紧要关头，德国国防军统帅部却不懂得珍惜时间。以上种种原因让我决定飞往元首大本营。

我与空军总司令部协商的主要事项是：动力燃料的供应、火力更猛烈的飞机、更有效的轻型（5厘米）和重型高射炮、更多的分米波雷达和"弗雷娅"雷达，以及供远程侦察机使用的机载搜索设备。在元首大本营，我用如下语句描述我对当

前局势的看法:

　　争取法国人加入我方阵营的机会已经不复存在。由于缺少军队,我们无法利用当前难得的机会把德军战线推进到君士坦丁。

　　我们完成了建立桥头堡并向前推进战线这个几乎不可能完成的任务,虽然桥头堡还经受不住一场大规模进攻,但是可以继续巩固。这需要投入新的军队。现有的两三个意大利师难堪大任;超过400千米宽的战线上共有三个半德国师,其中只有一个装甲师(第10装甲师),共有近100门火炮,根本无法考虑把战线做必要的推进,也无法抵挡迟早会到来的大规模进攻。现在还有时间,但时不我待。随着天气晴好的时期来临,艾森豪威尔将军肯定会试图争取主动权,抢先发动进攻。作为进攻者,他有权选择时间和地点。通过削弱友邻正面,他可以集结足够强大的兵力,保证一击必胜,因为我们不可能及时采取类似的措施集中兵力。

　　第5装甲集团军还没有掌握合适的地形要点,保证在遭受任何挫折的情况下都能坚守突尼斯。占领我提到的那条防线,势在必行。这又相应地要求我们投入军队。

　　马雷斯阵地及其相邻地带正在抓紧建设,不能指望在一两个月之内完成全部施工。仅凭这个原因,我便认为隆美尔的德意装甲集团军迅速后退是不切实际的。而我认为最关键的事情是,英国第8集团军尚未与登陆集团军构成直接的协同,来自两个方向的盟军航空队也没有在突尼斯要塞的狭小空域内共同作战,否则,突尼斯市和比塞大至今仍在顺利进行的卸货工作将会彻底中断。

　　我们的作战目标必然是让同盟国这两个集团军在空间上保持距离,并利用内线位置各个击破。我反对立即撤回隆美尔的集团军,因为这与保卫突尼斯的基本设想有冲突;只有隆美尔不以交出重要的战斗力量为借口,变本加厉地逃避战斗和加速赶往突尼斯,我才认为从他那里抽调部分兵力是正确的。我始终无法摆脱一种怀疑,现在不妨开诚布公地说出来，自从阿拉曼会战结束以来，非洲集团军从未在战斗中表现出原先让我习以为常的那种顽强和坚决[30]。

我接下来谈到，由于巩固边境防御阵地需要时间，非洲装甲集团军只能在2月上旬或中旬退到那里，届时，有必要建立一个新的指挥结构。一个集团军群司令部和一个集团军司令部应当在2月初准备就绪，前者准备交给隆美尔指挥，后者出于国家威望的原因可以让意大利人提供。另外，我还要求提供两三个师、若干个陆军炮兵营、不同口径的迫击炮部队、各种类型的装甲营和反坦克营，最后，要加大力度执行已有预案的应急措施，从而稳定海运的供应量。

我的作战设想获得批准，还得到口头许诺，将会不分青红皂白（in Bausch und Bogen）地向我提供各种各样的作战部队。我拒绝隆美尔从他的集团军里抽调两个摩托化师给我的建议，认为这不过是变相地加速撤退。后来达成的一致意见是只从他那里抽调一个师，并明确规定前提是不得因此危及整体作战进程。随着时间的推移，希特勒的其他许诺全都或多或少变成画饼，他显然认为从隆美尔那里抽调一点兵力就能让我心满意足。当时，我知道最高指挥机构有难处，相信自己不应该用轻率和傲慢的态度去评价他们，至今仍然这样想。然而，一个战区指挥机构必须保持自己的立场，否则一切都将成为无源之水，无本之木。希特勒在听我汇报的时候只有遇到特殊情况才当面驳回。但我一离开他的视野，他对这个战区的兴趣就会消失。那里离得很远，他根本不重视，还有许多权威人士也是这样想的。

突尼斯，1943 年 2—5 月

马雷斯阵地前方的战事在2月里表现出的显著特征是，战斗不再发生在前沿，而是从一系列后卫阵地发起。火炮和"斯图卡"的运用非常得当。担任后卫师的第15装甲师为突尼斯要塞外围的前沿阵地战坚持打完整个2月做出了主要贡献。随着2月20日英国第8集团军出现在马雷斯战线当面，德意联军被封锁在这个还算宽敞的要塞里。海上和空中的供应无法改变这个事实。

同盟国的两个集团军仍然没有建立直接联系，空中也没有出现协同动作的任何迹象。另一方面,针对我方海上运输和空中运输的攻击愈演愈烈。四引擎轰炸机从1万米以上高度对我方卸货港口的第一轮空袭开创了空中战争的新纪元。从这时起,怎样击退它们便成为长期困扰我军战斗机飞行员和高射炮兵的一个难题。

自从1942年10月底以来,英国第8集团军的官兵已经横跨半个北非,行程接近3000千米,除了有时参加必要的战斗之外,他们还要在车辆上或沙漠里艰难熬过长达几个月的冬季,肯定会受到各种补给困难的折磨。出于这个原因,他们只能沿纵深方向拉开一定距离。还有一个原因是缺乏道路,无法在长时间的行军过程中齐头并进。因此,我完全有理由认为这一段战线还会保持几个星期的平静。

在西部战线,登陆集团军的挺进之势咄咄逼人。艾森豪威尔将军在这方面比蒙哥马利陆军元帅领先一步。但这两个集团军在战斗力方面得到的评价却恰恰相反。因此,从西面开始轮番进攻这两个同盟国集团军的作战思路自然而然地出现在我们的脑海里。这两场进攻至少可以把敌人的进攻推迟几个星期甚至几个月,还会让他们在人力和物力方面遭受重大损失,以至于不得不从海外调集增援。趁敌人还在做进攻准备之际实施突击,有望获得最辉煌的战果。当前,主动进攻英国第8集团军的时机还不成熟。南部战线还可以不冒风险地消极避战,而西部战线要做的事情除了粉碎敌军之外,还要把战线推进到一个遭遇不测时更有安全保障和更容易防守的地段。如果只是调动和牵制敌人的前沿部队,并利用这种机会改善局部战线的位置,那么只能实施正面进攻。而侧翼包围进攻有望获得更大甚至决定性的战果,战线中段那三分之一的地形(斯贝特拉、卡塞林)为这种进攻提供了绝佳机会。它的具体优点是:

从这里朝西北方向突击,具有战役层面的显著意义。甚至最近处的目标泰贝萨都是一处铁路和公路的重要枢纽,有囤积各种物资的大型仓库。这样的突击直指盟军战线的后方,而对于一支缺少实战经验的年轻军队来说,那种处境绝对非常危险!

隆美尔装甲集团军的摩托化兵力只需短距离行军,即可到达出发基地,另外,沿途经过的地区人烟稀少,可以保证高度保密。

西部战线上冯·阿尼姆的军队同样不会在调动途中遇到任何困难。

美军的战线还没有成型,我军进攻不仅相对容易得手,还可能具有决定性。

这场进攻必须尽快发动。每一天都很宝贵。为了加强突击集团的实力，有必要从前沿部队抽调最后一个可用的人。突尼斯的西部战线即便出现什么闪失也无关大碍，成功突入敌军战线后方完全可以挽回局面。

接下来，我军可以不受限制地出动全部可用的机动力量，发起针对蒙哥马利集团军的进攻战役。英军不太可能抢在我军动手之前发动对马雷斯地区的作战行动。即便艾森豪威尔将军的集团军遭受挫折，促使蒙哥马利的集团军提前发动进攻，我们也只需首先把第90轻装甲师撤回去，在马雷斯阵地上占领用来发起反击的出发地域。敌人不可能在仓促之间发动进攻。马雷斯阵地的天然条件非常优越，又得到各种人工措施的加固。正面进攻即便能获胜，也只会推动战线从马雷斯阵地经过阿卡里特干河阵地退到盐沼阵地[31]，不会在战役层面造成任何影响。诚然，我方最重要的前沿阵地——马雷斯阵地有缺陷，但仍然能发挥拒敌的作用，英军后来实际发动的进攻就是明证。这处阵地的薄弱之处在它的右翼，但即使是这里也不会有直接的威胁：沙漠本身具有迟滞敌军接近的效果，并使德军有足够时间变更部署。英军的包围机动瞒不过我们的耳目，将受到空中和地面的反制措施迟滞。最后，同盟国这两个集团军之间的地形有利于防御。

这个设想本身并不复杂，却受到不少因素的制约。指挥结构不符合战区的实际情况。德国国防军统帅部确实同意组建一个集团军群，但坚决保留以后再任命隆美尔担任这个指挥职务的权利。针对同盟国登陆集团军的军事行动已经用书面和口头形式做过规定，向主要突击方向集结兵力的措施也不存在任何异议，但战区本身缺少统一指挥和负责的主官。不幸的是，我在最关键的两天里远在元首大本营，鞭长莫及，无法及时纠正随时出现的问题，而我的参谋长又未能成功说服意大利最高统帅部下达关于突尼斯新的最高级人事结构的命令，结果导致第5装甲集团军司令部在理应实施命令规定的包围行动的那一刻，仍然在按照自己的作战思想自行其是。另一方面，隆美尔陆军元帅也感觉自己在某种程度上受到掣肘，无法按照形势需要和他的一贯作风采取行动。

隆美尔陆军元帅原本要在结束与艾森豪威尔集团军的较量之后，凭借他在沙漠战中积累的全部经验，对英国第8集团军实施最后的决定性打击，重振他的军事声望。1943年2月22日，我来到卡塞林附近隆美尔的作战司令部与他进行一番长谈，却发现他的情绪非常低落。他对自己受领的任务心不在焉，也没有信心。尤其令我震惊的是，他有一种难以掩饰的焦躁情绪，一心只想尽快和尽可能完好无损地率领他的军队回到梅塞元帅已经在2月初接管的南部战线，这是一个信号，表明隆美尔没有认识到或不想承认正在泰贝萨附近展开的军事行动对于整个战局的关键意义。我命令第5装甲集团军司令到机场来见面，一番谈话却更让我失望。我感觉自己完全是一厢情愿，并在回到我自己在弗拉斯卡蒂的大本营之后经过重新审时度势，最终决定取消对泰贝萨的进攻。考虑到隆美尔和冯·阿尼姆这两位司令都很固执，我还同时宣布新的指挥结构生效。我相信自己现在为隆美尔陆军元帅进攻英国第8集团军创造了最有利的先决条件。为了让他感到有自主权，我故意不参与他决定作战事务的过程。精心策划的进攻方案共有两份：他决定翻越山区实施大范围机动，并在此基础上制定他自己的方案；而齐格勒将军建议的方案是在海岸附近发动进攻。这两种方案各有利弊，如果能达成突然性，并全力以赴地付诸实施，无论哪一个方案都有可能甚至必定能赢得胜利。然而，我们没能实现的至少是突然性。隆美尔意识到蒙哥马利的集团军正在严阵以待之后——正确地——停止进攻。现在再争论是非对错已经毫无意义，因为战后的文学作品证明，我当时收到的可能有人叛变的报告似乎确有其事。如果情况属实，那么意大利集团军司令梅塞元帅应当被看作变节者，就像海军方面的毛杰里上将一样。

　　从2月中旬开始的所有进攻（泰贝萨、梅德宁等）均未达成预期的战果。仅凭同盟国登陆集团军面临的艰难处境，就足以证明我方确实有望赢得战役层面的胜利。战术层面的胜利无法对战局的后续发展进程造成任何持久性影响。德意第1装甲集团军进军梅德宁的过程中让轴心国付出的代价往往大于给敌人造成的损失，还在指挥能力和战斗力两方面暴露出严重缺陷。南线总司令部清楚认识到轴心国的两个集团军如今已经陷入困境。整个集团军群不得不在新一任司令冯·阿尼姆大将的指挥下最终转入防御。1943年3月初，隆美尔陆军元帅得到来之不易的假期，离开突尼斯。我十分高兴他在我的推荐之下获得骑士十字勋章的钻石饰。不幸的是，我为这位勇士争取意大利最高等级勋章的努力只是白费力气。

　　只要同盟国的两个集团军依旧各自为战，两个航空队不能协调一致地攻击关键目标，成功保卫"突尼斯要塞"的前景本身并非不利。久经考验的德军官兵占领着右翼的坚固阵地，左翼同样有一个高度筑垒化的大纵深防御地带。两个轴心国集团军的接合部在各方面都比较薄弱，部分地点的防御完全掌握在意大利人手里。虽然部署在那里的军队，例如"半人马座"（Centauro）师和"帝国"（Imperiali）旅等，按照意大利人的标准堪称精锐，但是仅凭自身的力量无法抵挡盟军进攻。假如没有三个德国摩托化师（第10、第21和第15装甲师）作为预备队，我们就只能避免任何激烈的战斗，退往尚未按计划完工的昂菲达维尔阵地，除此之外别无选择。隆美尔最中意的想法将会变成现实。撤退之举能带来明显的好处，大大缩短平行于海岸线的漫长侧翼，更狭小的空间也有利于建立更密集的纵深梯次防御，并在某种程度上弥补突尼斯外围战线的固有弱点。

从陆战角度看，这种观点完全正确，但是……这里姑且不提一些细节，例如整个区域的纵深不足、英国舰队对外侧两翼的威胁，只列举两三个决定性因素。针对海港和机场的海空联合攻击，将会在几天之内让我方的供应崩溃，进而瓦解我军的抵抗。敌人完全可以自由选择进攻还是只实施封锁，从而腾出军队主力去准备甚至发起在意大利或希腊的登陆作战。非洲的战争进程固然无法扭转，但不代表德国指挥机构的实际做法就是解决问题的最佳方案。同盟国的两个集团军只要同时或接连发动进攻，就有机会赢得最辉煌的胜利。然而，这不可能实现，除非英国第8集团军把自己的进攻日期推迟相当长的一段时间，等待登陆集团军耗时费力地完成休整补充，这样的延迟将给轴心国防御配系的建设和巩固带来不可否认的好处。同盟国方面没有发动这样的军事行动，而我方甚至在后来实施必要的后退运动过程中都没有遭受重大损失，这个事实完全可以体现德军对登陆集团军的打击效果。书写这一段历史的时候，我们应当从这些因素中看清我方在突尼斯采取军事行动的合理性，尽管它们没有赢得应有的决定性胜利。

随着英国第8集团军于1943年3月20日开始进攻马雷斯阵地，同盟国的决定性进攻拉开帷幕。德国第15装甲师1943年3月22日发起的反击把英军起初赢得的胜利转变成德军的辉煌胜利。然而，我方付出的代价实在太大了，无法用陆军和空军及时和坚决地采取措施，迎击敌人由南向西途经沙漠迂回马雷斯阵地的动作。我们误以为沙漠不适合军队的大规模运动，即新西兰人从富姆泰塔温出发的行军。南线总司令部通过侦察及时发现敌人的动向，并得知第8集团军还有几个师在正面进攻梅德宁失败之后，也经过哈卢夫堡向西运动。最后，我们得知德国陆军的几个侦察营未能阻止新西兰人前进，而马内里尼将军指挥的两三个沙漠营尽管素质一流，可是在泰拜盖山与迈拉卜山之间据守的阵地非常简陋，不能抵挡一场现代化的攻击。凭借坚固的马雷斯阵地，我们本应该更早和更迅速地采取后来添油般的应急措施。不幸的是，出动航空兵也无法满足以小时计算的时间要求。再加上米克纳西、加夫萨和盖塔尔一带的战况瞬息万变，几度引发严重危机，我只有亲临现场做出必要的干预和采取有效的应急措施，才能克服这些危机。例如在米克纳西，德意集团军完全是依靠巴伐利亚人朗上校的巧妙周旋才逃脱合围。总而言之，3月21—27日的那几天不仅对于轴心国两个集团军的友邻侧翼（即接合部）来说是一个命运攸关的时期，还充分暴露出我方缺少一个灵活有力的指挥机关，也就是我经常申请但从未得到的军指挥部。英国第8集团军在哈迈施加的压力越来越大，我们只能匆忙调集一批高射炮，在其前方筑起一道难以逾越的屏障，而其以北的局势发展依旧令人不安，迫使我们于1943年3月27日放弃马雷斯阵地，并把南部战线撤至盐沼阵地。随着几个意大利师在防御战中一败涂地，这一处易守难攻的绝佳阵地又于4月7日出人意料地迅速沦陷，突尼斯战局的终结也指日可待。尽管如此，德军官兵还是承受着来自前方、右翼和空中的沉重压力，沿着长达200千米的道路井然有序地退到"昂菲达维尔阵地"，再度展现出德军指挥机构和基层官兵在这场战局期间几乎无人能及的高超水准。

随着我军开始撤离盐沼阵地，生存空间和作战区域急剧缩小。大批指挥参谋部和后勤机关等制造的麻烦远大于作用，拥挤在一起只会徒然增加伤亡。我一再请求有计划地整顿机关和部队，这相当于进行局部的疏散，而希特勒担心会挫伤士气，屡次予以拒绝。于是，我只好怀着遗憾的心情，满足于从陆军中挑选和撤走个别有价值的人员，而空军和海军基本上能成建制地撤出飞行部队和水面舰艇部队，这样做是为了促进西西里岛的防御建设。回想起来，我和我的下属指挥官们在执行那道关于陆军的命令时不应该那么奉命惟谨。

争夺"昂菲达维尔阵地"的第一轮战斗在1943年4月16日打响，到4月21日和22日，我军持续赢得的防御胜利已经成功迫使蒙哥马利的集团军停止在这个地段重新发动进攻。盟军统帅部在更密集地试探战线的各个地段之后，回到从一开始就具有关键意义的地点发动决定性进攻,因为突击方向从那里直指突尼斯市。从4月7日开始,艾森豪威尔将军的几个师一直在尝试夺取他们所谓的"长停山"[32]制高点。它直到4月27日才落入英国第1集团军的手中,这个事实足以作为我军防御成就的最佳体现。进攻方也理应获得同样的荣誉,尤其是英国第78师。随着这处制高点的陷落,通往突尼斯市的大门已经洞开,四个半师经过这里集结到一个狭小区域内,并于5月5—8日在炮兵、航空兵的出色协同和前所未有的有力支援下发动一场势不可挡的进攻。这个强大的楔形突击队形有足够纵深,可以保证自身两翼的安全,另外还有 [两个] 法国师在右、四个美国师在左提供侧翼掩护,那些美国人已经从先前的失败中得到不少教训,如今已经调到左翼,正在沿着海岸向比塞大推进。

随着这场突破的发生,突尼斯市于1943年5月9日陷落,我军分散成小股各自为战,直到1943年5月12日最后一批抵抗人员放下武器。直到那时,我还能从罗马通过空军的无线电台与突尼斯境内各级德军指挥机构保持电话联系。当我看到作为集团军司令坚守在最后一门火炮旁的冯·韦尔斯特将军、担任高射炮师师长的诺伊弗或者指挥最后一批空军人员奋战到底的克奇将军发回的诀别报告,包括个别意大利部队在内的突尼斯保卫者们表现出的英雄气概让我——当然还有每一位有同样感受的人都充满了骄傲。

为了履行一个历史记录者的职责,我必须在这里简要概括空军和海军所做的贡献。

从1943年年初开始,随着非洲航空指挥部转移到突尼斯境内（1943年2月初）,新的战斗序列生效,内容如下:

南线总司令部及其派往突尼斯的前方高级军需参谋部

负责指挥突尼斯境内的全部军队,直到2月由德意联合司令部接管

突尼斯航空军（赛德曼航空兵上将）及其直属的

1个侦察机大队

第1航空指挥部 *（科施将军）,支援第5装甲集团军

1个战斗机联队（第53战斗机联队）,共有3个大队

1个战斗机联队（第2战斗机联队第2大队）,不定期从西西里岛上的2个联队

获得增援

1个对地攻击机大队[33]（第4对地攻击机联队第2大队）

1个俯冲轰炸机联队，其中2个大队有反坦克中队

1个扫雷机中队

〔＊从1943年2月开始分设：

加贝斯航空指挥部（拉特上校）

　　第51战斗机联队第2大队

　　第14反坦克中队

　　第1航空保障连

　　南线总司令部警卫营第1连〕

第3航空指挥部（哈根将军），支援德意第1装甲集团军

1个战斗机联队（第77战斗机联队），不定期从西西里岛上的2个联队获得增援

1个驱逐机大队（第26驱逐机联队第3大队）

1个俯冲轰炸机大队（第3俯冲轰炸机联队第2大队）

1个对地攻击机大队（第1对地攻击机联队第3大队）

1个反坦克中队

第2航空指挥部（由突尼斯航空军监管）位于突尼斯战线中段，根据实际需要可以获得1—2个意大利战斗机大队的增援

突尼斯航空区（米勒将军）及其下属的北、中和南3个机场区

隶属关系：

南线总司令部（第2航空队）在1943年2月底"突尼斯集团军群"成立之后，把专门用于支援陆军前线的所有空军部队都在战术上划归相关的陆军部队隶属：

突尼斯航空军隶属于突尼斯集团军群，

第19高射炮师（弗朗茨将军）隶属于德意第1装甲集团军，

第20高射炮师（诺伊弗将军）隶属于第5装甲集团军。

第1航空指挥部和第20高射炮师还按照南线总司令部（第2航空队）的命令，执行护航和掩护港口的任务。

高射炮兵：

A）第19和第20高射炮师各有2—4个高射炮团

B）掩护海港的高射炮兵：根据海港的重要程度，各有1—4个营

装备：

口径为2厘米和3.7厘米（均为多联装）、8.8厘米及其各种改进型、10厘米的高射炮

第2航空军（勒尔策航空兵上将）

出动其编成内的部队前往非洲，作为非洲航空军[34]的组成部分参战，最多可达1个轰炸机联队（3个大队）和1个夜间驱逐机大队。

出动第2航空军的全部兵力迎击登陆之敌，并保卫由第2航空队单独负责的海港和机场。

从意大利中南部和各岛屿上出动第2航空队编成内的**全部战斗机部队**和**夜间驱逐机**为海上运输和空中运输提供护航。

只要敌人的两个集团军依旧各自为战，我们的空中支援就能满足需求，尤其是对第5装甲集团军的空中支援。第3航空指挥部的战斗机飞行员们，例如南部战线的贝尔中校和明谢贝格少校，都有大量击落敌机的出色战绩。俯冲轰炸机和战斗轰炸机出色地完成战斗任务，直到俯冲轰炸机无法抗衡敌方现代化的高性能战斗机，不得不退出战斗。为了打击穿越沙漠实施迂回的英国第10军和攻击敌人的机场，第2航空军曾经临时从意大利本土派出轰炸机部队参战，但未能扭转局面，主要是因为空勤人员没有接受过沙漠作战的训练，在导航和侦察方面遇到了极大困难。随着作战空域不断缩小，大部分飞行部队被迫从突尼斯转场到西西里岛，出动的架次也随之减少，效果自然不如之前显著。相反，盟军却能集中使用两个航空队的重型轰炸机，攻击德国舰船以及突尼斯市和比塞大这两个卸货港，并投入全部轻型飞机在几乎没有遇到任何抵抗的情况下支援陆军。当我苦口婆心地请求德国国防军统帅部提供更多人员和物资供应的时候，当我不厌其烦地劝说隆美尔和阿尼姆克服一切困难去更充分地把握有利战机争取胜利的时候，这个画面总是浮现在我的眼前。只有曾经亲临突尼斯前线、卸货港或机场的人，才能对

陆军、航空兵、高射炮兵、海军和"西贝尔"渡船等部队的表现做出正确评价。

我用一个简短的总结作为本章的结束语：

在我看来，突尼斯可以看作我方缺乏正确认识的非洲战略当中的最后一环。正如上文所述，我认为主要错误在于完全没有意识到非洲和地中海地区的重要性。

第二个错误是没有充分掩护补给线，导致供应逐渐中断。军人和公众都更密切关注重大战役及其结果，世界历史当然也是这样编写的。然而，一个负责任的武装力量指挥机构必须把更多精力投入到供应这项既不引人注目，又吃力不讨好的任务当中去。更何况，技术正在越来越强有力地主导着战争进程。

我认为，第三个缺点是联盟战争制造的困难。过多的让步和一味固执己见都会造成同样的危害。随着元帅卡瓦莱罗伯爵卸任意大利武装力量总参谋长，原陆军总司令安布罗西奥大将接替他的职务，情况变得令人无法忍受。原先我与卡瓦莱罗之间的相互信任也变成我与安布罗西奥之间的猜疑。我事先曾告诫领袖，不要撤换卡瓦莱罗，更不要任命安布罗西奥，但这个警告未见丝毫成效，于是我主动请求辞职。不幸的是，由于领袖的迫切要求和对我有"兄弟般的信任"的保证，我不得不收回我的辞呈。早在那时候，我便猜测有一个小圈子已经开始商讨日后怎样背盟毁约，如今，这件事更是不容置疑。

第四个也许是最严重的错误在于希特勒对待法国人的态度，他不可理喻地认为法属北非殖民地是我们"碰不得的凤仙花"，并把他的观念强加给我们，直至最后一秒钟。

列举产生错误的根源，并不是要隐瞒指挥方面的失误。即使那些失误本身情有可原，还是可以作为一部分理由，解释我们为什么必须始料未及地过早放弃突尼斯，早在1943年就要新开辟一条不利于全局的南欧战线。因为大部分失误本来可以避免，所以更值得惋惜。

同盟国赢得的胜利体现在每一个方面，敌人从最后一轮战斗获得的优越感虽然过犹不及，但是让士气异常高涨。对地中海地区的下一步战争来说，这是一个我们不可低估的负担。的黎波里塔尼亚沦陷之后，突尼斯的沦陷给意大利领导层和整个民族造成的打击尤其沉重。随着对外殖民的希望彻底破灭，他们突然意识到几乎从未受到战争影响的祖国正在面临越来越大的威胁。

德国作为轴心国的主导力量，怀着一定程度的冷漠态度，被动地接受战火向地中海地区的主要组成部分蔓延，并且错失一个绝无仅有的机会，未能在这个关系到英国能否继续坚持战争的重点地区予以致命一击。随着这个时期的结束，德国在此期间屡次获得的实现宏伟战略计划和重大政治目标的机会也都白白浪费。"轴心国"被迫转入战略防御。

大不列颠作为一个传统的地中海强国，凭借美国的帮助，能够摆脱对其地中海地位的最严重威胁，创建了一个从南面进攻欧洲的出发基地。

第十六章

转战西西里

时间表：

- 1943年6月11—12日，意大利的潘泰莱里亚岛和兰佩杜萨岛投降
- 1943年7月10日，盟军在西西里岛登陆（最初投入的兵力有16万人和600辆坦克）
- 1943年7月12日，锡拉库萨和奥古斯塔失守
- 1943年7月22日，巴勒莫陷落
- 1943年8月17日，德军撤离墨西拿附近的最后一座桥头堡，西西里岛彻底沦陷

　　通过歼灭北非境内的轴心国军队并占领这个地区，同盟国赢得了在地中海上行动的自由。尽管突尼斯与意大利的潘泰莱里亚、西西里岛和撒丁岛之间存在一个令他们担心的狭窄海域，但由于意大利舰队越来越明显地消极避战，海上通道还是有足够的安全保障。轴心国空中力量的作用也不再像以前那样重要。

　　盟军的下一步行动必然揭示其**最终的**战争目标和意图：

　　继续进行对意大利的战争，不仅能将其击败，还有可能迫使它退出战争，并占领一个可供进攻德国东西两线和本土的新基地。

　　无论在法国南部还是巴尔干地区登陆，尤其是在盟军加强地中海地区兵力的情况下，都可以看作具有深远战略—政治目标的军事行动的前奏。

　　从1943年1月开始，我一直在反复斟酌上述问题，通过亲自调查研究、与意大利各岛屿指挥官和司令官的讨论，详细了解情况，并要求德国国防军统帅部和意大利最高统帅部在人员和物资方面紧急采取措施。这样做有充分理由，岛屿指

挥官们表现出的乐观态度根本经不起冷静的推敲。标注在地图上的一切都显得井井有条，经过深思熟虑，有时甚至聪明得过了头。然而，建造出来的东西徒有其表：岛屿上的防坦克障碍物没有得到充分掩护，实际上根本没有任何掩护，它们只会妨碍自己人运动，却不能阻止敌人，像糕饼店里最漂亮的样品一样纯属摆设。海防师给我留下的印象也像防御工事一样糟糕。以这样的军队守卫这样的工事，再加上没有纵深可言，根本没有赢得防御战的任何希望。各个地点的表现参差不齐：科西嘉岛名列前茅，其表现可以用良好来形容，撒丁岛紧随其后，而西西里岛和卡拉布里亚的沿海地带不能令人满意。我从4月开始加大干预力度，鉴于安布罗西奥大将表现出的敌意，只有得到他的下属指挥官的理解与合作，才可能有所建树。我要明确指出，岛屿指挥官们都很乐意在他们当时拥有的人力物力范围内听从我的建议。德国国防军统帅部陆续提供的资源尽管数量巨大，还是不够用，只能按照对敌方战略意图的判断来分配。我把当时的局势简要总结如下：

同盟国不会把占领非洲的北部海岸当作最终目标，尽管歼灭两个集团军足以证明他们在北非部署军队的合理性。赢得对轴心国驻北非军队的军事胜利，仅仅是采取任何一种后续步骤和实现《卡萨布兰卡计划》的必要条件，只是我们当时还不知道这个计划。

英美军队在突尼斯地区的集结，主要表明同盟国有意在地中海西部继续开展军事行动。西西里岛近在咫尺，占领该岛将是通往意大利之路上的重要里程碑；对卡拉布里亚的进攻只能当作占领西西里岛的辅助行动来考虑。潘泰莱里亚岛不具备任何进攻能力，占领它的意义并不显著。针对撒丁岛和科西嘉岛的军事行动，只有在同盟国打算迅速占领罗马的情况下才能发挥作用。成功实施这场行动还将对西西里岛和意大利南部的轴心国军队造成不容忽视的影响。另一方面，同盟国也必须考虑西西里岛对其侧翼的威胁，其程度尚难以衡量。占领这两座岛，尤其是堪称一艘航空母舰的科西嘉岛，将在进攻法国南部的时候派上用场。

对于地中海东部的军事行动来说，突尼斯境内的盟军离得太远。但这种困难总有办法克服。他们可以越过意大利南部到达巴尔干半岛，而摩托化部队可以先通过陆路转移到的黎波里、班加西或图卜鲁格，再从那里登船进入爱琴海。同盟国知道在海上基本不会遇到抵抗。反观轴心国方面，克里特岛、伯罗奔尼撒半岛、雅典和萨洛尼卡一带的空中力量当时也许相当薄弱，但容易获得增援，是一支纵深内有强大潜力的防御力量，让盟军难以抗衡。然而，在巴尔干地区登陆是把突击方向瞄准德国东线的背后，并将与俄国盟友建立联系，不但具有特殊的军事意义，而且能发挥至少同样巨大的政治影响。

因此，下一阶段的军事行动存在多种可能性。从盟军以往作战方式中获得的经验让我更容易做出判断。

阿尔及尔地区的登陆只能看作一场"和平状态下的演习"，那里谈不上有什么海岸防御。几乎可以肯定，盟军会根据自身的实力和训练水平，尤其是两栖领域的训练水平，选择力所能及的任务。他们非常重视强大的空中掩护，仅凭航空母舰无法满足这个要求。这意味着进攻目标必定选在战斗机可以从陆地机场轻易飞抵的某个地点。

根据上述考虑，可以排除巴尔干半岛、法国南部和意大利北部，其中巴尔干半岛只是在敌人没有试图越过意大利南部逼近的情况下暂时排除。同盟国的海上利益和空中利益都同样指向西西里岛，现有兵力不但足以保证成功发动进攻，而且能在卡拉布里亚南部同时实施辅助突击。考虑到罗马和意大利中部的长远目标极有诱惑力，在压制西西里岛的情况下，以撒丁岛和科西嘉岛作为进攻路线并非完全不可能，但存在明显困难，可能性不大。

根据首场抗击两栖登陆的作战经验，守军的兵力甚至无法满足最低要求。

登陆舰队分成大型运输船队和护航舰队两部分。运输船队由大小不一的商船组成，船上面装载着登陆艇。船队当中还安插着油轮。护航舰队由各种类型的舰艇——从战列舰到航空母舰，再到驱逐舰——组成。[1]整支登陆舰队是一个经过合理编组的整体。

航行编队的队形要考虑怎样防止包括潜艇在内的敌方海上力量进攻和击退敌方空袭。护航舰队的战斗序列取决于航行和登陆期间为运输船队提供最强大炮火掩护的需要。这还包括舰艇防空火炮和航空母舰舰载机提供的对空防御。在海上，

---

① 原注：按照富勒的说法：登陆北非的舰队有350艘军舰和500艘运输船，而登陆西西里岛的舰队共有2600—2800艘舰船和突击舟艇。

还要针对敌方水面舰艇部队采取最妥善的安全措施。

登陆艇在不同地点同时实施登陆，它们还搭载着包括坦克在内的重型武器。在旁观者看来，登陆过程本身表现为无数小艇沿纵深方向编组成的若干个波次以宽大正面进行的缓慢机动。登陆地点的选择似乎是根据地形和潮汐。高效率的港口用来卸载重型装备和物资。战斗机转场到陆地机场的动作显然非常迅速。

我之所以把对北非海岸的登陆形容成某种形式的演习，是因为那里几乎没有抵抗。德国飞机只有飞出去很远才能发起空袭，仅此一个理由就让它们的处境相当不利。即使凭借这种方式几乎没有获得多少抗登陆作战的实践经验，还是有可能根据这一点点经验从理论上确定登陆作战的明显薄弱环节。

舰船在海上的大规模运动，为包括潜艇在内的海空力量提供了有望收获战果的目标。登陆过程中有无数小艇拥挤在一个狭小的海域内，很容易遭受空袭和海岸防御火力的打击。水雷和地雷可以大幅度加强防御的力度。

暴露的海岸炮兵连即使得到混凝土和装甲的掩护，也无法抵挡舰炮的大规模轰击。另一方面，部署在侧射阵地上伪装良好的"静默火炮"和正面前沿阵地上的重型武器有能力粉碎一场进攻。击败或至少压制盟军战斗机，可以扩大我军自己空袭的战果，并减小敌军轰炸机的战果。

即使最坚固的防御也无法阻止敌人在海岸上的某一个地点站稳脚跟。然而，敌人占领的这些小型桥头堡也存在严重缺陷。甚至连海岸附近的一小股精锐预备队都有可能在立即发动的反冲击中把敌人赶回海里；原先异常猛烈的舰炮火力在这样的战斗中不足为虑，因为敌我之间的距离很近，舰炮射击会让双方付出同样的代价。

只要有足够的时间和资源，岛屿、海岸的防御计划和训练就必须考虑上述要点。

德国的几个建筑参谋部恰好及时赶到，根据最新获得的情报向意军官兵提出建议。德国的建筑工兵和建筑材料接踵而至。以当时在意大利境内的几个补充营为班底，一批新的部队在西西里岛上临时组建起来，例如第15装甲掷弹兵师、"赫尔曼·戈林"装甲师、几支飞行部队和高射炮部队，直至新组建的几个满员师到达。另外，我们还尝试以提供武器的方式提高意大利部队的战斗力。物资尽可能存放在使用场所，取用过程不能受到盟军航空兵的妨碍，其数量要足以应付海上补给的暂时中断。然而，当时突尼斯刚刚陷落，[意大利]举国上下愁云惨淡，甚至连西西里岛上也是如此。在我看来，敌人的下一轮进攻行动即便不是迫在眉睫，也至少会很快发动。一天傍晚，我在马尔萨拉遭遇了一场可怕的空袭，痛失半数随从人员，自己也被搞得衣衫褴褛，只能有些狼狈地去看望已经进驻西西里岛西海岸的几个团和营，并向他们讲解当前任务的基本特点和规模。1943年5月14日，我在西西里的杰尔比尼机场向岛上全体德国陆军和空军的指挥官们通报最新情况，比较具体地指明战况发展的可能趋势，并规定整体作战方式。敌人留给我们的每一天都是一分收获。我可以说，那些日子里，从最高级的参谋部到最基层的连队都在全力以赴。渐渐地，一个坚实可靠的战斗集体趋于成形，西西里岛上的几位将军——陆军的冯·森格尔、康拉特和罗特，空军的奥斯特坎普和海军的冯·利本施泰因男爵，撒丁岛上陆军的隆格豪森将军和空军的维德将军都可以作为其中的典型代表。冯·里希特霍芬空军元帅来到地中海地区担任第2航空队的新一任司令，他很快便充分领教到这个战区的特殊困难和特点。

到7月初，也就是突尼斯沦陷两个月之后，意大利南部和各岛屿上已经有至少四个意大利师可以作为干涉师[35]参战，并向海防师提供支援，这样的防御虽然足以打退奇袭，但是不足以抵挡有计划的大规模登陆。西西里岛上有两个德国师，卡拉布里亚南部和撒丁各有一个德国的加强师，科西嘉岛有一个不满员的德国旅，还有以西西里岛、卡拉布里亚西部和撒丁岛为重点展开的强大高射炮部队。西西里岛上的战斗机部队和"斯图卡"大队实力较强，而撒丁岛的较弱，他们可以得到普利亚、罗马周围和意大利北部的重型轰炸机部队的支援。墨西拿海峡的卡拉布里亚一侧有大批小艇，即使在不能使用渡船的情况下，也能满足所有摆渡需求。这里是对空防御的重点。

防御计划得到岛屿指挥官们和意大利第6集团军司令古佐尼大将的同意，其中明确规定在任何可能成为海防前线的地点需要采取的防御措施。与德国的师长们举行最后一轮讨论的时候，我一再强调我与古佐尼达成共识的**一个**要点："无论你是否收到意大利[第6]集团军从恩纳发来的命令，只要能断定登陆舰队的目标，就要马上行动起来，迎击敌人。"时至今日，"赫尔曼·戈林"装甲师师长康拉特将军的回答仿佛还在我的耳边回响："元帅先生，一往无前是我的特长。"我带着这份保证踏上归途，相信它一定会兑现。

陆军部队正在接受训练，准备迎接即将到来的重大事件，与此同时，我手下由冯·里希特霍芬空军元帅指挥的第2航空队则在攻击那些舰船密集的北非港口，按照各种要求实施侦察，并试图阻止盟军从5月中旬到6月中旬对我方空军基地和墨西拿海峡上的渡轮交通越来越猛烈的空袭。不幸的是，德国王牌战斗机飞行员——时任战斗机总监的加兰德将军偏偏在这个关键时刻解除了能力超群的战斗机指挥官奥斯特坎普将军的职务。任何努力都无法让加兰德收回成命。随着奥斯特坎普的离去，我们也失去了他在这里积累的宝贵经验。西西里岛上的德国航空兵甚至早在进攻开始之前就已经遭到歼灭性打击，只有及时撤回卡拉布里亚和普利亚的那部分幸存，但仍然损失惨重。而我们自己的轰炸机实力薄弱，无法扭转局面。德国空军未能充分发挥作用的原因不是指挥失误，而是装备短缺、补给不足和盟军的空中优势。甚至连高射炮兵也无法有效掩护机场、海港和铁路设施，它的实力还没有强大到能胜任这种任务。没有任何一支高射炮兵能单独抵挡这样旷日持久和肆无忌惮的猛烈空袭。在这一点上，进攻才是更强有力的战斗方式，尤其是当高射炮的技术性能落后于来袭飞机的时候。对空防御在墨西拿海峡上空取得的成功只是一个特例，与上面这句话并不矛盾，我们在那里最大限度地集中使用射程最远的高射炮，战术层面的射击指挥也非常出色，从而达到明显抑制敌机活动的效果。

门德森－博尔肯将军领导的德国海军指挥部借助非常适合当地使用的工兵突击艇和"西贝尔"渡船，以堪称典范的方式组织海军驳船在墨西拿海峡内的运输勤务。德国潜艇由于数量稀少和作战海域不利，很难有所作为。我不再相信意大利舰队会按照针对不同情况制定的预案出动。在安布罗西奥大将的主导下，整体氛围已经变得阴云密布。那时候，我经常这样想：即使在兵力不足的情况下单独作战，也胜过为一些不确定因素制造的事端承担责任，这些因素包括意大利人民的厌战情绪、军队的低劣战斗素质、对盟友不可靠的忠诚度及其导致的指挥权不明确。

意属兰佩杜萨岛和潘泰莱里亚岛的陷落（1943年6月11—12日）是令当时的

意大利领导层极其伤感的一页，也彻底打消了南线总司令部对登陆目标的最后一丝怀疑。我在又一次检查西西里岛的全部防御措施之后有意退居幕后，因为保卫意大利人的家园主要是意军各级指挥机构的任务。

尽管如此，我还是在7月10日登陆当天的清晨进行干预，通过无线电命令"赫尔曼·戈林"装甲师立即出动，此举只是为了弥补此前的一个疏忽。我没有直接干预第15装甲掷弹兵师的行动。根据确切掌握的敌情，所有的干涉师全都应该在前一天的天黑之前做好行军准备，必须最迟在午夜24时整之前各就各位，在海滩上迎击敌军登陆部队。无可挽回的拖延就这样白白浪费掉好几个小时，另外，军队的开进过程还受到各种问题的干扰；尽管如此，面对已经在杰拉附近上岸的敌军，"赫尔曼·戈林"装甲师还是险些大获全胜，不幸的是，第2航空队出动轰炸机趁这股敌军登陆之际发动的空袭仅仅取得了微不足道的战果。更多令我失望的事情接踵而至。几个意大利海防师根本没有发挥任何作用，意大利干涉师也没有一个能及时接敌，甚至根本没有见到敌军，位于该岛东南角的"那不勒斯"师干脆消失得无影无踪。奥古斯塔要塞的指挥官还没有受到进攻就交出了要塞。这是懦弱还是背叛？墨索里尼向我许诺要把那些人送上军事法庭，我至今都不知道他到底有没有兑现。这一切都发生在占压倒性优势的敌军面前，他们由10个师组成，还得到强大的空降兵和数千架飞机的支援，也几乎没有遇到德国的空中抵抗。

7月11日，我意识到仅仅通过电话下达命令不可能消除指挥中的混乱局面，特别是因为几乎无法与身处意大利第6集团军司令部的冯·森格尔将军取得联系。于是，我在7月12日下令把第1伞兵师空投到西西里岛之后，也亲自飞往那里。冯·森格尔将军陪同我视察各处前沿阵地，并于当天傍晚观看第1伞兵师在卡塔尼亚以南实施的第一波伞降；这种运输方式在接下来的几天里仍然畅通无阻，因为英国战斗机千篇一律的作战方式让这个师完全可以一次又一次冒这样巨大的风险。

此次西西里岛之行的结果让我感到沮丧。我注意到，意大利师根本起不到任何作用，再加上没有遵守预定防御计划导致的指挥缺陷，使兵微将寡的德军更难完成原本几乎不可能完成的任务。西西里岛西部没有更多战术价值，必须放弃。

这样做可以集结足够的兵力，准备接下来将要进行的山地战。即便如此，也只能在西西里岛东部或者延伸到埃特纳火山周围的桥头堡坚守一小段时间。想要有所作为，就必须投入一个强有力的德国军级指挥机构，并改善通信联络。只用两个德国师单独承担作战的重任是不够的，有必要投入第三个德国师；"埃特纳火山阵地"也必须尽快完善。不过，曾经让我特别担心的卡拉布里亚登陆，如今不再需要防范。到7月13日上午，我做的每一件事几乎都得到墨索里尼和希特勒的认可，希特勒只有一个保留意见，不准我立即从卡拉布里亚调走整个第29装甲掷弹兵师。这个延误将在接下来的战斗中让我们付出代价，并一再采取费时费力的应急措施。直到7月15日，这个师的小型先遣支队才渡过墨西拿海峡。

大约在这个时候，我越来越清楚地意识到，第14装甲军军长胡贝装甲兵上将没有充分发挥自己的才能。这一次我乘水上飞机来到西西里北部的米拉佐，因为当时陆基飞机降落的可能性已经不复存在。从7月15日夜里到16日凌晨，我亲临现场向胡贝将军就他的任务做指示。他的当务之急是建立和长期保持一条完整的战线，哪怕代价是放弃一部分地盘。我违反空军等级制度的基本原则，把一大批高射炮兵交给胡贝将军指挥，还要求施塔赫尔将军的高射炮师参加地面战斗，并在战线后方的抗登陆战斗中展示自己的战斗力。胡贝将军在白天几乎不能指望任何空中支援，这就是我为什么想尽一切办法加速调来第29装甲掷弹兵师作为补偿的原因。我向他透露，我正在考虑放弃西西里岛，他的任务是尽可能推迟这个举动。墨西拿海峡两岸的防御措施进展顺利，现在也归他指挥。我还告诉胡贝将军，他不必担心卡拉布里亚和普里亚的安全，敌人目前不太可能针对这两个地区发动大规模进攻，必要的事情由南线总司令部来安排。我让他按照自己的方式与古佐尼的意大利第6集团军建立友好关系，冯·森格尔将军会鼎力相助。

接下来的白天又是在视察前线、与古佐尼大将的会谈当中度过。我能够消除误会，允许他有计划有秩序地实施必要的撤退，并让他觉得对英国第8集团军的防御大有可为。我亲眼见到英国舰队的舷侧齐射，深受震撼；萨莱诺战役结束后，同样的经历改变了我对海岸防御的看法。

我在"赫尔曼·戈林"装甲师视察施马尔茨将军[36]的指挥所期间，碰巧见到第1伞兵团团长海尔曼上校前来报告归队，不禁如释重负，因为我原本以为他不可能生还。他的伞兵降落在英军防线的正前方，无法与左右两翼的友邻德军会合；随着战斗的进行，他们被蒙哥马利的突击部队迂回和包围，但幸运的是他成功突围回来。他当初提出的建议是让伞兵降落在英军防线的后方，但［我］认为这样做对伞降之类的行动来说过于大胆。基本战术原则对伞兵同样适用，敌我双方的兵力对比肯定不能过于悬殊。当时，他们降落在我军战线的后方仍然有机会赢得一场令人难以置信的胜利，把随后降落在同一地点的英国伞兵部队一网打尽。这场胜利虽然本身微不足道，但是严重打乱了蒙哥马利的进攻计划。

我军右翼仍然谈不上有一条完整的战线。第15装甲掷弹兵师在精明强干的师长罗特将军指挥下有令人钦佩的战斗表现，并与右侧的第1伞兵师建立联系；他们右侧的这个缺口原本应该由第29装甲掷弹兵师填补，但由于国防军统帅部的阻挠，只能一再推迟调动。施塔赫尔将军把他的高射炮部队部署在海岸上，像真正的海岸炮兵一样战斗，先后在阿奇雷亚莱和米拉佐赢得防御战的胜利。我在这里明确指出，编入德国部队的个别意大利分队同样在战斗中有突出的表现。

总的来说，我比较满意。胡贝将军可谓一时之选，他还得到了冯·博宁上校这么优秀的参谋长辅佐。我不太满意的是德国国防军统帅部反应迟钝，把第29装甲掷弹兵师一部留在卡拉布里亚太久，也没有及时把第26装甲师调到卡拉布里亚。

战争的指挥权表面上还像地中海战争的前几个阶段一样由意大利人掌握，实际上却在第14装甲军指挥部和南线总司令部的手里。双方共同努力保持原来的合作方式，并且相互尊重，让这个时期的合作伙伴之间没有出现任何个人矛盾，这主要是冯·森格尔将军的贡献。我与胡贝将军在工作中的配合堪称完美。我们通常每天两次讨论战况和必要的措施，而我同意的措施当然由我在上级的面前承担责任。由于自作主张放弃西西里岛，我在很长一段时间内成为"不受欢迎的人"（拉丁语：persona ingrata），但考虑到军队胜利完成从岛上撤退，我并不在乎受到冷遇。

胡贝将军娴熟地指挥他手下的几个师，在一系列阻滞战斗中且战且退。成功退到墨西拿海峡对岸，可以看作他这一阶段指挥工作的圆满句号。

历史学家所能做的事情就是明确指出，轴心国指挥机构在各种不幸当中遇到了万幸。最重要的是盟军按部就班的作战方式对我们大有裨益，而我完全可以指望这一点，否则只能在7月15日另做打算。另外，盟军的作战思路也给我们留下不少可乘之机。他们不考虑在岛上实施大规模合围和进攻卡拉布里亚海岸，让我们有可能用实际上非常弱小的兵力，组织抵抗长达几个星期。盟军主要突击力量的缓慢推进和其余兵力引人注目地分散到全岛，使轴心国指挥机构能够向相应的防御地区调集足够兵力，避免位于西西里岛北部海岸的右翼发生猝不及防或一触即溃的危险。盟军也没有抓住最后的机会，通过持续而强有力的海空联合攻击，加大德军有生力量渡过墨西拿海峡的难度。对德国指挥机构来说，这甚至比盟军放弃在8月17日立即跨越墨西拿海峡实施下一轮进攻行动更有价值。毫无疑问，双方的部队只有付出空前的努力，才能在乱石纵横、几乎找不到树木的山区克服仲夏的酷热，但同盟国在9月3日以前按兵不动的做法未必符合当时的形势，可谓送给轴心国军队的又一份大礼。

西西里岛登陆战仅仅是最大限度地动用舰炮和飞机，才能克服一个处于最低水平的静态防御。因此，今后无须担心同盟国会在远离其海空军基地的地点展开军事行动。

盟军的实力来自优越的物质条件。单纯从技术角度来看，他们更胜一筹，例如无线电设备和道路施工机械。他们的作战指挥虽然有明显进步，但是还没有学会在遇到自以为无可救药的处境时毫不气馁。从西西里岛获得的经验可以推导出下列想法：纵深阵地是海岸防御工事不可或缺的补充；考虑到易于发现的海岸防御工事将要承受舰炮的强大火力打击，战斗不应该是线性的，而是必须从纵深发起和在纵深内进行。由于意大利海岸防御力量一触即溃，无法准确衡量沿岸水域作为战线前方有效水障的价值。集中发挥武器效果，打击敌人最薄弱的环节，即满载的运输船、正在接近的登陆艇和刚刚上岸的人员，似乎是最好的防御方法。从纵深发起战斗时，当地的预备队必须保持足够近的距离和足够强大的实力，可以在自身遭受挫折时**立即**扭转局面。首批大型预备队必须配置在靠近海岸的地点，尽可能利用夜暗到达作战地域。指挥机构和基层官兵都要做到对防御计划了然于胸。预先在可能的作战地域进行演习，肯定能让总是相对弱小的守军获得准确掌握地形的优势，进而获得胜利所不可或缺的优越感。

第十七章

墨索里尼垮台和意大利背盟

—— 1943 年 7 月 25 日— 9 月 8 日发生的重大事件

时间表：

- 1943 年 7 月 12 日，意大利法西斯党大委员会举行会议，对墨索里尼提出不信任动议
- 1943 年 7 月 25 日，墨索里尼被捕，巴多利奥元帅担任新一任首相
- 1943 年 8 月 12 日，意大利开始与同盟国秘密进行停战谈判
- 1943 年 8 月 22 日，德国第 10 集团军司令部在意大利南部组建
- 1943 年 9 月 3 日，意大利与同盟国达成暂不公开宣布的特别停战协定
- 1943 年 9 月 3 日，英国第 8 集团军在卡拉布里亚南部登陆
- 1943 年 9 月 8 日，艾森豪威尔和意大利政府公开宣布停战协定
- 1943 年 9 月 12 日，墨索里尼获救

前奏

　　连接我与意大利元帅卡瓦莱罗伯爵的纽带绝不单纯是军中袍泽情谊，我认为他也有同样的想法。正如上文所述，1943 年 1 月 31 日这位元帅被撤职的那天，我也理所当然地请求领袖解除我的职务。我极力为卡瓦莱罗和他的工作业绩辩护，并告诫领袖不要轻信安布罗西奥，意大利军官们对后者的批评不止一次传到我这里，我也不认为他具备驾驭联盟战争所需的广阔胸襟。墨索里尼急切地恳请我收回辞呈，一再保证对我有"兄弟般的信任"，并在谈话结束的时候期待将来能与我有更密切的个人合作。正如上文强调过的那样，不幸的是，我当时屈从于自己

内心的感受。

　　我很快觉察到意大利最高统帅部内的气氛有变。安布罗西奥提议由我接管突尼斯境内全部轴心国军队的指挥权，而我婉言谢绝，想来他的动机无非是要赶走我这样一个令他讨厌但又有声望的德国指挥官和观察员，从而消除我在罗马的影响力。当时的做法依旧是没有我的共同签署就不能下达任何命令。这很容易实现，因为大多数命令要么由我的参谋部直接起草，要么经过我的联络参谋润色。尽管安布罗西奥傲慢无礼的行为有时令人无法容忍，但我还是以诚相待，只是换了一种合作方式，不再亲自出席会议，而是派我的参谋长代为参加。我只在非常紧急的情况下直接向墨索里尼汇报。起初，我以为安布罗西奥对我的明显敌意是为了争权夺利，但不久就有许多起孤立的事件让我意识到，他是想改变制度，甚至可能还要改变更多的东西。因为里卡尔迪和富日耶两位将军继续掌管着海军和空军，而陆军的新任首长罗西将军为人正派，也与我们志同道合，所以我真诚地努力克服自己的猜疑。更多支持来自我与墨索里尼之间的绝对信任。我从一开始就认为，这次人事更迭是墨索里尼在自掘坟墓，只是由于1943年2月8日的内阁改组才暂时推迟生效。当然，无论我还是冯·马肯森大使和国防武官冯·林特伦将军，当时都没有想到 [意大利的] 统治政权会面临直接危险。[①]甚至连墨索里尼也认为自己安如泰山，至少到1943年7月24日还是这样。

　　就在那一天，我独自去见墨索里尼，与他讨论局势。由于有一个临时安排的政治会谈，他请我稍事等待。半个小时过后，当我走进他的房间时，他愉快地同我打招呼并说："您认识格兰迪吧，是他刚才跟我在一起；我们推心置腹，我们意气相投；他对我**忠心耿耿**。"我看得出来，他的这份喜悦是发自内心的；但是到了第二天，当我得知正是这位格兰迪在法西斯党大委员会上提交反对墨索里尼的议案时，不得不问自己是应该"赞叹"墨索里尼的胸无城府，还是格兰迪的"演技出众"。1943年7月24日，冯·马肯森大使提供给我的可靠消息同样声称不存在

---

　　① 原注：这是希特勒采取的组织措施是一把双刃剑的典型案例。直到战争结束以后，我才从《秘密战线》（*Die geheime Front*）一书中得知希姆莱的间谍在罗马的各个情报部门工作。他们得到的消息从未报告给我或大使，而是上报希姆莱和希特勒。

任何危险，墨索里尼仍然掌控着大局。

　　从内阁改组到墨索里尼垮台的这个时期，"轴心国"首脑人物举行过一系列军事和政治会议，当然，由于战争局势的变化，会议内容与以往大不相同。这时发生的每一起事件都像是一道听不见雷声的闪电，暗示着幕后还藏着更多不为人所知的内容。我只简要列举一些重大历史事件。最重要的事件有：关于加强意大利境内德军有生力量的争执，陆军总司令罗阿塔将军从军事角度提出这个要求，而墨索里尼和安布罗西奥出于各种原因不希望达到那么大的规模；围绕怎样部署德意两国队队的无休止争吵；意大利人在1943年6月21日索要大批武器（足以装备17个装甲营、33个炮兵营、18个反坦克营或突击炮营，还有2000架飞机）的不正常要求，这预示着政策的重大转变，我曾经在巴斯蒂亚尼尼①提议举行的一次主管会议上表示反对，并获得了一部分意大利人的支持，但安布罗西奥断然拒绝做任何修改。这件事令我反复思考，德国国防军统帅部也由于无法满足需要而感到不安，并在1943年7月中旬正式拒绝这个请求。

　　1943年7月19日，阿道夫·希特勒在费尔特雷会见墨索里尼。他没有提到自己想让德国人掌握指挥权的长远打算，而墨索里尼隐瞒自己对于应不应该继续坚持战争的怀疑，这次会见未能解决任何难题。

　　凯特尔与安布罗西奥的军事会谈虽然就德国和意大利的几个师调往意大利南部达成协议，但是双方都不愿意迈出第一步。

　　然而，我要明确指出，德意两国前线指挥官之间的关系非常融洽。意大利陆海空三军派驻我的参谋部工作的军官们都对我们表达的情谊致以最诚挚的回报。他们无论作为普通人还是军人都很优秀，给我带来了许多美好的回忆。只有长期跟随我的意大利副官不在此列，我一直对他坦诚相待，换来的却是相当程度的失望。尽管我花了一些工夫帮他另谋一个差事，可是感觉得到，他对我和对轴心国联盟的态度已经在安布罗西奥和巴多利奥的影响下有所改变。

---

　　①　原注：他当时担任意大利外交部的副国务秘书。

我在墨索里尼被捕后的初步举措

法西斯党大委员会的这次会议和随后发生的一系列事件表明，我们的全部猜测都是错误的。大委员会罢免了墨索里尼，把他本人及其党羽一起赶下台。就像1945年希特勒因[纳粹]党内战友中出现反对派而深受伤害一样，墨索里尼也因为突然被追随者抛弃，一时束手无策。墨索里尼的垮台和被捕本来是可以避免的，至少是后者，只要他向忠实于他的部队寻求保护，包括德国部队在内。他的过度自信已经无可救药。

1943年7月25日，我听到墨索里尼被捕的消息时已是深夜。我立即请求觐见国王，却在几经周折之后得到答复，国王已经就寝，无法接见我，但保证第二天一定可以安排。得到这个答复之前，我还见到巴多利奥并有过一番谈话，他针对我提出的问题一一作答，基本上只是重复我已经从国王发布的文告中得知的部分内容，大致如下：

新政府将毫无保留地信守对联盟的承诺。

拘留领袖是为保证他的安全，为了证明这一点，巴多利奥还向我展示一封墨索里尼承认政权更迭的亲笔信。他无法告诉我领袖在哪里，具体地点只有国王知道。巴多利奥敦促我不要给他制造任何政治上的难题，这让我只能把话挑明，我的上级是墨索里尼本人，因此有正当理由关心他的下落，更不用说希特勒更关心他的朋友墨索里尼。

这次谈话给我的印象是：冷淡、谨慎和虚伪。

巴多利奥的副官——上校蒙泰泽莫洛伯爵当时也在场，后来的事实证明他是针对德国展开非法战争的领导人。

国王的接见长达近一个小时，显著特点是友好和善意。国王向我保证，继续进行战争的决心没有丝毫动摇，反而还将越来越坚定。他撤换墨索里尼实属无奈，这不仅是法西斯党大委员会的要求，还因为墨索里尼已经失去了公众舆论的支持。这样做有违他的初衷。他不知道墨索里尼在哪里，但可以向我保证，他会亲自负责墨索里尼的福祉和应有的待遇。只有巴多利奥知道墨索里尼在哪里（！）。他非常钦佩元首，羡慕后者拥有的权力，而他手上的权力根本不能同日而语。

我的印象是：刻意用友善的外表来掩盖这次谈话的虚假本质。

大使级外交官拉恩博士是冯·马肯森大使当时的代表和后来的接班人，国王和巴多利奥对他说的话如出一辙，重申他们会忠诚于联盟，无条件地把战争进行下去。拉恩很高兴地把这些话转达给我。派驻我的参谋部的一名意大利联络军官，大概是鲁斯卡上尉，还向我转达王储希望更经常地与我见面和交谈的愿望。但除了一次之外，这个愿望并没有实现。

希特勒的最初想法和措施

墨索里尼的垮台和被捕使整体气氛变得恶劣，特别是德意两国最高政府部门之间的气氛。希特勒认为这不是普通类型的政府危机，而是意大利政策的彻底转变，目的是在有利条件下尽快投降，从而结束战争，即便这意味着牺牲其盟友。他的不信任感原先只针对王室成员及其支持者，而现在直接蔓延到整个国家和武装力量的指挥机构。他把先前的军事失败都看作意大利指挥机构蓄意观望甚至背叛的结果，而他们在战争期间建立或加固阿尔卑斯山阵地，就是为突然调转枪口做准备。希特勒觉得自己受到了欺骗，下决心进行还击。

在希特勒看来，显而易见的事情是抓捕王室和巴多利奥，这倒没有什么特别的困难。不过，他很快便放弃了这种心血来潮的想法。

还有一项计划正在进行周密准备，打算在及时查明 [意大利] 将要脱离联盟的情况下对王室成员和主要军政首脑实施预防性保护，计划的部分内容对我也保密。

幸运的是，这项计划也没有必要付诸实施。取而代之的是希特勒想营救墨索里尼并与他携手重建双方共同政策的愿望。一种休戚与共的深厚感情，促使他在试图与墨索里尼取得联系的多次合法努力均未奏效之后，下令以任何必要的方式营救墨索里尼。营救任务由施图登特大将和指挥具体行动的党卫队突击大队长斯科尔采尼负责。他们的举动就算要对我保密，当然也不可能彻底瞒着我，因为全部线索都掌握在我的手里。

其他措施在政治和军事领域。可以预料，阿道夫·希特勒一定会拒绝巴多利奥请求与他会谈的建议，因为这种会谈不会有任何成果。我也只能赞同这个意见，但这不能阻止我与希特勒及其亲信之间的分歧越来越大。

我是他们心目中的"亲意分子"，所以适合在与王室保持友好关系的前提下在意大利工作。另一个准备用不同的、更强硬的方式表达意见的人选是隆美尔，他的集团军群把司令部设在慕尼黑，已经做好准备，随时可以挥师进入我背后的意大利北部。与我一起在意大利工作的同事们也都失去了希特勒的信任，冯·马肯森大使和冯·林特伦将军首当其冲，接下来是冯·波尔将军和冯·里希特霍芬空军元帅，甚至还有冯·马肯森的接班人拉恩博士。我们都把国王的言论和政治当权者巴多利奥元帅的官方声明信以为真，也把前线官兵一如既往的友善举止当作国王的诺言已经得到兑现的证明，尽管安布罗西奥和陆海空三军新任总司令的态度让我们有足够的理由担心。

根据我的观察，陆军的罗阿塔虽然十分老练和圆滑，但是为了军事需要，能开诚布公地据理力争。我喜欢与他共事，因为他是当时唯一一位偶尔勇于承担责任的人。时至今日，人们广泛指责罗阿塔是敌人和叛徒，我不敢断定这是否公正合理。

海军的德·库尔唐将军表面上对我最毕恭毕敬和言听计从，但后来却最令我失望。

新的航空国务秘书圣达利将军过去曾经对冯·里希特霍芬空军元帅做过明显的让步，而我与圣达利为数不多的几次谈话并不能让我本人满意。

然而，除了安布罗西奥之外，我当时没有任何理由不分青红皂白地怀疑周围的每一个人，尤其是冯·林特伦也这样想。我甚至一有机会就想打消希特勒和德国国防军统帅部的在我看来过于广泛的厌恶情绪，这让希特勒非常恼火。有一次，他这样无可奈何地谈到我："对于那里的人，那伙天生的叛徒来说，凯塞林这家伙的心眼太实在了。"转机出现在1943年8月23日凌晨3时，希特勒当着戈林的面打电话通知我，他刚刚收到意大利人叛变的可靠证据。他要求我放弃对意大利人的过度信任，做好发生最严重纠纷的准备。我有义务接受这次通报的内容，尽管他没有说明消息来源让我感到遗憾。从那一刻起，我的一举一动都笼罩在令人压抑的政治阴影下。

希特勒对我的不信任略有减轻，可是依旧存在。因此，当第2伞兵师在罗马附近由我掌管的机场降落的时候，我像意大利政府一样颇为意外。长期以来，我一直在索要更多的军队，拉姆克伞兵师的到来从任何角度看都不啻一场及时雨，只是我希望不是用这种方式。这个师突然出现在罗马地区，除了造成某种程度的尴尬之外，也有显而易见的巨大好处，从那时起，意大利政府一定意识到自己的形迹已经败露。

不久之后，随着德国的几个师和参谋部从不同方向开进意大利北部，并在意大利领土上以主人的身份自居，意大利人的情绪变得越来越恶劣。对于每一名军人来说，希特勒采取这个步骤的理由都是不言而喻的。我们不得不考虑出现最糟糕的情况，譬如巴多利奥派兵占领面向德国的防御工事，并切断通往德国的铁路。这意味着保卫意大利的德国师将会弹尽粮绝，任凭敌人摆布，这个结论显而易见，任何人都能推导出来。谁能控制布伦纳山口以及向东通往奥地利和巴尔干半岛、向西通往法国的交通线，谁就能掌握德国的命脉。意大利人的愤慨可以理解，但他们把气氛搞得令人捉摸不透才是希特勒把 B 集团军群调到意大利北部的原因所在。德国士兵及其指挥官虽然通常举止得当，但是也做过一些蠢事，让我作为德国在阿尔卑斯山另一边的代表也深感尴尬。冯·林特伦将军在这些日子里肩负的任务丝毫不令人羡慕。然而，这样做的效果是，上文提到的恶毒想法已经不可能再变成现实。我之所以使用"恶毒"一词，是因为用那种态度回报德国人毫无保留的情谊和抛洒的热血，实在无法用任何其他词汇来形容。回想起来，我认为那种行为很可能蓄谋已久，更明显的表现是意大利人越来越强烈地要求把部署在意大利中部和北部的德国师调往卡拉布里亚和普利亚，而意大利当时已经在与同盟国举行投降谈判。这样调动的目的只能是让尽可能多的德国军队远离自己的国土和补给，成为他们投降时送给同盟国的见面礼。

显然，意大利政府和最高统帅部一定会用书面和口头的形式抗议他们认为不可容忍的侵犯主权行为，并采取相应措施在军事上保证自己的安全。

军事方面的措施包括加强罗马周围的军队集团，逐渐增加到五个师以上的兵力，其中还有一些装甲部队，而他们不顾战事吃紧，始终把这批军队小心地保留到这个时候。从单纯的军事角度看，意大利人在罗马周围集结军队与战争局势基本无关，就像德国师进入上意大利地区[37]一样。然而，当时需要做的事情是保持最大程度的关注和密切观察。我与林特伦在元首大本营的汇报和两国在1943年8

月6日与15日的会谈都是力争实现这个目的。

8月6日，里宾特洛甫和凯特尔在塔尔维西奥会见 [意大利的] 外交部长瓜里利亚和安布罗西奥大将。两国外交部长和将领之间的对话都没有取得实质性成果。这是意料之中的事情，双方的分歧已经过于明显。两位将领都希望对方做出让步，这种要求在正常情况下几乎不会出现任何争议。凯特尔要求意大利方面做出更大的战争努力，把驻守意大利中部和北部的师派去参战，而安布罗西奥要求指挥已经进驻意大利北部的德国师，并由意军分队接管铁路的保卫工作。围绕这些要求的分歧，还妨碍他们处理有关意大利南部作战指挥的其他事务。

第二场会谈由罗阿塔将军提议举行，德方与会代表是约德尔大将。这场会谈从一开始就明显带有剑拔弩张的气氛。约德尔事先已经从希特勒那里得到明确指示，而陪同他出席的隆美尔又是即将开赴意大利的 B 集团军群司令。约德尔要求南线总司令部以及意大利中部和南部的所有德国军队直接隶属于国王，而德意两国在意大利北部的全部军队归 B 集团军群指挥，进而隶属于德国国防军统帅部。罗阿塔重申安布罗西奥的要求，即意大利北部的德国师应交给意大利指挥，并从法国南部撤回意大利第4集团军的几个师。德方同意后一项要求，因为 B 集团军群各师已经占领意大利北部的所有关键地点，足以抵消那几个师的存在。除此之外，其他方面都没有达成协议。自从墨索里尼垮台以来，南线总司令部已经在事实上**只**隶属于国王，约德尔提出上述要求的时候肯定另有所图。当时，我确信他是想用意大利人无法接受的要求，摸清他们依旧讳莫如深的立场到底是什么。

尽管两国最高层之间出现这样的隔阂，南线总司令部及其下属各部门还是继续以客观和友好的方式与意大利各部门保持沟通。我们甚至还能与安布罗西奥一起在8月21日意大利最高统帅部举行的会议上进行一场看似合情合理的争论，意大利陆海空三军的总司令也应邀列席。陪同我出席的人是我的参谋长韦斯特法尔将军，他起初率领陆军的一个指挥处加入我的参谋部，后来兼任我在两个职务上的参谋长。会上讨论完未来的军事行动之后，安布罗西奥要求增派一个 [德国]师到撒丁岛，而我纯粹出于军事上的理由予以拒绝。安布罗西奥对正在进行的投降谈判心知肚明，这有据可查，即便我当时仍被蒙在鼓里，也能看出这个要求与局势无关，只能认定他别有用心。因此，上文提到的8月23日那次与希特勒的通话对我来说也不是毫无思想准备。安布罗西奥提这个要求的用意只能是削弱意大利中部和南部的德国军队，让同盟国更轻松地赢得胜利。我几乎可以肯定，安布罗西奥是想把第2伞兵师从他的视野之内弄走，从而为同盟国在罗马附近实施空降创造条件，然后出动意大利和同盟国的师从坎帕尼亚出击，给我们致命一击。

我巩固局势的努力

逐渐恶化的局势促使我提前考虑在意大利投降的情况下应该采取什么措施。我的关注重点仍然是保持战线的稳定，防止同盟国扩大战果。我认为这是拖住意大利武装力量，进而拖住意大利指挥机构的最有效手段。这种"祖护"[38]的方式应该比放弃意大利，从而有可能制造一个新的敌人更重要。后一种情况下，意大利指挥机构如果还想继续参加战争，为改善自己的处境而转投敌方阵营就是意料之中的事情。此举不可避免会引发手足相残，也必然对德国的事业造成负面影响。

首先，我试图通过私人谈话或者由我的参谋部主持的对话，与意大利陆海空三军司令部就未来的作战指挥达成一致意见。意大利三军派驻我的参谋部的联络军官们在这方面毫无保留地支持我。他们顽强地捍卫自己的观点，但同样愿意做出让步。然而，意大利直到宣布投降前不久才同意向卡拉布里亚和普利亚调动军队，这个事实值得思考。约德尔对罗阿塔的判断正确吗？这难道不是意大利指挥机构抛出的一个障眼法，用来掩盖他们过于明显的骗局吗？也有可能罗阿塔对当时正在进行的谈判一无所知，只是在这个比较晚的时间才得到安布罗西奥和巴多利奥的批准。这种可能性确实存在，但并不大。

此前的几个星期里，我亲自与手下驻意大利南部、撒丁岛和科西嘉岛的意军前线指挥官们交谈，得到每个人最诚挚和充满信任的理解。我还发现，德军指挥官们也享受着同样充满情谊的合作。我和手下的指挥官们虽然饱受猜疑，但是**从未**改变我们积极看待意大利武装力量及其作战对象的态度。直到意大利宣布投降的前一天，我们的主要工作都是努力完成联盟赋予的任务。其中只有微不足道的一小部分是为"轴心"行动做准备，有些人甚至还对准备工作有抵触情绪，举例来说，我在撒丁岛就察觉到这样的不情愿。

在此期间，南线总司令部与意大利海军的现役将领们几乎没有任何私人接触。

随着战争蔓延到西西里岛，意大利海军司令部在岛上的各个军港受到直接影响，考虑到这场战役期间始终存在敌人登陆卡拉布里亚的可能性，还在塔兰托和布林迪西采取一定程度的待战警戒措施。除此之外，他们把其余时间都用来进行周密准备，抗击不久的将来肯定会发生在意大利本土海防前线的大规模登陆行动。南线总司令部和意大利海军司令部围绕舰队的作战任务旷日持久地展开讨论。甚至连意大利宣布投降的那一天，我都安排了一场与德·库尔唐将军的会议，讨论舰队在那不勒斯外海迎击登陆舰队的最后部署，后来，意大利舰队正是在这位将军的领导下驶离拉斯佩齐亚，投奔同盟国。

冯·里希特霍芬空军元帅和他的参谋部负责与意大利空军打交道。后者虽然派不上多大用场，但是当时还有大量地勤部队可供使用。意大利轰炸机和战斗机的空勤人员也在德国教官的指导下接受换装德国飞机的适应性训练，并学习久经实战检验的德国空战战术。互相尊重在空军里表现得最明显，空勤人员之间仿佛有一条牢不可破的纽带。然而，从整体上看，意大利航空兵还不堪一战，发生重大事件时只能忽略不计。

意大利高射炮兵的状况不能一概而论。他们拥有的德国装备已经在意大利北部和铁路沿线投入使用。德国的骨干人员被安插到部队里，发挥着中流砥柱的作用。意大利装备已经过时，只能滥竽充数。德国高射炮兵在冯·波尔将军的领导下有出色表现，用意大利式的友好态度对待意大利高射炮兵。不幸的是，富日耶将军不太认同我们倡导的编制改革，也就是把高射炮兵合并到空军的架构之内。这样的编制始终未能确立，最终结果也不令人满意；未来可能与意大利武装力量发生冲突的时候，意大利高射炮兵不足为虑。

通过扼要概述意大利三军的状况，我想证明我作为一名负责任的德国总司令，没有理由怀疑他们的善意和继续战争的意愿。

"轴心"方案

不幸的是，前沿地带之外又是另一番景象。我们有充分理由怀疑意大利打算撕毁联盟条约，因此，德国国防军统帅部下达命令，采取必要的措施，保证意大利境内德国武装力量的安全。启动这些措施的代号是"轴心"，该代号的发布将自动触发计划规定的全部动作。

从本质上看，"轴心"方案中的措施主要是防御性的。因为仅仅是猜测［意大利］可能退出联盟，"如何、何时、何地"仍是未知因素，所以采取反制措施的依据非常有限。准备工作中的最重要内容是应付一切可能出现的不测事件。因此，我通常不会像对罗马附近的行动那样下达书面的战术命令，只是与相关指挥官口头讨论我的想法。我亲临现场，例如各岛屿，检查全体前线指挥官、海军和空军指挥官的计划和措施，并保证它们协调一致。后来，每一个举动都执行得非常成功，这个事实证明我在局面不明朗的情况下选择这种指挥方法是合理的。另外，它还是保密的最佳方法，这在当时的形势下至关重要。

主要指导方针是：

撤离面临重大危险的战线，包括孤立海岛的守军在内，最大限度抢救物资储备，为了保证顺利撤离，可以考虑与意大利指挥官达成某种协议。在预计可能遇到困难的情况下，通过不引人注意地临时变更部署和转移物资，为执行"轴心"方案的必要措施创造便利。"面临背盟的威胁"期间，向部队补充兵力和供应物资不得增加撤离的难度。

撤离各岛屿和卡拉布里亚前线的后退运动基本上不会发生战斗，但在遇到意军单位抵抗的地点，必须采取一切可用的手段保证铁路畅通。预计可能发生登陆的前线和大罗马地区，力求稳定局势的战斗几乎不可避免。

派驻意大利各级参谋部的联络军官作为指挥官派出的警戒哨，负责密切监视这些参谋部的活动，甚至要根据他们的报告在必要时控制这些参谋部或者首脑人物。

为了加强自我防护，可以下令撤出城镇，遇到无法撤离的情况时，当地的德国工作机关应集中安置到便于防御的建筑物内。

"轴心"代号生效时，第2航空队必须立即控制所有可以起飞的飞机和高射炮，海军应当设法阻止意大利舰艇离港，以便将来供德国使用。

占领一切具有重要军事意义的通信设施，最终目的是给意大利指挥机构增加困难，直至无所作为。

我从一开始就拒绝对我负责区域内的意军官兵实施全面拘押，因为那样做弊大于利，本身也很难执行。

位于弗拉斯卡蒂的南线总司令部和第2航空队司令部都大力加强对空防御和陆军卫戍部队——后者的驻地在阿尔巴诺山——并扩建防空洞。

意大利背弃联盟之前的这个时期在情感上给我和我手下的指挥官们带来了特别沉重的负担。作为一名军人，夹在盟友和希特勒之间两头受气几乎令我不能忍受。坚定不移地相信与我关系密切的意大利领导人、国王和政府首脑的言论，与理智地承认他们有可能背弃联盟之间在内心里形成尖锐的对立，与元首大本营的讨论不总是令人愉快，西西里岛和意大利南部的战事带来了沉重负担，空中战争已经蔓延到整个意大利，再加上未来的前景相当模糊，使我在精神上受到的折磨越来越严重。然而，真正到了 [意大利] 背弃联盟的那一天，尽管这导致我的大本营遭到轰炸，盟军登陆萨莱诺湾，[意大利] 王室和政府逃离罗马，可是我却如释重负，因为我有权说我已经仁至义尽，竭尽全力阻止意大利人迈出这一步，反过来看，我也采取了一切应有的军事措施，保证德国的事业不会遭受任何不必要的损失。

背盟日—1943 年 9 月 8 日

当天上午的几个小时里，没有任何迹象表明这将是决定地中海地区命运的一天。我还准备按计划与罗阿塔和德·库尔唐举行会谈。当高射炮连向逼近弗拉斯卡蒂的同盟国轰炸机编队开火的时候，我正在主持一场重要会议，研究采取什么防御措施，抗击不久之后势必来临的登陆。我刚刚离开办公区域，第一批炸弹就落在我装有玻璃的阳台旁边，紧接着又有许多枚炸弹落在我的防空洞附近。敌人的轰炸固然给军事部门造成相当大的损失，但城镇的损失和居民的伤亡更加严重。我立即发出警报，要求全体官兵去提供帮助。我们从这场轰炸中有所收获，因为从击落的一架敌机上找到一张地图，上面准确标注着我和冯·里希特霍芬的作战指挥室具体在哪一栋房屋里，这表明意大利方面在情报的侦察和传递上确实做得很出色。轰炸只是让我的大本营在很短一段时间内中断运作，这足以说明通信联络网的表现堪称典范。这场轰炸显然得到了国王和巴多利奥的准许，尽管他们若是事先要求我把大本营搬到一个人口较少的地方去，我既不能又不会反对。当我在空袭结束后的几分钟之内离开我的作战司令部的时候，来自罗马的消极防空分队和消防队就已经到达弗拉斯卡蒂的入口，这说明他们肯定事先知道将有这场空袭。至此，意大利和同盟国都已经亮出他们的底牌。

我预料1943年9月8日夜间到9日凌晨肯定将有一场登陆，并假设意大利和同盟国之间已经明显达成某种协议。

但即使在中午的这场空袭结束之后，意大利指挥当局的行为也没有任何改变。我的参谋长和林特伦的接班人图桑将军代表我前往蒙特罗通多，参加与罗阿塔的会议。而我亲自与每一位前线指挥官们通话，下令进入最高级别的戒备状态，并批准德国海军指挥部立即从罗马搬到弗拉斯卡蒂一带。傍晚时分，约德尔打电话问我，关于意大利投降的广播新闻是不是确有其事[39]。因为我没有听到任何有关的消息，所以约定稍后通过电话回复他。我询问 [意大利人] 的结果却是一种令人惊讶的回答，即广播新闻是蓄意误导，战争将继续进行。于是，我断然要求意大利政府出面立即否认这个极其危险的假新闻。这当然不可能实现，因为意大利政府有义务公开承认这个协定。而这一次，我又是首先通过约德尔大将得到消息，他告诉我元首大本营刚刚听到巴多利奥的广播讲话。我向图森和韦斯特法尔两位将军通报情况，他们激愤地质问罗阿塔将军，得到的回答是整件事都是一个明摆着的骗局。随后，将军们继续进行讨论，韦斯特法尔将军直到临近晚上22时才回来向我报到。我已经开始担心他和图桑会不会被扣在蒙特罗通多。当晚20时至21时之间，罗阿塔打来电话，向我郑重保证这个消息让他同样感到意外，他当时绝对不是在演戏[40]。我可以肯定，巴多利奥和安布罗西奥不想对南线总司令部说实话，是为了防止我们立即采取反制措施。等到一切真相大白之后，自然无须再做隐瞒，王室和政府既然已经逃离罗马，就不会再遇到任何麻烦。这一幕足以反映意大利领导层的腐朽本质，他们的出逃置前来拱卫他们的大批勤王之师于不顾，严重损害这批部队的战斗意志，也彻底打消了同盟国预定在罗马地区实施空降的企图，这当然正中南线总司令部的下怀。

我仍然有机会与约德尔和我手下的前线指挥官们通话。德国国防军统帅部不得不扔下我们听天由命，而在元首大本营，人们已经把南线总司令部放弃了。从那时起，我就没有再接到任何命令。传达完"轴心"代号之后，我又一次简明扼要地通知前线指挥官们，接下来的几天里有哪些事情在我看来是特别重要的。傍晚时分，空中侦察发现登陆舰队仍然在那不勒斯附近海域，我认为对意大利局势的最严重威胁已经消除。现在，位于意大利南部的第10集团军肩负着更重大的责任，但我自己也不轻松，因为我不能指望得到 B 集团军群的任何帮助。当天夜里从罗马传来的报告听上去比实际情况更危急。德国的外交使团和全体侨民都将在大使的统一管理下被驱逐回国。

能不能避免事态像这样朝不幸的方向发展？我当时问过自己这个问题，至今仍然没有找到答案。

首先，我承认局势的明朗化让我的心情略感轻松。现在敌我之间营垒分明，可以放手行动。我也承认，失去缺少战斗意志的意大利武装力量不是什么重大损失。对于现在正在进行的战斗，我至少要全力争胜。尽管如此，当初违背德国意愿参战的意大利，如今还是成为牌局中丢失的那一张牌。这样的结果完全可以避免，只要德国武装力量的三个军种都向这个战区投入强大的兵力，让同盟国无法在意大利本土站稳脚跟，或者足以把他们赶回海里去。但前者的时机已经错失，后者由于兵力不足也不可能实现。[意大利] 国王和政府都在设法与自己的盟友分道扬镳。即使考虑到希特勒的独特个性，我认为这个目标也可以通过体面和令人满意的途径实现。起码不应该用那种方式对待被希特勒当作朋友的墨索里尼。墨索里尼有可能说服希特勒，让他相信意大利人已经厌倦战争。而希特勒也非常清楚，意大利武装力量在这场激烈战争中的有效价值并不大。为了避免让意大利成为敌人的战争基地，希特勒有可能同意以一种和平的方式解除联盟条约。这种做法将给意大利带来最大的好处：把战争对意大利本土的破坏减少到微不足道的程度。更重要和更困难的问题是同盟国会不会接受这样的投降条件。当然，这很难判断。从纯粹的政治角度来看，同盟国的三个对手之一主动投降给他们带来的不仅仅是宣传价值，也有实际价值。

事已至此，终究无可挽回。意大利境内的德国武装力量从未忽视自己对联盟应尽的义务，而是为了意大利的利益英勇奋斗，直至战死沙场，却以这种方式被出卖，这是当时的意大利领导层永远无法洗白的一个污点。

卡瓦莱罗的结局

由卡尔博尼将军领导的意大利军队集团刚刚在罗马附近投降，我就立即下令释放监狱里关押的法西斯首脑人物，其中包括卡瓦莱罗伯爵。他和另外几位意大利人一起来我这里做客。他们来的时候全都排成一队，令我大惑不解，如今的我有了当囚犯的经历，才知道为什么会这样。我刚一进门，卡瓦莱罗伯爵就扑上来给我一个问候之吻，其热烈程度是我从未见识过的。

考虑到这几位先生的精神状态，我只是简单通知他们，为了安全起见，有必要暂时把他们送到德国。接下来的几天之内，应该安排飞机把他们送走。卡瓦莱罗伯爵非常挂念正在患重病住院的妻子，请求准许第二天去探望她，而我理所当然乐于应允。他陪伴妻子度过了几个小时，并为此一再感谢我。第二天的晚餐期间，我向他明确表示，我愿意亲自照顾他的妻子，并在他逗留德国期间为他们夫妇两人传递消息，那段时间肯定不会太久。我还向他暗示，希特勒特别敬重他，无疑会向墨索里尼推荐他担任新政府的战争部长。卡瓦莱罗伯爵在晚餐期间表现得格外严肃，我以为这是由于过去几个星期受到的刺激和他与妻子的离别在即。他早早告辞，在我的一名随从军官护送下前往他的临时住处。[第三天]一大早，有人发现卡瓦莱罗伯爵坐在花园里一处可以俯瞰罗马的地点中弹身亡。消息传来，我大吃一惊，立即下令进行医学检查和司法检查，得出的结论确凿无疑：他死于自杀。除了其他发现之外，我还通过询问他的意大利朋友们得知，昨夜他在房间里徘徊良久，很早就去了花园。

动机是什么呢？根据我的了解，卡瓦莱罗伯爵曾经参与反对墨索里尼的阴谋，后者很可能已经知道这件事。德国之行势必把他带回墨索里尼的视野之内，实现希特勒的计划又要求他直接与领袖打交道。这对卡瓦莱罗来说是无法承受的。怀着绝望的心情，他再也看不到通往美好未来的任何出路。只可惜，他没有向我敞开心扉。

我之所以讲述这起悲惨事件，是因为在出庭受审之前听人说起，也从报纸上读到过某种含沙射影的说法，声称卡瓦莱罗伯爵是被我亲手或者在我的指使下枪杀的。下面，我把自己在威尼斯法庭上所做的陈述用大致相同的文字复述一遍：

　　我尊敬卡瓦莱罗伯爵，并无条件地支持他，因为我把他当作轴心国阵营中一位难得有清醒认识的朋友，他知道促进双方的共同利益能给意大利带来最大好处，并排除一切艰难险阻、义无反顾地献身于这项事业。他的天赋远超常人，军事才能出色，他集充沛的精力和精明的外交技巧于一身，在我看来，他是当时唯一能使意大利的战时武装力量与战争经济协调一致的人。我完全了解他与生俱来的缺点，也知道意大利武装力量军官团中有一部分人强烈地反对这个人，我的上述说法恰恰是在明知如此的情况下有意为之。

维克多·埃马努埃尔三世国王、墨索里尼和希特勒

　　必须承认，墨索里尼是一位彻头彻尾的独裁者，但也需要指出他知道怎样履行对王室的义务。然而，后来的事件明确显示，国王在多年来的合作过程中与他的政府首脑很少达成共识。更令人惊讶的是，墨索里尼谋求更多权力的努力掩盖了国王的类似企图。两人有可能只是虚与委蛇地互相应付，最终的结果也都以垮台收场。

　　墨索里尼和希特勒都没有显赫的出身，他们同样从多年艰苦生活的磨砺中崛起，在不断的斗争中越来越强大，直到战胜对手，成为胜利者。从某种意义上看，两人都是自学成才，怀着雄心勃勃和孜孜不倦的追求来完成自己在政治和文化上的继续教育。他们都保持着一种简朴的生活方式，以便拉近自己与人民群众之间的距离，也都是出色的演说家，知道怎样打动广大听众的心。他们都作为创建者，一手打造具有全新规划的群众运动的政党；都把思想集中在具体目标上，并为实现这些目标动用一切可能、合法和常见的手段，但也包括危险和不完全符合道德的手段；他们还都凭借自己的能力承担着过于繁重的工作。两人的失败也都可以直接或间接归咎于他们的贪得无厌。外在表现上的差异应当更多归结于他们来自不同民族，而不是真正有什么地方截然不同。

　　墨索里尼通过加入社会主义报纸的编辑部进入政坛，从此成为一名政客。他熟练掌握外交方面的惯例和可能途径，主要用来满足他和他的人民对外扩张的欲望。他知道怎样利用自己兼任三个军种部长的身份，有意识地推动陆海空三军的

扩充和现代化改造，从而巧妙地推行自己的政策。然而，他接受过的军事训练不足以让他认清现实，也就是他的武装力量掩盖在华丽外表之下的真实水平。作为希特勒在表面上和意识形态上的朋友，他羡慕希特勒在军事领域的支配地位和成就。正是出于这个原因，他沉湎于军事冒险，导致他的职业生涯以悲剧收场。

我能够比较密切地接触墨索里尼的时候，他的健康状况和权力地位都已经不在鼎盛时期。追随者对他的无条件信任正在减弱，他已经没有足够的精力果断行动，越来越地**照搬**幕僚的建议作为决定，等到在加尔达湖畔重新掌握远逊于往日的权力之后，他越来越沉湎于反思和哲学思考，这让他渐渐失去作为实干家原有的活力。他不再是一个独裁者，而是一个努力从人生的磨难和谬误中寻求更高明见解的普通人，仅仅出于这个理由，他的下场就不应该像现实中的那样残忍和可憎。

希特勒崛起于第一次世界大战期间和战后的动荡年代。从1921年到1945年，他始终觉得自己是一名士兵，即便在他政治生涯的鼎盛时期也这样。正因为如此，他才会要求他的政治组织身穿军队式的制服，才会创建一支外表威武、人员素质和装备器材都可以满足战争最高要求的武装力量。他从不妥协，全力以赴，直到大权独揽。与墨索里尼不同，他无所不能，在早年确实能用宽容的态度让主要追随者和他信任的人放手工作，但随着战争的继续，情况变得截然相反，因为他先是不再相信幕僚会像他所希望的那样为他效劳，后来认为自己得不到大多数人的理解，最后觉得自己被抛弃和出卖。令人感兴趣的是，他固然在许多领域表现得比别人更优秀，但从心理学角度看却有自卑情结，具体反映在抵触任何形式的直抒己见，并迫害臆想中或者真实存在的对手。他把所有事务和决策都揽在自己身上，实际上却是不堪重负，这导致他众所周知的暴躁脾气和突发奇想的闪电式决策，后果往往是非人道行为。他的结局牵扯着人民在战后的命运。受到命运的追究，被"他的"人民唾弃，他身败名裂，无法在死后得到救赎。

独裁统治无论以什么形式出现，都只会昙花一现，最终土崩瓦解。

第十八章
萨莱诺战役和在罗马以南
建立防御正面的斗争

时间表：

· 1943年9月9日，克拉克将军的美国第5集团军在萨莱诺附近登陆

· 1943年9月9—16日，萨莱诺战役

· 从1943年9月9日开始，德军解除占领区内意大利部队的武装

· 1943年9月10日，德军占领罗马

· 1943年9月16日，德军的萨莱诺反击结束

· 1943年9月20日，德国部队撤离撒丁岛

· 1943年9月27日，盟军占领位于福贾的重要空军基地

· 1943年9月30日夜至10月1日凌晨，德军撤离那不勒斯

· 1943年10月5日，德军撤离科西嘉岛

· 1943年10月，沃尔图诺河防线、米尼亚诺隘路和亚得里亚海沿岸的战斗

    随着意大利背弃联盟，确保德国纯粹的军事利益成为当务之急，而这从一开始就具有决定性意义。广大的真空地带只能通过陆续调来几个师和第76装甲军指挥部，以及冯·菲廷霍夫装甲兵上将[41]指挥的第10集团军司令部来填补，后者由C集团军群大体上利用自身的资源组建而成。[1]

---

    ① 原注：见第395页附录二《作者说明5》。

　　登陆和占领西西里岛明确显示同盟国在地中海地区作战的目的和宗旨。下一步很有可能是进攻亚平宁半岛。意大利当时处于瘫痪状态，很容易受到毁灭性打击；随着意大利退出与德国的联盟，同盟国得到了一个意想不到的机会来加强对德空中战争，并给德国东线的南方基地和法国造成决定性影响。作为南线总司令，我必须未雨绸缪，做好应付一切可能事件的准备。敌人没有立即强渡墨西拿海峡，让我难以理解，短时间内一度有所怀疑：莫非他们打算利用西西里岛及其大型港口（锡拉库萨和奥古斯塔）作为出发基地，在巴尔干地区实施一场影响深远的军事行动？我无法接受这个想法，因为同盟国想要在巴尔干地区作战，就不可避免地要在普利亚占领几处合适的海军基地和空军基地，提供保障和侧翼掩护。在敌人的兵力分布，尤其是海军的兵力分布，没有明确显示他们别有所图之前，我们都必须考虑到敌人对意大利南部的进攻，无论作为主要突击还是辅助突击。我排除敌人在罗马以北的意大利中部或亚得里亚海沿岸登陆的可能性，这两种选择都面临非同寻常的危险，同盟国当时部署在地中海地区的军队无法应付。在普利亚的登陆行动必然与穿越卡拉布里亚的进攻战役同时进行，从而夺取阿布鲁佐的各处隘口。

　　一切思考的重点都是罗马这个在政治和战略两方面同样重要的目标，仅仅依靠地面推进只能非常缓慢地到达那里，从第勒尼安海实施登陆则要快得多。除了直接在大罗马地区登陆之外，萨莱诺湾是实施这种军事行动的最佳地点，它几乎能以某种得天独厚的方式满足登陆的所有要求。

　　1943年9月3日和4日，同盟国打出他们的第一张牌。蒙哥马利的集团军越过墨西拿海峡，开始进攻群山连绵的卡拉布里亚，他的推进速度非常缓慢。除了9月8日凌晨5时在皮佐实施的一场登陆[①]之外，英军指挥机构没有尝试在这里实施大规模登陆，这让我们感到相当宽慰，那样的登陆很可能对第29装甲掷弹兵师和第26装甲师构成严重威胁，并危及我们对入侵之敌的防御。9月7日，我得到盟军入侵舰队已经出海的消息，其主力从8日开始一直在第勒尼安海上航行，

---

　　① 原注：英国第13军在亚得里亚海沿岸的一系列登陆证明，这种战术登陆多么有效。它们发生在非决定性侧翼的事实不能作为反证来诋毁它们的战术成就。

也就是这一天的中午，强大的盟军航空兵编队轰炸位于弗拉斯卡蒂的南线总司令部和第2航空队司令部。

当前的主要问题是盟军将在哪里登陆？入侵舰队出现在那不勒斯所处的纬度，并不意味着目标就在那不勒斯地区。大罗马地区和坎帕尼亚同样很诱人，有五个优秀的意大利师可以支援登陆部队，地形也满足实施空降的所有条件。倘若情况果真如此，我打算先率领罗马南北两侧的两个师和强大的高射炮部队撤到阿尔巴诺山，从那不勒斯地区抽调三个装甲师和装甲掷弹兵师火速向罗马方向靠拢，再根据战况的发展，决定正在与蒙哥马利交战的两个装甲师和装甲掷弹兵师、第1伞兵师以及卡拉布里亚和普利亚境内的强大高射炮部队要不要加入"罗马"集团。第2航空队的主要任务是用最强大的兵力粉碎已经集结完毕的意大利师，肃清后方地区，创造绝对必要的机动自由。我们的机动能力将给盟军增加困难，甚至造成挫折。

倘若登陆发生在那不勒斯地区，我认为根本没有必要撤离意大利中部。届时，局面虽然很严峻，但是仍然可以控制，特别是德国国防军统帅部如果及时满足我的各种要求，从正在意大利北部无所事事的隆美尔集团军群抽调一两个师，加强意大利南部的德军实力。与意军打交道可能会遇到一些麻烦，但我可以依靠冯·菲廷霍夫大将，他还设法与卡拉布里亚的意大利第7集团军司令成功建立友好关系。我还相信，撒丁岛和科西嘉岛上的德军指挥官能通过与实力更强的意军和平协商或者诉诸武力，完成各自的任务。第90装甲掷弹兵师师长隆格豪森将军不得不率领他的加强师和大批空军人员想方设法前往撒丁岛北部海岸，然后在德国海军指挥部的帮助下经过意大利舰队的强大据点马达莱纳岛，到达科西嘉岛，再与当地的德国驻军一起前往该岛的巴斯蒂亚，最后从那里搭乘舰船和飞机转移到里窝那地区。

总而言之，我的举动受到现有兵力的制约，这种处境谈不上理想。时至今日，我仍然无法理解为什么希特勒宁愿放弃八个一流的德国师（其中六个在南部，两个在罗马附近）和一支实力超群的高射炮兵，也不愿从意大利北部抽调一两个已经准备就绪的师，创造赢得一场战役胜利的条件。德国国防军统帅部从我的无数次劝说中应该知道，敌人占领普利亚的那些空军基地将在他们与德国的较量中意味着什么。那片平原决不能轻易交给敌人。但是什么事情都没有发生！甚至没有让隆美尔在上意大利地区的师收容我在罗马附近或以北的那部分兵力，而这本来是最理所当然的措施。隆美尔关于放弃整个意大利南部和中部、只控制意大利北部的想法显然已经在希特勒的头脑里根深蒂固，以至于他不能满足哪怕最简单的战术要求。但如果希特勒真的采纳这个想法，就必须把德国的几个师以及空军和海军的部队及时撤离意大利南部。那是最起码的事情！

那天傍晚约德尔大将通知我意大利即将背弃联盟的时候，我既不可能又没有必要进行长时间思考，因为"**轴心**"代号一经发布，我手下的每一个部门都要按计划行动起来。只有罗马周围的局势需要我继续下达命令。如今的有利之处是不用再考虑怎样与意大利部队打交道，随着通信的中断，也不用担心希特勒节外生枝。

那天深夜，关于盟军入侵舰队仍在那不勒斯外海的报告打消了我的两个顾虑：主要的一个是在坎帕尼亚海岸的登陆，如今看来不太可能出现；次要的一个是在卡拉布里亚北部海岸的瓶颈地带进行较大规模的登陆，切断第29装甲掷弹兵师和第26装甲师的退路，它的可能性也变得微乎其微。至此，需要考虑的地点只剩下对盟军特别合适的萨莱诺湾。

这意味着：必须加速撤出卡拉布里亚境内的两个师，同时依托山区的有利地形迟滞蒙哥马利推进；迅速稳定罗马附近的局势，把腾出来的兵力调给意大利南部的第10集团军，作为干涉师部署在萨莱诺地段的后方，该地段的北部海岸由第15装甲掷弹兵师一部占领，南部海岸在意军解散之后由第16装甲师一部负责防御，第16装甲师主力和第1伞兵师的三分之一留在后方，当时在卡塞塔地区的"赫尔曼·戈林"装甲师必须以最快速度完成休整，在普利亚亲率第1伞兵师主力的海德里希将军应当根据自己的判断随机应变。

第2航空队负责迎击入侵舰队，罗马周围的高射炮兵和德国航空兵地勤组织也进入警戒状态，防备可能的空降。没有出现空降让罗马附近的紧张局势得到缓解，那里的几个意大利师只能孤军奋战，尽管他们在数量上占三比一的优势，可是不能构成真正的威胁，不过，向第10集团军提供增援的进度势必出现令人不快的拖延，有可能对萨莱诺的战斗进程造成不利影响。

可以预料，与前盟友的了断终究不可能处处一帆风顺，那不勒斯、巴里、罗马和科西嘉岛都是发生冲突的典型案例。但总的来说，旧日军中袍泽的情谊压倒了军政领导人背信弃义的态度。比较激烈的战斗只发生在罗马附近和科西嘉岛。从罗马传回的第一批报告不太乐观，但它们只是在夸大其词。

第2伞兵师开赴罗马南部，但为了避免在市内发生战斗，被[我]拦在铁路线上。我刚刚接到越线的报告就立即制止。他们用伞降的方式进攻位于蒙特罗通多的意大利陆军司令部，战斗过程比我预想的更加激烈，但在战术上大获全胜；只有以罗阿塔将军为首的一小批指挥参谋人员逃进山里。第3装甲师从博尔塞纳湖出发，一路到达罗马市区的北边缘，沿途只遇到微不足道的抵抗。9月9日，在某个意大利师里担任下级军官的一名老牌法西斯分子通知我，那几个师不打算再继续抵抗，准备谈判投降。意大利谈判代表团不久后到达。我与代表团成员——卡尔维·迪·贝尔戈洛将军和蒙泰泽莫洛上校这两位伯爵进行简短的初步讨论之后，让我的参谋长韦斯特法尔去娴熟地主持后续谈判。我要求对方立即解散并交出所有武器，但承诺释放全部军人回家。隆美尔陆军元帅发来一封无线电报，俨然以我的上司自居，指示我把所有意大利军人都作为战俘送到德国，但我从未得到通知说他有作为上司的资格。我拒绝那样做，并向希特勒发出一封无线电报，表示我在为手下官兵的生死存亡而奋斗的情况下只能搁置无法执行的命令，必须放手让我按照自己认为可行和正确的方式行动。后来，我再也没有听到关于这件事的任何消息，完全按照我的良知行事。应该有人向隆美尔陆军元帅提出更高明的建议，让他在意大利北部遣散意大利师的军人，而不是让他自己的师去执行那么吃力不讨好的任务，逼着意大利军人成群结队地逃跑，成为游击队最初的班底。[42]意大利境内实际存在的双重指挥（凯塞林与隆美尔），再加上希特勒对隆美尔几乎百依百顺的态度，意味着南线总司令部提出的增援一两个师的迫切要求必然遭到拒绝。不幸的是，解除意大利各部队的武装以及妥善安置武器、弹药和物资所花费的时间和人力，比我根据萨莱诺附近战术情况的发展所能给予的更多。尽管第3装甲掷弹兵师的侦察营早在9月10日便已向南开拔，可是这个师的第二个行军梯队直到9月13日夜间和14日凌晨才能投入战斗。要是能向罗马调拨至少一个师，那该有多好！

　　萨莱诺湾的战况比我想象的还要好，尽管盟军拥有明显的空中优势和威力巨大的舰炮火力，兵力对比上也占优势。更有利的是，尽管缺少燃料，但从卡拉布里亚开来的第29装甲掷弹兵师先头部队还是早在9月11日就赶到并参加左翼的战斗，不久，这个师的主力和第26装甲师也相继到达。右翼由第15装甲掷弹兵师和稍后赶到的"赫尔曼·戈林"师已经完成休整的一部分负责。中央的缺口由一直作为预备队的第16装甲师和第1伞兵师留在这里的一个团填补，不过这段战线仍然非常单薄。第16装甲师按计划于9月11日实施的坦克冲击本来令人满怀期待，却受困于堑壕遍布的地形，成为盟军舰炮的绝佳目标。反观左翼，第76装甲军指挥部在9月13日或14日[43]实施的进攻非常顺利，他们甚至在傍晚时分告诉我，有望在当天晚上把敌人赶回海里。我和菲廷霍夫都将信将疑，不幸的是，我们是对的。倘若希特勒能考虑一下南线总司令部极其克制的请求，那么我们很容易在战况跌宕起伏的那几天里为德国赢得一场决定性胜利，甚至连英国人也认为那是"戏剧性的一个星期"（英语：a dramatic week）。

　　关键性的几天过后，局面基本上恢复最初的模样。萨莱诺集团的左翼得到第76装甲军后卫的掩护，天然障碍物和人工障碍物也让蒙哥马利只能小心翼翼地向前推进。普利亚方向没有任何事情值得担心，英国第8集团军分散兵力的做法无疑有利于德军的作战指挥，而德军不会经不起诱惑，犯下同样分散兵力的错误。依托山区的地形，实力薄弱的第1伞兵师封锁着蒙哥马利集团军的前进道路，因此，不用担心敌人从居高临下的山区影响到萨莱诺方向或者第1伞兵师奋战在平原上的那部分兵力。

　　早在9月10日，我就在地图上划定德军可能从意大利南部撤退时的各条抵抗线，后来，它们通常都能或多或少守住一段时间。最初两天给我的印象是必须放弃大片土地，但仍然可以在罗马以南守住某个区域，也许是中部以米尼亚诺山为标志的一条线（后来的"赖因哈德"阵地），也许是沿加里利亚诺河—卡西诺一线（后来的"古斯塔夫"阵地）。要想在那里坚守，就要构筑阵地，调去建筑工兵和作战部队。冯·菲廷霍夫大将及其第10集团军的作战指挥必须保证这项工作所需的时间。

　　我不遗余力地坚持这个基本想法；与菲廷霍夫的第一次会谈在9月12日举行，

向德国国防军统帅部讨要作战和建筑所需人力物力的辩论也取得圆满成果。几乎每一天，我都乘飞机和汽车视察前线，这样的行程固然劳心费力，却能帮助我把握战况发展的脉搏。我特别热衷于查看上述阵地的施工进度，肯定让负责这项工作的工兵将领贝塞尔烦不胜烦。

对战况和施工进度的确切了解，让我能够制定接下来几个月的作战计划，这份计划基本上得到贯彻执行，希特勒也从未插手干预。为了避开盟军舰炮火力，我在9月16日批准从海岸前线退出战斗，并以命令的方式明文规定不得在10月15日之前放弃第10集团军司令部当作临时防线的沃尔图诺河防线。我军转移完全部物资之后，于10月1日撤离那不勒斯。菲廷霍夫和他的优秀参谋长文策尔将军以堪称典范的方式指挥右侧的第14装甲军和左侧的第76装甲军且战且退，并在沃尔图诺河坚持战斗到10月16日，而盟军直到两天后才成功渡过这条河。得到三个刚刚休整完毕的师（第94、第305和第65步兵师）将在11月初归我指挥的许诺之后，我下令"赖因哈德"阵地应在11月1日以前做好防御准备，而盟军的首批侦察队直到11月4日才在那里出现。我对这个依托有利地形的坚固阵地充满信心，希望在这里坚持更长时间，最好能到1943年年底，从而保证有足够时间巩固后面的"古斯塔夫"阵地，让英美军队在那里撞得头破血流。

海德里希将军率领手下实力薄弱的伞兵不仅迫使英国第13军缓慢推进，甚至使其一度裹足不前，还通过巧妙的规避机动退到奥凡托河地段，成功摆脱已于9月22—23日在巴里登陆的英国第78师。9月27日，福贾的空军基地在激战之后失守，导致第1伞兵师与那里的空军单位步步后退，先后退过福尔托雷河和比费尔诺河。第29装甲掷弹兵师从9月底开始提供支援，成功封闭加拿大第1师当面一个令人担心的缺口，并掩护在其西侧作战的第10集团军主力的侧翼。部署在普利亚境内的第1伞兵师主力、空军各部队的指挥机构和官兵值得我们每一个人钦佩。同时，我们也只能同意一位英国作家对英军在普利亚及其毗邻山区战斗表现的批评，他说："砸坚果焉用重锤？"

由于德国国防军统帅部拒绝从意大利北部调来一个师保卫普利亚的空军基地，它们的沦陷在空中战略方面是一个难以承受的损失，除此之外，局势趋于稳定。经过一系列最艰难的战斗，第10集团军成功建立一条从第勒尼安海到亚得里亚海的薄弱战线。亚得里亚海沿岸泰尔莫利附近的情况不太妙，英国第13军于10月3日以强大的兵力在战线侧后方突然登陆，建立一个相当坚固的桥头堡。消息传到第10集团军司令部的时候，我恰巧在那里，当即命令第16装甲师以最快速度赶过去，把已经上岸的敌人赶回海里。这场反击一旦获胜，不仅可以消除局部威胁，还能保证亚得里亚海沿岸这一段战线的安全。

命令及时发出。因此，当我在当晚22时至23时之间的某个时刻听到我的参谋长韦斯特法尔将军报告第10集团军司令部另有想法的时候，不禁大吃一惊，因为我以为这个师当时正在全速冲向泰尔莫利。我不同意那些节外生枝的想法，下令必须以更快的速度执行我的命令。由于这个师直到10月4日才赶到并零敲碎打地投入战斗，第10集团军司令部错失一场十拿九稳的胜利。处于严重劣势的情况下，只有深谋远虑、周密准备、当机立断和灵活机动才能挽回局面。应该从这起事件中吸取教训的人不仅仅是官兵们，还有我自己，等到安齐奥—内图诺登陆发生的时候，我们能用证据向意大利境内的各个指挥机构展示自己在这方面的进步。

如前所述，我对"赖因哈德"阵地寄予厚望。守住它的关键在于米尼亚诺附近的隘路，而只要守住1170高地，敌人就不可能打通这条隘路。第14装甲军军属战斗工兵营的建筑施工和我的命令都是围绕这个高地展开的。然而，正如战争中经常发生的事情一样，守住它的希望落空了。战斗在这个地段的装甲掷弹兵师遭受局部失败，出人意料地让敌人占领那一片山岩，我投入手中唯一可用的伞兵营也无法夺回来。第10集团军指挥机构和基层官兵的优秀素质和坚韧不拔已经在放弃"赖因哈德"阵地之前的一系列战斗中有充分的表现，意大利战场上这些刚成立的德国师又将在以占领"古斯塔夫"阵地为终点的下一阶段战斗中展示出类拔萃的战斗力。第29装甲掷弹兵师丢失一系列制高点之后，被第3装甲掷弹兵师从上述战线中段喀斯特地貌的山脉上替换下来，后来在优秀师长弗里斯中将指挥下又有无与伦比的卓越表现。除此之外，还不应该忘记在斯米洛·冯·吕特维茨中将的指挥下有能力应付任何局面的第26装甲师，这个师在11月底以前一直是战线中段**仅有的一个**干涉师，后来投入当时最危急的亚得里亚海沿岸战线，与第90装甲掷弹兵师和第1伞兵师一起阻止敌人对第65步兵师的成功攻击。

　　11月底这场攻击来临的两天之前，我刚刚在我的参谋长韦斯特法尔将军陪同下去过第65步兵师。冯·齐尔贝格将军使用地图和现地勘察的方式向我们详细报告情况。右翼和中央偏右的部分可谓无懈可击，就地形、防御工事和官兵的状况而言，确实很好，只要 [两个] 高山步兵营[44]能牢牢地控制马耶拉断层块[45]，右翼的安全也同样有保障。而左翼越往亚得里亚海方向越显得薄弱，阵地没有纵深，炮兵的观察条件不理想；最重要的是，守卫那里的官兵缺少战斗经验。另一方面，战斗前哨沿一条河流部署在绝佳位置，保证炮兵可以从上述主阵地进行有效观察，但它们能支撑多久呢？面对我提出的质疑，冯·齐尔贝格仍然胸有成竹。如果这位师长和左翼团的团长不是在战斗刚开始时都身负重伤，那么这场战斗的结果很有可能有所不同。若是把第1伞兵师——而不是第65步兵师——部署在左翼（亚得里亚海沿岸），情况也许会更好。我确实有这样的考虑，但是来不及安排换防。还有许多事情恰好凑在一起，让局面变得更加复杂。首先是我在关键的那一天[46]不在岗位上，而是去了亚平宁山脉"绿色"阵地上的第51山地军指挥部，当晚只能往回赶到阿贝托内山口。其次是缺少大型预备队，拥有"条顿骑士团大团长"荣誉称号的第44步兵师替换第26装甲师的时候出现意外延误，导致后者无法及时赶到第65步兵师的后方。最后，从撒丁岛途经科西嘉岛撤回来的第90装甲掷弹兵师，作为德国国防军统帅部的预备队不能轻易动用，也不具备参加大规模战斗的能力。正如在这种情况下总会发生的那样，这几个师终于到达作战地域的时候只能仓促地投入战斗，无法发挥应有的效果。第90装甲掷弹兵师的开局之战很不顺利，但新上任的师长巴德尔上校想方设法在短短几天之内扭转了局面。我从他身上看到一种非常罕见的指挥才能，堪与海德里希将军比肩，相信他可以胜任今后受领的任何任务。随着1943年12月6—28日一系列特别激烈的战斗告一段落，这个侧翼在平静中迎来这一年的年底。

第十九章

卡西诺、安齐奥—内图诺和罗马，1943年秋—1944年初夏

时间表：

- 1944年1月22日，盟军在安齐奥—内图诺登陆
- 1944年2月，德军在安齐奥—内图诺的反攻失利
- 1944年1—3月德军在卡西诺赢得一系列防御战斗的胜利
- 1944年5月12日，盟军大规模进攻卡西诺战线，在加里利亚诺河沿岸和卡西诺附近达成突破
- 1944年5月22日，盟军从安齐奥—内图诺桥头堡发动进攻，突破德国第14集团军左翼
- 德国第10集团军和第14集团军的退却
- 1944年6月4日，盟军进入德军指挥机构宣布为不设防城市的罗马

桥头堡和卡西诺

[意大利] 王室和政府逃离罗马使局势在军事上简单化，却在政治上复杂化。政治方面仍然要感谢我们的大使拉恩博士和他不可或缺的助手默尔豪森领事，他们在极短时间内建立起一个健全的政府机构，稳定局势，拨乱反正。随后，德国军方领导下的意大利行政管理机构开始组建一定规模的劳动营，招募劳工，并适当分发食物。正如我在不同地方亲眼见到的那样，实际执行情况只有在个别场合才令人满意，尽管劳工们得到的给养相当充足，却依旧是一群不可靠的应征者，这意味着厌战情绪普遍存在。我开始相信，如果没有一个不受欢迎的政府干预，

那么德国在意大利境内进行的战争将更容易和更有效率。归根结底，这是德国大使馆和军方之间仅有的一个根本性分歧。

我密切关注着德军撤离撒丁岛和科西嘉岛的行动，深信整个过程肯定能顺利完成。多亏隆格豪森将军的个人能力和岛上意军指挥官的通情达理，撤离撒丁岛的过程没有发生较大规模的战斗行动。冯·森格尔－埃特林将军[47]最终成功地把将近四万人的全部有生力量及其武器装备转移到厄尔巴岛、里窝那和皮翁比诺。让我特别遗憾的是我们不得不与马利将军指挥的意大利驻科西嘉岛占领军兵戎相见，因为他原先为卡瓦莱罗伯爵工作的时候备受我的赏识。巴斯蒂亚周围的战斗和驶离那里的海上运输也多次让我的心情非常沉重。冯·里希特霍芬空军元帅的飞行员们和恩格尔哈特海军上校的决断力和才能，以及德国海军指挥部编成内大多数部队在执行任务时表现出的英勇和任劳任怨都值得在这里称颂。

我不计较个人得失，一再呼吁在意大利实现统一指挥，最后亲自前往元首大本营当面陈情，这番努力终于在1943年11月21日以任命我为"西南战线总司令兼 C 集团军群司令"的方式获得回报。面对这个姗姗来迟的任命，我需要用更强烈的斗志来弥补它的延误和导致的军事劣势。在后方纵深扩建以卡西诺山为核心的"古斯塔夫"阵地的计划和隆美尔陆军元帅下令采取的建筑措施现在都要按照我的意图修改，这当然需要我事先亲临现场了解地形、扩建的情况和前景。

勘察和构筑阵地是一项吃力不讨好的任务，因为每名军人都认为自己的经验是神圣不可侵犯的，每处阵地也都会被负责下道工序的人甚至接管它的军队批判得一无是处。[①]我只是对这项工作当时的进度不满意，而不是针对负责它的冯·灿根和福伊尔施泰因这两位将军本人。为了避免自己同样受到官兵们的批评，我后来越来越广泛地授权预定占领这些阵地的集团军、军和师监督施工。尽管广大建筑工兵、高级建筑主管菲舍尔和米夏赫利斯共同领导的"托特组织"在整体上工作得非常出色，可是他们的成就却无法得到官兵们的认可。这确实不公平！我们

---

　　①　原注：山地战不存在明确经验，高海拔山区适用的指导原则同样不能直接转化成在中等海拔山区使用的战术。有人要把阵地设在正斜面，另一些人主张设在反斜面，还有人想设在山顶。从来没有一定之规，某种程度上全凭感觉。

无法改变这样的批评，因为人的本性难移。

巩固漫长海岸线的防御，需要着重考虑战役战术因素和可行性，并最终体现到包含优先次序的建设计划里。我基本上会把滩头及其直接后方的防御阵地建设放在首位，其次则是重点研究纵深内的建设措施。在纵深内选择的区域应当避开舰炮直瞄火力的打击，并能制止突破。

这里可能是一个合适的位置，围绕人们普遍感兴趣的两个问题写上几句。如上文所述，隆美尔陆军元帅曾经明确表达他对在南线怎样坚持斗争的看法，大致内容是应该撤离非洲，在意大利实施阻滞防御，从而依托亚平宁山脉或阿尔卑斯山脉实施决定性抵抗。隆美尔相信这样可以拯救非洲集团军，并在亚平宁山脉或阿尔卑斯山脉保卫帝国的南部地区。这是单纯从陆战角度来考虑，我不敢苟同。非洲集团军当时已经无法作为一个整体得到挽救，起码是在同盟国登陆集团军到达并与英国第8集团军联合作战的时候。占领非洲的北部海岸将为远程轰炸南德地区和入侵整个南欧的各种可能途径创造前提。盟军向北迈出的每一步，都将进一步改善对南德地区实施空中战争的条件。保卫亚平宁山脉无法节省兵力，保卫阿尔卑斯山脉所能节省的兵力也非常有限。另外，还要担心亚平宁山阵地的补给很可能崩溃，而阿尔卑斯山阵地的补给注定会崩溃。

外国著作有时指责西南战线总司令部（原南线总司令部）患有所谓的"入侵恐惧症"。必须承认，在统治着海洋和天空的盟军面前，这种表现显然合情合理。西南战线总司令部为保证自己不受来自两翼海岸的潜在威胁而竭尽全力，这种做法无可厚非，即便现在已经知道盟军确实浪费了在意大利境内给德军制造严重困难的诸多机会，它也没有错。我只能说，假如换成我是盟军总司令，起码要试一试在C集团军群后方实施战术登陆，尽量加快意大利境内的作战进程。即使考虑到盟军用来运输登陆兵的船舶不多，这种登陆也有可能成功。我把几个师部署在海岸前沿的做法有一些明显的缺点，心理上的安全感只能略作补偿；但它也有优点，既可以让新组建和从其他战区调来的军队单位适应本战区的气氛，又能让因战斗而疲惫不堪的师一边休整一边实施警戒。[1944年]新年前后的几个月里，我认为从奇维塔韦基亚到加埃塔，以坎帕尼亚为重点的罗马周围地区面临极其严重的威胁。因此，我把工作重点放在组建预备队上，并把它们掌握在手里，准备在必要的时候投入海岸前沿，抗击大规模登陆。一旦发出预先规定的代号，整个意大利所有可以动用的机动兵力都要集中到登陆地点。

计划中的任何准备工作都无法掩盖现实中的劣势。我记得我手下最优秀的师长——第29装甲掷弹兵师的弗里斯将军曾经在他的指挥所里说过一番隐含埋怨的话，他向我描述局面是多么艰难：他手下那些几乎筋疲力尽的连始终在前线奋战，而对面的两个同盟国师却经常得到轮换；每个同盟国师在人数上几乎两倍于他的师，还要加上数量对比可达10:1的火炮和近乎完美的弹药供应，但他仍然在顽强坚持。这番开诚布公的讨论在他的军长面前进行，显然更有利于他畅所欲言。我面带微笑，回答道，我是巴伐利亚人，但有必要向身为普鲁士人的他指出，普鲁士人从来不问敌人多么强大，只问他在哪里。集团军群的基本任务之一是不断密切关注敌人的实力、武器装备、训练、补给和指挥水平。把像12月中旬在隆戈山这么艰巨的任务交给他的师，不仅是集团军群对该师官兵和指挥机构的特殊认可，也是出于对敌情的正确估计。他应该一如既往地坚持战斗，并对自己的上级有一些信心——那么一切都会好起来。实际上，我在许多情况下都要冒相当大的风险。如果一个人从内心里不愿意冒险，就不适合指挥像意大利这样的战区。我们除了单纯在大型陆军单位的数量上占劣势之外，还要面对同盟国的空中优势，局面之所以尚能支撑，是因为同盟国墨守成规地使用航空兵，在我们看来也没有全力以赴。

经过1943与1944年之交的短暂喘息，"古斯塔夫"阵地外围的最后一轮战斗于1944年1月3日打响，经过圣维托雷（1月6日）和特罗基奥山（1月15日）的先后失守，以法军占领圣克罗切山（同样在1月15日）告终。新调来的几个师（第44和第334步兵师、第5山地师）刚刚开始逐渐适应意大利战区的特殊环境。由于没有补充足够的奥地利新兵[48]，第44步兵师始终没有表现出应有的水平，而第334步兵师在新任师长伯尔克将军的率领下通过在平静的前沿地段执行各种作战任务，短短几个星期之内便磨砺成一个精锐师。由于长期在芬兰[49]的冻土地带作战，第5山地师已经忘记了自己的特殊用途。新任师长施兰克将军设法在短时间内把它打造成一个能胜任大规模战斗的一流师。战事失利的罪魁祸首是缺少适合高海拔山区的冬季装备，并对怎样进行高山战斗有不同看法，这需要我花时间一步步化解分歧，达成共识。

过去几个月的艰苦战斗让我确信，盟军敢于投入大量兵力和承受最惨重的损失，肯定在战略上别有所图。对单纯的牵制性攻击来说，投入的兵力与当前的任务反差太大。在我看来，亚历山大陆军元帅终究不会满足于盟军战线慢条斯理和代价高昂的推进。可以预料，他迟早会用一场在我军侧后方的登陆来结束这种推进，而考虑到盟军的一贯做法，登陆只能发生在大罗马地区。这样的登陆显然将在某种程度上与南部战线上的一场进攻战役遥相呼应。两者都需要德军建立强大的摩托化预备队。我已经下令把四个摩托化师撤离前线，并希望它能及时到位。我把前两个师部署在我认为特别危险的罗马周围地区，因为罗马以北的第92步兵师和以南的第4伞兵师还没有组建完毕。剩下的两个师准备部署在第10集团军右翼与罗马之间的区域。只可惜，这个想法无法实现。

1月17日夜间至18日凌晨，英国第10军凭借优势兵力猛攻加里利亚诺河战线，拉开盟军进攻的序幕，美国第2军随后于1月20日强渡拉皮多河。沿加里亚诺河据守的德国第94步兵师不久前刚刚完成改编，未能有效抗击敌人，而第10集团军司令部出于对进攻范围可能从利里河谷蔓延到卡西诺地块[50]的顾虑，未能动用自己的弱小预备队封闭卡斯特尔福泰附近的突破口。正如我亲眼见到的那样，第10集团军右翼命悬一线。面对这种局面，我也许过于相信阿勒韦尔局长、海军上将卡纳里斯提供的情报，禁不住第10集团军司令部的一再迫切要求，把施勒姆航空兵上将率领的第11航空军指挥部[51]以及第29和第90装甲掷弹兵师一起交给他们指挥，并下令以最快的速度恢复第94步兵师当面的态势。这样做对不对呢？我应该承担这样做的责任吗？更何况我还收到过一份内容与卡纳里斯的消息截然相反的报告，声称那不勒斯的港口内舰船密集，从总吨位来看足够组成一支入侵舰队。

在我看来，敌人可能采取的行动一目了然。其中的一种可能正变得越来越明显，美国第2军和法国远征军（F. E. C.）从1月20日开始对卡西诺山以北阵地的攻击，肯定与加里利亚诺河沿岸的战斗构成直接联系，并增加后者获胜的机会。而另一种可能，也就是登陆，却只能凭感觉，时间和地点方面都没有确切消息。如果我不答应第10集团军司令部的要求，这个集团军的右翼就有可能一退再退，天知道能在哪里重新站稳脚跟。当时，我还想到战事这样发展下去，有可能导致后来实际发生在五月攻势期间的那种情况。倘若在这种无休止后退的过程中偏偏遭遇一场登陆，那么后果将不堪设想。拥有数百万人口的大都会罗马将有什么反应？我不相信美国第5集团军的进攻只是掩盖和促进登陆；我以为盟军会等到南面的这场进攻有了一定程度的进展，不但有利于登陆，而且可以让两者在某种包围战役中形成局部协同动作的时候，才会实施登陆。但无论如何，我都相信我有一个想法肯定不会错：只要盟军的突击力量没有受到德军反制措施的有效制止，克拉克将军或亚历山大陆军元帅就会利用在加里利亚诺河沿岸取得的初步胜利，趁机卷击第10集团军右翼。这个打击必将决定性地影响整场战局，决不能坐视它的出现。鉴于必须速战速决，采取的措施还不能拖泥带水。在我看来，要动手就要在一个地点做得干净彻底，这样才能腾出足够强大的兵力，调往任何一处新的危险地点。

即将到来的登陆之谜仍然无法揭开，空中侦察几乎彻底停止，为数不多的情报要么不准确，要么有误导性。登陆来临之前，我曾下令连续三个晚上在整个意大利进入最高级别的戒备状态。我的参谋人员急切地劝我说，这样会让官兵们觉得警报只不过是"狼来了"，于是我听从劝告，没有下达在1944年1月21日夜间至22日凌晨进行戒备的命令，这是我的错。还有一件令人恼火的事情是第90装甲掷弹兵师在行军途中出现不必要的延误，导致加里利亚诺河战线的反击推迟，进而推迟那几个干涉师从坎帕尼亚开赴罗马以南的时间。

1944年1月22日——盟军登陆安齐奥和内图诺的那一天——的头几个小时一度令我忧心忡忡。早在上午的某个时刻，我就有一种感觉:最严重的威胁已经消失。除了盟军上岸以后逡巡不前之外，主要贡献来自里特尔·冯·波尔高射炮兵上将，他根据我的直接指示，紧急调动他手下的一批高射炮连，在罗马以南组成一道难以逾越的反坦克屏障。与此同时，一个又一个营相继开到，并归施莱默将军[52]统一指挥，他接到的命令是率领所有正在陆续赶到的军队尽可能向南推进，通过与高射炮兵的密切协同，迟滞或阻止敌人前进。向前推进的每一米对我来说都非常重要。然而，当天下午我在现场发觉的实际情况却是这道命令被[他]自作主张、令人费解地修改，打乱了我已经开始构思的反击。因此，我下令在加里利亚诺河战线停止进攻，并从那里召回第11航空军，责成这个军建立一道防线，作为将来实施反击的出发基地。这次视察前线的时候，我能够明确感觉到，盟军已经错失一举夺取罗马和突破加里利亚诺河战线的绝佳机会，而时间是我们的盟友。

当时，施勒姆航空兵上将首次指挥陆军部队便初露锋芒。各种军队单位在那几天里混杂在一起，就像一锅大杂烩——来自"赫尔曼·戈林"装甲师、第3装甲掷弹兵师、第26装甲师、第90装甲掷弹兵师和第4伞兵师的部队以及警卫部队都在并肩作战——但每个人都知道他才是真正的中流砥柱！我的参谋人员1月22—24日取得的成绩也像火速赶到的部队一样值得肯定。通过这次合作，我欣慰地看到，各级指挥机构和基层官兵都欣然认同我当初训练他们迅速反应、果断行动的努力。除了第11伞兵军指挥部之外，我还命令第76装甲军指挥部从亚得里亚海沿岸、第14集团军司令部从意大利北部火速赶往登陆地区，从而建立一个坚实可靠的指挥框架。1944年1月23日，当第14集团军司令冯·马肯森大将来我设在索拉特山的大本营报到的时候，我能够很有把握地告诉他，我认为防御很稳固，无须再担心遇到重大挫折。我交给他两项任务：继续巩固防御圈，并采取措施压缩和清除桥头堡。美国第6军1月25日对奇斯泰纳、1月31日对奇斯泰纳和坎波莱奥内的猛烈进攻证明我的判断正确无误：敌人只能用巨大的损失换来小规模的局部推进。于是，冯·马肯森可以在不必担心出现严重危机的情况下集结、训练和使用在1月底之前到达的部队，其中有来自第14集团军的第65和第362步兵师，来自西线总司令部的第715（半摩托化）步兵师，来自东南战线总司令部的第114猎兵师，国防军统帅部从德国调来的步兵教导团、第1027和第1028装甲掷弹兵团[53]、炮兵教导团和"虎"式坦克营，等等。

早在1月22日，我就命令第10集团军把第26装甲师撤出战斗，从而掌握新的预备队，并按照合理的战斗序列重新编组大部队。

登陆发生后的那些天里，我对桥头堡的关注占主导地位，而第14装甲军在卡西诺东北一带的战况也需要同样重视。法国远征军（F. E. C.）的优秀军人与美国第2军并肩作战，缓慢但坚定地向贝尔韦代雷山口和特雷洛[54]推进，并于1月31日占领这两个地点。只有能征善战的指挥官率领德国的精锐师和团，也就是海德里希将军和巴德尔将军的两个师、拉普克将军和克努特少校分别担任师长和团长的第71师第211团，才能在这种危险面前力挽狂澜。他们确实不负众望。2月6日，战斗的高潮已经过去，2月12日，前线恢复平静，亚历山大陆军元帅的评价是："这场战役是德国人的一场胜利。"（英语：This battle was a German success.）印度第4师和新西兰师后来在2月15—19日发动的进攻也无法改变局面，他们试图占领卡西诺修道院和卡西诺本身，事先猛烈炮击和轰炸修道院，而这场轰炸根本没有必要，甚至严重影响他们后来的战斗进程。我在这里强调，修道院不属于我军的防御配系，由野战宪兵队在那里把守，禁止没有通行证的人入内。尽管里面的艺术珍品和藏书早已送到罗马交给教皇监护，但平民的惨重伤亡还是令人心情沉重。修道院院长的悲痛之情令我们感同身受。[55]

与此同时，双方都在桥头堡继续努力实现自己的目标。美国第6军的进攻想要突破阿尔巴诺山，而冯·马肯森想要夺回阿普[里]利亚[56]，作为他自己发动主要突击的出发地域。结果是，盟军的进攻以失败告终，双方都遭受了惨重损失，而德军的进攻以9日拂晓前占领阿普[里]利亚、10日拂晓前占领科罗切托结束。盟军随后发起的反击毫无收获。美国第6军从2月初的进攻失败中得出唯一正确的结论是转入防御，并在桥头堡纵深地带构筑工事。德国第14集团军尽管同样密切关注防御措施，但主要精力还是用在进攻方面。C集团军群提供的部队和补给物资为数众多。第2航空队同样倾尽所有，高射炮兵的大量集结令人印象深刻，航空兵的密集出动仿佛是昔日繁盛景象的回光返照。

我确信以现有的手段，我们肯定能成功地把盟军赶回海里。我不但考虑过盟军威力强大的舰炮和占压倒性优势的航空兵，而且一直在试图设身处地思考美国第6军及其官兵们的处境和受到的心理影响。他们困守在桥头堡里，除了健康状况受到影响之外，还肯定会怨声载道；仅凭我军强大的炮兵、装备大批高射炮和飞机的空军，就能让盟军官兵甚至在所谓的"休息状态"也得不到任何安宁。桥头堡所能容纳的军队数量有限，太多会招致不必要的伤亡，太少又意味着可能丢失桥头堡；新锐兵力的输送既有其困难之处，又需要一定时间。我认为最重要的是赶在敌人弥补近期的战斗损失和大幅度加固桥头堡内的中间阵地之前尽快发动我们的进攻。这个要求遭到新到的几个德国师反对，他们没有足够时间来适应环境，也不具备参加大规模战斗的能力，也许还应该算上正在努力让准备工作更加周密的第14集团军司令部，这个想法的根源很可能是过高估计敌军的实力。

显而易见的想法是从紧靠安齐奥北侧海岸的第4伞兵师所在的区域发动对整个桥头堡阵地的侧翼攻击，从根部一举荡平这个桥头堡。我和冯·马肯森大将不约而同地没有采纳这个设想，因为这样势必把准备工作和攻击都暴露在敌军全部舰炮的侧射火力之下，我们自己却不能发挥全部火炮的威力；再者，这里的地表还覆盖着用地雷封锁的茂密树林，严重影响我军强大的装甲部队密切协同。考虑到桥头堡的南侧沼泽密布，地形支离破碎，理应排除在外，于是可以考虑的地带基本上只剩下阿普[里]利亚与奇斯泰纳之间。我批准冯·马肯森的计划，即在阿普[里]利亚两侧实施主要突击，并用两场辅助突击作为支援。

希特勒让冯·马肯森向他报告进攻计划，并在征得后者的同意之后，下令由刚从国内调来的步兵教导团在非常狭窄的地段上实施攻击，从而充分发挥我方火炮的歼灭性效力。这两个错误最终都酿成恶果，我自己也难辞其咎。即使步兵教导团给我留下的第一印象可谓出类拔萃，我也不应该在得到更多证据之前信以为真，况且明明知道一支疏于战阵的本土部队很难经受住大规模战斗的压力。还有一个缺陷是这个团不熟悉地形，只能等到天亮之后再发动攻击，导致发动整场进攻的时间推迟到2月16日这天相对较晚的早上6时30分[57]。这个团遭受的挫折堪称可耻。我坚信，无论换成第29装甲掷弹兵师还是第26装甲师，都不会让进攻半途而废。第29装甲掷弹兵师在2月18日的进攻中表现出惯有的斗志，在丧失突然性的情况下，从条件不利的阵地出击，一路打到敌人作为桥头堡最后阵地的82号公路，也就是他们所谓的"出发线"（英语：Initial Line）。400多门陆军火炮和高射炮提供的炮火支援完全达到预期的效果，而原本以为绰绰有余的坦克和遥控的"歌利亚"[①]却有负众望。如果不是敌方每个师的实力至少是德国师的两倍，德军就会在这场对盟军桥头堡的进攻中大获全胜。综合考虑我们在这场战役期间暴露出来的诸多缺陷、盟军在航空兵和水面舰艇两方面的优势，我不得不承认，混编美国第6军赢得的这场防御胜利是一项特殊的成就。

---

① 原注：Goliath，是装载爆炸物的小型遥控装甲车辆。

　　这个认识还可以从奉希特勒之命实施第二轮攻击的失败中得到证实。即便另选一个地点，再次发动攻击，我也不指望能得到明显不同的结果。但我不能违抗命令，因为我也意识到国防军统帅部这样做有政治和军事上的考量。当桥头堡收缩到"出发线"的时候，我认为我们确实有可能夺取一场局部胜利。那将意味着我们能从第14集团军腾出大批有生力量，而盟军不得不考虑是否还能守住桥头堡的问题。这一轮攻击从桥头堡的另一个角落奇斯泰纳发起，第一波由三个弱小的师组成。考虑到首轮攻击的教训，一些伪装措施和欺骗措施已经付诸实施，不过我不相信它们在这样狭小的区域内能发挥多大作用。由于天气恶劣，原定2月25日的第一个进攻日期不得不推迟，甚至连28日还不时有倾盆大雨。那天，当我按照惯例在重大战斗行动之前看望官兵的时候，原本已经下定决心再次推迟攻击，但攻击部队有信心完成任务，我也只能顺水推舟，满足他们的要求。其实，恶劣天气给我方带来的有利因素比敌方更多。这种天气至少有可能在局部创造突然性。敌方将失去坦克支援，舰炮和飞机的效力也会受到影响。然而，到29日发起攻击的时候，天气开始好转，我方的有利因素随之减少，而盟军坦克却能发挥更优秀的越野能力。德军的攻击一筹莫展，促使我早在3月1日午后便下令停止。

　　敌人从1944年3月15日开始再次进攻卡西诺和卡西诺山，实施迄今为止最猛烈的轰炸和大规模炮击，投入进攻能力最强的几个英联邦师（英国第78师、印度第4师和新西兰师），但依旧在我军的防御面前败下阵来。第1伞兵师寸土不让，而英军的进攻在3月24日拂晓前偃旗息鼓。

　　冯·里希特霍芬空军元帅有力领导下的第2航空队还没有从西西里岛之战的严重损失中完全恢复，萨莱诺附近的那场登陆又向飞行员们提出新的要求。我原来的设想是在登陆发生在罗马以南地区的情况下，连续出动全部飞机对付罗马附近的那几个意大利师，鉴于实情并非如此，航空队当时出动主力来对付萨莱诺湾内的登陆舰队。空袭虽然毁伤了一定数量的舰船，但是只对登陆构成轻微的阻碍。海军的潜艇和小型水面舰艇没有取得任何战果。

　　后来的战斗期间，我在飞行和驾车外出途中都亲身体会到我军航空兵在物质条件和实力上的劣势。我理解陆军部队的批评，但这对前线的航空兵部队来说并不公平。飞机数量之比是我方的大约300架对敌方的4000—5000架，这个比例只够我们偶尔赢得胜利，但不能再有计划地实施空中战争。然而，毫无疑问的是，第2航空队用飞机向陆军提供的支援值得称赞，在这场桥头堡争夺战中，用高射炮提供的支援更是非同凡响。冯·里希特霍芬元帅下令在阿尔巴诺山建立一个由冯·波尔将军领导的中央空军作战指挥室，在实战中发挥着巨大作用。人们从这个指挥所可以把整个战场尽收眼底，直到远处的海平面；在派驻各师的航空联络指挥部的支持下，指挥机构可以把握战斗的发展趋势，提前派出近距离支援飞机编队，并赶走令人讨厌的盟军弹着点观察机。部队数量、弹药和装备的增加有利于高射炮兵执行任务，盟军的轰炸远远达不到预期效果主要是受到他们的影响。高射炮兵还融入以弗里德里希、雅恩和克鲁泽这三位炮兵将领为首的陆军炮兵框架内，发挥的作用足以让亚历山大陆军元帅用"令人敬畏的"（英语：formidable）这个词来形容。

补给面临着重重困难，但还算顺利，因为盟军对空中有生力量的战斗指挥仍旧墨守成规。作为一名飞行员，我深知如果连这里的地形条件都算不上有利，那么把战线挪到其他地点一样无法摆脱敌机的影响。意大利全境的交通线都非常脆弱。因此，重点是组织修理工作，通过积极防空和消极防空削弱敌机空袭的效果，并在充分考虑敌机影响的情况下综合运用多种可能的交通方式。条件再糟糕，也有许多方法可以改善。许多隧道里面都有可作为储藏室和修理车间使用的空间，漫长的海岸线有利于小型舰船运送补给，保证敌人找不到卸货地点。这一切都在我的高级军需主任芬德里希总参勤务上校的领导下进行，他勤于案牍，在统筹安排和协调能力两方面堪称无人可及。先后担任铁路运输主任的施坦格总参勤务上校和施内茨总参勤务中校都很优秀，可谓一时之瑜亮。修理勤务部门由文宁格航空兵上将监督，并得到海军指挥部和铁道工兵指挥官的配合，保证各种必需物资及时送到。这方面的话题还有很多，因为军事当局不得不越来越广泛地向平民提供食物等物资。

罗马会战之前

我军指挥机构和基层官兵中的大多数从1943年9月开始——其中一部分更是从1943年7月开始——几乎不间断地执行作战任务并有优秀表现，但1944年3月的最终结果不能尽如人意。由于双方都损失惨重，我们预计在敌人的决定性进攻来临之前将出现一个较长的平静期。要想打赢即将到来的这场大会战，秘诀在于保持强大的预备队。盟军把南面的战线与登陆场连成一体的作战设想非常明确，但至今尚未实现。可以预料，他们肯定会在这个方向进行新的尝试，甚至投入更多人力物力，除非试一试在奇维塔韦基亚或里窝那地区登陆，争取以更小代价赢得更重大的决定性胜利。需要着重指出的是，盟军对前线的适应能力有所提高，有些师已经成长为能够胜任大规模战斗的部队。

　　我认为，盟军的这个进步要归咎于德国宣传部门犯下的一个重大错误，他们不停嘲笑敌人缺乏主动性，从而推动盟军的指挥原则逐步发生改变。原来那种谋定而后动、按部就班、目光短浅的行动方式越来越多地让位于指挥官的自由发挥，并将在战争结束之前的十几个月里进一步改善。当时，我曾采取有力措施制止这种宣传，但它给我们造成的负面影响已经无可挽回。为了向希特勒和国防军统帅部解释我们采取军事行动的可能途径相当有限，我派我的参谋长向希特勒当面汇报战役和战术两方面存在的问题。问题最终归纳成两个要点：其一，在进攻方占优势的陆海空三军达成完美协同的情况下，即使依托高度发达但缺少纵深的海岸阵地也无法制止登陆；其二，反击通常因敌方的猛烈炮火而陷入停顿。只有充分利用特殊的气象条件或地形条件，才有机会在敌方空军控制的区域内自由作战[58]。

　　此前的较量显然是一场平局。政治和战略方面的难题依然如故。除此之外，还有经济方面的需求，即让这个战区基本上实现自给自足。

　　从1943年9月开始实施的筑城措施已经把上述因素考虑在内。这意味着"古斯塔夫"阵地内可能受到攻击的区域需要进一步巩固和向纵深拓展，新构筑一些用装甲和混凝土加固的斜切阵地、中间阵地和前进阵地，直至能把敌人非常猛烈的攻击制止在纵深区域内。考虑到单条筑垒线几乎无法长时间抵挡现代化的进攻，野战工事地带也可能守不住，接下来的进攻将由长期勘察之后确定的 C 阵地来承受。它起于罗马以南，经过阿韦扎诺，绵延到亚得里亚海沿岸，与德军包围桥头堡的封锁线有天然联系，在后者紧靠罗马南部的斜切阵地相互衔接。另外，还要大力推动前沿的野战工事体系沿纵深方向拓展到阿尔巴诺山，并向泰拉奇纳继续延伸，因为第10集团军能否成功实施防御和机动都取决于它。

借助这些筑城措施，我军指挥机构在战役层面可以最大限度地放开手脚，但仍然受制于盟军的制空权和C阵地不可否认的缺陷。我们不得不接受这样的事实，即在敌人主导的空域内（明媚蓝天下的崎岖山区或空旷原野、为数不多但易被发现的道路、容易拥堵的瓶颈地带，以及短暂而晴朗的月夜），运动类型的军事行动只有在特别有利的条件下才有成功的前景。①C阵地的建设才刚刚着手，背后不远就是台伯河、阿涅内河和罗马，它的长度也令人担忧。第10与第14两个集团军之间的水网地带已经通过技术手段和泄洪措施得到了最妥善的掩护。北面相邻的滨海地带也根据各自受到的威胁大小达到令人满意的防御状态。最紧迫的事情是在亚平宁山脉构筑防御工事，那里的施工进度令人相当失望，以至于还需要几个月的时间才能达到理想的防御状态。

西南战线总司令部尽管很少得到空中侦察的报告，还是能够大致准确地了解敌人的兵力分布，并从中得出与他们的战役企图相去不远的结论。基本可以肯定，亚得里亚海沿岸的战线应当排除在考虑范围之外。从另一端看，末梢延伸到卡西诺的加里利亚诺河战线和安齐奥桥头堡要当作敌人的进攻正面来看待，罗马以北的奇维塔韦基亚一带可能出现佯动登陆或辅助登陆，弗罗西诺内的山谷里也可能有空降行动。西南战线总司令部预计美国第5集团军和英国第8集团军会首先针对第10集团军右翼发动一场大范围、大纵深的突击，越过马约山、彼得雷拉山和卡西诺山这三个地块，然后调转方向进入利里河谷。巨大而危险的未知因素是法国远征军的行动时间、突击方向和编成，它们直至进攻开始后的第四天才揭晓。在我看来，紧邻战线后方的滨海侧翼几乎不存在什么危险，因为它的自然条件、防御工事的坚固程度和守军实力足以应付。如果在利里河谷内出现一场空降，就必须考虑将有一场从桥头堡发动的进攻在时间和空间上遥相呼应。关于这场来自桥头堡的进攻，我与第14集团军的看法截然不同，我相信它的突击方向肯定是

---

① 原注：令人遗憾的是，对所有战区一视同仁的实际做法，不利于战区根据各自的具体情况指挥作战。举例来说，东线有实施大规模战役机动的理想地形，应该尽量向那里集中摩托化部队，而意大利的纵深内有大批有利于防御的地形，应该把加强火力的步兵师、山地师和伞兵师集中到这里。

经过韦莱特里，直指瓦尔蒙托内，从而构成对美国第5集团军和英国第8集团军的支援。这将为合围德国第10集团军的主力或者切断其退路创造条件。对于一场指向罗马及其以东的离心式进攻来说，美国第6军虽有一定实力，但还不足以独立实施这么大胆的军事行动。

当时的作战指挥可以明确归纳成"防御"任务，而我通过与所有参谋部和师的亲自接触，确信每一个人都能正确理解它。到目前为止，总的来说，部署在前线的师都已经在战斗中证明了自己的能力。即便是我认为在先前的几场战役中屡次举止失当的第94步兵师这一次又在右翼出现什么闪失，我们也能在纵深内遏止敌人。其左侧的友邻第71步兵师面临着一个不利因素——通往前线的道路比较艰难，但他们相信自己能克服这个困难。只要右侧的马约山和左侧的卡西诺山这两个枢纽还掌握在我们手里，利里河谷就一定守得住。至于利里河谷本身，里面部署着一大批高射炮部队作为对坦克防御的最后手段，他们经常在这种运用方式中充分证明自己的价值。卡西诺山地块的防御由第1伞兵师负责，这是我们所能找到的最佳人选。整个左翼无足轻重，投入的兵力也比较薄弱；会战期间，因战斗疲惫不堪的师可以来替换左翼的这几个师。

桥头堡周围阵地的防御能力相当理想。第14集团军编成内有包括高射炮在内的大批辅助部队，足以单独击退敌人强有力的进攻。然而，第14集团军和第10集团军一旦在接合部附近出现协同失误，整个集团军群的处境就将岌岌可危。

即将来临的这场防御大会战能否赢得胜利，尤其取决于预备队的实力和变更部署。集团军群直属预备队和两个集团军的预备队（第29装甲掷弹兵师、第26装甲师、第90和第15装甲掷弹兵师）应在变更部署过程中保持协调一致。现有的指挥框架基本保持不变。管理意大利中部和北部的责任已经由"冯·灿根"集团军集群[59]接管。

[意大利境内的] 空军当时已经直接隶属于德国空军总司令部。[60]我与指挥这部分空军的将官里特尔·冯·波尔高射炮兵上将合作得非常顺利，正如他原先是我下属的时候一样无可挑剔。防空作战的重点地区是利里河谷—瓦尔蒙托内—罗马。

通信网络同样可以满足最严苛的要求，雅各比将军负责这项事务，可谓好钢用在刀刃上。

德国海军［驻意大利］指挥部的任务是加强海上补给，使用火炮和舰艇改进对海岸的掩护。门德森－博尔肯将军凭借非凡的专业技能和精力，圆满完成了这项任务。

与以往的状况相比，连同后方地区的储备和待运物资在内，补给还算令人满意。

总而言之，为了抵挡意料之中的大规模突击，西南战线总司令部已经在每一个领域都尽人力之所能为，可以怀着平静的心态迎接即将来临的暴风骤雨。[①]

这样做的同时，我也毫不怀疑战斗的日子里必将出现危机。若想规避任何风险，唯一可能的途径是放弃战略目标。那当然是不合理的。

春季大会战

下列四个未知因素值得意大利境内的［德军］指挥机构高度关注：

盟军将在什么时候从桥头堡出击？

法国远征军会动用多少兵力？在哪里发动进攻？

利里河谷内会不会出现一场支援上述进攻的空降？

罗马周围或以北的某个地点会不会发生一场新的登陆？

美国第5集团军和英国第8集团军的进攻以炮击和轰炸的方式拉开帷幕，其中包括对第10集团军司令部指挥所的轰炸，预示着接下来的战斗会有多么激烈。正如我在1944年5月12日上午亲眼看到的那样，第10集团军司令部和第14装甲军指挥部一度群龙无首，都是其他人代理指挥，几乎陷入瘫痪。然而，最初几天的进攻越来越清楚地证明，我们没有必要担心空降或新的登陆，所以调动和使用战役预备队也不会有什么危险。

战斗的头几天还证实了我们对敌人攻击重点的猜测。战斗激烈，代价高昂，而令人遗憾的是，C集团军群无法查明美国第5集团军的编成，尤其是法国远征

---

① 原注：见第397页附录二《作者说明6》。

军的编成。经过一系列艰苦卓绝但势均力敌的战斗，从利里河岸到凯罗山[61]的南部战线逐步退向坚固的"森格尔"封锁线，第14装甲军右翼的运动却在这时失去控制。第94师和第71师确实在战斗中表现得英勇顽强，但终究无法抗衡盟军的实力优势，不久便显现出无法按照自己的承诺守住预定阵地的趋势。我下令在右翼采取的措施，总是在执行的时候遭遇不测。除了集团军群在5月14日或15日以前一直没有收到任何可供更深远决策的作战文书之外，第26装甲师也在调动和投入战斗的过程中出现了意想不到的困难。法国远征军的挺进已经势不可挡。等到第94步兵师违反我的明确命令，将其预备队投入滨海地带而不是彼得雷拉山地块的时候，这个地块处的战线缺口再也无法封闭。法国远征军中擅长山地战的部队可以畅通无阻。第14装甲军右翼的局面日益恶化的同时，其左翼和第51山地军还能逐渐站稳脚跟，第1伞兵师甚至从未想过放弃"他们的"卡西诺山。为了与第14装甲军保持接触，我不得不在5月18日向有些桀骜不驯的第1伞兵师亲自下达撤退命令，这是下级指挥官的个性过于鲜明也会成为缺点的一个例子。正是这件事导致第1伞兵师的预备队未能合理地梯次配置到第90装甲掷弹兵师暴露的侧翼后面，也导致第51山地军不可能及时撤退。

为了保持绵亘的正面，第14装甲军只得更长时间地坚守中间阵地，超出战术上的合理需要。于是，仅凭第305步兵师、第26装甲师、第15装甲掷弹兵师余部、第71步兵师和第94步兵师无法守住"森格尔"封锁线的右翼。如果不投入新锐兵力，第10集团军就危在旦夕，即便第14集团军在桥头堡赢得防御胜利也无法挽回局面，美国第5集团军的下一步举动必将使第14集团军进退失据。面对这样的困境，我经过反复斟酌于5月19日决定把第29装甲掷弹兵师交给第10集团军指挥。下达命令的时候，我一心指望这个师在5月20日上午到达某个天然条件特别理想的阵地，从而封闭突破口。然而事与愿违，第14集团军拒绝交出第29装甲掷弹兵师，而我直到20日傍晚回到自己的指挥所才得知这件事。我理解他们不情愿放弃自己的预备队，但战况发展到如此境地，特别是存在美国第5集团军从南面一举打破桥头堡包围圈的风险，已经容不得我顾及第14集团军司令部提出的反对意见。为了让这个集团军睁开眼睛看看自己南翼受到的威胁，凭借他们自己的思考，认识到我的决定绝对有必要，我下令重新划定作战分界线，把第

14集团军负责的区域扩大到斯佩隆加—丰迪—弗罗西诺内—瓦尔蒙托内一线。不幸的是，5月21日我在第29装甲掷弹兵师的指挥所里发现这个师由于出发较晚，输掉了这场关于时间的赛跑，只能在毫无准备的地形上进行一场最终结果难以预料的战斗。就这样，我们把优越的防御地形拱手相让，敌人在泰拉奇纳和丰迪之间轻易占领一处几乎坚不可摧的阵地，它的丢失意味着美国第5集团军能够与桥头堡内的美国第6军成功会师。

因此，整体局势变得更加困难，但并非无可挽回。到目前为止，敌人还没有从桥头堡发动进攻，第14集团军司令部通过在集团军的整个正面迅速变更部署，还来得及把预备队集结到前线最危急的地点。集团军群从第10集团军左翼抽调第334步兵师，并于5月25日交给第14集团军指挥，"赫尔曼·戈林"装甲师也奉命加快向桥头堡开进的速度。不幸的是，截至敌人从桥头堡发起进攻的5月23日，上述措施几乎全都没有到位。第14集团军司令部显然还在桥头堡之敌突围方向的问题上固执己见。事与愿违，"赫尔曼·戈林"装甲师也未能及时赶到，不得不采取应急措施，最终在前线投入战斗的时候受到负面影响。第14集团军司令部也许是一心指望集团军群在他们的地段上投入预备队，于是没有按照"穷人的战争"所需要的当机立断和迅速反应采取自救措施。但我可以肯定，处在狭小包围圈里的美国第6军有明显劣势，必须设法加以利用。经过几番不愉快的谈话，再加上第362步兵师和"赫尔曼·戈林"装甲师之间的缺口迟迟不能封闭，我决定撤换第14集团军司令部的一批主要人物。那个缺口最初只用一个营便可封闭，却在5月31日之前不断扩大，导致我军部分兵力遭到合围并最终为敌人打开通往罗马的道路。[第14集团军]右翼和中央的几个师（第4伞兵师、第65步兵师和第3装甲掷弹兵师）在战斗中的表现堪称典范，但不幸的是左翼没有能与之相提并论的伙伴。与此同时，第10集团军也以堪称典范的方式且战且退，不仅保证与第14集团军的联系没有中断，还率领下属各师巧妙地穿越从苏比亚科到蒂沃利的山路，为基层官兵和指挥机构赢得新的荣誉。

随着我军未经一战主动放弃罗马，从1944年5月12日持续到6月4日的一系列大规模战斗到此结束。

这个时期的斗争异常艰难，除了少数例外，全体官兵都能经受住考验，这是展现他们优秀素质的特殊标志，不幸的是，正是这些例外对整场会战的结局起到了决定性作用。从整体上看，指挥机构也应该得到相应的评价。许多争执和过失本来可以避免，但现在还没有经过时间的沉淀，我们仍然无法做出完全客观的评判。

盟军赢得了一场伟大的胜利，德国第14集团军的实力遭到重创。西南战线总司令部在右翼局面非常不利的情况下，毫无保留地单方面信守罗马作为"不设防城市"的承诺，这至少证明我们没有对这种局面彻底绝望。至于西南战线总司令部如此行事的依据是对敌情的精准把握，还是对敌我双方处境和能力的更情绪化评估，并没有什么区别。

第二十章

意大利保卫战，
1944 年夏季—1945 年春季

时间表：

· 1944 年 6 月 6 日，盟军登陆诺曼底

· 1944 年 6 月 17 日，德军撤离厄尔巴岛

· 1944 年 6 月和 7 月，C 集团军群的退却和新防线的稳定

· 1944 年 6 月 26 日，德军撤离比萨

· 1944 年 8 月 12 日，德军放弃佛罗伦萨

· 1944 年 8 月 15 日，盟军在法国南部的第二场登陆

· 1944 年 8 月 21 日，里米尼陷落

· 1944 年 8 月 30 日，英军开始攻击亚得里亚海沿岸的战线

· 1944 年 9 月，德军战线稳定在"绿线"（拉斯佩齐亚东南—亚平宁山脉）

· 1944 年 12 月，英军的波河平原进攻战役

· 1944 年 12 月 5 日，德军放弃拉韦纳

1944 年 6—8 月中旬

从 6 月 1 日开始，第 14 集团军的处境急转直下。撤回台伯河和阿涅内河对岸的几个师级战斗群都只剩下最低水平的战斗力。

第 10 集团军的处境比较有利，他们以惯有的顽强作风在彼得雷拉山地块以北坚持战斗，极大地拖延了敌人的推进速度。集团军下属各师也仍然具有战斗力。

那里出现的不利因素另有原因：首先，为数不多的退路受到空袭的威胁，影响行军速度；其次，这些师被迫退到离罗马和台伯河太远的地点，导致很难迅速集中到台伯河以西地区。随着罗马以南战况的发展，第76装甲军不得不把最有战斗力的那部分军队几乎全部转隶第10集团军，导致第14集团军进一步受到削弱，一时又无法得到补偿。

避免战火波及罗马及其周边地区是我不可动摇的决心。这还意味着放弃沿台伯河直至海岸和沿阿涅内河直至蒂沃利的防御。一旦盟军占领罗马并将其作为后续行动的出发点，就可以使这两条原本绝佳的江河防御地带失去依托。与其在台伯河阵地和阿涅内河阵地打几天的"防御战"，不如考虑在罗马以北和圣城 [梵蒂冈] 两侧稍做停留。

对盟军来说，无论过去几个月的战斗有多么艰难和辛苦，占领罗马都一定能让指挥机构和基层官兵充分认识到自己赢得的胜利有多么辉煌。从反面来看，我告诉自己：罗马作为一个大都会，很可能让长时间浴血奋战的官兵们陷入其中无法自拔。只有一个异常强悍和冷酷的指挥机构才能推动他们马不停蹄地继续前进，但我不相信有谁能真正做到，所以我的决定是基于这个判断。更让我感到轻松的是，第10集团军当面，也就是台伯河以东之敌明显畏缩不前。毫无疑问，盟军可以规定行动的法则，而 C 集团军群必须充分利用地形和敌军指挥机构提供的任何机会，动用尚有战斗力的部队尽快重新建立一道绵亘的战线。对我打算实施的阻滞战斗来说，地形并不像地图乍看之下显示的那样不利。首先，罗马以北和中间地带的道路（例如维泰博以南、奇维塔卡斯泰拉纳附近）非常容易封锁，势必严重阻碍敌军摩托化部队的运动，这是至关重要的。必须通过阻滞防御争取时间，保证重新编组和补充正在前线战斗的师，掩护军队的非战斗成分撤到后方，并投入新的师。在哪里稍事抵抗，又在哪里转入防御，后方的师是成建制地动用，还是迫不得已零星地投入战斗，都取决于退出战斗的时间是推迟还是提前。

当时不需要在战役层面做太多思考，我们不会误判敌人有可能构成威胁的动向，而自己的措施全都势在必行。与英国第8集团军相比，美国第5集团军更值得我们优先考虑，他们的损失较小但战果更大，面前的地形也适合摩托化部队和装甲部队运动，还有几条通向北方的公路干线可供追击的时候使用。反观另一侧，英国第8集团军所在区域的地形并不利于运动。

　　美国第5集团军沿利古里亚海岸公路的推进比较重要，但在开始阶段无法与从罗马向北的进攻相提并论。主要突击地点非常明确，恰恰是我们最缺兵少将的软肋所在，只能首先从第14集团军的前线、第10集团军和后方地区抽调兵力。我向两个集团军下达关于实施阻滞防御和重建绵亘战线的命令正是出于上述考虑。这意味着第10集团军要根据第14集团军的撤退进度，提前或推迟退出战斗，同时把机动兵力转移到右翼的后面，以便把可以机动的师输送给第14集团军。第14集团军要充分利用瓶颈地带迟滞敌人的直接追击[62]，直到兵力的补充允许我们更有计划地指挥战斗。

　　敌人的举动大致符合我的预期。倘若他们在6月4日立即沿宽大正面跟踪追击，并派出几个装甲师沿着公路推进，就会把台伯河以西的C集团军群各部置于无法挽救的境地，这可能迫使我紧急调动第10集团军的大多数摩托化师，让他们以急行军的方式赶到台伯河西岸，从而与后方的几个师一起在特拉西梅诺湖以南或以北建立一条新的战线，并在那里收容撤下来的第14和第10集团军余部。到了6月4日晚上和5日，这样一场后果严重的军事行动似乎不再有实施的必要，具体表现是我疏散了后勤部门，却把我的大本营留在罗马以北的索拉特山。我相信自己留在前线有助于安抚人心，6月6日和7日我在维泰博，也是直接跟官兵们在一起。

　　第14集团军肩上的任务无比艰巨，但如果能抓住每一个机会，基本上还是可以完成的。然而，面对当前的局面，他们在这方面表现出的缺点与安齐奥—内图诺桥头堡之战相比更加明显。第14集团军司令部沉浸在某种悲观情绪里，不利于他们完成任务。诚然，他们的担心不无道理，因为面对的美国第5集团军有三个装甲师和九个步兵师，而自己只能用相当于一两个师的兵力去抗衡。这些数字让集团军的整个指挥机构陷入不必要的焦虑，他们没有考虑到美国第5集团军必须通过一处瓶颈地带，那里的空间只允许这些师中的一小部分齐头并进。与其沉湎于忧心忡忡且不正确的计算，不如花更多精力研究怎样利用这处瓶颈地带迟滞敌人。这种可能性不仅仅出现在罗马以北，再往北还有许多机会。例如，奇维塔卡斯泰拉纳附近的隘路没有设防是一个严重的战术错误，一旦敌人占领它，就得到以机动兵力朝北和东北方向自由发展的机会。按照我的建议，第14集团军司令部下令把第3装甲掷弹兵师调往这个地区，虽然只能亡羊补牢，但是还来得及防止更严重的崩溃。

有一个问题始终困扰着第14集团军，特别是集团军群，那就是我们在诺曼底登陆开始之后能不能更妥当地部署后方各师，是向前推进到布拉恰诺湖所在的纬度，还是后面的博尔塞纳湖，抑或在更后面集结？最后一种解决方案的优点显而易见，个别师的训练水平需要我们这样做。然而，假如第14集团军余部不能依托各种类型的天然地段阻止敌人前进，就意味着一场突破和这几个师级战斗群彻底覆没，敌人将闯到尚未经历战斗洗礼的新师面前，后者甚至在博尔塞纳湖一线也未必能做好防御准备，若果真如此，则大事去矣。从前线传来的呼救声难免言过其实，总是迫使我们把一个又一个师根据他们的行军准备状况投入最前沿的防御阵地。尽管这样做在某些情况下很不划算，效率也很低，但与从第10集团军陆续调来第14装甲军及其几个摩托化师的做法结合在一起，还是把敌人的推进遏止在特拉西梅诺湖一线。两个集团军接合部和第14集团军右翼出现一翼包围或者两翼包围的危险终于不复存在。

第10集团军在战术层面相对比较容易，但在灵活应变方面却更困难。由于有足够强大的兵力呈右梯队展开，集团军右翼得到了充分掩护。然而，第10集团军司令部在这样做的过程中也犯下一种常见的错误，他们怀着本位主义思想去掩护这个危险的侧翼，并认为自己已经付出足够的努力，罔顾全局和命令都在迫切要求他们把几个有战斗力的师交给第14集团军。第10集团军司令部没有认识到，那样做可以从根本上消除自己面临的侧翼威胁。我不得不当场果断进行干预，加快把第14装甲军指挥部及其下属的三个师转隶第14集团军的速度。

从6月7日开始，作战指挥的整体思路保持不变：两个集团军在且战且退的同时，接收从后方和侧面赶来的预备队，封闭缺口并在接合部处建立牢固可靠的联系！放弃多少土地都无所谓，关键是摆脱虚弱无力的状态，撤出和休整遭受重创的那些师。

盟军统帅部帮助我们把这个作战设想变成了现实。我已经在上文指出占领罗马后"停下来喘息"的重要性。早在6月6日，敌人就表现出在整条战线上平均分配兵力的迹象，于是不太可能以德国第14和第10集团军的接合部作为主要突击方向集结兵力，那种做法一度对我们构成生死攸关的威胁。

我们不得不进一步采取措施，掩护第14集团军在利古里亚海岸的右翼，两个集团军接合部面临的威胁减小足以抵消此举的弊端。敌人推进速度的明显放慢和法国远征军后来的踌躇不前使局势进一步缓解。从实际情况来看，我们有理由假设盟军在充分了解大局的情况下肯定会全力以赴，而根据我们的调查结果，亚历山大陆军元帅麾下地面和空中的有生力量也完全够用。当然，空中侦察无法帮他核实每一个不确定因素。从空中也根本看不到所谓的"真空地带"。我日夜不停地在外面奔波，很清楚那是一幅什么样的画面。交通拥堵现象从道路和居民点一直向后蔓延到很远的地方。除了向后方的运动之外，还有补给纵队和第二波师的向前开进以及几个摩托化师的侧向运动，这种画面看上去简直是一团乱麻。

早在6月4日，已经有明确迹象显示甚至连损失最惨重的第14集团军那几个师也没有彻底丧失战斗力，后续几天的战斗更能证明这一点。至于我军后方的师有多少战斗力，盟军只有同他们交手之后才能做出正确评价。因此，敌人想要避免遭遇不愉快的意外事件，就要在一定程度上谨慎行事，而他们却出人意料地表现出过分的克制，这是白白送给C集团军群的一份大礼。

盟军彻底错过送到他们眼皮底下的大好机会。他们既没有出动空军不遗余力地攻击战场上尤其是后方地区堪称任人宰割的大批目标，直至把最后一架飞机飞到散架为止，又不在战线后方果断地实施空降，支援他们违反现行国际法发动起来的游击战，也从未尝试在德军战线的后方实施战术登陆。就当时的情况而言，上述措施中的任何一项都有可能造成极具破坏力的影响。

我在博尔塞纳湖一带等待第14集团军左翼的第14装甲军到达，然后又一次遵循"只有通过战斗，才能逐步削弱敌人的突击力量"的原则，决定改变后退运动的方式。我下令在特拉西梅诺湖畔转入防御，即使是这里，我也知道没有必要接受决战，只是必须争取时间来完善亚平宁山战线的防御工事。

尽管国防军统帅部一再警告我不要放弃那么多土地，但我根据对局势的准确了解，还是通常能够自行其是。面对我手下的集团军司令们频繁提出的要求，我也不是一一照准，而是尽量先到现场听取各种意见，再下达适当的命令，遇到少数无法成行的情况则在我的指挥所里先与作战参谋和参谋长交换意见，有可能还会与相关的集团军司令再通一次电话协商，然后才批准退却。我不记得国防军统帅部曾经因为我"专断独行"的措施提出过"训诫"——撤离西西里岛那一次除外。当6月底至7月初希特勒坚决要求从退却转入防御的时候，为了让我的观点与国防军统帅部的观点协调一致，我专程飞往元首大本营，并为此带着我的作战参谋贝利茨总参勤务上校一同前往。我用大约一个小时的时间讲述局势的发展，结束的时候要求赋予我指挥意大利境内作战行动的自主权。希特勒以同样滔滔不绝的反驳作为回应，并试图把适用于东线的作战法则强加给我。随后是我的一番简短而充满激情的反驳，扼要复述如下："这不是我手下官兵在战斗还是逃跑的问题：我能向您保证，只要我提出要求，他们就会在战斗中视死如归。现在谈论的问题非但完全不同，而且更关键，也就是，您，我的元首，能不能承受在斯大林格勒和突尼斯之后又一次损失两个集团军的代价。从我的角度来看，我不得不更加怀疑，只要我按照您的想法改变自己的作战指挥，通往德国的道路迟早会在盟军面前畅通无阻，而如果我继续保持机断行事的自由，就能保证明显迟滞盟军的推进速度，至少把他们阻挡在亚平宁山脉，从而为1945年的斗争创造条件，并把它融入您的指挥思想的整体框架之内。"希特勒没有再作答，甚至还像我的作战参谋记得的那样，说了几句赞赏的话——我成功说服了他。这次汇报之后，我仍然像过去一样按照自己负责任的判断先斩后奏。这种例子有很多，其中有一次，希特勒向战斗在佛罗伦萨以北的第1伞兵军发来一封无线电报，严厉批评他们试图后撤两个师的行为。我当时正在视察前线的途中，听说军长施勒姆航空兵上将除了动用他的全部预备队维持现状之外不打算再有任何作为的时候，便立即中断我的预定行程，驱车直奔该军指挥部，禁止他动用最后的预备队，而是授权他见机行事。国防军统帅部收到这件事的报告后未作追究，甚至连问都没问。看来上面的人们知道，我正试图凭一己之力尽人力之所能为。

我密切关注特拉西梅诺湖以西装甲通道[63]上的战斗，部署在那里的几个师坚持的时间之久远远超出我的预料。第1伞兵师、第334步兵师、第15装甲掷弹兵师和"赫尔曼·戈林"装甲师依托永备工事，又一次展现出他们固有的战斗力。第10集团军左翼仍然不需要特别注意，而第14集团军的局势在第14装甲军的介入下逐渐趋于稳定，也能用更有计划的行动代替所谓的"马鞍上的指挥"。即使是集团军司令从冯·马肯森换成莱梅尔森之后，第14集团军还是需要我的特别关注。这时不能再找理由说第10集团军的师更优秀，原则上也不能再说第10集团军的战斗表现是借助更有利的地形，两个集团军当面之敌的突击力量也大致相当。但我能确定，第10集团军司令部在我给出指示的框架内执行得更雷厉风行、更坚定不移、更果断有力，所以总体上的战斗表现更成功。凡是遭受失败的地方，要么像第20空军野战师一样，主要归咎于指挥官和下级指挥官缺少战斗经验，因为人员本身的素质都是良好乃至优秀，只是没有能力胜任大规模战斗，要么是由土耳其斯坦不同民族组成的第162（土耳其斯坦）师。组建空军野战师是戈林爱慕虚荣酿成的恶果，他不肯接受把地勤部队节约下来的空军士兵作为补充人员交给陆军。值得注意的是，领悟能力一向较强的希特勒居然也能接受这种业余的解决方案！

　　只有且战且退，我们才有可能建立一条越来越坚固的战线。我的目标是在狭窄且占地利的前沿阵地上进行更持久的抵抗，并在不危及阻滞战斗总目标的情况下，更迅速地通过比较开阔和不利的地段。我不得不考虑到哪怕一个师的失误都有可能推翻全盘计划，让我不得不后撤一整个集团军乃至整条战线。为了稳定局势，保证后撤到亚平宁山战线的运动按计划进行，我的这番努力转化成各种各样的要求和命令，而它们不总是符合集团军司令们的愿望。

　　意大利之战期间，陆军官兵始终得到里特尔·冯·波尔将军麾下高射炮部队的出色支援。集团军群以命令的方式规定[高射炮兵的]重点集结区域，在单纯实施对空防御的情况下是后方地区和直至国界的补给通道沿线，在综合实施地面防御和对空防御的情况下是集团军或军的作战地区。高射炮兵再从集团军群划定的重点区域内按照各个地点的优先顺序自行分配兵力。空军高射炮兵以敏锐的感觉配合陆军作战，明确表现在对命令或建议的迅速响应，让陆军获益匪浅。每一个重点区域部署的高射炮都为数不少，它们不仅始终是挫败敌人突破的最后一道反坦克屏障，还大量集结在关键的交通瓶颈地带，保证交通从未出现足以决定会战胜负的中断。并不是每一位陆军首长都能承认这样的成就，从心理学角度看也不难解释，因为高射炮兵不隶属于陆军各级指挥机关。

另一方面，空中支援在此期间几乎彻底不复存在，甚至连空中侦察都无法满足需要。尽管如此，前线的战斗侦察、无线电侦察和情报参谋（Ic）的侦察勤务提供的最基本资料，还是保证集团军群和各集团军进行综合预测，让各自的最高首长通过换位思考，得出关于盟军的习惯和地形条件的结论。

例外情况终究还是难免：最大的未知因素是潜在的侧翼威胁。1944年6月6日诺曼底登陆开始以来，敌人在地中海地区已经没有足够的登陆舰艇吨位，我们暂时无须担心意大利纵深区域的大规模登陆，但要时时提防战线侧后方的战术登陆。6月中旬，当敌人准备进攻厄尔巴岛的时候（该岛于6月17日沦陷），我认为危险似乎又一次迫在眉睫。否则，占领这座岛又有什么意义呢？但随着敌人错过这个难得的机会，我可以暂时放下这方面的顾虑。几个撤下来休整的师已经做好准备，将在必要的时候开赴不设防的海岸并投入战斗。亚得里亚海沿岸没有出现较大规模战术登陆的迹象，按照我的估计，这里也是可能性最小的地点。我还把空降行动排除在我的考虑范围之外，因为当时敌方适合空降的全部资源肯定都要随时准备投入诺曼底登陆。国防军统帅部曾经下达过几道强制性的命令，要求保卫里窝那和安科纳两个港口，但在这一点上，只有在我认为坚守港口的必要与全局的需要有内在联系的时候，命令才对我有约束力。我军还是在适当的时候撤出这两座港口。国防军统帅部仓促下达的这些命令纯属一时心血来潮，只能随着事态的发展，船到桥头自然直。

法国远征军和英国第13军以特拉西梅诺湖两侧作为集结兵力的重点，并纵深梯次配置他们的部队，再加上6月中旬至7月上旬在那里发生的激烈战斗，明确显示盟军的主要突击方向是佛罗伦萨。两翼展开的一系列激烈战斗及其引发的安科纳战役、美国第4军在切奇纳以南的几个地段和切奇纳城内的战斗都不能掩盖上述企图。我估计敌人的战役目标不是缓慢蚕食亚平宁山战线，而是从佛罗伦萨这个地点迅速突破亚平宁山脉，或者在无法克服这条战线的情况下把主要突击转移到它的软肋——**亚得里亚海沿岸**，以便从侧翼包围它。

在此期间，也就是六七月之交的那几天，我再次视察亚平宁山脉"绿色"阵地的施工进度。我注意到阵地的选位和坚固程度大有改善，有些方面足以让我满意，其他方面仍然远远落后，尤其是预计将遭受主要突击的地段。为了进一步完善防御配系，有必要通过战斗争取时间。根据我的判断，地形并非不利。利古里亚所在的右翼由于地形原因无需担心敌人的进攻有什么深远目标，所以可以用缺少战斗经验的部队随时实施阻滞战斗。锡耶纳—佛罗伦萨公路以西的区域较难实施阻滞防御，但敌人也不太可能迅速赢得胜利。由于我想让佛罗伦萨免遭战火荼毒，原本非常理想的阿尔诺河阵地变得不太妥当。这个缺陷能不能通过在阿尔诺河南岸更长久地坚守桥头堡来弥补，虽值得怀疑但必须一试。锡耶纳—佛罗伦萨公路和阿雷佐—佛罗伦萨公路之间的地形具有中等海拔山脉的特征，采取应急措施无法彻底弥补德方缺少山地师的缺陷。适合敌军装甲师进攻的区域是阿尔诺河谷，但它也有严重的不利之处，地势在东西方向被强烈切割，它的两侧还都是高地。从这个地段往东，进攻者必须克服海拔可达1500米的山区地形，不可能快速通过整个区域。亚得里亚海沿岸地区同样可以划分成许多个有利的地段，让左翼有可能通过后卫战斗安全地退到"绿色"阵地，哪怕整体军事行动留给它的兵力并不强大。

根据当时我对亚平宁山阵地防御能力的整体印象，考虑到盟军的负担和惨重损失，我认为他们不可能立即有计划地进攻和跨越亚平宁山脉，那样连续行动毫无胜算。

有鉴于此，我下令争取实现以下几点：继续在亚平宁山脉的前沿地带进行阻滞战斗，争取更长久地守住阿尔诺河阵地，从而避免战火波及佛罗伦萨；通过变更部署、休整措施和补充新锐兵力腾出来几个师，作为驻防部队立即进驻"绿色"（亚平宁山）阵地，并在他们的帮助下，根据最先进的战术观点使用新劳动力和新材料进行必要的扩建和加固。

1944年6月中旬至7月中旬在特拉西梅诺湖沿岸的战斗完全符合战术的需要。集团军群右翼的兵力不足，只有投入党卫队全国副总指挥[64]西蒙的党卫队第16装甲掷弹兵师才能稳定战线。从这里直到锡耶纳—佛罗伦萨公路以东，由于第20空军野战师的失败和地形因素，德军最优秀的几个摩托化师像一串珍珠那样一字排开，在一系列有时非常激烈的战斗中成功地让美国第6军放慢步伐并逐渐停止前进。而美国第4军把德军这批宝贵的兵力牵制在这个本身没有多大意义的侧翼，为盟军在锡耶纳与佛罗伦萨之间激烈而艰难的战斗中赢得胜利做出了巨大贡献。

七·二〇事件与意大利战区

1944年7月20日晚上[①]，戈林打电话到我的大本营。在那之前，我一直不知道这桩密谋。格德勒曾在1942年试图约我见面，而我那时正忙得不可开交，无暇分身。无论在意大利的各条战线上还是后方腹地的各支部队里，当时都平静如常。除了后来我不得不出手并成功保护的少数军官之外，没有任何一个单位事先知道这个消息，无论他们来自陆军、海军、空军还是党卫队。我对此由衷地感到欣慰。官兵们心里是怎么想的呢？我在意大利和相邻的伊斯特拉半岛从未遇到任何一个参谋部或者军队单位热衷于讨论政治。战事太激烈，军人誓词的约束力太强，希特勒个人魅力的影响无所不在，而他犯下的罪行又鲜为人知，都不利于密谋的蔓延。本来写下这些文字已经足够，但我认为，作为史书中的重要一笔，有必要探讨意大利战区的局面在密谋得逞的情况下可能向什么方向发展。如果用某种花哨的词汇来形容，我手下的大部分军队属于"共和主义的"陆军、"帝国主义的"海军和"民族社会主义的"空军。这些标签除了有其他含义之外，还反映出三个军种对国家的态度明显不一致。鉴于有一部分人狂热地忠诚于希特勒，宣布"希特勒已被谋杀，所有人现在都要听我指挥"将引发最尖锐的分歧，拒绝服从叛变和背弃誓言的上级，并极有可能导致流血冲突。1939年的陆军虽然人人都宣过誓，但是实际上大多数人对希特勒怀有敌意，1944年的情况则截然不同。近几年来新入伍的年轻人都参加过希特勒青年团，在其熏陶下成为希特勒的忠实追随者，并在入伍后依然如故，他们已经在每一个基层单位中占多数，也让每一个师都不再有往日的面貌。即使偶尔对上面采取的某些措施表示不满，也不意味着这种态度有什么改变。每当有人严肃地询问对希特勒的看法时，他们总是会以希特勒的名义发誓，并准备为他赴汤蹈火。即便个别将军，少数知识渊博、眼光长远或者心怀不满的士兵被密谋分子说服，同意除掉希特勒，也不会有足够的心理准备接受这样天翻地覆的改变，而许多有责任心的高级指挥官认为同盟国未必有沟通的意愿。卡萨布兰卡[的声明]就是一个随时敲响的警钟！时至今日，我国全

---

① 原注：7月19日，我到元首大本营领取骑士十字勋章的钻石饰，直到7月20日中午才回到我的大本营。

体人民的苦难岁月已经成为过去，关于密谋者和旁观者是不是正义的激烈争论却还没有结束。指责对方违背誓词的声音针锋相对。这起"政变"的参与者几乎全都是我认识和熟悉的人，我对他们的评价颇高，以至于丝毫不会怀疑他们的行为是出于最崇高的动机。因此，我们谁都无权认为自己比对方更高尚，但任何人也都无权拿自己的态度和行为当作资本，因为那将抹黑他过去的高尚举止。如今，我们的德国已经变得狭小而孱弱，我们不能再互相谴责和激烈争吵，我们唯一的义务是努力相互理解，促进团结，从而在我国人民面临的命运面前携手并进，共克时艰。

1944 年秋季

C 集团军群对 8 月中旬以前在佛罗伦萨前方和亚得里亚海沿岸的主要作战方向上成功实施阻滞战斗感到多么满意，对未能成功保存几个师用于将来的亚平宁山之战就有多么不满意。这些师都已经在理论上受领了"绿色"阵地中的相关区域，这种做法有明显的好处，也得到充分推广。各级军队单位向亚平宁山脉派出先遣指挥部，熟悉预定占领的防区，根据各自的经验改进防线的选位和技术性工作，制定占领时间表，完善仓储，等等。另外，几乎每一个工兵营、野战补充营和后勤纵队都安排全部或部分兵力进驻这个地区。然而，只有在少数情况下，才有可能临时腾出整个师前往预定占领的防区，适应将来的任务，而这对不熟悉山地的官兵们来说实属必要中的必要。

我认为，随着法国北部和南部发生两场足以决定整场战争命运的登陆，我的战区已经退居次要地位，向法国输送兵力是理所当然的事情。毫无疑问，这给南线的指挥机构增添了不少困难。随着三个师陆续调往东线，东线和西线两个主战场的局势不断恶化，再加上南线本身的局势也很紧张，这要求全体军队首长具有高度的自信，并向下属官兵提供越来越必要的精神支持，激励他们坚持不懈。他们成功做到了！这是一项非凡的成就！然而，在当时的危急情况下，调走几个师的命令越来越频繁地打乱我们所有的计划，显然会给官兵们留下一种朝令夕改的印象。但集团军群司令部和集团军司令部不能以此为自己犯下的错误开脱。

我至今仍清楚地记得人们抗拒抽调或者交换下属单位的情形，这种现象很难消除。我由此认识到自己在心理学领域的欠缺。知道什么是正确的并不难，既要实现自己的意图，又不能让集团军司令部对其任务的可行性产生怀疑，却要难得多。正如一个懦弱的指挥机构只有看到自己所谓"最微不足道的愿望"得到重视之后，才能守住阵地。如果他们的所思所想被忽视，那么几乎可以肯定他们会遭受失败或挫折。遇到这种情况，我不是生硬地下达命令，而是试图说服，这需要费时费力的现场视察和当面协商。有时候，正确和必要的措施来得太迟，或者至少晚于局部和整体的形势需要，以至于不可能实施或者不再值得一试。

也许有人认为，集团军群应该在发现错误之后以下达命令的方式进行干预。这种做法本身是正确的，协商之后一般也会下达命令。但是，如果过多采用这种干预措施，就会越俎代庖。因为集团军群司令部在人数和工作能力上都无法承担集团军司令部的指挥活动，所以有必要避免让这样一个高级指挥机关觉得自己受到冷落。如果我们无论好坏都要使用一名指挥官，又找不到更合适的人选来替换他，就绝对不能让他疏远自己的指挥职责；相反，我们必须一步步地努力争取让他的指挥符合实际情况。即使这种方法会让他做出一些错误的决定，我当然要分担一些责任，也能避免更严重的弊端。不过，我认为我有权为自己声明一点：我一向把集结预备队当作我最重要的指挥任务之一。描述这种任务是件有意思的事情，但未免有些啰唆，不适合在这里详细展开。

总体而言，亚平宁山脉外围的前沿阵地战使在山区按计划施工和扩建成为可能。毫无疑问，并不是全部项目都能在9月初以前完工，但这处阵地已经足以坚守，还达到相当大的纵深。我在8月里再次查看其中的大部分项目，并对现有的进展感到满意。伊特鲁里亚境内亚平宁山脉和亚得里亚海之间的施工进度最快，从中可以明显看到海德里希将军发挥的作用。因此，在将来势必非常猛烈的进攻面前，我对左翼相当有信心。一切都取决于预定参加大规模战斗的师能否及时赶到作战地域。

我的集团军群高度重视在热那亚湾发生登陆的情况下协调西线总司令部和西南战线总司令部的意见，因为我曾经多次要求德国国防军统帅部就这两个战区接合部的联合作战指挥做出指示，他们却总是推三阻四。格拉齐亚尼元帅①与驻法国南部的第19集团军司令之间达成有积极意义的协议也为时较晚。西南战线总司令部尽管通过格拉齐亚尼元帅得到通报，获知海岸防御工事的状况和西线总司令部编成内第19集团军的兵力部署，还是不知道他们在敌人成功登陆的情况下将采取什么措施。作为一名抗登陆作战的"专家"，我对第19集团军在受到攻击时的表现几乎毫无信心。海岸防御措施不充分，官兵们没有参加大规模战斗的经验。另外，敌人掌握着制空权，作为其上级的"布拉斯科维茨"集团军群司令部也距离太远。即便没有互相通气，C 集团军群也很清楚，敌人的攻击一旦获胜，就会压迫第19集团军的部分兵力退到西阿尔卑斯山战线，由 C 集团军群的部队收容或者拱卫。西南战线总司令部认为敌人不会对阿尔卑斯山地块发动一场猛烈进攻，那不符合登陆法国南部的战役企图。更应该考虑的是，盟军需要保证登陆的侧翼安全，不受来自意大利地区的威胁，而这种措施很可能具有进攻性。

事实证明，西南战线总司令部的判断是正确的，但德国国防军统帅部直到登陆开始之后都没有发布任何指示，也许是出于对局势过于乐观的估计，当时与布拉斯科维茨的集团军群和第19集团军的通信中断，西南战线总司令部试图通过所能想到的每一种办法联系第19集团军左翼的军指挥部和左翼的那个师以及分散在山区的第157山地师。作为海防师的第48步兵师成功地与我们建立联系，并从那一刻起由格拉齐亚尼元帅的集团军集群接管，而与第157山地师个别单位的联系只能随着侦察的进展逐步建立。只要不能保证这个师全师都回到阿尔卑斯山脊重新占领阵地，就不能保证山脊的绝对安全。我认为，由谁控制位于 [法意两国]边境的阿尔卑斯山脊，对于上意大利西北部的下一轮行动具有决定性意义。盟军一旦占领这个居高临下的出发阵地，就有条件集结更强大的兵力一举突入上意大利平原。这意味着他们将与都灵—米兰地区的大批游击队会师，并从背后瓦解利古里亚海沿岸的我军阵地。从更长远的角度来看，这意味着亚平宁山脉的战斗条件出现不容忽视的恶化，并有可能迫使我军通过机动撤离波河平原。敌人可能在

---

① 原注：时任 [意大利] 法西斯共和国的战争部长和墨索里尼内阁的军队总司令，兼任利古里亚集团军集群司令。

什么时间迈出这一步并不重要。重要的是在冬季来临之前保持阿尔卑斯山脊阵地完好无损。进入冬季之后，阿尔卑斯山本身就是一道防御屏障。

上述考虑迫使我首先动用第90装甲掷弹兵师的一部分，然后是整个师，前去稳定阿尔卑斯山高山地带的局势，并收容处境极其艰难的第157山地师余部。尽管我的本意是只动用第90装甲掷弹兵师很短一段时间，然后尽快用适应高海拔山区的部队（第5山地师）把他们替换下来，但由于遥远的距离、第5山地师在交接阵地和行军途中遇到的困难，这支预备队还是被长期占用了。

8月初以来，C集团军群已经做好盟军在亚平宁山战线变更部署的心理准备。从8月中旬开始，英国第8集团军正准备在亚得里亚海沿岸战线发动决定性的全面进攻，在我们看来也不再有任何疑问。我们不知道进攻将以什么方式、在什么时间来临，唯有尽一切努力完成防御准备。我已经在上文讲述阵地建设的具体安排，并得到满意的结果，也解释过我为筹措预备队而付出的努力，尽管德国国防军统帅部的一再干预让它们像三月里的雪那样每下一场就在阳光下融化一次。

自8月8日起，第10集团军的第76装甲军接管亚得里亚海沿岸战线。这个军在久经沙场的赫尔装甲兵上将领导下竭尽全力依旧无法克服全部困难。第278步兵师过于疲劳，又因伤亡受到削弱，很快表现出筋疲力尽的迹象。敌人的大规模突击主要发生在8月25日夜间至26日凌晨，恰好是第71步兵师换防和退出战斗的时候，这让英国第8集团军赢得一场始料未及的胜利。调给第76装甲军的第26装甲师很晚才赶到，初战不利并影响到整条战线。我们不得不在8月31日拂晓前放弃第一道"绿色"阵地，亚得里亚海沿岸的后方纵深内再也找不到一处能与之相媲美的阵地。

为了向亚得里亚海沿岸战线调集新的兵力，从西阿尔卑斯山战线和沿热那亚湾的海岸战线以及亚平宁山脉的整个正面变更部署都要花费不少时间。遥远的距离、敌人掌握的制空权、参谋人员在替换甚至交出军队时表现出的某种顽固态度，再加上对敌方战斗行动有合理的顾忌，都在拖延调动兵力的进度。但到9月初，西阿尔卑斯山战线和利古里亚战线的安全已经得到保障，并开始陆续派兵增援第14集团军岌岌可危的左翼，后者仍然在佛罗伦萨以北的"绿线"前面很远的地点。另外，位于亚得里亚海沿岸的第10集团军左翼也及时得到经验丰富的第29、第

90装甲掷弹兵师和重新组建的第98步兵师增援，第98步兵师已在师长赖因哈特将军的灌输下，具备一个师参加大规模战斗应有的精神面貌。凭借这批军队，我相信我们能够制止敌人前进。这个愿望果然变成了现实，9月17日、21日和29日的一系列战斗让里米尼战线的战事逐渐平息。

经过几个星期的战役间隙，敌人从9月初开始进攻第10和第14集团军的接合部，迫使我军按计划向"绿色"阵地退却。进攻的规模不断扩大，并在整个9月中旬发展到大规模战斗的程度。幸运的是，敌人在里米尼附近的攻击到这时已经有明显减弱的迹象。在此之前，我认为第76装甲军应当实施各种规避机动，并授权该军只在绝对必要的情况下同敌人战斗。进入9月下旬，我更强有力地干预指挥，下令持续抵抗，从而迫使敌人尽快停止大规模突击。只有这样，集团军群才能获得必要的行动自由，恢复博洛尼亚附近的前线态势。尽管地形和阵地都非常有利，但部署在第14和第10集团军接合部的几个师还是未能击退敌人的攻击。

敌人极其精准地找到第10和第14集团军接合部处的软肋，并充分利用德军的弱点。而在这几个星期里，由于地形和战术两方面的原因，集团军群为了改善指挥环境曾经多次变更两个集团军之间的作战分界线。从10月中旬开始，博洛尼亚以南的局势需要我最密切的关注。博洛尼亚与亚得里亚海之间的波河平原丢失任何一个地段都无关紧要。一旦不能守住博洛尼亚以南的战线，博洛尼亚以东波河平原上的全部阵地都将丢失；而在那种情况下，还必须尽快放弃它们，从而至少拯救军队和物资。因此，我必须把所有战斗力较强的师都调到亚平宁山战线的这个部分。

10月23日，从凌晨4点到我遭遇严重事故的晚上19点，我视察了第10集团军司令部和前线的几乎每一个师，详细查看情况。我得到的印象是，危机已经结束，并肩战斗的几个优秀的师能挫败敌人的下一轮攻击。后来，这果真发生在10月25日与26日之间。我的参谋长经常说，能够守住亚平宁山北麓的支脉真是一个奇迹。其实，这不是什么"奇迹"。这场交战总共持续了八个星期，其中发生大规模战斗的四到六个星期里所在的地形足以令拥有各种辅助手段和资源的进攻者感到为难。气象条件变化多端，在上意大利地区一直持续到整个秋季。战斗代价高昂，补给有时困难且数量不足，德军的抵抗在绝大多数情况下都很顽强。盟军的攻击一旦碰上精锐的德国师，付出的努力和伤亡与赢得的战果完全不成比例。进入10月以后，敌人占领的土地与前几个星期相比越来越少，损失却越来越大；迅速夺取胜利的信念变得暗淡，疲劳症状在更强烈地发挥作用，攻击力度急剧减弱。同盟国师的战斗表现非常出色，陆军和空军技术兵器的支援也让我们德国人无法想象。他们之所以未能迅速赢得预期的胜利，主要是因为德军指挥机构的坚韧不拔和德军官兵出类拔萃的表现。德军各级指挥机构也犯过一些错误。疏忽酿成的恶果开始显现出来，尤其是准备阶段的疏忽。某些官兵的素质达不到意大利境内德军战士应有的水平，引发了一些危机，只有指挥机构的灵活果断和精锐部队的奋不顾身才能挽回局面。出于这个原因，这个时期的亚平宁山交战必将作为德国战争历程中的光辉一页载入史册。

亚平宁山交战结束后上意大利地区的局势

我本想依托亚平宁山脉的整个纵深击退盟军将在1945年春季发动的决定性进攻，虽然这个希望已经破灭，但是盟军也未能实现他们雄心勃勃的目标。[①]然而，时间对盟军远比对我们有用。从过去六个月不间断的战斗中，我们可以得出哪些经验和结论呢？

战斗的激烈程度和投入的大批人力物力，可以揭示意大利战区对同盟国的重要性。它的价值在盟军登陆法国南部之后也没有任何减损。来自另一些国家（巴西和意大利）的师替下前去参加登陆的兵力，一度有所削弱的战术空军肯定将在行动结束之后迅速恢复原有的战斗力。战略空军已经开始轰炸德国南部和奥地利，但还不能造成瘫痪效果。他们把参与意大利境内的地面作战作为重点，就意味着忽视自己的主要任务是空中作战。海军一如既往地保持着令人费解的克制态度。游击战愈演愈烈，游击队也在组织上得到扩充。西阿尔卑斯山战线当时是一条无关紧要的"现有的战线"（英语：front in being）。亚得里亚海对岸即巴尔干半岛的战事还没有与意大利境内的战事建立明显联系。

---

① 原注：地中海战区的盟军总司令威尔逊将军于1944年7月2日下达命令：翻越亚平宁山脉，进抵波河，然后渡过波河，前出至威尼斯—帕多瓦—维罗纳一线。

从战役层面看，盟军有显著进步。诚然，实施过程还会偏离最初的长远目标，他们令人难以置信地忽视在海空力量的支援下实施两翼包围或迂回我军侧后，坦克在狭小区域内的运用仍然司空见惯。但是，军事行动的衔接更加紧凑，每个集团军受领的任务协调一致，主要突击选在关键地点，并在宽度和纵深上达到惊人的程度。

长期征战地中海地区的师在战斗表现和战术上有不断改善。原有的步炮协同和步坦协同，进一步得到侦察机、炮兵校射飞机和近距离支援飞机已经达到历史最佳水平的密切协同作为补充。大量的技术辅助手段已经发展到登峰造极的水平，运用也得心应手。另一方面，较低级分队的指挥主动性没有任何明显的改善，由于无线电设备的型号太繁杂，本身相当优秀的通信网络也于事无补，与其说是帮忙，不如说是添乱。无论当地的战况如何，他们都要尊重参战官兵定期轮换休整的传统权利，这给我们带来了可乘之机。

亚得里亚海沿岸战线平坦而开阔的地形没有给几个英国师带来他们期待的胜利，防御方的武器能更好地发挥威力，足以抵消对手所占的地利。[①]

盟军官兵确实需要休息，补充兵员也肯定需要适应环境和训练。另一方面，盟军必须更加重视限制德国守军的休息时间，也就是不断干扰他们的休整，并防止他们囤积武器装备和作战物资。盟军还必须避免为大规模突击制定脱离自己实际能力的目标。

亚得里亚海沿岸和博洛尼亚附近的战斗造成的局面预示着接下来的大规模突击将是针对德国两个集团军主力的钳形行动。鉴于波河及其上游水域的桥梁非常重要，同盟国空军肯定会尽其所能地破坏我们的交通线。这有可能给我们在1945年春季的物资储备和作战进程造成致命影响。

1944年5—11月的一系列战斗屡次证明先前得到的经验：即使高度发达的大纵深阵地也无法长时间抵御现代化和协调一致的空地联合攻击。像卡西诺的第1伞兵师那样能在多次最猛烈的攻击中岿然不动，只能是个案，把它作为准则推广

---

① 原注：利斯将军写道："他认为战斗已经变得像在阿拉曼和卡西诺一样艰难。"（原文是英语）

到整条战线是危险的。决定性因素不是有利地形，而是守军的素质和士气。事实证明，我担心利里河谷和特拉西梅诺湖以西装甲通道的防御能力纯属多余，而像彼得雷拉山地块和佛罗伦萨以北的亚平宁山阵地这些看似坚不可摧的高地或山地阵地却彻底辜负了我寄予的厚望。亚得里亚海沿岸和波河平原的战斗表明，在预有准备的水域后面实施防御不但有其优势，还能给进攻者制造比山地战更多的麻烦和损失。考虑到双方的师在素质上有差异，西南战线总司令部认为确实存在一些有利的前提条件，可以依托广大的纵深地域，成功抵御预料中的大规模突击。

鉴于亚平宁半岛西侧和东侧的情况完全不同，军事行动很难协调。整个西侧都远离将要面临主要突击的东侧，西侧的长方形形状也造成许多困难。过晚撤离热那亚战线，意味着部署在那里的军队有可能全军覆没。原本在山区刚刚够用的兵力，撒在公路网发达的平原上就会变得微不足道。通往提契诺河阵地的道路还很漫长。游击队的威胁遍布整个上意大利西部，导致后退运动面临双重威胁。另外，整个西侧在战役层面的价值很小，可是那里的军事工业举足轻重，使军事行动受到牵制，因此不可能考虑立即撤离。冬季的几个月里，无论从海上还是西阿尔卑斯山区都应该不会对上意大利西部构成威胁。预计针对工厂和交通线的空袭在所难免，尤其是对桥梁的空袭。部署在这个作战地区内的德意军队固然实力薄弱，损失大约四个师也是不能接受的，所以不能把他们丢弃在这样一个势必沦陷的死地；我们也确实需要他们，尤其是以优秀的第5山地师为首的德国师来保卫提契诺河阵地和后面的阿尔卑斯山阵地。如果失去这几个师，第14集团军的右翼就会受到威胁。再从第14和第10集团军抽调部队来掩护这个侧翼，又会让这两个集团军没有足够兵力守住自己的战线。因此，必须提前策划一项综合考虑诸多因素的行动，可以在接到代号"秋雾"（Herbstnebel）之后直接付诸实施。至此，所有的难题都已解决，只剩下最后一个：选择正确的时间。

意大利战区的东部，至少是伊松佐河以东，与将要遭受攻击的区域没有内在联系。如果勒尔大将麾下E集团军群右翼的后退运动把南斯拉夫地区暴露出来，并给C集团军群留出作战空间，那么戈里齐亚以东地区有可能变得很重要，无论防御和战斗的对象是铁托还是俄国军队。在这种情况下，有必要建立一道正面向东的侧翼屏障，但除了E集团军群为此提供兵力之外，别无可用之兵。即便

C 集团军群左翼主动或被动地退往菲拉赫方向，在某些情况下也可能被迫两线作战，这是 C 集团军群以现有兵力无法承受的沉重负担。另一方面，侧翼由自己的军队掩护固然有一种踏实感，但当伊斯特拉半岛及其以东地区成为主要战场的时候，这种踏实感将会变成焦虑。这件事首先影响 E 集团军群的利益，C 集团军群的利益虽居其次但也足以让人烦恼。E 集团军群一直在巴尔干半岛过着自己的日子，前几年里只是与铁托的游击队小打小闹，直到俄国人作为一个军事对手从东方出现。西南战线总司令部从1943年开始采取措施，保证的里雅斯特及其前方的伊斯特拉半岛和阜姆不受海上登陆的威胁，但同时有意忽视南斯拉夫和意大利地区抵御来自东面和南面攻击的防御能力。随着俄国人和南斯拉夫人造成的威胁在1944年秋季越来越大，在我的策动下，为了抵御来自东和南两个方向的攻击，并保证阿尔卑斯山入口的安全，我们在莱巴赫前后两侧勘察有利于防御的地形，并且冒着相当猖獗的游击队活动开始构筑阵地。

整个南方地区迫切需要一个明确的指挥结构，保证 C 和 E 两个集团军群能在靠近前线的地点实现统一指挥，并在充分考虑共同利益的情况下划定双方的作战分界线。我不反对把 [意大利] 东部的整个亚得里亚海沿岸地区都移交给 E 集团军群，前提条件是在南方地区建立一个共同的顶级架构，它的首要责任是确保两个集团军群接合部的安全。要是做不到这一点，还不如沿用原来的措施掩护作战分界线，哪怕它们有缺陷。

C 集团军群的指挥原则符合上述考虑。第10和第14集团军将在必要的时候通过阻滞战斗退到波河对岸，然后继续退往阿尔卑斯山阵地，具体作战方式应根据敌情和地形，在防御和纯粹的后卫战斗之间灵活切换。

我相信自己能让这种作战指挥方式得到德国国防军统帅部和希特勒的同意，否则从夏季开始在波河南北两岸建设并取得显著效果的阵地将毫无意义。但这个作战计划也需要 C 集团军群的军队在冬季保持良好状态，在各个防御地段囤积物资，并保证必要的交通。

过去的六个月里，每个德国师都用实战表现最大限度地证明了自己的战斗力。他们的传统和战场习惯大有改观。指挥官和下级指挥官需要的后续培训也有望在冬季付诸实施。德军作战指挥的主要困难仍然是得不到战略空军或战术空军的任何支援。即便分配给我们大批高射炮、探照灯和发烟器材，也只是无奈之举，无法让这个困难得到最轻微的缓解。随着占领区的缩小，后方交通线面临的空袭威胁进一步加剧，通行能力有限的地点更容易招致损失，例如布伦纳山口。

武器和弹药供应方面的巨大缺口能不能得到填补，仍然是一个悬而未决的问题。囤积动力燃料的库存是紧急程度排在第一位的任务，为了让必要的补给运输和战斗机动不至于瘫痪，官兵的个人生活难免受到严重影响。作为成功坚持防御的前提条件，对预备队快速机动的要求越高，捉襟见肘的库存就越难分配。

在自己和官兵们面前贬低即将发生的重大事件是犯罪式的鲁莽行径，但同样错误的是由于担心事态可能向最糟糕的方向发展，不敢迎难而上。主要问题是：既然没有守住亚平宁山脉，那么我们现在就应该退回波河对岸，还是等到盟军即将大举进攻的前夕再说，抑或是干脆留在目前比较随机——而不是预定——的地点，迎接决战的到来？

我不同意在1944年深秋立即撤退，即便在原地留下强大的后卫也不行。撤退不可能长时间瞒过同盟国的间谍和空中侦察。盟军完全可以克服地形和天气导致的困难尾随而至，并在来年开春之际向波河阵地发动一场有充分准备的进攻。他们还将轻易得到一片辽阔而难以通行的地区，无论单纯从战术上还是从空中战争的角度来看，抑或是出于经济上的考虑，这个地区都对德国的作战指挥至关重要。上述想法也不允许我们立即实施"秋雾运动"（Herbstnebel-Bewegung）。

同样，我也反对在现有的阵地上迎接决战，那样的决定是把意大利战区的未来押在一张不可能得分的牌上。我们根本无法忽视我方防御能力在人员和物资方面的差距和缺陷，剩下的选择也就只能是某种"阻滞战斗"。我之所以特意说这是**某**种"阻滞战斗"，是因为必须由实际情况来决定战斗的性质是防御还是退却。如果集团军群决定采用这种做法，那么主要问题就是怎样尽可能以最小代价度过这个冬季。整条战线的"痛处"在博洛尼亚以南的位置。敌人在其他地点发动攻击、达成突破或者改善自己的阵地都只有局部的重要性。博洛尼亚以东第10集团军作战地区的天然条件有多么理想，整个局面在敌人从南面的亚平宁山脉发动进攻的时候就有多么糟糕。在这里，一场比较严重的挫折有可能在第一时间对整条战线造成不必要的深远影响，尤其是对第10集团军左翼。我不想让战火波及博洛尼亚的决定又会让我们的处境更加困难。向"成吉思汗"阵地撤退是可以接受的，也无须下定影响深远的战役决心。实际上，这个阵地在许多方面都具有不可否认的有利条件。

德国国防军统帅部和希特勒的立场是什么呢？

希特勒在10月拒绝实施"秋雾运动"，非但没有让我感到意外，反而正中下怀。我只不过把首次提出的这个建议当作一个探测气球，目的是用比较激烈的方式让国防军统帅部了解局势的发展和可能的后果，并提前做好准备。立即实施这个行动甚至与我内心深处的信念背道而驰。我认为意大利战区指挥机构的一个主要优点是在实施这样困难的行动之前要经过冷静思考，并落实到确切的时间表，在我看来这也是成功执行的前提条件。我绝不认为10月里对这个建议的拒绝就是不可动摇的最后决定，相信自己能在危机来临的时刻获得批准。与批评我的人相反，我始终认为，从加里利亚诺河到亚平宁山那六个月的一系列战斗不应该是寸土必争的较量，我也总能设法说服希特勒同意我的建议，把下属官兵从最困难的处境中解救出来，不至于全军覆没。正因为如此，我当时才会这样乐观，相信这个计划在关键时刻一定能实现。

我估计国防军统帅部在冬季的几个月里不会过多干预我的作战指挥。约德尔大将是我在那里的一个好帮手，就像这次一样，他总能充分理解我的作战指挥，并用潜移默化的方式让希特勒为不可避免的事情做好准备。这并不排除约德尔在个别情况下必须传达与我的观点针锋相对的严厉指示，毕竟，像希特勒这样的独裁者根本不会考虑"我该怎么向我的小伙子们交代"这种问题。希特勒知道，按照他的一般性指示，只要我认识到它的必要性和益处，就会最大限度地自我加压，直至达到崩溃的边缘。但他也知道，如果我经过深入调查——通常是在现场——做出不同的决定，那么一道坚守不退的命令不可能具有让我盲目服从的约束力。这样的例子不胜枚举。随着实际拥有的手段越来越难以满足既定任务的要求，到最后，希特勒也不得不按照我的主张采取行动。国防军统帅部确实想在补给方面给予意大利战区较大的帮助，而C集团军群考虑到东线和西线这两个主战场的巨大需求，不太相信这个想法能实现，于是下令更广泛地采取自救措施。这些措施还要等一段时间才能见效果。

国防军统帅部在秋季和冬季的几个月里下令调走的师有：

1944年9月：第71步兵师

1944年10月底至11月初：第44步兵师

1944年12月：第356和第710步兵师

1945年1月底至2月初：党卫队第16装甲掷弹兵师

1945年3月：第715（半摩托化）师和兵力相当于一个师的三个伞兵团

共计七个师，由此可以想象其他战场是什么样的情况。调来的两个常驻师和一个训练师无法提供足够补偿。我在这件事情上重申一遍，自从 [诺曼底] 登陆发生以来，我在原则上认为削弱意大利战线是正确的，甚至主动建议调走比实际命令更多的师。但是，我认为不考虑上交和接收的数量，一味坚持既定的作战任务是错误的。我最后一次对希特勒说这句话是在1945年3月10日。

1944 年冬季

1944年10月21日，我与施佩尔部长详细讨论怎样实现意大利经济自给自足的措施，从而使意大利战区的供应在军事装备和交通运输两方面更加独立。这件事早已向德国国防军统帅部提出过申请，但始终没有任何进展，而这一次，我们在当天晚上就达成了一致意见。

1944年10月22日，我在第10集团军司令部再次会见施佩尔部长，并与他讨论这个地区面临的危局。令我感兴趣的是，施佩尔部长说他在法国从未经历过像在第10集团军这样猛烈的炮击和空袭。

经过短暂的夜间休息，我在10月23日凌晨5点驱车出发，从右翼开始依次视察每一个师。每个地方的人们都热烈欢迎我的到来，而我的回报是用建议、鼓励和个别情况下提供预备队的方式去帮助他们。我能体会到危机已经结束，我们能够守住亚平宁山脉的北坡。英国飞机当天的活动比较猖獗，导致临近傍晚时分我们还在从博洛尼亚到弗利的主干道上赶路，以便走完剩下的两个师，我的汽车在超越一个行军纵队的时候撞上一门从岔道上驶出的长身管火炮。我左眼上方的颅骨受到相当严重的损伤，成为这起事故中的受害者。

我受伤的消息在士兵们当中不胫而走，并讹传成了元帅安然无恙，但炮管必须报废。几经周折之后，人们把我送到费拉拉，并在第二天上午把依旧不省人事的我交给闻讯赶到那里的两位资深外科专家：医学教授比尔克勒·德·拉·康博士和医学教授滕尼斯博士。从心理学角度看，当时发生的一件事情也许很有趣，陪护我的上尉军医尼森博士在给我打完针之后用坚决有力的口吻说："空军元帅先生，我命令您，不准把手放在头上。"这种做法肯定给我留下了某种深刻的印象，以至于我从此再也没有用手去碰过我的额头。我的伤情可谓惨不忍睹，可以用我在第三天向来探望我的红十字会总护士长冯·厄尔岑夫人提出的一个问题来形容，当她走进我的病房的时候，我问道："总护士长女士，您知道什么是慈悲之心[65]吗？"在她回答之前，我就带着虚弱无力的微笑对她说："那就是您还能这样看着我。"——总护士长显然没有想到从一名生命垂危的伤员口中还会说出这样的话。

我的受伤让希特勒和德国国防军统帅部大为震惊，连续许多天，比尔克勒·德·拉·康教授不得不每天都要向元首大本营报告我的健康状况。后来，人们用皮带把我固定在一架"鹳"式飞机里，由技艺高超的鲍姆勒飞行机务少校驾驶着从费拉拉飞到里瓦。然后，我又从里瓦前往梅拉诺。回家休完14天的疗养假之后，1945年1月15日，我先到[奥地利]巴特伊施尔的脑科医院接受了一次全面检查，然后前往雷科阿罗与我的参谋人员会合。我总共缺勤近三个月，虽然对代理我工作的冯·菲廷霍夫大将抱有极大信心，但是这时距离自己的战区已经只有一步之遥却不能有任何作为，心情多少会有些焦虑。这种体恤之情让我感到既幸福又沮丧。那段时间对我来说仿佛身陷囹圄，我曾经问前来看望我的比尔克勒·德·拉·康教授，是不是还不如当初在费拉拉干脆放任我长眠不醒。我这位一贯耿直的朋友比尔克勒回答道："以现在的情况来看，是的！"

我伤愈归队后发现自己的战区是什么模样呢？

盟军发动的消耗性攻击早在我们意料之中，他们只获得了局部但根本不具有决定性的战果，却把我军官兵拖得相当疲惫。除了上文提到的调走几个师之外，我还发现一些重大的人事变动，并有所定夺。1945年2月15日，赫尔装甲兵上将接替冯·菲廷霍夫大将担任第10集团军司令[66]。这个安排是出于赫尔在我面前的毛遂自荐，而我充分信任他，只是他的头部曾经受过的重伤让我有一定程度的顾虑。他的参谋长是能力超群并深谙我用兵之道的贝利茨总参勤务上校，在我看来他俩是珠联璧合的搭档。从1945年1月底到2月中旬，我不顾远未康复的身体，前去视察各集团军司令部和军指挥部，并在那里与几乎所有的师长都谈过话。我急于在战局的关键阶段到来之前收集确凿无疑的资料，供今后的决策使用。经过非常详尽的讨论，我了解到的情况大致如下：

在利古里亚集团军集群司令部负责的西阿尔卑斯山区，预料之中的冬歇期只被敌人用一些不成功的小规模军事行动打断。即使到积雪融化之后，估计这里也不会遭受大规模进攻，因为西、南两个方向上的整体局面不允许这样做。

第14集团军扼守的战线中，第51山地军所在的区域可以用风平浪静来形容，而在塞尔基奥河上游的河谷，第14集团军司令部（冯·蒂佩尔斯基希）下令在圣诞节期间实施的一场牵制性进攻证明盟军的次要战线不堪一击。海拔近2000米的贝尔韦代雷山[67]对保卫其以东阵地的重要性已经得到确切的证明。第14装甲军所在区域的位置对守住博洛尼亚以及由南向北和西北经过该市的交通线都至关重要。简而言之，这是一段有必要特别重视的战线。

过去的几个月（1944年11月—1945年1月）里，第10集团军作战地区内的危险地点更明确地显示在科马基奥潟湖以南。敌军还成功地沿着艾米利亚大道[68]向前推进。一旦英国第8集团军成功突破这段战线，并用比较薄弱的兵力把部署在其南面的德军牵制住，第14装甲军和第1伞兵军的后退运动就会受到威胁。另一方面，位于科马基奥潟湖沿岸的第10集团军北部地带易守难攻，洪水泛滥和敷设地雷也将大大增加敌人进攻的难度。

把阵地设在水域后面的做法给防御带来一种新的面貌。更强调在纵深内实施战斗和从纵深发起战斗，从而抵消敌军炮火的威力，坦克战术也变得更适应防御。

第97军即"屈布勒"军指挥部负责的地带内已经出现游击队活动，严重影响军队训练和阵地建设。铁托的军队在阜姆以南的推进值得注意。这一部分战线在兵力和物资的补充方面都受到了冷落。

随着时间的推移，海军的任务已经呈现出陆战的特征，勒维施将军欣然听从我的建议，组建一批海军陆战部队，并在陆军的支援下进行训练。

像以前一样，空军驻意大利指挥部除了在预定重点防御地区内的交通枢纽和重要隘路执行防空任务之外，还为集结点和交通瓶颈地带提供空中掩护。部署在

"作战地域"内的高射炮兵也始终是对坦克防御的最后一道屏障。陆军部队与空军高射炮部队的密切协同一贯让我满意，而冯·波尔将军把我的愿望当作命令来看待。意大利炮手在混编的高射炮连里也有出色表现。空中侦察勤务只能局限在一个狭小的空域内，对纵深的侦察效果也随之降低。航空兵只剩下一个空架子。尽管如此，屈指可数的现代化侦察机——阿拉多234（Arado 234）——在性能上令敌机望尘莫及，能够带回来一些有用的侦察结果，揭开笼罩在敌占区腹地和前线附近海域上的一**小**部分面纱。驾驶德国快速战斗机的意大利飞行员组成一批小型战斗机部队，他们的出现固然不足以影响全局，但确实令人振奋。他们能够成功拦截频繁轰炸德国南部和奥地利之后返航的盟军飞机。

维持上意大利地区的军事工业对西南战线总司令部来说越来越重要，因为它的产量可以为自己的战区服务。面对西南战线总司令部提出的让本战区自给自足的要求，施佩尔部长已经在上文提到的那次秋季讨论中彻底打消了他的疑虑。大区领袖霍费尔开始在阿尔卑斯山区储备粮食，当然，这种做法永远无法满足需要。

指挥机构和基层官兵的情绪是积极向上的，远远超出我的预计。根本看不到任何失败主义的迹象。即便在私下里，也从未有人提过应该坚持还是放弃斗争的问题，因为意大利境内的德国武装力量知道自己的坚持同样很重要。军队数量差强人意，只不过个别部队的训练水平令人担心。

武器、弹药和动力燃料方面的形势更加严峻，首当其冲的是空中的形势，有可能导致最不乐观的意外事件。

整个战区已经做好迎接决战的准备。无论防御的形式是阻滞战斗还是退却，都可以凭借准备就绪的地段、阵地和安全守备部队继续坚持，所需的只是在战术上的正确时间以正确方式使用它们。这不允许我们在波河以南接受**决战**，但也没有令人信服的理由立即开始后退运动。向其他战场输送几个师的行动仍在继续，最低限度的供应量很少得到持续的满足。尽管如此，也不可能从一开始就说服希特勒根据局势的变化重新下达作战任务。但是，既然他从未坚决反对我的作战指挥，我相信我能像以前一样在关键时刻按照局势的要求自行其是。

不幸的是，希特勒无法就不同战区的统一指挥做出决定。国防军统帅部一直在研究这个问题，总是答应早日解决，但出于某种我无法理解的原因，实际上无所作为。我大致有一种印象，希特勒应该是害怕让一个人在遥远的几个战区独揽大权，因此根本不想那么做。

出人意料的是——踏着厚厚的积雪——非常优秀的美国第10山地师于1945年2月中旬突然对第232"常驻"步兵师的左翼发起攻击，并迅速占领贝尔韦代雷山的几处制高点。这表明这个突击方向对于当时乃至春季的重大军事行动都具有危险性。必须马上执行早已准备好的预案。第114步兵师当时就在附近，随即在第232步兵师的左侧投入战斗，接管受威胁地带总宽度的四分之一。考虑到第114步兵师的战斗力不可靠，显然这也不是长久之计。趁第334步兵师接手这项任务之前，美国第10师又在3月初发动第二场攻击，同样抢占大量有利地形。这是一起特殊事件，为了防止事态进一步恶化，守住通往波河平原的门户，必须在博洛尼亚以南这个在战役和战术层面对C集团军群来说最危险的地点决一死战。这意味着要动用已经休整几个星期之久的第29装甲掷弹兵师。这是一个艰难的决定，但不幸地也是一个不可避免的决定。虽然我们通过短暂而激烈的战斗迫使敌人停止进攻，但是对第29装甲掷弹兵师来说却意味着连续作战近三个星期并遭受重大损失，已经失去了作为战区统帅部预备队应有的价值。第334步兵师代替它成为新的预备队。美国第10山地师的这两场攻击预示着敌人发起春季钳形攻势时西路军的出发点、方向和主攻地点。

1945年3月9日，希特勒召见我，并让我从3月10日起接管西线的战区指挥权。我下一次更密切地接触C集团军群已是4月底，意大利战区将在那时候与其他几个战场一起划归我指挥。

意大利战局总结

时隔数年之后重新思考意大利战局，必须回答下面两个问题：在意大利的广大地区坚持预有准备的纵深梯次防御长达两年在军事上是不是合理？所遵循的斗争原则是不是符合局势的需要，并在可实现的范围内赢得了最显著的军事成就？

下面的思考不涉及政治因素，我已经在上文提到，意大利在错误的时间加入战争，德国既没有提出要求，又不希望看到，反而认为意大利的中立最有利可图。政治—军事局势是我们必须接受的事实。战场范围的每一次过度扩大都有其不可否认的弊端，主要表现在对战争潜力的过度消耗，以及供应和指挥的困难。任何时候，所有交战方都力求把战争推入敌国境内，远离本国领土。随着国家规模扩大和人口增加，尤其是技术的进步，铁路和汽车推动着战争蔓延到各大洲。人类对天空的征服又摧毁了最后一道屏障，把全球的空间都变成战场。如果无视总体战在政治领域和经济领域的要求，仅限于探讨军事领域，那么判断的依据就藏在下面这个问题的答案里：早日放弃意大利的全部或者一部分地区是不是一种更好的军事解决方案？

撤出整个意大利并在阿尔卑斯山阵地保卫帝国，非但不能节省有生力量，反而让盟军彻底获得在法国和巴尔干地区两个方向上实施机动的主动权，轻易占领这个作战区域有用的、甚至不可或缺的纵深，使用轻重各型飞机对整个南德—奥地利地区发动无限制的空中战争。

撤出意大利南部和中部，坚守亚平宁山脉和阿尔卑斯山脉同样既不能带来人员和物资上的任何节约，又不会显著降低登陆和空降的风险，还会让敌人对南德—奥地利的生存空间实施有效的空中战争。

另外，上述两种情况都会增加补给面临的威胁。

要保证撤退行动有一定的成功机会，就必须趁早做准备，即1942年与1943年之交。出于政治原因，这在当时根本不可能。

从这些仅仅简要概述的事实中可以看出，为意大利而战不但合理，而且甚至势在必行；除非无视战争的全盘计划，只做看起来对自己所在战区有利的事情，就当前而言是对意大利战区有利的事情。倘若单纯把早日结束战争当作唯一目的，不顾夺取军事—政治胜利的机会仍然存在，那么必须承认地中海地区的战争没有必要。但我不敢苟同这种观点。

为期两年的意大利之战的结果无可回避，由于种种原因，这个战区在损失惨重的情况下终于崩溃。只要有利于战争的全局，这本身并不遗憾。这个判断应该是正确的，因为正面结果足以抵消负面结果：

这个战区牵制的盟军兵力如果投入决定性战场，有可能对东线或西线的战争进程产生重大影响，从而给德国造成危害。

这个战区远离其他战场，不会对德国的决定性战场构成任何直接影响，并能阻止空袭对德国的破坏性影响，而只有从边境附近针对一个目标集中发起空袭，才能为这种破坏性影响创造前提条件。

截至1945年4月，盟军的损失不太可能显著少于德军，这对盟军的决定性军事行动来说是一种提前加载的沉重负担。

南德地区几乎在国计民生的每一个领域都免遭战争的破坏，这对军工生产和坚持斗争的重要意义无论怎样评价都不过分。

由于德军在意大利纵深地区的顽强抵抗，边境附近的歼灭战只发生在其他战场的战事已经决定德国的命运之后。

这个战区的空间对地面、海上和空中的军事行动都具有命运攸关的意义。放弃大片的土地将直接或间接影响其他战场和德国本土，造成的人力物力损失很可能超过意大利战区的损失。

诺曼底登陆发生之后，意大利战区已经沦为彻头彻尾的次要战区，除了其他例证之外，还具体表现在从这里调走10个师。反观敌方，始终有与每个时间段的任务相匹配的兵力——尽管编成和素质有所不同——和最强大的物质手段深陷在这个战场。意大利战区在上述条件和敌方掌握绝对制空权的情况下能够坚持的事实，理应被客观的学术研究看作"有可能实现的最佳成就"，毕竟自由作战已经成为乌托邦式的梦想，土地一旦放弃就再也无法重新夺回。倘若1945年4月的战事能不受最高级指挥机构的任何掣肘，让军队自由发挥，整体成就也许还将更加显著。

第二十一章

意大利境内的游击战

前传

　　正如我在上文所述，意大利违背德国的意愿加入战争。德国的陆海空三军都接到提供支援的请求，他们前来为意大利的切身利益而战。德国人在非洲、突尼斯、西西里岛和意大利南部付出无数的牺牲。人数远远超过他们的意大利武装力量却没有哪支部队能同样顽强地奋斗，几乎无一例外；有时候还在明显拖后腿。考虑到与意大利人的友谊，这是可以忍受的。

　　随着意大利脱离轴心国，并在同盟国的全力支持下号召"游击战争"，情况急转直下。这种战争的出现和实施都违反国际法，把原先的战友情谊变成针对昔日盟友的最残忍谋杀。

游击运动的发展

　　针对德国武装力量的抵抗组织形成的明确迹象最早出现在巴多利奥政府的统治时期，即1943年7月25日—9月8日。上校蒙泽莫洛伯爵无疑是这件事在思想上的煽动者。鉴于这位伯爵是巴多利奥的副官，可想而知，这场针对盟友的运动是在意大利仍然声称要与德国并肩作战的时候，得到意大利政府的完全同意后发动起来的。

　　[意大利]背弃联盟之后，间谍和破坏活动的网络蔓延开来。

　　越狱逃脱的盟军战俘得到广泛帮助。他们与潜逃到山里的意大利军人一起组成第一批游击团伙；不良分子混杂在其中，使这些团伙成为危害意大利正派民众的严重祸患。1943年秋季和冬季，第10集团军后方出现过个别主要由越狱战俘组成的游击队，并未构成任何威胁。总的来说，那些人只是为越过前线而战。1944年4月，所谓的"游击集群"首次在亚平宁山脉及其两侧出现，主要集中在佛罗伦萨地区活动，已经对补给构成决定性的影响，需要我们在军事上采取对策。

随着1944年6月我军放弃罗马，情况急剧恶化到我始料未及的程度。这个时间点可以称为意大利境内"无限制游击战"的诞生时刻。游击队的蓬勃发展令人震惊，在前线与亚平宁山脉之间尤其明显，在此期间，游击队的总人数估计从几千人一举增加到近10万人。这样的发展既是巴多利奥和亚历山大元帅通过广播煽动游击战争的结果，又是因为人们普遍认为意大利境内的两个德国集团军即将在战场上彻底覆灭。从那时起，所谓的"游击战争"便构成对德国作战指挥的真正威胁，消除这个威胁对整个战区有决定性的意义。

1944年与1945年之交的冬季，游击队在一系列战斗中收效甚微却招致惨重损失，再加上停战协定、临时停火、大赦和冬季恶劣天气的影响，局势明显有所缓和。游击队的总人数有可能下降到几万人。但德军指挥机构十分清楚，这只是"表面上的平静"。

山区的积雪开始消融，游击队以更大的规模再度活跃起来，并在1945年3月底至4月初达到顶峰，人数可达20万—30万。

能够各自为战、具有较高素质、战斗方式也更残酷的游击队主要分布在受巴尔干地区影响的伊斯特拉半岛和伦巴第东北部，重点是戈里齐亚周围和北部的阿尔卑斯山区。游击战斗的宗旨除了对我军官兵的一般性骚扰之外，还企图干扰、妨碍或阻止经过菲拉赫送往意大利地区的物资供应，以及从西面、北面进入南斯拉夫的交通。

在阜姆—的里雅斯特—戈里齐亚沿线以东的山区，大部分人口是游击队的"仆从"，而在这条线以西的平原上，所占比例逐渐减少到与意大利中部地区相同。

通常认为，游击队只在本地活动，然而，随着地面战况的发展，有组织的游击部队开始出现。这几个月的过程还可以归纳成下面几个重点事项来强调说明。

游击运动的组织

游击运动在最初几个月里的指挥特点是没有设置对部下负责的高级、中级甚至低级指挥职务，这不符《海牙陆战法规》第一条第一款[69]的规定。后来，情况有所改善，我们得知了其中一些指挥官的姓名。

对于德军指挥机构来说，下列事实在这几个月里变得越来越清楚：

负责游击队的最高级指挥机构在盟军统帅部里，我们估计这是一个由意大利人和同盟国军人混编而成的指挥部，由情报参谋军官领导，但与作战参谋处及其下达的命令有越来越多的牵连。执行破坏和侦察任务的小分队可以直接联系到向他们下达任务的人，种种迹象表明，这些小分队直接隶属于盟军统帅部或其代理人。游击队指挥官通过盟军的联络军官与其统帅部联系，除非他们完全独立行动。后一种类型主要是由犯罪分子组成的团伙。

部队形式的组织，即所谓的"旅"，早在1944年4月就已经出现了，但那只是徒有其名。从1944年秋季开始，我们可以评价游击队占领区已有更严密的组织和指挥，例如在亚历山德里亚地区。

根据我得到的报告，战争中最后一个季度的所有作战行动都伴随着有计划的游击队活动，只是我忙于其他事务，无暇亲自核实。

对于由大批原军人组成的游击团伙来说，"部队"内部的指挥机构是根据军事原则来构建的，但这种团伙的影响范围并不大，渗透能力也不强。补给起初来自自愿捐献，但主要来自当地居民的"非自愿"捐献。辅助手段是空投或海运（潜艇），尤其在人员方面。

这些组织大致可以划分成如下几种类型：

第一类："侦察小分队"是经过专业训练，以最小规模出现的一个又一个秘密行动小组。这些人是高素质的游击队员，甘冒一切风险。除了从事的行当违反国际法之外，他们无可指摘。破坏小分队也属于这一类，除了所作所为同样违反国际法之外，他们还在更大程度上违反人道主义法律。犯罪分子在其中有很强的代表性。

第二类：由具有一定程度领导的地痞无赖组成，他们在任何可能的场合，尽一切手段实施掠夺、谋杀和抢劫；他们是"殃及每一个人的大面积祸害"。

第三类：这几个月内变得越来越军事化的一种组织，他们把德国人和法西斯分子看作自己的敌人，并或多或少地得到当地居民的拥护，具体取决于后者的看法和做法。在游击队占领的居民点甚至整个地区，不管男女老幼，每一个人都与游击队有某种形式的牵连，无论作为战斗人员、协助者还是追随者。这些人的参与是出于自己的意愿，还是迫于某种温和的压力，都无关紧要。因为击中德国军人的子弹不会有任何区别，所以我们必须在军事上采取措施，而不是感情用事。

另外，还存在整个地区只是"受到游击队威胁"，甚至是"彻底没有游击队活动"的情况。

总体而言，这些游击团伙展示的形象是一个由同盟国、意大利和巴尔干半岛的军人，德国逃兵，以及一部分来自各行各业，在年龄和道德观念上有极大差异的男女平民组成的大杂烩，没有任何内在、共同和道德的纽带，爱国主义的使命感和热忱往往只是掩盖其最低级的本能行为的幌子。直到1944年秋季，我们才可以把主要驻扎在各种山区里的游击队善意地评价为军事化的部队。

游击队的人员构成、流动性、武器和装备都无法保证其军事行为符合国际法。

游击队的战斗指挥

游击战时时处处违反国际法，也违背军事上堂堂正正的战斗原则。它的主要特点如下：

主要问题是缺少指挥人员和指挥能力，因此，不可能实现统一的指导和训练。

这使得人们可以张扬自己的个性，南方人的性格又起到推波助澜的作用。在夸大其词的"祖国赋予的任务"仍然让犯罪分子有所顾忌的地方，他们也知道怎样让自己的犯罪本能透过这样一群乌合之众尽可能地展现出来。就这样，令人讨厌、诡计多端的战斗可以变成庆祝性的狂欢，而意大利的地理结构简直是为此量身定做的。游击队员以小团伙或个人的方式肆无忌惮地活动。从山区到波河平原，从树林里到道路上，在夜间或大雾中，他们到处鬼鬼祟祟地出没，但从不公开露面。针对德国武装力量的机构、营地、仓库、铁路、公路、桥梁和通信设施的大量破坏行为，以及同样频繁的违反人道的野蛮罪行，主要归咎于这些团伙。犯罪的形式多种多样，从打黑枪、绞死、溺水、焚烧、冻死、钉上十字架、各种酷刑、针对个人和集体的暗杀，直到在水井里投毒，每一种都不止出现过一次或几次，有时甚至连续不断。这里必须特别强调，他们还经常滥用"红十字"标志。

他们之所以能轻易得手，是因为几乎所有游击队员都不佩戴军人标识，藏匿自己的武器，甚至违反国际法穿着德军或法西斯分子的制服。他们全然无视"制服"所要求的义务。

所有这一切也在德国方面引起相当强烈的愤慨，因为身处"游击队占领区"的德国军人不得不怀疑每一位男女平民都可能是狂热的刺客，每一栋房屋都有可能射来子弹。另外，侦察勤务和报知勤务是在全体民众的参与或者纵容下进行的，这是使游击队有可能不断威胁到德国军人的首要因素。

只有在极少数的特殊情况下，游击队才站出来接受堂堂正正的战斗；一旦他们通过伏击完成自己的阴险任务，或者自觉实力不济而被迫停止战斗，就会化身为平民混迹于当地居民当中，或者假装成无辜的"户外旅行者"溜走。

无论他们在哪里主动或被动地进行战斗，都不会考虑居住在作战区域内的平民，这违背一切人道主义原则，因此，最令人遗憾的伤亡往往发生在手无寸铁的老人、妇女和儿童身上。

德军的伤亡人数相当可观，法西斯民兵和无辜民众的损失也不在少数。由于德国军人分散在广大区域，1944年6—8月这三个重点月份的确切伤亡人数无法统计，各种原因导致的下落不明只能当作所谓的"失踪"。我的情报处向我报告说，在此期间大约有5000人死亡，2.5万—3万人受伤或被绑架。这些数字在我看来未免太大。根据口头提供给我的伤亡人数报告来计算，我估计这三个月应当有5000人死亡，死亡和被绑架的总数甚至可能不少于7000—8000人，伤员的人数至多与后一个数字相当。无论如何，仅德国一方在总伤亡人数中占到的比例就明显超过游击队的损失总和。

反游击战

轴心国和西方同盟国都签署过《海牙陆战法规》。

游击战开始的时候，意大利符合《海牙陆战法规》第42条[70]的条件，应当被看作"被占领的领土"。因此，这些游击队从出现之日起就已经明显违反国际法。

《海牙陆战法规》第2条[71]生效的先决条件没有得到满足。

敌人发动游击战是完全无视《海牙陆战法规》第1条的规定。

根据上述事实，德军指挥机构有权采取《海牙陆战法规》或"战争惯例"允许的每一种反制措施。

根据掌握的战争史知识和对游击战斗的个人了解，我把游击战看作是一种退化的作战样式。这种战斗过程中不可预知的因素迟早会与国际法的成文和不成文规定发生冲突。是的，我们几乎可以用数学般的精准来预言战斗将越来越残酷，长此以往，必然导致双方犯下最残暴的罪行。这是游击战斗的特殊性质决定的，也使反制措施的严密指挥化为乌有。

德国武装力量充分了解这种情况，全面拒绝实施游击战，唯一的例外是1945年4月公开发布的"狼人"号召[72]，但绝不能当作一个令人信服的反面论据。那是党卫队和[纳粹]党最高领导层的所作所为。德国武装力量在和平时期既没有接受过关于游击战的训练，又从未制定相关的教令。出于这个原因，意大利境内的德军各级指挥机构也没有与越来越有威胁的游击队作战的心理准备和积极性。这需要我进行强有力的干预，迫使集团军司令在这种战斗中投入与前线战斗一样多的兴趣和注意力。

1944年5月以前，作战区域之外的反游击战是为党卫队帝国领袖[希姆莱]保留的专属领域，他的统治权力在官方正式宣布的"游击区"不受任何约束。

我认为与敌方正规军和游击队的斗争是一个不可分割的整体。国防军统帅部不顾党卫队帝国领袖的强烈反对，采纳了我的观点，并于1944年5月初把意大利战区内反游击战的总体责任交给西南战线总司令部。"党卫队和警察最高长官"[73]个人在这个领域内隶属于我：他必须按照我制定的指导方针在他的辖区内实施反游击战，但由他自行负责。这种安排带有轻微的政治色彩，所以从军事角度来看并非十全十美，但还算切实可行，因为在"党卫队和警察最高长官"手下的"游击战指挥参谋部"（Bandenführungsstab）内组建了一个有用的工作机关。

在各集团军的"作战地区"和海岸沿线的军事占领区，反游击战由集团军司令部负责。

各集团军与"党卫队和警察最高长官"负责的游击区之间的分界线根据地面

战况和有关部门实际掌握的兵力大小进行调整。

"对游击队的侦察"主要由集团军群司令部、集团军司令部（情报参谋）、"党卫队和警察最高长官部"指挥，由党卫队保安处（SD）负责实施，上述指挥机关给予"可信赖的合作"。保安处各部门与陆军"秘密战地宪兵"（Geheimen Feldpolizei）的合作也以同一种方式进行规范。

充分尊重上述责任分工的同时，反游击作战行动的指挥权在原则上必须交给**最资深**的军官，而不考虑他来自国防军、党卫队还是警察。另外，还在实践中逐渐摸索出下列规则：

参战各师和军的后方地区——或滨海地带——由师长和军长各负其责，他们再根据军队的驻扎情况向下分片包干。集团军的后方地区，由作为现场指挥官的集团军后方首长（Korück der Armeen，第一个单词是 Kommandeure im rückwärtigen Gebiet 的缩写）负责。

这个组织结构能满足实际需要，运作良好，只是因为它能避免任何形式的照本宣科。

由集团军群指挥的大规模反游击作战行动，需要准备几支成建制的大部队或独立指挥的混编部队。决定性因素不是绝对的实力，而是官兵们能否适应游击战争。

起初只动用步兵分队即可得到满意的结果，但游击战的蔓延和加剧需要我们逐渐放宽使用火炮、轻重迫击炮、战斗车辆、火焰喷射器和其他技术兵器的尺度。

一些训练有素、装备精良、战斗技能高超的人员就地编成"搜索队"（Jagdkommandos）并接受训练，准备随时采取反制措施。参战兵力中还有一些特别单位，例如"勃兰登堡营"。而完整的大部队（师）作为所谓的"袭击队"（Überfall-Kommando）待命出击。

这意味着在整个后方区域建立一个高效的组织架构，还可以用来防御敌人的空降行动，并作为一个保卫后方区域的基础结构，依托像隘路和城镇入口这样适于防御的地物或者筑城工事，抗击已经突破正面战线的敌人。

后勤单位编成内的全体军人，从指挥官到普通士兵都不适合参加讨伐行动。体力或智力上的欠缺只能通过更优秀的性格特点来弥补。但后方的生活及其造成的腐蚀性影响却与这个要求背道而驰。"党卫队和警察最高长官"手下形形色色的官兵遇到的困难尤其严重，其中不仅有来自德意两国武装力量各个成分和政党支部的德国人和意大利人，还有俄国人、哥萨克人和捷克斯洛伐克人，一部分是以最小型的分队出现，更何况他们还没有真正的实战经验。然而，这些困难都不能从根本上威胁到这个组织架构的建设，也不会危及任务的执行结果。

德军1942年根据东线经验颁布的《反游击战》教令始终未能被官兵们普遍掌握，因为当时反游击战在我负责的地区无足轻重。可是等到它进入决定性阶段的时候，前线的战斗又让指挥机构和基层官兵在身心两方面承受着巨大的压力，不可能对这份材料进行必要的研究。

高级指挥机构不重视这场斗争，是可以理解的，因为游击队大多在遥远的后方地区活动，不会直接影响到战斗人员。关于撤往后方的单位或后勤部门遭受攻击的报告很晚才从后方传到这些指挥机构的手里，再加上前线造成的精神负担与日俱增，导致他们无法做出正常情况下应有的反应。

指挥机构和基层官兵发自内心的不情愿，在这个领域缺少经验，最重要的是认识到游击战必将变成一颗不断生长的毒瘤，这一系列因素促使我下令采取一切可能的措施，制止或限制这种非常规战争的发展和不断蔓延。这些措施包括：

由警察监视抵抗运动的核心人物及其后来组建的非法组织。在包括梵蒂冈在内的几乎全意大利的教会诸侯、政治领袖、行政首脑和其他知名人士的参与下，通过宣传教育、对民众的福利措施、大赦、免除兵役劳役和向德国的遣送、对游击队的救济、全世界范围内的广播宣传等方式实施政治安抚。另外，还试图通过谈判至少在局部和暂时停止敌对行动，而这种做法确实能在不同的场合收获成效。

由于明确意识到游击队对我的两个集团军从1944年6月开始的退却构成决定性威胁，我试图通过口头指示和书面命令填补现有的漏洞。我的命令包含下列要点：

在战术上，要像对待"前线战斗"一样重视"反游击战斗"。原先只用于"前线战斗"的武器，例如战斗车辆、火炮和火焰喷射器，都可以用来帮助迅速、彻底地消除游击队的威胁，最优秀的官兵也有必要参加与游击队的战斗。

这样做的目的是，确保通过积极有力的迅速行动和使用纪律严明的官兵，防止反游击战退化成指挥不力和纪律涣散的散兵游勇的肆意妄为，我认为那是滑向混乱的前兆。

反游击战斗有其独特之处，战术规则必须做出适当的调整。在战场上实施战斗侦察之前，要事先不间断地实施"对敌侦察"。这种任务是党卫队保安处和秘密战地宪兵的专长，不适合普通军人执行。这种军事行动唯一的成功机会在于最严格地保守秘密，以迅雷不及掩耳之势实施。只有在游击队凭借营地负隅顽抗的情况下，捣毁游击营地才有实际意义。我们逐渐摸索出的常规做法是，先彻底封锁游击区，然后要么同时围攻所有正面并压缩合围圈，要么集中几支主攻部队向预定的封锁线分进合击。

上文提到，打黑枪造成的不安全感和防不胜防让人觉得寸步难行，适用于这种战斗的自卫手段应运而生。与其坐等有人从房屋里开枪射击，不如向房屋开火来压制可能躲在里面的狙击手，或者连续射击直至对手失去战斗力，从而避免我们自己的背后出人意料地冒出来一个敌人。如果要避免重大损失，那么掩护后方的漫长交通线，保证补给和伤员后送的安全就变得尤其重要。

鉴于游击队的行径相当野蛮，有时甚至惨无人道，我不得不在一个关键时期下令最坚决地使用武器，避免我方军人的某种疏忽和不合时宜的宽大处理招致不应有的损失。如果不想自寻死路，就需要在反游击战中转变自己的思想，这个转变过程本身也蕴藏着巨大的危险。避免这种危险的唯一方法是在坚实可靠的指挥下使用一支纪律严明的军队。

出动轰炸航空兵原本是最有效的手段，但作为一个原则性问题，我拒绝这样做，因为轰炸藏身于居民点中的游击队势必造成平民伤亡，我承担不起这个责任。事实告诉我，很少有人对我的这个考虑表示过感谢。如果不从根本上取缔游击战及其导致的全部后果，并以国际法的方式对参与各方形成约束，那么将来很可能有人不得不放弃这个原则。

鉴于叛乱战争或游击战争的特殊性质，国际法允许采取一些不同于前线战斗人员的措施。不幸的是，《海牙陆战法规》中仅用最小的篇幅对这种措施加以规范，其中一部分是根据不够严谨的"战争惯例"。涉及的领域有：人质问题和杀害人质，报复行为及其性质、规模和合理程度，集体措施及其前提条件，紧急法令和司法程序。

必须认识到，国际法对这种最疯狂和最激烈事件的规定不够明确，也不全面，必然令人遗憾地导致双方犯下一些不可避免的错误和付出重大牺牲。鉴于对国际法的理解和解释存在分歧，例如大陆国家与盎格鲁－撒克逊国家之间有不同的理解，不应该根据某一种解释对一个负责任的指挥官按照本国规定采取的行动做出有罪推定，否则就是对灵魂犯下的罪孽。上述许多行为，例如报复行为，都属于"酌情自行决定的问题"，必须由负责的指挥官在全面审查具体情况的基础上逐案决定。

根据德国军队的规定，只有掌握所有相关专职人员的师长及其以上级别的指挥官，才有权实施报复，因此，足以保证杜绝不合理的措施。

然而，"绿色的办公桌"[74]上肯定会传来不切实际的规定和批评，不会让我们得到尺寸之功。与一名安然端坐在写字台后面吹毛求疵的检察官或法官相比，一个正在被人以最卑鄙的方式谋害性命并且整天只与"红色"打交道的军人，当然会有不一样的反应。

游击战的规模和非法侵害行为

整个战区的每日报告由集团军群的情报参谋收集汇总，标注在形势图上，并用卡片索引的方式记录在案，从而明确显示军事行动和特殊事件的数量在不断增加。战斗重点的转移也为作战部门的情况判断提供信息。主要作战时期及其准备阶段发生特殊事件的频次在每天10起到50起之间变化不定。

针对重要军事目标、铁路、营地或仓库的破坏事件或多或少呈现出当地化和常态化的倾向，后者就像水手们所说的"例行的日常排水"[75]一样，只在数量上有轻微的差异，而其他游击活动都受到地面战况的极大影响。因此，发生袭击的区域和频次存在很大差异。

随着游击组织的扩大，所谓"游击队威胁"或"游击队占领"的地区越来越占主导地位。但是，只有它们与军事行动构成直接联系的时候，才会成为生死攸关的威胁。

正如我已经指出的那样，游击队的所作所为是一根无休止地歪曲和违反国际法的链条。

战争结束后的几年里，德国军人受到了关于非法侵害行为的大量指控；各种事件也成为审判的主题，而这些审判几乎都以判处被告死刑告终。面对这种判决，本章的内容决不能到此结束。

即使考虑到意大利民族性格中固有的夸大其词和不切实际的幻想，再加上原先大多数由共产党领导的游击队成员至今仍在施加压力，我们还是不得不承认德国方面确实有一些令人憎恶的非法行为。但反过来看，肯定只有在少数特殊情况下才会有确凿的证据来证明德国军人的罪行。实际发生的过激行为或暴行很可能要由游击队、新法西斯组织和德国逃兵团伙均摊，可以归咎于德国部队的事件即使有的话，也只是极少数。还可能有一些事件是因为掉队的军人自卫过当。

值得思考的是，通过德国官方渠道上报到西南战线总司令部的这类不法行为只是极少数，可能只有三至五起，而墨索里尼在我的催促下向西南战线总司令部通报的侵犯民众的罪行，经过德国方面的调查，结果都是子虚乌有或有所夸大。其原因在某种程度上还可以追溯到程序上的差异，进而追溯到对国际法规定的不同解释，例如报复手段的适用程度、范围和执行方式。证词往往互相矛盾，因此，只有一个人认定德方证人的宣誓证词不可信，而反方证人最含糊的证词也是基本可信的，才能认定德国军人有罪。

有人可能会反对这个论点，说报告中之所以没有出现这些犯罪事件，是因为它们被避重就轻地掩饰过去，或者干脆隐瞒不报。鉴于战争中一切皆有可能，这种情况作为少数个案确实有可能发生过。但我决不同意这是普遍现象，因为我正是考虑到这一点，专门建立了一个报告和监控网络，不允许这种做法长期存在。这个网络不仅包括意大利的各种办事机构与德军基层部队和参谋部之间互派的联络员、派驻领袖身边的联络组和教会方面的来往信使，还有我对德意两军基层部队、指挥所和行政机关的频繁突击视察，与意大利权威人士的协商，以及我的"特别代表"哈特曼炮兵上将在我的广泛授权之下采取的监督措施，最后还有由战地宪兵（Feldgendarmerie）、秘密战地宪兵、执勤巡逻队和有权管理整个战区全体德国人的战地宪兵队（Feldjäger-Korps）共同组成的战地宪兵组织。

我相信，为了维持己方军队的纪律和遵照国际法防范游击队的活动，无论何时何地都没有人付出过同样多的努力。另外，当不道德行为和腐化堕落开始损害德军战斗力、德国的国家威望、与轴心国盟友的友好关系，特别是当地民众福祉的时候，我还在自己的管辖范围内断然采取严厉措施。通过这些措施，我能够在最短时间内扭转第14集团军军纪明显涣散的局面。

译注

1. 原文是德语的海军元帅 Großadmiral。里卡尔迪当时的军衔是海军一级上将（Ammiraglio di squadra designato d'armata），1942年10月28日晋升海军大将（Ammiraglio d'armata）。

2. 1941年9月1日—1942年1月30日称非洲装甲集群，1942年1月30日扩编成非洲装甲集团军。

3. ①注意：意大利三军首长的军衔与正文不完全一致。②意大利陆军司令部是 Esercito。③冯·林特伦兼任的职务是1940年4月20日设置的德国派驻意大利武装力量大本营的全权将官（Deutschen Bevollmächtigten General beim Hauptquartier der italienischen Wehrmacht）。

4. Kampfmittel 指战斗的兵力兵器、军需物资。Kleinstkampfmittel 在这里特指意大利的人操鱼雷，而在第二十二章关于雷马根的段落中包括德国空军的各种小型武器（甚至是 V2）、海军的蛙人和小型舟艇。

5. 原文是1942/1943，指两年之交。作者经常使用"/"表示跨年度、月份或日期的时间段，而汉语中的分隔号没有这个含义，译文按照汉语习惯转写。

6. 弗朗科·毛杰里海军上将当时指挥意大利海军的秘密情报局（Servizio Informazione Segreto）。凯塞林元帅的养子赖纳·凯塞林博士在本书2000年德文版的序言中提到：凯塞林元帅直到去世都不知道，英国人成功拦截护航船队的根本原因是"超级机密"，后者直到20世纪70年代才解密；意大利人当时同样怀疑他们的海军司令部内有人泄密，一位前意大利军官1957年写过这样一本书，并邀请凯塞林元帅作序。

7. 全国领袖（Reichsleiter）是纳粹党的一个职衔级别。纳粹德国的党政官员有一套职衔体系，并按照相应的级别佩戴领章等识别标志，将在下文出现的大区领袖（Gauleiter）也是其中之一。与此类似，原文提到的"大使"和"领事"也经常指外交官的级别，而不是具体职务。

8. 原文中的 El Gazala（加扎拉）应拼作 'ayn al ghazalah（艾因盖扎莱），其中的 'ayn 指"泉、井"，不应该省略。阿拉伯语的罗马化从20世纪中叶才开始逐渐规范，英德双方著作中使用的北非地名经常不完整，或者与常用拼写不一致。为便于阅读，不再一一注释，集中在后附的《地名表》中说明。

9. Rückzugsbewegung，包括退出战斗、退却和阻滞战斗。

10. Maresciallo d'Italia，这是仅次于帝国元帅（Maresciallo del'Impero）的意大利军衔。但卡瓦莱罗当时仍是大将（Generale d'Armata），晋升意大利元帅的时间是1942年7月1日。

11. 航空兵上将是戴希曼1945年4月20日获得的最终军衔。他当时仍是上校，1942年8月1日晋升少将。作者提到的军衔往往是人物的最终军衔，而不是当时的军衔。

12. 霍夫曼·冯·瓦尔道当时仍是中将，1943年1月30日晋升航空兵上将。

13. 指1942年5月27日和28日。艾因盖扎莱战役开始于1942年5月26日下午正面战场的佯攻，当晚21时隆美尔所在的右翼开始迂回。

14. 冯·梅伦廷原来是非洲军的情报参谋，在这场战役期间担任正面战场的"克吕韦尔"战役集群的作战参谋，从业务背景和军衔来看都很难替克吕韦尔指挥作战，详见冯·梅伦廷著《坦克战》中译本第127—128页。

15. Hals- und Beinbruch！字面意思是"颈断腿折"，这是一句表达祝愿的德国成语，往往用于对方面临一次重要挑战或险情的时候。

16. 实际上，征服一个坚固要塞或者赢得一场重大战役的将领晋升元帅是欧洲的军事传统，例如同期攻克塞瓦斯托波尔的曼施泰因和大仲马笔下的达尔大尼央。意大利人的不满主要是因为隆美尔的上级巴斯蒂科和卡瓦莱罗当时还只是大将（generale d'armata），只好先后把卡瓦莱罗（7月1日）和巴斯蒂科（8月12日）都晋升为意大利元帅（Maresciallo d'Italia）。德意双方似乎对 generale d'armata 的理解有差异：德方可能认为这是元帅级军衔（类似于美国陆军五星上将的 General of the Army），作者不仅经常在这两人晋升之前就称作元帅，还把意大利海军的 Ammiraglio d'armata（类似于 Admiral of the Fleet——英国海军元帅和美国海军五星上将）也称作德语的海军元帅 Großadmiral；而意方显然认为这是将级军衔，故译文称之为大将。

17. 从8月中旬到这时，轴心国在北非航线上沉没的油轮是"山德雷亚"（Sanandrea）号和"皮奇·法西奥"（Picci Fassio）号，被击伤的油轮是"波萨里卡"（Pozarica）号和"阿布鲁齐"（Abbruzzi）号。其中"波萨里卡"号于8月21日在希腊的科孚岛附近被空投鱼雷击中，并被拖到该岛，"山德雷亚"号于8月30日遭受空袭，次日沉没于意大利近海，而"皮奇·法西奥"号和"阿布鲁齐"号于8月31日在两艘鱼雷艇的护航下从克里特岛的索达起航，准备利用黑夜的掩护渡海并于9月2日到达图卜鲁格。载油1100吨的"皮奇·法西奥"号被一枚鱼雷击中后于9月2日0时45分沉没。载油484吨的"阿布鲁齐"号被一枚炸弹击中后，船员仓皇弃船并把所有秘密文件都抛弃在舰桥上，事后遭到罗马当局的调查；但船体并未严重受损，仍漂浮在海上，3日下午被拖到北非的希拉勒湾内，抢救出近450吨油料之后，于9月9日拖往班加西。该护航编队在黑夜的掩护下仍遭到2架"英俊战士"和7架"解放者"的攻击，护航的7架轴心国飞机还击落了1架"解放者"，德国第10航空军在报告中称其掩护措施"无可指摘"。在英译注提到的8月28日（包括接下来的29日），轴心国并未在这条航线上损失油轮或货轮。

18.《隆美尔战时文件》引用韦斯特法尔的回忆录说："凯塞林确实提供了500吨汽油，但它在运往前线的途中'自我消耗掉了'。"这个数量在各种著作中的演变相当有趣，本书英文版增加到500立方米，戴维·欧文撰写的隆美尔传记《On The Trail of The Fox》变成空运700吨，《无仇之战》和《隆美尔战时文件》写成每天空运500吨，冯·梅伦廷的《坦克战》英译本写成每天空运9万加仑。

19. 他当时仍是中将，1944年9月1日晋升元帅。

20.《无仇之战：非洲回忆录》是1950年出版的德文版隆美尔回忆录，后经整理编入1953年出版的英文版《隆美尔战时文件》。相关内容在《隆美尔战时文件》中文版第249—250页。

21. 冯·波尔时任南线高射炮兵指挥将官（Kommandierenden General der Flakartillerie Süd）。

22. "1942年11月6日晚，戈林未与国防军指挥参谋部进行任何接触，便以希特勒的代理人自居，与在罗马的凯塞林通话。"而希特勒及其大本营当时在东普鲁士的"狼穴"，11月7日午后乘火车前往慕尼黑，准备参加啤酒馆政变的纪念活动。见瓦利蒙特所著《德国国防军大本营》中译本第237页。

23. Pflänzchen rühr mich nicht an，后四个单词的字面含义是"别碰我"，合起来就是 Rührmichnichtan（凤仙花）。凤仙花的成熟果实遇到碰撞会爆裂，把种子弹出去，因此用来比喻非常敏感的人或事物。

24. 贝伊（Bey）曾经是奥斯曼帝国前几位君主的头衔，后来成为低于帕夏的一个贵族级别。突尼斯君主从1705年开始称贝伊，这里的复数形式指全体王室成员。

25. 这是从阿拉曼到埃及西部国界的距离。

26. Reisemarsch，部队可以休息、谈话或唱歌，并可自由持枪的行军。

27. 希特勒当时在慕尼黑阿尔齐斯大街的"元首官邸"，瓦利蒙特在慕尼黑火车站的"元首专列"上，凯特尔和约德尔在阿尔齐斯大街与火车站之间来往奔波。见瓦利蒙特著《德国国防军大本营》中译本第238页。

28. 杰达位于突尼斯市以西约30千米。袭击机场的是美国陆军第1装甲师第1装甲团1营C连的17辆M3坦克。全营共有55辆坦克，营主力留在后方几千米处，并未参加机场的战斗。机场上驻扎着德国空军第53战斗机联队第1、第3大队和第3俯冲轰炸机联队第2大队，部分战斗机当天正在从西西里岛向这里转场。

29. Arco Philene，位于利比亚滨海公路旁的黎波里塔尼亚与昔兰尼加交界处的一座大理石拱门。1937年3月16日揭幕，以传说中迦太基的菲莱努斯（Philaenus）兄弟命名。1970年10月被卡扎菲下令炸毁。

30. 需要说明的是，这一句的直译是"战斗从未像非洲集团军原先让我习以为常的那样顽强和坚决"，把指责的对象隐含或移到句中的其他位置，语气比较委婉，这是作者常用的做法。

31. 原文如此。阿卡里特干河阵地在盐沼与海岸线之间，不在盐沼的前面。这两个名称似乎指同一个概念。

32. Stillstandshügel，英语称 Long Stop Hill，实际是两座相邻的山——Djebel el Ahmera（艾赫迈拉山）和 Djebel el Rhar（加尔山）。

33. 原文是 Geschwadergruppe，连同上一行行首处的 Geschwader（联队）均应是 Gruppe（大队）。可能手稿起初写成 Geschwader，补充大队番号后划改为 Gruppe，但誊抄者不清楚番号中罗马数字的含义导致笔误。而上一行是忘记划改。

34. 原文如此。

35. Eingreifdivision，指展开在内陆地区的快速反应师。海防师是 Küstendivision。

36. 该师装甲旅旅长威廉·施马尔茨当时还是上校，1944年4月16日升任师长之后于5月1日晋升少将。

37. Oberitalien，意大利北部的具体地理概念，最南端的界线东起里米尼以南，西到拉斯佩齐亚附近。

38. jemandem die Stange halten 是德语中的俗语，从字面理解是为某人握住棍子。作者特地加引号，结合上文也可以理解为握住把柄。

39. 这是艾森豪威尔于9月8日18时30分单方面通过广播宣布的消息。意大利原来与同盟国商定同时宣布投降协定，但当天中午巴多利奥要求推迟，遭到艾森豪威尔的拒绝，巴多利奥只好在同盟国发出消息之后一个半小时，即20时正式宣布投降。详见艾森豪威尔著《远征欧陆》（北京：生活·读书·新知三联书店，1975年版）第210页。

40. 韦斯特法尔的回忆录《枷锁中的陆军》（Heer in Fesseln）说他在返回途中见到罗马街头已经挤满庆祝停战的老百姓，并提到罗阿塔的反应，相关内容在《隆美尔战时文件》中文版第352页有引用。但需要说明的是罗阿塔打电话的时间：《枷锁中的陆军》的时间线是"9月7日……第二天……第二天晚上"，即电话发生在8日当晚，与本书所述一致；而《隆美尔战时文件》的时间线是"9月7日……9月8日……'第二天晚上'"，令人容易误以为电话发生在9日晚上。

41. 1943年9月1日由装甲兵上将晋升大将。

42. 处理意大利军人的详细办法是希特勒规定的，具体分成三类：愿意同德国人一起作战的，将受到热烈欢迎；凡抗拒者，军官应枪决，士兵送往东线的劳动营；要求回家的将被遣送到德国强迫劳动。详见马塞尔·博多等主编的《第二次世界大战历史百科全书》（北京：解放军出版社，1988年版），第780页。《德国国防军大本营》第335页称：送到德国当劳工是希姆莱的主意。

43. 应是13日，这天被美国人称为"黑色星期一"。

44. 原文是复数形式 Hochgebirgs-Bataillone，没有具体数量。这种高山步兵营组建于1942—1943年，最初是独立营，共四个，其中第1营和第2营在东线，第3营和第4营在意大利。后来，这些营整编到山地师或山地团里。Hochgebirg 指海拔超过1500米的高山。

45. Majella-Block。马耶拉山是阿布鲁佐境内的一条山脉，有多座海拔超过2000米的山峰集中在苏尔莫纳以东，形成一个与周边地区有较大落差的断层块。

46. 英军发动主要突击的时间是11月28日，上面提到的河流应是桑格罗河（Sangro）。

47. von Senger-Etterlin，这是个复姓，实际上与第十六章中的冯·森格尔将军是同一个人。

48. 原文是带引号的"Weaner Buam"，这是一个文字游戏。第44师组建于维也纳，主要由奥地利人组成。Buam 是奥地利和德国南部方言中的小伙子、少年，而 Weaner 在英语中是刚断奶的幼畜，可能是故意把 Wiener（维也纳的）拼错。

49. 第5山地师从1942年3月到1943年11月在苏联的列宁格勒地区作战，主要担任第18集团军的预备队或编入其下属各军，参加过1942年8—10月的第二次锡尼亚维诺战役。

50. Massiv 是地质学的术语，指具有一定综合结构形态、属于一定构造体系的地质块体。

51. 阿尔弗雷德·施勒姆（Alfred Schlemm）当时是第1伞兵军的军长。该军的前身是1943年11月从东线调来的第2空军野战军，1944年1月1日改称第1伞兵军并开始接收原属第11航空军的军队和防区。而第11航空军从1941年1月组建到1944年4月在法国南锡改编成伞兵第1集团军，始终只有一任军长施图登特。这很可能是一种临时安排：当时只有第11航空指挥部能腾出来，但施图登特不在场，而施勒姆是炮兵出身，又曾经在该军组建期间时担任过一年多的参谋长，于是临时奉命指挥旧部。第1伞兵军和第11航空军的指挥部驻地都在弗拉斯卡蒂。下文的"第11伞兵军"在历史上并不存在，显然是第11航空军的笔误。

52. 恩斯特·施莱默（Ernst Schlemmer）曾经担任过第2山地师师长，当时在驻罗马的空军联络参谋部任职。1943年12月1日晋升中将，1944年1月18日担任"施莱默"战斗群指挥官，1月23日调任米兰防区司令，这次调动显然与本节内容有关。另外，意大利战区后来还有一个施莱默，那是他的弟弟汉斯·施莱默（Hans Schlemmer）山地兵上将。

53. 原文如此，这两个团的正式名称是（摩托化）掷弹兵团。

54. 按照原文的 Terrello 音译。这个地点可能是卡西诺以北偏西、直线距离约8千米的特雷莱（Terelle），贝尔韦代雷山口正是通往这里。

55. 亚历山大元帅在他的回忆录里坚持认为破坏修道院有军事上的必要性，摧毁它不是道德上的错误。他还提到盟军监听到德军的无线电通话："Wo ist der Abt？ Ist er noch im Kloster？"（Abt在哪里？ 他还在修道院里吗？）并把 Abt 当作 Abteilung（营、支队）的缩写，于是认为修道院里面有德军。但实际上，这里的 der Abt 是阳性的，指修道院院长，而 Abteilung 是阴性的，要把前面的冠词换成 die，这种解释才成立。见《亚历山大元帅战争回忆录》中文版第123—125页。

56. 原文中的 Apulia 应拼作 Aprilia，是位于安齐奥以北约16千米处的一个居民点，下文出现时加方括号修订。下一句中的科罗切托（Corroceto）应是卡罗切托（Carroceto），是阿普里利亚以南约3千米的居民点，今已并入阿普里利亚。

57. 需要指出，原著全部采用24小时制，6.30 Uhr 指早上，而不是下午。英译者显然不了解德军在拂晓前利用夜暗发动进攻的习惯做法，也不知道16日白天激战竟日，于是想当然地改成6:30 pm，导致整个句子无法理解。

58. freie Operation 是德国传统军事思想中的一个常见概念，主要特点有独立自主的作战行动、充分利用空间、主要方向的兵力集结、对敌方行动关键节点的估计、大纵深作战和采用间接路线，等等。但是，包括德军1996年提出战役层面的术语 freie Operationen 在内，始终没有明确的定义，其他语言也没有固定的译法，英语有时直译为 free operation，有时译为 maneuver warfare（机动战），但都不能涵盖其全部的含义。本书有多处使用这个词汇。

59. Armee-Gruppe 在1943年以前通常是两个集团军临时编组而成的集群，由其中一个集团军司令统一指挥；从1943年后期开始缩小，可以是相当于一个集团军甚至一个军规模的集群。冯·灿根的集群通常称作集团军支队（Armeeabteilung），编成内有5个师，没有军级单位。该集群和C集团军群的共同上级是西南战线总司令部。

60. 这句话的时间有问题，这种隶属关系到9月才生效。冯·波尔担任德国空军驻意大利将官（Kommandierende General der Deutschen Luftwaffe in Italien），当时还是第2航空队的下属，1944年9月6日接管第2航空队的全部职能，第2航空队司令部于同月27日解散。

61. Monte Cairo，在卡西诺的西北方向。

62. Nachdrängen，在退却的敌军之后进行坚决的毫不停留的追击。

63. Panzerrollbahn，通常是德军指挥机构分配给装甲部队开进的专用通道，这里指适合坦克通行的地形。

64. 原文如此，Obergruppenführer（党卫队全国副总指挥）即武装党卫队上将显然不是师长应有的军衔。Max Simon 当时的军衔是 SS-Gruppenführer und Generalleutnant der Waffen-SS（党卫队地区总队长兼武装党卫队中将）。

65. Zuneigung 有多种含义，这里指发自内心的慈悲，但更常见的含义是好感、爱慕、喜欢和感情归属，所以对方一时难以回答。

66. 原文如此。冯·菲廷霍夫已于1945年1月30日调任库尔兰集团军群司令。第10集团军司令从1944年10月24日起由莱梅尔森代理，直到1945年2月15日由赫尔正式担任。第14集团军在这三个月里换过四任司令或代理司令，其中就有赫尔，他正式担任司令后不到一个月即入院做手术，由下文提到的冯·蒂佩尔斯基希从1944年12月13日起代理，最后由莱梅尔森从1945年2月22日起正式担任司令。

67. 意大利境内有几座同名的山峰，这里指海拔1896米的 Monte Blvedere, Cutigliano，位于佛罗伦萨西北、博洛尼亚西南各约60千米。

68. Via Emilia，古罗马时期沿波河两岸和亚平宁山麓修建的道路，用于连接意大利北部的主要城市。当时仍是公路干线的名称，本句指从里米尼到博洛尼亚的一段。

69.《陆战法规和惯例公约（1907年10月18日海牙第四公约）》的附件《陆战法规和惯例的章程》："第一条 战争的法律、权利和义务不仅适用于军队，也适用于具备下列条件的民兵和志愿军：一、由一个对部下负责的人指挥；二、有可从一定距离加以识别的固定明显的标志；三、公开携带武器；四、在作战中遵守战争法规和惯例。"

70. "第42条 领土如实际上被置于敌军当局的权力之下，即被视为被占领的领土。占领只适用于该当局建立并行使其权力的地域。"

71. "第2条 未占领地的居民在敌人迫近时，自动拿起武器以抵抗入侵部队而无时间按照第一条组织起来，如其尊重战争法规和惯例，应被视为交战者。"

72. 1944年秋季，海因里希·希姆莱指示成立小型特种司令部，在德国的被占领土上实施破坏活动，并防止民众与占领军合作。他的本意是狼人（Werwolf）作为德国人的秘密抵抗运动，不应引发全面的"人民战争"。但戈培尔另有想法，他在1945年4月1日通过广播呼吁在帝国被占领土上进行"自发的地下运动"。战争结束之前，德国的广播和报纸一直在试图制造某种假象，即德国的狼人在全国范围内起义反抗占领军。实际上，狼人在战争最后几个星期里的活动主要针对那些厌战的德国人。

73. Höchste SS- und Polizeiführer，1943年希姆莱在意大利和乌克兰境内分别设置的党卫队最高级地方长官。

74. vom grünen Tisch，德语中的惯用语，形容不切实际和官僚主义。译文同时采用直译和意译，与下一句象征鲜血和杀戮的"红色"相对应。

75. routinemässig abliefen，指舰船的舷外排水，主要有冷却水、污水、消防用水、锚链水等。

第三部

无条件投降和出庭受审

3

第二十二章
西线总司令

时间表：

- 1945年2月23日，美军在鲁尔河[1]沿岸发动大规模进攻
- 莱茵河左岸失守
- 1945年3月7日，美军在雷马根附近夺取未经破坏的莱茵河大桥
- 1945年3月10日，凯塞林担任西线总司令
- 1945年3月，美军在雷马根附近建立桥头堡
- 1945年3月22日，美军在奥彭海姆附近渡过莱茵河
- 1945年3月23日，英军和美军在莱茵河下游发动大规模进攻，在韦瑟尔附近渡过莱茵河
- 1945年3月28日和29日，曼海姆、威斯巴登和美因河畔法兰克福陷落
- 1945年4月1—18日，B集团军群在鲁尔区陷入合围并投降
- 1945年4月4日，卡塞尔陷落
- 1945年4月11日，维尔茨堡陷落
- 1945年4月16—20日，纽伦堡之战
- 1945年4月18日，马格德堡陷落

任务

　　1945年3月8日，我接到命令要我向希特勒报到，询问事由，却没有得到答复。第二天正午时分，我到达柏林的元首大本营。凯特尔陆军元帅在约德尔大将

的陪同下通知我，我将去西线接替冯·伦德施泰特陆军元帅。我说意大利战区需要我，况且作为一名正在康复的伤员，我还不具备在西线执行关键任务必不可少的活动能力，他们表示谅解，但相信这些理由肯定不能让希特勒收回成命。

当天下午与阿道夫·希特勒的谈话——起初只有我们两个人——证实凯特尔和约德尔所言不虚。详细介绍整体形势之后，希特勒向我解释，雷马根的陷落让撤换这个战区的最高指挥官势在必行。他没有指责冯·伦德施泰特，而是说只有一位更年轻、更机动灵活、既有同西方列强作战经验又深得前线官兵信任的指挥官，才有可能驾驭西线的危局。他知道临危受命的难处，但我必须不顾自己欠佳的健康状况做出这种牺牲。他对我有信心，知道我一定会尽力而为。

接下来，希特勒向我进一步详细讲述整体形势。我在这里只把他的讲话内容简单归纳成几个要点：

决定性的战场是东线，东线的崩溃将不可避免地导致战争结束。他要以东线为重点集结我军主力，并满怀信心期待着那里将要发生的决定性会战。他估计敌人的重点进攻应该以柏林作为主要突击方向。

位于捷克斯洛伐克和西里西亚境内的中央集团军群（舍尔纳）在先前的几场重大战役中有出色表现，并成功击退敌人。只要得到增援和足够的补给，他相信这个集团军群有能力击退针对自己的任何攻击。

中央集团军群的左侧是"布塞"集团军（第9集团军）。他估计这个集团军将要承受敌人的主要突击，因此要在人力物力和防御工事方面提供最优先的支援。

南方集团军群（伦杜利齐）在中央集团军群的右侧，得到的评价与中央集团军群相同，他估计南方集团军群左翼可能也在敌人的主要突击范围内，右翼只会遭到辅助突击。

布塞的第9集团军兵强马壮，那里的步兵实力雄厚，还得到装甲兵和反坦克部队的加强；除了陆军炮兵之外，广大纵深区域内还有一批在最优秀的炮兵指挥机构领导下的强大高射炮兵；位置绝佳的阵地周围布设着各种难以逾越的障碍物，尤其是主要战线的前后两侧还有一系列水障，另外还有柏林及其周围的防御地幅、可用于节节抵抗的各种防御设施。

俄国人不可能突破这条战线，他对它的防御能力深信不疑，并亲自同炮兵的主要指挥官们进行过详细而深入的讨论，结果令他很满意。

他估计位于第9集团军左侧的"海因里希"集团军群[2]只会遭到辅助突击，不过那里的兵力仍然需要加强。

东南集团军群[3]（勒尔）只能发挥次要作用，他们通过迄今为止的作战指挥证明自己有能力在西南集团军群（冯·菲廷霍夫）的配合下继续成功实施阻滞防御，他希望冯·菲廷霍夫秉承我的用兵之道，让那里像库尔兰和挪威一样让他没有后顾之忧。

西线已经进行了长达数月的艰苦斗争，但这场斗争同样让美国人、英国人和法国人损失惨重。一旦当前作为重点的东线得到巩固，西线就能持续得到必要数量的补充兵员。即使他无法提供任何一支成建制的部队，也来得及提供人力物力，让西线因战斗而疲惫不堪的部队得到休整补充。西线各集团军据守的天然障碍物让盟军无法等闲视之。雷马根虽然像一处迫切需要包扎的伤口，但是他同样对这里抱有信心。

我们在战争现阶段唯一要做的事情就是争取时间，直到第12集团军、新型号的战斗机和其他新式武器大批量投入使用。

迄今为止的大多数失败都要归咎于空军，即航空兵，他现在已经亲自接管技术指导工作，保证空军能夺取胜利。

海军总司令邓尼茨元帅即将用他的新式潜艇大显身手，并在很大程度上扭转局面。

国内承受的困难和取得的成就让他感到不可思议。他把军工生产的全局交给军备部的绍尔掌管，并对后者充满信心，相信军队在这个领域的关键需求一定能得到满足。然而，生产量中的一部分必须用来组建新的军队，这批军队将体现德国武装力量在战争期间组建工作的最高水准。他保证它们将得到第一流的指挥，这进一步说明为什么要争取时间。

希特勒的上述谈话长达几个小时，内容非常清晰，展现出他对细节的惊人了解。

接下来，凯特尔陆军元帅和约德尔大将向我提供了关于各种事务的更详细信息。他们的讲述让我得到的印象更加生动具体，但没有带来任何实质性的改变。

任务很明确:"坚持!"他们还要求我暂时"匿名"指挥,因为我的姓名仍然要在意大利发挥作用,这让我肩上的负担更加沉重。

局势和首要措施

1945年3月9日夜间至10日凌晨,我驱车赶到位于齐根贝格的西线总司令部,这里的参谋长——也就是原先在意大利给我当过参谋长的韦斯特法尔骑兵上将向我详细讲述他对局势的看法。

我仅列举几个要点:

西线局势的主要特点是敌人在地面上占人力物力的压倒性优势,并彻底统治着天空。

面对美国、英国和法国的大约85个满员师,德国只能投入大约55个实力薄弱、缺少人员补充和物资供应的师。我军步兵师的日实际兵力(Tagesstärke)已经下降到5000人,而编制兵力(Sollstärke)是12000人。少数几个装甲师的日实际兵力还可以保持在10000—11000[4]人。总体来看,这意味着每千米正面上最多只有100名战斗人员。更谈不上从前线抽调兵力,在纵深区域内建立哪怕小型的预备队,并占领西部壁垒的大批永备工事。由于东线的战况发展,西线总司令部在1月和2月向东线调出10个装甲师、6个几乎满员的步兵师、10个炮兵军[5]、8个火箭发射旅和大批其他类型的军队。本来许诺的补偿直到现在都没有任何兑现的迹象。根据报告和他的个人观察,德国军人的精神面貌在整体上还算不错。官兵们虽然饱受战争的折磨,也牵挂自己的亲人,但是仍然在继续履行自己的职责。他们充分认识到自己的艰巨任务是从背后保证东线陆军的安全。我的参谋长相信他可以代表西线的每一名士兵说,他们完全清楚自己有义务参与保卫德国的领土,并防止东部的德国同胞落入俄国人的手里。这种想法和对"无条件投降"的认识是仍然维系着整条战线的纽带。

听取参谋长、高级军需主任、通信主任和铁路运输主任的汇报让我一整天忙得不可开交,当天晚上与国防军统帅部通话的时候,我非常明确地向他们表达我得到的印象:通过近距离观察,局势看起来远比他们在元首大本营向我描述的严重得多。因此,他们必须尽可能满足我的要求。

3月10日午后，我还与领导西线空军指挥部（Luftwaffen-Kommando West）的施密特航空兵上将详细讨论空中的形势。内容可以简要概括如下：

西线空军指挥部不隶属于西线总司令部，但彼此的合作很融洽。航空师和高射炮军与陆军集团军群的协同动作十分顺畅。陆军防空部队和航空区的高射炮师已纳入高射炮军的指挥框架内，而航空区隶属于西线空军指挥部。

陆军的利益和国土防空的利益有时会发生冲突，而施通普夫大将富有想象力地领导的"帝国航空队"当然不能总是照顾陆军的利益。任务的繁重与兵力兵器的匮乏形成越来越大的反差。令局面变得更加复杂的是，盟军掌握着制空权，而我军航空兵地勤组织存在缺陷和漏洞，新型（喷气式）飞机在技术和飞行方面都遇到了困难，莱茵河平原春季的天气变幻莫测，航空兵缺少动力燃料和零配件，高射炮兵在炮兵连这个级别上缺少足够的机动能力，他们由于缺乏训练等因素也不适合移动作战。虽然地面作战对高射炮兵来说是一个陌生领域，但是他们正越来越频繁地承担这种任务。多亏担任高射炮军军长的博加奇将军和皮克特将军具有出类拔萃的业务能力，才能满足陆军的要求。

谈话结束的时候，我向施密特将军提出两个迫切要求：第一，不断向重点地区集结兵力，当务之急是立即在雷马根地区这样做；第二，空军和海军现在要毫不犹豫地付出更大努力，出动各自的微型作战手段摧毁雷马根大桥和任何临时搭建的浮桥。

1945年3月11日上午，我前往莫德尔陆军元帅指挥的 B 集团军群，并在他的陪同下到第53军的指挥所听取第15集团军司令冯·灿根步兵上将及其手下各位军长的汇报。据估计，美军的两个步兵师和一个装甲师均有部分兵力携带火炮出现在莱茵河右岸，而我军在那里的防御力量远逊于此，桥头堡两个侧面的战线尤为薄弱和危险。弹药供应同样不足，更严重的是，炮兵观察所的丢失导致无法实施校正射击，向大桥所在的位置大规模进行破坏性射击达不到同样的效果。只有在人力物力的补充上加快速度和加大力度，才有希望彻底捣毁敌人的桥头堡。

我对战线后方的状况同样不太满意，所以只能认为整体局势都令人担忧。

当天傍晚之前，我到达位于莱茵河下游的 H 集团军群，集团军群司令布拉斯科维茨大将在施勒姆航空兵上将的伞兵集团军指挥所向我汇报情况。

汇报的结论是：如果至少还有8—10天的时间来补充人员和装备，加固阵地，供应物资，实施战斗演练和休整，那么集团军群将满怀信心地期待即将到来的较量。这个集团军群奉命保卫莱茵河，也甘愿为它而战。

荷兰境内由布卢门特里特步兵上将指挥的第25集团军虽然实力薄弱，但是足以完成同样的任务，其中最强大的兵力恰当地部署在左翼。从这里向左直到鲁尔河由施勒姆的伞兵集团军负责，他的主力将在预计的主要作战地带承担全部压力。部署在利珀河和鲁尔河之间的几个陆军师比较弱小，但足以胜任他们的任务，不幸的是，事实证明这是一种过于乐观的看法。留作预备队的兵力相当强大。

我得到的印象是，我所听到的每一件事情都经过深思熟虑，联想到伞兵集团军曾经在莱茵河西岸有杰出的作战表现，我认为自己可以满怀信心地期待即将发生在战线右翼的战斗。

直到3月13日，我才有机会到位于莱茵普法尔茨地区的G集团军群，先后与右翼的第7集团军和左翼的第1集团军举行这样的现场会谈。在第1集团军，他们还专门从前线召回几位师长向我汇报。

这两个集团军都认为局面很危险，但如果能增派快速预备队，也并非毫无希望。第1集团军预计攻击将发生在右翼。他们已经开始扩建后方抵抗线，但需要更多的人员和材料，尤其是时间来完善。在我看来，这样重视永备工事防御有些过分，后来的战斗证明这个观点是对的。我当时采用的说法是，对于从纵深发起的战斗，永备工事创造的有利条件也不应该否认。我当时迁就他们犯下的两个错误是：第一，后勤部门占用后方的永备工事严重影响军队的机动能力，其程度令我始料未及；第二，后方部队的实际抵抗能力相当低下。然而，西部壁垒是实实在在的东西，仅仅因为它的存在，就肯定能发挥拒敌作用或者让进攻者不敢怠慢。

第7集团军正在沿摩泽尔河构筑防御工事，它的左翼陷入一系列激烈的拉锯战。守卫重点地带的师是唯一满员并得到重型武器和战斗工兵加强的第159步兵师，但它根本没有参加大规模战斗的经验。后方阵地还在继续扩建。

截至3月13日夜间，我已经对局势有了一个粗略的个人印象。可惜由于时间紧迫、战线过长和伤情导致的行动不便，我不能亲临前线，从前沿单位那里收集第一手资料。这是一件憾事，因为当时我本可以更确切地了解情况和官兵的状态，很可能做出完全不同的决定。

我掌握的情况如下：

敌人正向雷马根地区和第1集团军当面的萨尔布吕肯两侧大规模集中兵力。

敌人向主要突击方向更大规模集中兵力的迹象已经出现在第7集团军右翼当面的美国第3集团军，在伞兵集团军当面也开始有所显现。

第1集团军右翼在特里尔以南受到的攻击持续不断，并且越来越猛烈。

敌人显然不重视荷兰战线（第25集团军）、鲁尔区前方的莱茵河沿岸地带（第5装甲集团军）和上莱茵战线（第19集团军）。

盟军的兵力部署让我很容易看穿他们的企图：

扩大在雷马根侥幸取得的战果，要么在保证两翼安全的同时把德国的西线一分为二，沿最短的路线与俄国人会师，从而把德国北部和南部最终分割开来，要么有限地向东推进，从南和东南两个方向进攻鲁尔区，后者的可能性不大。

全面围攻莱茵河西岸仅存的萨尔 – 普法尔茨棱堡[6]，歼灭G集团军群，从而确保渡过莱茵河，建立在德国南部开展军事行动的出发基地。

英军的攻击将是强渡伞兵集团军守卫的莱茵河，并建立一个有可能在三个方向上开展军事行动的桥头堡。

试图拓展雷马根桥头堡的连续攻击愈演愈烈，但敌人还不能**牢牢地**掌握关键的制高点。

对G集团军群，尤其是对第1集团军的进攻已经开始，第7集团军的局势还不明朗，然而，这两个集团军当面之敌的进攻地带正在显现出来。

相比之下，对H集团军群的进攻晚于我们的预期，但作为整体的一部分，它肯定与正在进行的其他军事行动有密不可分的联系。

敌人在人员和物资方面都占优势。他们的空军统治着整个空域。

经过一系列最艰难和损失最惨重的战斗，我军被迫退守[莱茵]河畔的阵地和西部壁垒中尚属完好的那部分，其中只有极少数兵力完成了新的战斗阶段所需的重新编组和休整补充。中级和高级指挥机构必不可少的预备队要么还没有建成，要么没有到达战术上的正确位置。

雷马根需要我们投入越来越多的兵力。作为重点，它不仅几乎独自吞噬了西线总司令部接收的全部增援和补给，还像磁铁一样把左右友邻的一切都吸引到那里。这使其他几个集团军群重新分配兵力和休整补充变得更困难，甚至连能不能实施都成问题。这是我们完全可以预见到的最大危险。

针对首批跨过莱茵河之敌的反制措施没有做到寸土必争和雷厉风行，原本仅凭这一点就可以保证迅速、妥善和相对容易地消灭这股敌人。

能否清除雷马根桥头堡，或者至少阻止它过度扩大，将决定整条莱茵河战线的存亡。

我军据守的莱茵普法尔茨桥头堡必然招致敌人的全面围攻，我们必须估计到这样的进攻将在很短的时间内来临。但摩泽尔河及其后方的有利地形至少是一个不容忽视的障碍，第1集团军防区内的西部壁垒及其外围阵地和纵深也不可以轻易逾越，西普法尔茨的地形支离破碎，有许多地段难以通行，将给进攻者带来极大困难，也让G集团军群完全有机会实施运动防御，尤其是在这些地段得到加固的情况下。一切都取决于把必要的增援和预备队在适当时间调动到适当地点，而当时没有任何大型的摩托化预备队是一件令人伤脑筋的事情。我看不出有什么办法可以立即弥补这个缺陷，G集团军群只能寄希望于第19集团军提供帮助。一旦敌人的进攻势头过于迅猛，严重的危机就无法避免。时间已经成为决定性因素。

H集团军群沿莱茵河下游占领阵地，仍然需要时间重新分配兵力并进行休整。鉴于英军在莱茵河西岸的激烈战斗中遭到严重削弱，我估计还来得及这样做。

西部各军区对局势有清醒的认识，欣然接受整体计划的安排，并主动提供支援，特别是第5军区（斯图加特）、第12军区（威斯巴登）和第13军区（纽伦堡）。

空军高射炮兵的实力还很强大。采取应急措施，让束缚在固定阵地上的高射炮兵暂时实现摩托化，能在一定程度上抵消此前的巨大损失。这方面的工作大有可为。甚至还有许多工作势在必行，因为高射炮几乎是我们手头唯一能发挥重大作用的远射程火炮，特别是在莱茵河这道水障的后面以及像普法尔茨棱堡的角落和雷马根桥头堡两翼这样的侧翼阵地。与陆军火炮相比，高射炮的弹药基数更经济实惠，需要我们这样做。高射炮已经成为前线的中流砥柱。我们必须越来越频繁地考虑把它们部署在纵深地带，作为反坦克炮的替代物。

结果，本身相当薄弱的防空力量又进一步遭到刻意的削弱。然而，高射炮兵已经没有能力实现有效的防空，敌人也把空袭的主要对象从城市和工业中心转移到陆军的作战地区和活动地区。我们在权衡利弊的时候，必须优先考虑前线和补给线。

飞行员们付出了努力，但通过最苛刻的总结，连他们自己也认为战果甚至达不到一般水平。缺少燃料、敌人对机场的攻击和不利的天气让战果大打折扣。或许在这个领域还可以有所作为，恢复近距离支援航空兵往日的机动灵活，让他们在一定程度上重振自己在友军和敌人心目中的赫赫威名，又或许那样的日子已经一去不复返？

供应状况很糟糕，某些领域危机四伏。另外，运输补给物资的火车无法确定到达的时间，导致物资调度难免出现失误，前线的危机也不可避免。

铁路网已是摇摇欲坠，只要再有一些路段失去作用，就不能再把它当作一个安全可靠的因素来考虑。在这个领域内显然没有做过什么工作和准备，能不能实现彻底的改善至少是值得怀疑的。然而，组织结构上的某种改善已是势在必行。

总而言之，局势非常紧张，有可能在接下来的几天和几个星期之内发生决定性转变，而未能及时和预先对莱茵河阵地进行勘察和加固，又让出现这种转变的可能性倍增。

另外，值得深思的是战线后方已经明显出现人心涣散的迹象。"散兵游勇"的数量足以让我在作战意志方面得出不乐观的结论。

有几个大区的民众当时的态度对这种涣散现象起到推波助澜的作用，尤其以莱茵普法尔茨地区和萨尔区最为明显。人们互相指责，加深了彼此之间的分歧。甚至在军队的高级参谋部里也能听到削弱团结一致的抵抗意志的政治谈话，这种谈话还会悄然向下级蔓延。

整体局势迫使我冷静思考近期需要采取的措施。

在莱茵河沿岸和萨尔普法尔茨[7]境内继续抵抗仍然合理吗？

我的任务简明扼要："坚持！"

由于持续近三个季度的且战且退及其必然导致的后果，甚至连希特勒也不再打算在这些地点决一死战，他之所以下令占领现有的战线，是因为这里的地形似乎足以弥补我军的缺陷，他对这些缺陷心知肚明，只是想争取时间，直到东线的局势趋于稳定，新组建的军队和新式武器准备就绪。就萨尔普法尔茨而言，还要考虑它在战争经济中发挥的作用：西里西亚沦陷之后，鲁尔区和萨尔区已经成为影响战争进程的决定性因素。即使其中的一部分失守也是难以承受的，我们只有额外增加现有领土的产量才能补救，进而又必须更妥善地保证它们的安全。另外还必须考虑到，随着敌人不断逼近莱茵河，除了萨尔区的基础工业之外，莱茵河沿岸的重要军事工业（例如路德维希港）也将被迫陷入停顿。

当然，在德国国土纵深内实施阻滞作战也可以作为"为时间而战"的一种方式，但等于是主动放弃上述军事工业区。有鉴于此，我们当前还暂时不能考虑这样做。那么我具体是怎样权衡的呢？

莱茵河阵地能不能守住，取决于雷马根。倘若敌人依旧以原来的速度和规模继续扩大桥头堡，迟早都能撕开一个我们无法封闭的缺口。他们成功楔入桥头堡当面的德军封锁线之后，将投入快速力量达成突破，无论朝哪个方向前进都可以从背后瓦解莱茵河防御，至少在鲁尔区与兰河之间，有可能远达美因河。必须采取一切可能的措施，防止他们在桥头堡撕开缺口。尽管困难重重，我还是认为至少可以推迟它的出现。

从某些方面来看，莱茵普法尔茨地区的形势更加不利。主要问题是：与 B 集团军群主动深刻领悟任务的必要性不同，G 集团军群不认同那些在我看来已是势在必行的做法。无论在公开场合还是私下里，分歧基本上都与撤离萨尔－普法尔茨的设想有关。决定军事行动进程的因素是敌人进攻的时机，而它肯定将是一场"钳形突击"。假如还有时间，就来得及把几个师和一批增援部队调到第7集团军后方和第1集团军右翼。这将向前线提供相当可观的支援，并迫使敌人陷入苦战。这也是我们在必要的时候确定撤退节奏的唯一方法。只有这样才能形成某种局面，迫使美军和法军到达莱茵河之后停止前进，并为莱茵河之战创造有利条件。

假如进攻之势迅猛得让我们始料未及，就根本谈不上有计划的后退运动。与 G 集团军群的想法不同，我可不认为在这种情况下实施机动是什么灵丹妙药。就机动而言，G 集团军群拥有的摩托化部队太少，甚至几乎没有，敌方飞机统治着整个空域，战线后方仍然存在的混乱将给在瓶颈地带和障碍物密集的地形上实施的每一次机动带来沉重负担。我当时已经清楚预见到的结果是，敌人将以最小的代价前出至莱茵河，并立即开始渡河，而我军即便能及时撤回，也将遭受敌方地面和空中力量的沉重打击。

我的立场是，从纯粹的军事角度出发，德国的萨尔－普法尔茨桥头堡对整场战局没有决定性的意义。而国防军统帅部站在更高层次的看法也有其内在的合理性，我作为一名军人应该尊重它，只要我在凭借自己的良知进行最严格的审视以后，觉得为普法尔茨而战在军事上是可行的。而根据对各集团军状况的亲自了解，我认为我可以做出肯定的回答。

即便不能守住普法尔茨，至少也可以依托对进攻者来说极其困难的地形，通过巧妙的军事行动推迟他们在这个地区强渡莱茵河。

H 集团军群为莱茵河而战的必要性毋庸置疑。

因此，我们要：

守住莱茵河和萨尔－普法尔茨棱堡。

清除或压缩雷马根桥头堡。

重返元首大本营

1945 年 3 月 15 日，我又一次与希特勒当面讨论局势。直接原因是萨尔－普法尔茨的战况正在向不利的方向发展。

希特勒大体上同意我的说法。

他批准放弃第 1 集团军右翼据守的西部壁垒，并把这个侧翼撤到中间阵地。

他承认雷马根桥头堡周围的处境艰难，但仍然希望继续努力压缩这个桥头堡。他还提到鲁尔区和萨尔区以及莱茵河—美因河工业区的重要性。

他同意将尽快从丹麦调给我一个齐装满员的师，但无法许诺更多的师，否则将危及组建计划，进而危及战争的继续进行。另一方面，补充人员和补给物资，尤其是坦克，将更迅速地大规模运到，从而补充那些在战斗中严重消耗的师，让它们重新焕发出全部战斗力。

战斗机的实力预计在不久的将来会大大增强，他已经采取特别措施来强化和加快生产。

他同意把除第 7 军区之外的其他几个军区划归我指挥。

3月15日夜间至16日凌晨从元首大本营驱车返回的时候，我得到的印象是希特勒一心指望在东线赢得防御胜利，对西线发生的事情既不意外，又不特别担心，因为他坚信一旦东线的局势稳定下来，他就可以用 [东线] 能腾出来的兵力和新组建的军队一起解决 [西线的] 问题，他还相信自己关于加强补给的命令一定能得到无条件执行。

事实根本不是那样。

来自丹麦的那个师不具备应有的战斗力，再加上出发得太晚，以至于不可能用在雷马根，我只好在半路上把它交给在卡塞尔地区陷入困境的第11集团军司令部。人员和物资的补充确实源源不断，但只是点点滴滴地到达。

具体问题出在哪里，是军需主任、军队补充单位的指挥官及其下属机关、军备部、铁路部门，还是各集团军群，我当时无法核实。

普法尔茨沦陷

我毕竟还是从希特勒那里得到了一些实实在在的东西，第1集团军右翼可以撤离西部壁垒，而我在离开元首大本营之前便把这道命令传达给我的参谋长。第7集团军的处境急转直下，促使我在3月16日—17日驱车赶往第7集团军司令部。我交给这个集团军的唯一任务是守住纳厄河，从而掩护第1集团军的北翼。等到第1集团军右翼顺利完成撤退并在纳厄河转入防御，整个 G 集团军群也将开始撤退；一旦这两个集团军不能守住外侧两翼的阵地，尤其是第7集团军陷入困境的右翼，就有可能酿成大祸。莱茵普法尔茨桥头堡虽然处在有利的战术位置，但是没有足够空间，无法满足同时在三个方向上实施机动的需要。

面对这样困难的局面，G 集团军司令部只有<u>一个</u>任务：使第7和第1两个集团军接合部的运动与第7集团军右翼的运动协调一致。既然没有及时着手全面撤出普法尔茨，当时需要的就是贴近前线和机动灵活的战术指挥，而不是无用的战役思考。一切似乎还没有到无可挽回的地步，因为得到强大坦克支援的反突击足以消除敌人在 [巴特] 克罗伊茨纳赫[8]附近的突破。出于种种原因，战果可谓聊胜于无：只是短暂的拖延！

1945年3月19日，普法尔茨境内和雷马根附近的紧张局势发展到难以容忍的地步。第7集团军右翼已经失去依托，如果敌人同时派出一个战斗群经过 [巴特] 克罗伊茨纳赫，朝沃尔姆斯—路德维希港方向推进，那么朝奥彭海姆方向的进攻有可能对整个 G 集团军群构成最严重的威胁。这两个集团军在中普法尔茨的接合部遭到突破和卷击，部分兵力陷入合围。很明显，普法尔茨已经无法守住。由于一切前提条件都不具备，也不能再考虑"自由作战"。我们必须避免采取任何未经深思熟虑的措施，因为它不但可能产生危险的心理影响，而且空间的限制肯定会让行军变得困难，在敌人的地面和空中压力之下导致无法估量的后果。

对动荡局势的重视促使我在3月16—17日和21—22日之间四次前往普法尔茨。许多事情取决于第7集团军的举动，他们必须知道自己的作战指挥决定着第1集团军的命运，但他们的运动速度又取决于第1集团军。这项任务非常艰巨。单纯从战术角度看，第1集团军的处境甚至更加艰难。关键在于它正在向后转动的左翼能否守住莱茵河，后退的步伐还要与中央协调一致。普法尔茨森林作为一个地块和转轴必须守住，这是实施后续运动的先决条件。由司令弗奇步兵上将及其优秀的参谋长豪泽将军领导的第1集团军司令部在预见、决策和指挥方面有突出的表现。因为缺少燃料，再加上与地面和空中战斗有关的争执和错误不可避免，意外的发生实属情理之中，而它们实际出现的次数也确实不少。

当我在自己的大本营会见施佩尔部长和勒希林先生⁹的时候，谈话先是被一场轰炸①暂时打断，复会后又收到美军坦克已经到达凯撒斯劳滕城下的消息。我又一次看到第1集团军司令部克服极度紧张的情绪，采取一切可能和必要的战术措施。令人欣慰的是，第7集团军右翼薄弱的反制措施已经遏制住敌人的前进势头。我亲眼见到在施派尔和盖默斯海姆两地建立有大批高射炮兵加强的莱茵河桥头堡，从3月16日开始的每一个夜晚，我都可以观察到这两个集团军的后勤单位川流不息地退过莱茵河。倘若敌人从北面沿莱茵河朝施派尔方向推进，我军航空兵就必须不惜一切代价制止这样的运动。令我欣慰的是，敌人的实际行动并不需要我这样使用飞行员。全面撤离莱茵河西岸之前的最后几天，自主指挥权下放到

---

① 原注：正如先前三次空袭我的大本营一样，敌人肯定对参谋人员的安排和习惯了如指掌。毕竟，战斗轰炸机第一轮攻击的目标恰恰是人满为患的餐厅、我的卧室和书房。

各集团军、军和师。正是由于他们的机动灵活，军队才能克服无穷无尽的困境、道路的堵塞、敌人对拥挤的大小道路和居民点的空袭，以及畜力车、机动车和通信联络的各种故障。主要功劳属于弗奇将军指挥的第1集团军司令部，他们从3月21日起统一指挥莱茵普法尔茨境内的所有军队，而G集团军群和第7集团军的司令部不得不退回莱茵河东岸，组织莱茵河防御。我军于3月21日撤离路德维希港以后，仍然在施派尔、盖默斯海姆和马克绍坚守三个桥头堡，每个桥头堡供一个军级集群[10]渡河。到3月23日，我下达撤离这些桥头堡的命令，并在3月24—25日彻底完成。

敌人的作战行动完全符合萨尔－普法尔茨棱堡在外形上向前突出的典型特征。他们选择第一时间发动进攻，但没能抓住有利战机实施钳形战役。

敌人的坦克突击很大胆，在第7集团军右翼当面甚至有些鲁莽。尤其值得注意的是军事行动的迅速衔接，这标志着他们已经打破我原先在意大利观察到的那种按部就班的模式，同样值得注意的还有巧妙的指挥，以及在极不利于较大型装甲部队行动的地形上毫无顾忌地运用坦克。根据在意大利类似地形上得到的经验，我确实没有预料到美军装甲兵能迅速夺取胜利，尽管筋疲力尽的德军官兵遭受的局部失败让美军的战斗指挥变得更加容易。然而，让我感到意外的是，美军装甲兵在达成突破之后没有抓住有利战机，在航空兵有生力量的支援下切断G集团军群通往几座莱茵河大桥的退路，从而迈出歼灭它的第一步。G集团军群之所以能把七零八落但数量可观的军队撤回莱茵河对岸，并依托这条河流建立新的防御，正是因为盟军指挥机构犯下的这个错误。

敌人在普法尔茨赢得的荣誉中，空军的参与同样要占最大的份额。

德军在上述地区以上述方式出人意料地迅速崩溃，是我通过与司令们和一大批师长的谈话无论如何也没有想到的，我把原因归纳成以下几点：

我军官兵几个月来几乎没停止过战斗，希特勒又一再强调坚守不退的命令，导致我们损失最优秀的人员和物资，而这些损失是不可替代的。另外，希特勒的某些干预纯属添乱，需要花时间来扭转或订正。他采取的措施完全不符合前线的实际状况，指挥作战可不能纸上谈兵。

除了对指挥机构和基层官兵的出色表现给予应有的尊重之外，我们也必须承认过去几个月的激烈防御战在身心两方面造成的影响比我根据第一轮视察所能想象的更严重。瞬息万变的战况和宽广的战线让我不可能亲临火线视察。即使得知第7集团军左翼和第1集团军右翼的真实情况有可能促使我更强烈地要求希特勒修改我的任务，也无法给最终结果带来任何实质性的改变。

然而，我必须指出，参战各师即使只剩下弱小的残部，也能保持昂扬的斗志。最微不足道的后卫足以让美军先头坦克放慢步伐或者绕道而行，这个事实说明，在地形特别有利于防御的萨尔－普法尔茨，战术上正确的阻滞战斗可以在退回莱茵河对岸的规避机动中减少损失。

弹药和动力燃料的库存少得惊人，不能应付一场决战或者运动战，供应也没有规律。美军过早发动进攻，以至于我们来不及集结预备队。最重要的是，预备队中没有一个师是装甲师或装甲掷弹兵师。

直到3月15日夜间至16日凌晨，我才在元首大本营成功获得局部放弃西部壁垒的批准，这不够及时。如果能提前一天，普法尔茨森林里的"混乱"（法语：Pêle mêle）就可以避免以最糟糕的形式出现。

我们自己的航空兵过于弱小，除此之外，莱茵河平原的恶劣天气也没有多大帮助。反观敌方空军，不仅占有压倒性优势，还通过轰炸严重加剧普法尔茨地区在通信联络方面的固有困难。

然而，正是由于身处绝境，各支部队众志成城、充满斗志和恪尽职守的奋斗才成为德国军事成就中的又一个巅峰。

美军在奥彭海姆附近渡河及后果

我刻意把撤离莱茵河左岸，包括撤离桥头堡在内的时间推迟到最后一刻。只有这样，集团军群主力才能在莱茵河右岸勉强得到休整。凡是像 G 集团军群左翼那样发生过激烈战斗的地方，敌人都只能在几个星期之后——也就是3月下旬到4月中旬——才跨过莱茵河发动进攻。右翼则是另一回事，巴顿集团军的几个师几乎刚一克服德军在莱茵河西岸的掩护就立即开始渡河。我毫不怀疑，上莱茵地区同样无法守住几个星期，因为我军太过疲惫、虚弱，力有不逮。但莱茵河终究是一道天堑，只有我们过于依赖它的天然防御能力，才会让敌人轻易跨越。指挥莱茵河右岸的第7集团军司令部对我的想法一清二楚，并且事先得到敌人有可能尝试渡河的警告。因此，美国人于3月22日夜间至23日凌晨在奥彭海姆附近几乎未发一弹便渡过莱茵河的消息，更让我感到惊讶。从战役层面来看，这使敌人有机会突入还有一部分兵力仍然在莱茵河西岸个别地区坚持战斗的第1集团军后方，并占领法兰克福盆地，可供他们实施新的军事行动。另外，这件事还暴露出德军的莱茵河防御有战术缺陷，激发出了敌人更加高涨的作战热情，却给我军指挥机构和基层官兵的情绪造成负面影响。由于事先没有做好随时实施反冲击的准备，想要趁登陆之敌还很弱小的时候将其赶回莱茵河对岸，只能投入更强大的兵力实施反突击。尽管我军投入一支拥有突击炮和足够火炮的精锐部队，还是未能实现这个目标，我想我必须声明，这不应当归咎于英勇指挥这场反突击的伦格上校[11]。他在这场反突击当中战死沙场，让我由衷地感到惋惜。

现在已经没有任何希望阻止美国第3师和第45师以及随后迅速跟进的另外几个师继续前进。地形非常不利，我军官兵过于疲劳，实力太薄弱，也没有足够的重型武器。但与此同时，第7集团军司令部更积极地行动起来，第1集团军司令部也凭借非凡的干劲组织各部队重新建立一个防御正面。这固然不足以组织任何决定性的抵抗，但可以考虑依托有利地形在一系列抵抗线上节节抗击，从而赢得一定程度的防御胜利，也就是消耗和疲惫敌军。

如前所述，我预计敌人将迂回第1集团军北翼，卷击黑林山战线，并相对轻松地占领美因河以南的莱茵河—美因河平原。当时，我认为他们不会向北强渡美因河，这样的行动将导致他们过度分散兵力，更何况，我还认为敌人在法兰克福和哈瑙之间的进攻只有在投入更多兵力的情况下才切实可行。这需要大量架桥器材，而根据我的计算，他们只有牺牲其他战斗部队的利益，才能向奥彭海姆的桥头阵地提供足够的器材。另一方面，迄今为止集结在摩泽尔河以南的美军和法军足够强大，有可能分兵北上，尤其是想要在大柏林地区寻求决战的话。朝东北方向的突击将经过哈瑙—富尔达，直指德国中部哈茨山与图林根山之间的地区，也恰恰是德国的心脏地带，逼近德国最后一个尚未沦陷的军事工业中心和俄国人的前线。

然而，这样的运动必须克服一系列异常艰难的地形，其中包括一些只用较小兵力便能长时间封锁的隘路。而对我们来说，压倒一切的是争取时间，保证东线的军事行动按计划进行。

1945年3月24日，敌人的意图仍然不明朗，任何设想终究都只是猜测。敌军沿美因河朝法兰克福和哈瑙方向推进，不一定是为接下来改道北上跨过美因河做准备，为了掩护正在更南面展开的所有军事行动的左翼，这样做也实属必要。但重要的是，无论敌人是否将分兵北上，我们都要守住美因河这道屏障。

尽管地形有利，G集团军群面临的任务还是异常艰巨。他们既缺少机动师、反坦克武器和远射程火炮，又缺少动力燃料和补给物资。刚刚完成休整的几个步兵师在受训人员和武器方面几乎没有得到补充，而它们对于某种程度的运动战或者"阻滞防御"都是不可或缺的。

正如雷马根已经成为B集团军群的坟墓一样，奥彭海姆的桥头堡似乎也将成为G集团军群的葬身之地。在这里，最初的小型突出部同样很快变成一个更大的无底洞，不断吞噬一切可以从战线其他地段抽调的兵力和从后方赶来的增援部队。另外，我们虽然熟知德国本土的地理特点，但是有筑城工事的区域只占极小一部分。当然，特别不利之处在于飞机的绝对短缺和此时此地大幅度减少的高射炮支援。摩托化的高射炮部队消耗殆尽，固定式高射炮临时改造成摩托化高射炮的做法已达极限，只剩下零星的几个地点还有较大数量的高射炮。航空兵的支援不再有任何指望，对于这样的失败，这个兵种的最高指挥机构当然难辞其咎。然而，作为一名飞行员和资深的陆军成员，我不得不反对那种让空中力量隶属于陆军首长即可万事大吉的批评意见。

即使是最优秀的指挥机构，在没有任何资源的情况下也难有所作为。不是每个人都知道德国空军衰落和崩溃的原因，但这个话题不是本章应该讨论的内容[①]。各种类型的轰炸航空兵已经不复存在。战斗机的产能虽然正在提升，但是到这个时期，随着敌人闯入德国工业区和交通运输网的瓦解，生产几乎陷入停顿。喷气式战斗机的技术性能比敌方战斗机优越，飞行训练也很充分。但是，这种先进的

---

① 原注：见附录《德国空军及其兴衰》。

飞机也存在重大缺陷：依赖超长和绝对平整的跑道，起飞性能不理想，着陆条件困难，飞行时间短，事故率高。在敌人掌握制空权的空域，起飞和着陆需要特别的掩护，而这种掩护的规模不能每一次都达到要求。空中的威胁频繁打断各种航空活动。不利的气象条件使本来就有风险的飞行变得更困难，而三四月之交多雾和"十里不同天"的莱茵河平原又把这些困难变得尤其令人讨厌。另外，还有一件事情可以大致提一下：我认为一个不能专心致力于自己的军兵种的指挥机构还不如一个专业能力更差的指挥机构。

当时，西线总司令部根据各集团军群的建议，一度考虑撤离整条莱茵河战线。我最终决定不那样做，因为那只会演变成一场无计划的后退。我军行动迟缓，几乎彻底丧失机动能力，受到尚未恢复秩序的后勤部队拖累，部分兵力还在战斗中苦苦挣扎；而对手在每一个方面都占优势，尤其是机动性和空军有生力量方面。如果我军不设法限制敌人肆无忌惮的前进，那么自己的后退运动一定会被赶超和粉碎。那样的作战指挥本身就是它的目的，而不是旨在争取时间的手段。在莱茵河上赢得的每一天都意味着战线得到巩固，只需要清查和收编后方地区的掉队士兵。即使我没有答应撤离整条战线，还是允许莱茵河东岸第7集团军的几个师级战斗群在敌军越来越强大的压力之下步步后退。从第1集团军抽调的兵力让第7集团军更容易完成这个任务。尽管如此，美军的几个装甲师还是突破已经变得薄弱的战线，开始朝东北和东两个方向大踏步运动。正在向南推进的敌军集团在发动对第19集团军的决定性攻击之前，还不断从莱茵河左岸得到法军的增援。

3月27—29日，谜底在伊德施泰因和阿沙芬堡之间揭晓。精力充沛的新一任司令冯·奥布斯特费尔德尔步兵上将领导下的第7集团军现在面临着迟滞美国第3集团军向德国中部推进和美国第7集团军向德国南部推进的艰巨任务。我军一个装甲师的离奇举动，让第7集团军司令部很难封锁美国第3集团军由西面经吉森向[巴特]黑斯费尔德、经格尔恩豪森向富尔达的两条主要推进路线。尤其糟糕的是，作为其右侧友邻的B集团军群已经失去对自身左翼的控制。西线总司令部派出以奥斯特坎普炮兵上将为首的第12军代理指挥部[12]前往这个地区，妥善处理那里的困难局面。到3月结束的时候，第7集团军仍然以松散的队形守在[巴特]

黑斯费尔德—富尔达一线的前方和施佩萨特山里。

随着第7集团军的转移，第1集团军不得不进一步向右拉长战线，并一再尝试与第7集团军左翼保持接触，但均未奏效。到3月30日，第1集团军已经被迫退到米尔滕贝格—埃伯巴赫—海德堡一线，从而威胁到我们巩固重要的陶伯河阵地。

敌人从奥彭海姆和曼海姆的两个桥头堡由南向东和向东北呈扇形分散兵力，违反在主要突击方向集中兵力的基本战役战术原则，这样的机动也能赢得胜利的事实充分证明德军战斗力严重衰退。然而，进军哈默尔堡的一个美军装甲战斗群彻底覆灭同样可以证明，即使到战争接近尾声的时候，强有力的指挥也能赢得胜利。

盟军突破雷马根桥头堡及其后果

正如我所担心的那样，B集团军的局势也在此期间急转直下。像G集团军群一样，3月18—20日这三天对他们来说也是命运攸关。不幸的是，我在这三天里只能通过电话与莫德尔陆军元帅交谈。但我知道莫德尔陆军元帅是一位沙场宿将，拥有一名陆军指挥官所能积累的最丰富经验。在我看来，他有自行其是的权利，也有义务不坐等西线总司令部的建议。

美军的主要突击起初向北和东北，到达几处制高点之后改为向东，这清楚表明他们企图达成突破。突击随后蔓延到东南方向，最终导致他们在向南进攻附近的几处居民点及其毗邻高地的同时重新向北和东北发动进攻。

显然，桥头堡扩大得这样迅速，德军慢吞吞调来的全部兵力只够用来封闭突破口和实施一系列短促的反冲击，不足以发起一场能挽回局面的反突击，甚至不够建立一条有抵抗能力的战线。国防军统帅部手里已经没有现成的大部队，我自己也没有随时可动用的较大型预备队。另外，敌人在奥彭海姆渡过莱茵河还必然会对德军在美因河以北的军事行动构成影响。仓促调来的第9和第11装甲师、装甲教导师、第3装甲掷弹兵师和第340国民掷弹兵师等师级战斗群至少能在各种规模的反击中赢得小规模的局部胜利，但是无法阻止敌人前进。实现它的最后机会也许是在3月13日。到了3月16日，敌人已经到达高速公路，两天后越过这条公路，沿宽大正面继续前进，直至20日在战线上撕开一个缺口，并在同一天进抵维德河。

莫德尔指挥的依据是他先入为主地认为敌人将向北发动主要突击。第15集团军司令部的建议和西线总司令部的反复指示都要他阻止显然将要向东形成的突破，却均未奏效。我与莫德尔在他的集团军群指挥所里单独会谈并达成的一致意见也没有转化成决定性的行动。莫德尔的作战思想固然可以用许多理由来解释[①]，但结果是灾难性的——一个逐渐从锡格河扩大到兰河的缺口，我们最广泛地采取应急措施也无法将其封闭，尤其是因为兰河与美因河之间防御的两翼都在遭受威胁。无论在上述军事行动的哪一个阶段，我都认为 B 集团军群的两个侧翼不需要特别担心，因为我们能阻止或者至少迟滞敌人向北面的锡格河和南面的兰河发动的任何攻击。真正让我心情沉重并几乎彻底累垮的是 [莫德尔] 对正面的忽视，[他] 把正面的兵力调往北侧的锡格河，并放任两翼的军自行向外侧转动和撤退，整条战线的最终瓦解就此开始。

第5装甲集团军（哈尔佩大将）当时的处境根本不需要第15集团军右翼那样运动。哈尔佩确实坦率地谈到他的集团军在素质、训练、装备和机动性方面都存在一些痼疾，指出两个友邻集团军的举动可能给他的集团军带来危险，但我从未察觉到这个集团军被指控患上的侧翼焦虑症。这里不太可能遭受正面进攻，可能的牵制性攻击更没有什么可担心的，因为莱茵河战线的这一段已经建设得非常坚固，并有强大的守军。

鲁尔区本身具有根本无法估量的抵抗能力，在每个进攻者的眼中都是一个斯芬克斯之谜。它的两翼在北侧得到多特蒙德－埃姆斯运河和鲁尔河的掩护，在南侧得到锡格河的掩护，即使实力占优势的敌人也难以轻易逾越。倘若他们能顺利跨过这些屏障，将会发现自己闯进了一个工业区的中央，极有可能遭受突然袭击。鲁尔区在这个时期完全可以自保。正是出于这个原因，我才一再指示尽快从这里抽调兵力增援第15集团军负责的雷马根地段。而这一次，我没有看到莫德尔陆

①　原注：我从1951年10月一份所谓的"实况报道"中得知的理由是莫德尔蓄意让开这个缺口，从而引诱盟军更迅速地进军柏林，这令我难以置信。他的参谋长撰写的战史著作里不但对此只字未提，而且内容恰恰相反。

军元帅表现出几乎尽人皆知的干劲。B 集团军群的举动令我至今仍然无法理解。

雷马根大桥失守后的最初十几天里，也就是 3 月 25 日之前，我军实施普通形式的防御，并从防御中发起旨在收复失地的必要反击。从 3 月 25—26 日开始，战术运用必须改变。从那时起，美军装甲师抓住突破形成的战机快速推进，结果是美军步兵师日复一日被甩得越来越远，与装甲师的直接协同越来越困难。有些美军装甲师分散在广大区域内，行进间也不是一个整体，再加上一部分步兵师转向北面的锡格河，导致这两种师之间的距离进一步拉大。

我们的措施必须根据对手的举动进行调整。

在上述第一个时期，只有成建制地投入较大型的部队，才能赢得胜利，没有它们也就谈不上任何胜利。到了第二个时期，美军的不断推进要求我们彻底改变战术。我们有必要放弃战役层面的想法，通过深思熟虑的战术措施阻止敌人在正面的横冲直撞，封锁各种车辆纵队背后的道路，然后使用各种型号的反坦克武器从侧面攻击和消灭陷入孤立的敌军装甲兵。这样做不需要投入大部队，只需投入规模大致相当于一个团的小型混编支队，并配备必要的反坦克武器、战斗工兵和高射炮，完全可以赢得胜利。唯一的前提条件是我们的师既不能转向北面，又不能与左翼之敌失去接触，而是要保持自然而然的方向，继续向东撤退。

按照这个思路，我一再劝说莫德尔陆军元帅改变他的作战指挥，最后一次是 3 月 26 日或 27 日在他的指挥所里。莫德尔陆军元帅同意我的看法，但实际的作战指挥没有出现任何改变，可能是他自己没有向下传达，或者基层未能贯彻执行，抑或是来不及把重型武器集中到危险地点。出于对莫德尔性格的了解，我更倾向于后两种可能。就这样，3 月底呈现的景象很难令人满意：没有受到攻击的非决定性正面过于强大，决定性正面却没有足够的兵力，必要的战术措施都贯彻执行得异常缓慢。

为了避免在鲁尔区遭到合围，B 集团军曾在 3 月下旬考虑过与敌人脱离接触并向南突破。这种想法不再可行。莱茵河右岸的敌军已经过于强大，以至于我们不能再冒着失败的风险向南突围并突破这个区域的整个纵深。只有尝试向东突围才有更大的成功机会。为此采取的初步准备措施已经就绪。

B 集团军群按照那种先入为主的作战思路把指挥所迁至鲁尔区的奥尔珀，也就是最右翼，从而导致对中央和左翼的指挥彻底中断。这样做的后果显而易见。事后来看，我相信若是莫德尔陆军元帅一直留在他的集团军群中央的后面，即使拉开较远的距离，作战进程也将是另一番面貌。命运多舛的"鲁尔要塞"肯定不会出现。根据我对莫德尔的了解，他完全可以让鲁尔区的那些师向自己靠拢，从而在更靠后的地点建立一个绵亘正面的框架。从集团军群的中央发号施令，至少不会让指挥关系和防御态势以这种方式急剧恶化。第15集团军司令部也将在他们受领的前线地段重新就位。因此，西线总司令部不得不经常直接介入，做出一些调整和纠正，直到3月28日第7集团军司令部向北变更部署和4月2日第11集团军司令部接管部分地段，才在几乎无兵可派的情况下重新建立相当有序的指挥局面。

考虑到美军从雷马根桥头堡发动的进攻进展神速，再加上其间从东南到北形成的多个突击方向，我认为他们不太可能在科布伦茨与宾根之间渡过莱茵河，尤其还因为那里的地形条件不利于航渡。与面临危险的几条战线相比，部署在那里的兵力过于强大。西线总司令部需要一些能在关键时候招之即来、来之能战的高素质预备队。因此，我在3月19日下令从那里撤出党卫队第6山地师，临时集结到威斯巴登，然后划归第7集团军指挥。没过多久，敌人便在科布伦茨与圣戈阿斯豪森之间渡过莱茵河，建成几个小型的桥头堡。更南面的第7集团军已经按照我的想法从远至美因茨、除个别地点之外的莱茵河战线抽调兵力，增援更危险的美因河战线。我不打算全面撤退，因为那样能腾出的兵力根本不足以在更狭窄但更不利的地段——例如林堡—伊德施泰因—霍夫海姆之间——建立一条具有防御能力的战线。那样可能造成的后果是，敌人将不费吹灰之力就在威斯巴登附近渡过莱茵河，从背后打开在法兰克福与哈瑙之间渡过美因河的通道，并且能投入相当大的兵力进入几乎不设防的美因河以北地区，越过富尔达—[巴特] 黑斯费尔德一线进军中德地区。

这几天的危机过后，1945年3月26日美因河两岸地区的局势从左至右大致如下：

美军的先头坦克正在逼近法兰克福、哈瑙和阿沙芬堡附近的美因河。

强大的敌装甲部队正在从北面向林堡推进。

第89军艰难地阻止了敌人突破贝格拿骚与纳施泰滕之间的薄弱警戒线。

党卫队第6山地师正在接近林堡，准备保卫兰河的这个河段。

一支来自韦茨拉尔的军校学员部队正在接近伊德施泰因，以便掩护通往法兰克福的高速公路和道路。

第11装甲师正在按照命令向法兰克福靠拢，已经到达兰河与美因河之间的某个地点。

第12军代理指挥部正在博德海姆与齐根贝格之间建立一条新的警戒线。

凭借现有的少量军队，我们竭尽全力消除 B 集团军群作战地区面临的主要危险。这些努力足够吗？正是在那一天，一个令人纠结的问题显现出来：继续坚持还是撤退？从下面传来的声音是不断要求"自由作战"，我经过反复斟酌之后认为这不可能实现，而上面不断发来的指示是守住尽可能靠西的地点。除此之外，我还有自己的考虑：如果还有什么地点可以坚守，那么只能是美因河和兰河这两道坚固的水障，唯有依托这两处天堑才有赢得防御胜利的希望。这里还有各种口径的大批高射炮，而它们已经成为防御的中流砥柱。如果我决定撤退，就会失去这股缺少机动能力的力量，接下来的战斗将发生在开阔地带或者陶努斯山等山区的边缘，经验表明那需要大量兵力。只能徒步行军的部队将被敌人的摩托化部队追上、包围和粉碎。有鉴于此，我们必须坚守美因河和兰河，争取时间，为阻滞战斗创造更有利的条件，这样的尝试实属必要。在此过程中，我理所当然地认为，绝对不能在上述重要河段留下尚未炸毁或者爆破不彻底的桥梁，给敌人留下可乘之机。我从未忘记在与手下几位司令通话的时候强调这一点。

接下来的几件事情接踵而至：

1945年3月27日，敌人在迪茨附近突破兰河，迫使党卫队第6山地师退回陶努斯山，在纳施泰滕和措恩撕开第89军的防线，并占领卡岑埃尔恩博根和霍恩施泰因。由于没有彻底爆破和守住 [美因河] 大桥，第85军未能守住哈瑙，同样的原因使第413步兵师（补充师）也未能阻止敌人在阿沙芬堡以南突破美因河防御。

3月28日，敌人粉碎伊德施泰因的防御和第89军薄弱兵力的抵抗，并占领法兰克福。一个美军装甲战斗群朝哈默尔堡方向发动了一场奇袭。

至此，美因河下游的防御已经崩溃。敌人在处于严重劣势的对手面前大胆行动，再加上一定程度上受到运气的照拂，为接下来影响深远的决定性军事行动创造了出发基地。

我之所以比较详细地叙述这些战斗，是为了表明西线总司令部必须在多大程度上直接干预作战指挥。这也是除了士气因素之外，我在3月27日深夜以前长时间把作战司令部设在［巴特］瑙海姆以西的齐根贝格——即鹰巢（Adlerhorst）的另一个原因。直到3月28日上午，我才到达我的新作战司令部：一列停靠在富尔达以东铁路隧道里的指挥列车。

敌人赢得对B集团军群的胜利是基于出人意料地占领雷马根附近的大桥，并同样迅速而果断地利用这份"天降大礼"。他们在技术和战术方面没有忽视任何事情，从而迅速建立了一个足够大的桥头堡，并将其扩大成一场重大军事行动的出发基地。即使考虑到德军指挥机构肩上的重担、基层官兵的固有缺陷和错误，我们也不得不承认这些事实。当然，我们也必须承认自身的缺陷确实存在，尽管沿整条战线持续进攻的敌军实力占压倒性优势，并拥有最强大的空中支援。

接下来的军事行动表明，敌人对德军的处境一清二楚。我原本以为他们会错误地转向左右两侧，卷击莱茵河战线，甚至直接进攻鲁尔区。鲁尔区迟早要像一个熟透的果实一样掉进盟军的怀抱。我们有时观察到美军的突击集团过于分散，可能给整个美国集团军群的作战行动带来危险，摩托化大部队之间的巨大缺口也是如此。他们若是更清楚地综合考虑战线正面和纵深的情况，也许能更迅速地赢得更具决定性的胜利。

德军指挥机构仅仅在最初的几天之后就被迫放弃坚守防御，进行某种形式的运动战。盟军既没有采取必要的应急措施，又未能充分利用德军的实际缺陷，尤其是作战手段方面的缺陷，以及盟军空中优势给德军造成的运动困难和指挥困难；由此可以得出的结论是，敌军没有全力以赴。我不敢断定这是出于"低成本作战"的原则，还是战争接近尾声对斗志的影响。"保存实力"和"努力奋斗"绝对可以兼顾。

我从战斗过程中始终看不明白敌军在兰河以南渡过莱茵河的作战企图是什么，因为他们的坦克已经越过林堡—伊德施泰因一线继续前进，没有必要再这样渡过莱茵河。

敌方空军在胜利中发挥的决定性作用，同样适用于本节所述的内容。

"鲁尔要塞"

经过深思熟虑，我把交给 B 集团军群的任务描述成是"突围的尝试"，即动用其东面的部分兵力与第11集团军建立联系。除此之外，这个动作没有任何意义，因为我们已经错失时机，合围圈内外两侧的机动力量都非常薄弱，而部署在易北河以东马格德堡地区的第12集团军在三个星期之内还无法出现在战场上。更大的困难来自 H 集团军群左翼向后转动并退入鲁尔区，让蒙哥马利集团军群的右翼得到打击德军突破力量侧翼的作战主动权。尽管如此，这种尝试还是势在必行，因为3月份那些更好的机会要么白白浪费，要么也许根本无法利用。但是现在不仅要抓紧时间，还必须动用当时第11集团军在卡塞尔以西地区临时集结的兵力支援 [合围圈内侧] 从温特贝格地区向东的突击。事实证明，我们筹措最基本兵力的努力和我在现场做出的指示都是白费力气。1945年4月1日上午我回到设在图林根林山区赖恩哈茨布伦的作战司令部之后，我的参谋长向我报告，根据不久前收到的一道《元首令》，停止突破鲁尔合围圈的尝试，B 集团军群将把鲁尔区当作"鲁尔要塞"来坚守，并由国防军统帅部直接指挥。

国防军统帅部的这个决定让我大为震惊，因为它与全部计划都有冲突。国防军统帅部也许认为第53军从温特贝格地区向东的进攻必然受阻，不可能达成突破，而陷入合围的这个集团军群足以牵制大量敌军，妨碍他们组建一个强大的突击集团进一步向东推进到中德地区。另外，国防军统帅部也许还相信，这个集团军群从鲁尔区得到的补给可以实现自给自足，从而保证西线的其他部队得到更多补给。即使我们并不认同这些理由，也必须有所了解。

实际上，鲁尔区的粮食最多只够养活 B 集团军群的官兵和大量居民两三个星期，它能提供的军用物资也只局限在很小的范围内。从战役层面来看，艾森豪威尔将军不会对鲁尔区感兴趣，他的目标在更远的东方。只有顽强地坚守鲁尔区，也就是实施攻势防御，才有希望牵制住盟军的强大合围兵力。根据我此前的观察，这件事说起来容易做起来难。B 集团军群的30万官兵原本可以用来填补条顿堡林山与图林根林山之间的缺口，从远处调动兵力无法代替他们。

　　围绕鲁尔合围圈的战斗如预期般展开，并导致守军于4月17日投降，其主要原因可能是指挥机构和基层官兵不理解继续进行战争还有什么意义。仅凭一个美国师在锡格堡附近遭受的惨重损失，足以证明德国方面尚可一战。

　　4月17日，B集团军群的悲剧正式落幕，而争夺和充分利用鲁尔河的新斗争又以不同的方式拉开帷幕。

　　B集团军群司令莫德尔陆军元帅的形象一直保存在我的记忆里。这位英勇无畏、敢于冒险的军人主动选择了杀身成仁。如今回想起来，谁又能责怪他呢？我永远不会忘记他！

　　至于事态的这种发展是不是可以避免，以及应该采取什么样的战役战术解决方案，这个问题固然是一个令人感兴趣的研究课题，但不在本节讨论的范围之内。

盟军在下莱茵地区的突破

　　G集团军群和B集团军群的战况越来越跌宕起伏的同时，H集团军群在3月20日以前还可以在没有受到重大干扰的情况下变更部署和休整补充。敌人的空中行动局限在一个明确划定的有限区域内，再加上对集团军群司令部和各集团军司令部的轰炸、对架桥器材的烟幕掩护和集结，表明他们的攻击目标很可能在埃默里希与丁斯拉肯之间，主要突击地段在雷斯两侧。与司令们的电话交谈让我相当有信心。我在检查情况的时候没有注意到国民炮兵军和国民火箭发射军[13]留在后方作为预备队，而不是部署在雷斯。这样编组预备队与我的想法背道而驰。我还认为把两个装甲师部署在战线中央的后方不太妥当，但没有想到它后来会成为一个决定性的缺陷。

　　春季的晴朗天气让蒙哥马利陆军元帅有条件实施一场大规模的空降行动，并充分运用他的航空兵支援地面作战，所以H集团军群的机动必将遇到极大的困难。

　　果然，英国、加拿大和美国的各一个集团军在空降行动的支援下发动了进攻。他们肯定能楔入我军战线，而恢复原有态势是各师、军和集团军的当务之急。就其本身而言，我理解H集团军群的想法，即在第一时间全面采取措施封闭战线上的缺口，并粉碎空降行动。然而，结果却是这个集团军群在还没有彻底搞清楚前线态势的情况下就已经把他们的大型预备队投入战斗。这是一个必然酿成恶果的错误，后来的事实也确实如此。

可悲的是，大型预备队只是在丁斯拉肯方向上的一场意义不大的进攻中赢得唯一的一场胜利。如果能更谨慎一些，不让他们3月23日夜间和24日白天投入战斗，如果雷斯守军得到炮兵的加强，而第47装甲军把第15装甲掷弹兵师部署在伊瑟尔堡周围地区，把第116装甲师部署在博霍尔特—博尔肯一带，那么3月25日晚上的局面肯定会更有利。选择错误的做法，而我未能及时纠正，再加上作战任务的执行达不到预期效果，不但导致莱茵河会战以失利告终，而且在后续的一系列军事行动中留下了它们的印记。

接下来，H 集团军群以某种听天由命的方式放任事态发展，而我从每次谈话中都能发现这一点。失去才思敏捷又极具战术天赋的第1伞兵集团军司令施勒姆将军[14]，让这种表现变得更加明显。集团军群右翼还能守住阵地，尤其是几个伞兵师。危机发生在利珀河两岸。只有成建制地向那里调动兵力才能提供有效的帮助。当时只有第15装甲掷弹兵师可以动用，但无法及时赶到。即使战线能坚持到3月28日，也将变得过于薄弱，长此以往，难以为继。随着美军向英军右侧变更部署，突破的序幕已经拉开。就像 B 集团军群的做法一样，H 集团军群也把司令部向北转移，而不是以向受威胁侧翼靠拢的方式来证明自己要为守住西线付出更多，直至一切。

为此，H 集团军群在3月28日，也就是其左翼仍然有战线可言的时候，觉得自己有理由用一种越权的方式向西线总司令部和国防军统帅部呈报一份情况判断。该集团军群直接上报的主要弊端是，西线总司令部无法在把它转呈给国防军统帅部之前或者国防军统帅部有所决策之前表明自己的态度，之后又因为它已经惹得希特勒大发雷霆而无法再施加任何决定性的影响。这份情况判断的内容是怎样激怒阿道夫·希特勒的一个典型例子。一名高级指挥官同样应该学会怎样正确揣摩上级的心理。H 集团军群在报告中很少提到自己的不幸战斗经历及其原因，而是根据 B 集团军群的战况谈论作战设想，从而证明自己希望的退出战斗和有计划地撤退是必要的。即便一个人对当前的作战设想有不同的看法，告诉上级自己无法对一个重大的战役情况坐视不顾也是一种心理学方面的错误。希特勒认为这是总参谋部传统上"令人讨厌的自以为是"。我觉得这种批评不无道理，因为我作为总司令，曾经成功地从希特勒手里夺回自己在意大利战局中的自主指挥权。但方法根本不是这样！我很清楚他会在这种情况下做出什么样的"元首裁决"（Führerentscheid）。

[他把] 第47装甲军撤离前线，这激起我最强烈的愤慨。我始终认为鲁尔区不是美军进攻的直接目标，仍然相信英国第2集团军和美国第9集团军的下一步行动是朝东北和东两个方向推进，也就是绕过鲁尔区。因此，向鲁尔区调派军队的任何行为都是得不偿失的错误投入。如果这种行为导致前线洞开，那就是大错特错。

同样，[希特勒] 还撤销了将按照我的命令向突破之敌南侧翼发起的反击，因此，我在3月28日与30日之间举行的某一次当面会谈中再次明确提出我对局势的看法和从中必然得出的结论。与此同时，我还想抢先阻止 [他] 撤换 H 集团军群的指挥班子，这种做法早在我意料之内。

与左翼的情况不同，伞兵集团军的右翼和中央不但在战斗中表现得十分顽强，而且通过向北退却，能够在阿纳姆与赖讷之间维持一个绵亘的正面。第471特别师[15]在那里同他们会合，这个师凭借缺乏战斗经验的官兵，出色地完成了封锁条顿堡林山的任务。这要感谢师长黑克尔将军，他证明只要有坚强的意志，就可以阻止横冲直撞的敌军装甲战斗群继续前进。由此向南的区域本应由第6军区指挥部负责掩护，但无法与他们建立联系。

到了战争的这个阶段，荷兰已经无关紧要。部署在该国境内的单位在军事力量的整体分布中只占微不足道的一小部分。我认为保卫德国本土，封闭现有的突破口，才是更迫切的事情。

继 H 集团军群用那份情况判断中的悲观情绪惹恼希特勒之后，布拉斯科维茨大将又拒绝执行3月底下达的一道《元首令》，再次让希特勒非常不满，他派施图登特大将去协助布拉斯科维茨，便是这种态度的具体表现。而那道命令要求从南北两侧进攻正在朝明斯特方向前进的敌军，并封闭突破口，连我也认为它不切实际。

从敌方的角度来看，最艰巨的任务落在蒙哥马利的肩上，他的几个集团军已经在莱茵河西岸的战斗中遭受巨大的损失，现在又面临一道难以逾越的天堑，而

驻守在那里的 [德国] 师都具有公认的优秀战斗传统，其官兵至少有十几天的时间来采取最急需的战术措施和技术措施。他还必须考虑是否有足够的物资。想要征服莱茵河，必然要经过一番苦战。航渡机动的技术准备工作堪称典范。军队的集结也与作战行动的难度和盟军拥有的丰富资源相匹配。

作战设想最终要落实到攻击地带和攻击目标的选择上，在进攻不顺利的情况下，也许有必要重新选择。从战役层面来看，攻击地带这一次选得完全正确，而从政治、经济和军事的角度来看，接下来的作战行动也是顺理成章。

空降行动需要准确把握德军航空兵的绝对劣势。一部分空降兵在火炮射程之内跳伞，把第84师的防御撕开一个缺口，从而拉开这个英国集团军群赢得战役胜利的序幕。空降兵在空间上分成两个孤立的空降集群，导致他们各自为战，东部的集群遭受毁灭性损失。

这里的战事同样明确显示，尽管地面进攻部队的成就完全值得肯定，但胜利的主要功绩还是属于掌握着制空权的航空兵。

上莱茵地区 3 月的局势

上莱茵地区由第19集团军司令部负责，布兰登贝格尔装甲兵上将 [在3月下旬] 担任这个集团军的司令。

我们不必再担心盟军穿过瑞士推进。敌人的主要突击显然正朝另一个方向发展。第19集团军司令部当时可以投入更大的精力关注自己的西正面。这个正面的自然条件非常优越。莱茵河的这一段之所以成为一道军事屏障，主要是因为湍急的水流，而不是河面的宽度。莱茵河沿岸的筑城工事已经破旧和过时，分布也不合理，希特勒承认这一点，并同意把主要战线转移到黑林山。黑林山地块及其边缘和高处的阵地可以掩护符腾堡南部不受来自西面的攻击。正对贝尔福峡谷的伊德施泰因障碍区（Idsteiner Klotz）建成于和平时期，尽管已经过时，并有一部分年久失修，还是具有强大的威慑作用。相比之下，其他筑城工事完全起不到什么作用。主要危险是敌人从西北和北面避开黑林山，越过海尔布隆—普福尔茨海姆一线，朝斯图加特方向甚至东面更远的地方推进。一旦敌人攻陷萨尔－普法尔茨并在卡尔斯鲁厄渡过莱茵河，这种危险就将变得更加严重。而防止或推迟这种情况发生，显然符合黑林山战线和第19集团军的利益。因此，3月份从这里抽调有能力参加大规模战斗的师，交给G集团军群保卫普法尔茨不但必要，而且切实可行，但执行的过程极其缓慢，不能满足局势的迫切要求。调走的两个师太晚到达G集团军群的作战地区，零敲碎打地仓促投入战斗，没有达成应有的战果。调动兵力的主要困难在于找到部队在原地接防。当时没有成建制的部队可用，只好大规模采取应急措施东拼西凑。时间太短，通过这种方式组建的分队来不及形成战斗力。这一点在后来表现得很明显。但是也有例外，比如符腾堡人民冲锋队的表现就超出我的期望。缺少的通信分队只能在极小的范围内得到补充，使指挥变得非常困难。第19集团军司令部已经正确认识到重点侧翼所在，正在尽可能地做好防御准备。这项工作将一直持续到4月的头几天。

回顾与展望

我奉命出任西线总司令的时候，西线战场正在经历最严重的危机之一。经过对全局的了解，我觉得自己好像是一位钢琴家，只能用一架残破、走调的旧钢琴在大庭广众之下演奏贝多芬的奏鸣曲。我在许多方面发现这里的环境违背我的指挥原则，但事态的发展瞬息万变，我来不及从根本上施加什么影响。

我反对一味批评德国国防军统帅部和阿道夫·希特勒采取的措施，那样做毫无用处。我自己和我领导的工作机关都位高权重，无法推卸西线总司令这个指挥职务的相关责任。因此，我要对在我指挥之下采取的所有措施和行动负责。如果我的良知和对局势的看法让我无法认同希特勒的思想和命令，那么作为德意志[第三]帝国的最高军事首长之一，我可以选择的出路只有两条：要么是像以前一样自作主张地解释和宽缓处理它们，在此期间我也经常这样做，要么是与希特勒进行开诚布公的讨论。假如他无法说服我或者对我做出一些让步，我就不得不请求解除我的职务。我当然知道这样做有多么难。尽管如此，我注意到在我指挥西线的最初六个星期里曾经四次面见希特勒，通过坦诚的讨论，表达我对局势的看法和我的疑虑，还是确实能得到他的谅解。然而，我是一名彻头彻尾的军人，当然知道我不可能拒绝接受每一条不符合自己心意的观点和命令，而它们的必要性已经通过某种合理的方式向我做过解释。我还觉得，到了做最后的也是最极端的战争努力的时候，有必要搁置一些分歧。我一直试图通过深入细致的讨论让我的下属理解将要采取的措施。我深信，与其怀着批判态度在外力强迫之下三心二意地执行命令，导致结果难以预料，不如心悦诚服地把命令贯彻到底。从一名普通军人的角度来看，后一种做法不但在原则上更正确，而且在军事上更重要。

西线的周边环境让我觉得很陌生。指挥方法多种多样，每一种都有其合理之处。我的前任冯·伦德施泰特陆军元帅认为自己有权成为第一次世界大战期间陆军最高统帅（Obersten Heeresleitung）的接班人。战区的规模、责任和指挥结构都与那时候一模一样。他总是凭借透彻的换位思考能力把握局势，从自己的作战司令部里发号施令，几乎从不视察前线，也很少打电话。与上下级的联系几乎彻底掌握在他的参谋长和参谋军官们手里。这种方法具有不可否认的优点：总司令镇定自若，不受前线压力的影响；他是高高在上的领袖人物，人们只要提到他就会不由自主地心生敬畏。尽管我采用的指挥方法不一样，还是对冯·伦德施泰特的指挥表示理解。然而，我无法说服自己采用他的方法。战争已经进行到第六个年头，军队的状况从整体到局部都与前几年那种"正常状态"相去甚远。每一个领域都有动摇现象出现，亲自接触各级首长和基层官兵很必要；直接插手干预已经不可避免，尤其是在几乎任何与战争有关的问题都无法达成共识的情况下。这种方法虽然让[集团军群和集团军的]司令们很不舒服，有时也波及他们手下的指挥机构和基层官兵，但是终究利大于弊。这样做可以看穿表象，直入人心。我必须坦率地说，用这种方法获得的见闻并不总是让我感到愉快，而最使我心情沉重的是已经来不及彻底改变它们。这种整顿早在几个月之前就应该开始。

我深信一名指挥官应当亲自出现在下属官兵遭遇挫折和险情的地方，所以把我的作战司令部设在靠近前线的地方，并有意识地接受它造成的一些弊端。通常只是在敌人逼近的时候，我才转移作战司令部。我可以忍受这样做招致的广泛批评，换来的回报是知道我在困难的情况下已经为改善局势尽了自己的一份绵薄之力。然而，只有全体参谋人员都遵照执行并充分认同我的观点，这个做法才有可能实现。这个愿望没有落空。我在任何地方都不可能找到比韦斯特法尔骑兵上将更优秀的参谋长，我在意大利已经与他相处得十分融洽。他了解我的秉性，正如我对他一样；他得到我的完全信任，有充分的自由来发表意见，把司令部工作牢牢地握在手里，他有很强的组织能力，不知疲倦地履行着自己的职责。极其优秀的说服力、出类拔萃的战术才华和指挥技能使他脱颖而出。我已经养成直接听取参谋部内的专职人员汇报情况的习惯，不幸的是，我在局势危急的这几个星期里有太多其他活动，只能把这种必不可少的讨论保持在最低限度。

西线总司令部下设三个集团军群。我自己曾经指挥一个集团军群那么长的时间，不会不知道这样一个高级指挥岗位的重要性。集团军群司令有权要求在既定任务的框架内独立负责指挥他的作战地区。我也确实愿意尊重他们，只是有些反常事件和亲自观察到的现象经常促使我出手干预。我并不情愿这样做，因为我虽然是一名资深的陆军成员和陆军总参谋部军官，但是现在却来自空军，所以不得不接受他们对我的某种成见。

集团军群的司令们都是参加过第一次世界大战的军人和杰出的总参谋部军官，也是在理论和实践上受过优秀训练的指挥官。

军长和师长的水平参差不齐，过去的几个月在其中许多人的身上留下了烙印。正常情况下，有必要撤换个别军长和师长，因为在1945年春季普遍存在的困难条件下，他们并非总是胜任战斗的指挥，或者已经彻底丧失了这个能力。[魏玛时代]十万陆军留下的指挥干部队伍太小，后来组建的军队规模太大，五年来的战争伤亡太大，导致这个缺陷无法消除。我们只能忍受它，但更高级的指挥官不得不亲自花费更多精力来扭转这种现象。

就其本身而言，我谴责撤换高级指挥官的做法，而它已经成为德国武装力量多年来的惯例。许多杰出的指挥人才因此过早退居二线，缺席战争的后续阶段。与此同时，真正必要的撤换却遇到困难，在某些情况下，因为找不到高素质的替换人选而不得不取消。我只把撤换当作效果可疑的终极手段，只有当我察觉到疲惫现象普遍蔓延，亲眼看见指挥官对他受领的任务彻底失去信心，而这种破坏性态度正在影响军队士气的时候，才会真正动用它。

加剧指挥困难的另一个原因是，集团军群和另一些指挥机关可以直接联系国防军统帅部和希特勒。作战报告从各集团军直接发到国防军统帅部也许能安抚这个最高指挥机构的好奇心和焦虑情绪，却会在很大程度上扰乱指挥渠道和当地的上级首长发号施令。

1945年3月结束的时候，我只能告诉自己，交给我的主要任务还没有完成。萨尔-普法尔茨在付出极大伤亡之后失守，雷马根和奥彭海姆两处桥头堡门户洞开，变成敌人广泛实施军事行动的出发基地，甚至连下莱茵地区也出人意料地在极短时间内沦陷，成为敌人实施大规模机动的起点。通过粗略的分析，盟军的作战目标已经昭然若揭，我认为他们将以主力把德国分割成南北两部分，并与俄国人建立联系，以德军右翼当面的英军占领北海沿岸的港口，以法军和美军组成的南集团占领德国南部，从而把德国武装力量分割成孤立的集团，并歼灭或俘虏。

这种出人意料的结果是怎样产生的呢？显然，一支拥有适当兵力和最必要资源的优秀德国军队仍然可以完成自己受领的任务。同样明显的是，如果每个集团军群都有几个装甲师或装甲掷弹兵师以及大致相当的空中力量，那么"自由作战"还是可行的。拥有装甲师作为预备队的H集团军群遭受的战斗失败，非但不能作为反面案例，反而在强调我的观点，即"自由作战"并不是解决问题的灵丹妙药。这正是我为什么在深思熟虑之后拒绝人们一再索要行动自主权的原因；那是一个乌托邦式的空想，是对往日美好时光的回忆，在动力燃料短缺和军队训练水平低下的日子里已经不可能实现。我不想隐瞒，人们喋喋不休地鼓吹这个已经站不住脚的观念让我不胜其烦，还在我与手下的司令们之间引发一定程度的信任危机。这让我无法忍受。另一方面，经过五年的战争，指挥官的头脑中已经另有想法，他们开始讨论政治形势、军事前景和经济环境，这可以理解。然而，所有这一切都不能主导纯粹的实际战术任务。勇武精神的最高境界是不顾一切质疑，平息"有害的"批评，为整支部队树立榜样，让下属分队情不自禁地追随和毫无保留地战斗。即使在那个时候，我也能看到许多军人在内心里拥有这种力量，并向外散发出来。

我多年来作为德国陆军的指挥官对抗全方位占优势的英美对手的经验，印证着我在第一次世界大战期间做出的一个判断，即按照希特勒要求的方式在主要战线上实施纯粹的局部防御，无论在内陆还是海岸，都不能在敌陆海空三军联合投入的物力面前赢得预期的防御胜利。鉴于我们自己在地面和空中的劣势，这样的作战空间不够用。我们只有通过"有限的运动战"，才能守住预先确定的区域。

我的乐观情绪原本已经因为在柏林的元首大本营听到的情况通报而大打折

扣，到我第一轮视察前线之后就消失得无影无踪。但当时，我还不相信萨尔－普法尔茨和下莱茵地区会这么快失守。由于各集团军群的抵抗和规避动作，我估计遂行进攻的几个敌方集团军将越来越疲惫，有可能导致他们大致沿威悉河—威拉河—美因河—阿尔特米尔河—莱希河一线在或短或长的时间内停止军事行动。怎样合理利用这种局面，则是最高级指挥机构的事情。果真如此，我就可以认为西线总司令的任务在时间和空间上都已经完成。

德国武装力量最高统帅与陆军指挥机构之间多年来积累的矛盾越来越公开化。无法消除的不信任感导致工作难以推进，甚至在某些领域造成破坏性的影响。结果是陆军指挥机构觉得自己受到了压制和误解。另一方面，希特勒把失败的原因归咎于陆军指挥官的意志有缺陷，而他对哪怕最细微战术动作的频繁干预又被形容为脱离基层的实际，他的战役部署和观念也纯属业余。这种潜在的战争状态是埋葬主动性的坟墓，损害协调一致的统一指挥，还把精力耗费在错误的地方。

战役观念或战术观念已经在世界大战的战场上经历过一场天翻地覆的变革。

过去半年里损失惨重的战斗和一路败退使指挥机构和基层官兵都陷入危险的疲惫状态。有些指挥官在心理上不堪重负，有些身体欠佳，还有些不能胜任自己的岗位。持续作战的压力和困难的通信联络，导致上级的影响只能在有限范围内发挥作用。

军队的实力无法令人满意，补充人员确实存在，但缺乏训练和战斗经验，也只能太晚和零星地到达前线。因此，战斗中的战术运用要做出适当调整。下级指挥官的短缺已经达到危险的地步。

只有指挥官精明强干，他手下又有足够多的具有前线经验的士官和大批老兵供他调遣，军队才能表现出良好的凝聚力。这些人是军队中值得信赖的成分，构成整体战斗行动的中坚力量，能做出一些令人钦佩的壮举。加入这样的部队之后，高素质的新兵能在极短时间内成长为经验丰富的战士，具备德国军人在其全盛时期的全部优点。用一句话来概括，军队反映着其指挥官的水平。

前线后面的"掉队士兵"人数太多，足以让人得出结论，其所属的部队里没有剩下多少人了。这些散兵游勇作为影响士气和阻塞交通的根源是一种绝对的危险，但他们同时也是储备兵员。其中不少人要么是"真正"与战友们失散的掉队士兵，要么是从医院伤愈归队或从补充营派往前线的人，却在付出最大努力之后仍然无法找到所属的前沿单位。还有一些人在其中占大多数，是想要尽可能远离火线的逃兵。我得到对前线后方状况的第一印象之后尽可能在组织上采取措施。各集团军和集团军群布置了一道又一道拦截线，但由于各条线之间的距离太远，总有漏网之鱼，无法带来任何根本性的改善。一个新成立的"战地宪兵支队"（Feldjäger-Kommando）可以把网收得更紧。随着敌人在3月底的突破，原本距离很远的拦截线已经过于靠近前线，受到威胁，并开始移动。他们接收情况通报和布置岗哨都要花费不少时间，通信联络的持续恶化让这个过程拖得更长。唯一的改善方法只能是把施派德尔航空兵上将——一位非常优秀的前陆军总参谋部军官，也是我原先指挥第1和第2航空队时的参谋长——派到西线总司令部，担任战地宪兵总队司令（Oberbefehlshaber des Feldjäger-Kommandos），全面处理这项事务。他把拦截线布置在距离前线较远的位置，以便各个岗哨能在同一个地点停留较长时间，并发挥良好效果。靠近敌军突破口的地方，由军官巡逻队作为岗哨的补充。

武器和装备的供应甚至无法满足最起码的需要。满足全部需要更是根本不可能，现有库存还有一部分保存在国内的军械仓库里，它们运不到前线不仅因为分配和运输状况，还要归咎于不可理喻的人为干预。

组织工作和补给措施在许多情况下都采取得太晚。

直到1945年3月中旬，军区才划归我指挥，假如更早理顺这个隶属关系，就能赶在节约使用人力物力的全部前提条件遭到破坏之前，有计划地调集预备部队等单位和储备物资，并将其运送到前线的危险地点。

上级总是用"已有安排"的说法来搪塞我请求增派军队的呼声，直到前线遭受挫折的时候才立即做出决断，届时又只能在最困难的条件下非常仓促地实施。来自丹麦的那个师、"多瑙河"师、"威斯特法伦"和"图林根"两支装甲部队都是在这种情况下调给我的。[16]

这种"为时已晚"就像一条细细的红丝线，贯穿在整个战区的所有事件当中，最高指挥机构难辞其咎；倘若国内的各个勤务部门确实已经"不堪重负"，也许就不用承担这个罪责。然而，我不止一次亲眼看到，事实并非如此。

在战术领域，下列几个缺陷给战斗的结果造成了极其不利的影响：不能充分利用地形实施防御，缺少指挥阻滞战斗的实践知识，不能针对战况的突然变化做出合理反应，以及面对上级命令时表现出以自我为中心的骄横态度。

"战役"已经成为德军各级首长使用的一个关键词，甚至包括那些与原来传统意义上的战役毫无干系的人，但他们相信这个神秘的词可以用来解释在他们或大或小的视野内认为是可取的、正确的或必要的任何事物。

德国空军的实力在这几年里大幅度衰退，表现有负众望。作为空军的一名成员，我对她的明显缺陷感到格外痛苦，因为我无法做出任何补救。陆军不断批评航空兵的失败和无所作为，这是错误的。当然——假如航空兵部队的高层领导更有朝气，结果未必会落到这般地步。航空兵的指挥任务包括迅速集中**全部**飞机用于各自的重点目标，但航空兵当时在指挥和运用上都不再具备这种机动性。也许更有效的做法是，不再把航空兵的有生力量分散到三个航空师，而是将其整合到**一支**指挥得当的大部队里，并在重点地带集中使用这支精干的力量，不考虑次要战线的需求。正确的做法是把前线的这三个航空师与国内的几个战斗机师合并，从而在数量上恢复"一定的规模"。然而，战斗机飞行员面临的任务仍然过于繁杂。尽管各高射炮军在博加奇、皮克特和席尔法特三位高射炮兵上将的指挥下取得过令人难以置信的成就，可是随着越来越频繁地参加地面防御，在对空防御中遭受的挫折也越来越多。

[纳粹]党在战事平静的时候非常活跃，在许多领域可以说是过于活跃，它已经从一个政治组织演变成一个彻头彻尾的监察组织。由于党机关的规模极为庞大，许多高级官员没有接受过岗前培训便走马上任，也不具备那些岗位所要求的素质。几乎每个德国人天生就闲不住的本性更是在高级官员的身上表现得特别明显。这种状况的始作俑者是党务领袖鲍曼，他处心积虑地通过频繁报告，向希特勒证明这种监察机构存在的合理性和必要性。想要经得起这种来自上层的压力，就要有坚毅的性格。有些人确实做得到，特别是在年轻一代当中，但从整体上看，[纳粹]党通过监视民众和武装力量并向希特勒报告，不仅让通力协作的愿望化为泡影，还逐渐在广大官兵当中引发了难以容忍的摩擦和怨恨。

大区领袖作为"帝国国防专员（Reichsverteidigungskommissar）"同样承担着军事上的任务。他们不仅在这个领域内与军区司令部开展合作，还有权干预行政管理和经济事务。他们引起的对立和摩擦远大于带来的益处。

西线总司令部只能通过党内高层人士与众多大区领袖保持必要的密切联系，但这条路线太长，不可能迅速采取行动，于是借调了一名拥有广泛权力的党内高级干部常驻西线总司令部的参谋部内。这种做法确实大有裨益，直到这个岗位上换成一名"蛮不讲理"的党员，妨碍合作。我不能容忍我的参谋部里有密探。把他调走是必要的，也没有遇到任何异议。

与此相反，事实证明，我们与宣传部特别代表的合作在各方面都令人满意，他还不断向我通报已经启动并大有希望的停战努力或和平试探。

上文提到的军事任务包括以提供劳动力、土木筑城工具和材料的方式，构筑路障，扩建后方阵地，并组织"人民冲锋队"。

毫无疑问，[纳粹]党在上述三个方向的工作中都投入了极大的热忱，但不幸的是，无法实现军事上百分之百的正确。

阵地的扩建在军队指导下进行，民众的积极配合尤其值得肯定。

人民冲锋队是一种尚未诞生即告死亡的事物，我从一开始就认为它的更大价值在宣传方面。如果要让它具有军事价值，那么它的组建、训练、装备和使用必须由军队，也就是军区指挥部来掌握。它的价值不取决于部队的数量，而是取决于质量，也就是战斗力。人民冲锋队无法参加运动战，也只有少数几个营能够执行作战任务。把适合参加野战的人员分配到陆军各部队才是最圆满的解决方案。

面对最艰难的条件，德国民众的付出是空前的，但他们已经感到厌倦，这并不奇怪。[纳粹]党的影响力已经不复存在，其原因一言难尽；军事指挥官无法承担这项任务，因为陆军自顾不暇。失去民众的积极支持并不意味着军事上举步维艰，这可以忍受。相比之下，我们偶尔观察到敌方获得的间接支持和极个别情况下的直接支持却要德国军人付出血的代价。

西线在和平时期的防御准备工作主要放在扩建西部壁垒及其后方的防空区上。这些阵地有负人们寄予的厚望，现在已经掌握在敌人的手里。

它们背后最坚固的天然屏障莱茵河也已经失守，部分原因是受到奇袭，部分原因是敌人的空地联合攻击。

国内纵深地带的阵地几个月来一直在扩建，从1945年3月开始更是紧锣密鼓地进行，只有把阵地布置在一个难以通行的天然地段后面，才能让它具有足够的防御能力，用来实施某种形式的阻滞防御。可供选择的地段为数不少。阵地或地段的数量与现有部队的数量和实力成反比。这蕴藏着一种巨大的危险，但从另一方面来看，以适当的间距呈纵深梯次排列的大量地段，是步兵部队在抗击敌军摩托化部队时站稳脚跟的前提条件。敌人掌握着主动权，可以选择突击方向。而德军不可能再填补防区之间的空当，导致孤立的地段有遭到迂回的危险。机动兵力的短缺又让我们无法采取决定性的反制措施。

我与阿道夫·希特勒和国防军统帅部的关系

由于长期在柏林工作以及陆军成员和空军成员的身份，我认识每一位权威人士。这让工作变得更轻松。我可以毫不含糊地说，帝国元帅赫尔曼·戈林让我们这些空军的元帅拥有一种特殊地位。

因为帝国元帅在空军的建设时期亲自出面代表她的利益，所以我们几乎没有机会直接接触希特勒，更不用说国防军统帅部的首脑人物。最初的几场战局期间，这种情况依然如故。地中海战区和西线战区是所谓的"国防军统帅部战区"，更与陆军总司令部毫无关系。

作为南线总司令和战争尾声中的西线总司令，我不得不几乎只与希特勒和国防军统帅部打交道。经历种种波折之后，我从1944年年中开始赢得他们的充分信任，这当然也是我被调往西线的原因。在意大利战区，我通过奋斗赢得最大限度的自主指挥权，而在西线，这种权力不可避免要受到东线局势的约束。从1945年3月10日到4月12日，我曾经四次面见希特勒，在我深为关切的事情上得到他的许多谅解。尽管遭受重大挫折，可是我从来没有受过责备，肯定是因为他觉得西线局势已经积重难返，不可能得到彻底改善。

希特勒可以在夜里随时听取我的报告，不会在我讲话的过程中出言打断，对我提出的任何问题都表现出最大程度的理解，并且几乎总是按照我的建议做决定。他的旺盛精力与每况愈下的身体状况形成鲜明对比。他比以前更迅速地下定决心，并对我表现出异乎寻常的关怀和体贴。他曾经两次派他的私人司机开他的车送我返回，并在出发前反复叮嘱司机应该注意哪些事情。从过去对我的尊重和礼貌转变为如此明显的关怀，对我来说是一种难以理解的新鲜事，因为我与希特勒之间只有纯粹的官方关系，我也能看到他与国防军高层的隔阂越来越深。

希特勒从未向我提出过任何有悖于我的军官身份的要求，我也从未就私事向他提出过要求。我只能把这种明确表达的信任归因于他对我的了解：他知道我与他的交往没有任何不可告人的动机，而我多年来为了委派给我的任务所付出的牺牲不只是我的工作时间。

出于病态的不信任感——到最后实际上或多或少地不信任每一个人——希特勒只好在全部国家事务中亲力亲为。他在选择私人小圈子的时候也极为不幸。这两个因素都给德国武装力量和战争进程造成不利的影响。

甚至到1945年4月12日我最后一次同希特勒见面的时候，他还抱着一种乐观的看法，很难断定他在多大程度上是在演戏。如今回想起来，我认为他痴迷于以某种方式获得拯救的想法，并紧紧地抓住它不放，就像一个溺水的人紧抓着一根稻草。在我看来，他坚信东线的斗争必然带来一场胜利，相信正在组建的第12集团军和各种新式武器能扭转战局，也许还相信敌人的联盟即将瓦解。

事实证明上述设想全都是错误的，自从俄国人转入进攻以来，希特勒就生活在一个虚幻的世界里，变得越来越自闭和孤独。

国防军统帅部战区的负责人是约德尔大将，与他一起工作是一件令人愉快的事。他精明强干，有出色的战役和战术能力，是担任这种职务的合适人选，尤其是他还是一位头脑冷静而清醒、不知疲倦的工作者。人们只是希望他能拥有更多的前线经验。他的处境非常艰难，因为希特勒很难接受别人的意见，而陆军总司令部的总参谋部与国防军统帅部的指挥参谋部之间又存在一定的矛盾，很难用一致意见去说服希特勒。如今对约德尔品头论足的那些人并不知道他成功阻止和纠正的东西是什么。谁想要批评他，就必须首先证明自己能在同一种的处境下做得更好，至于这能不能做到，我不做任何评论。作为国防军指挥参谋部的参谋长，他要代表整个国防军统帅部，不得不捍卫它的观点和措施，即使他自己曾经为了改变或纠正它们而坚决地抗争过。约德尔的下属都是训练有素、客观公正的总参谋部军官，例如冯·布特拉尔将军，他们按照约德尔的思想推动了一种充满谅解的合作。我和约德尔在判断局势和制定相应措施的时候很少发生分歧。他总是大力支持我和我的参谋人员。

作为南线、西南战线和西线的总司令，我较少同凯特尔陆军元帅打交道。他就组建工作和补给事务下达的指示都是奉元首的命令，可以提出反对意见，但无法更改。举例来讲，希特勒认为组建新的师是继续进行战争的基本前提，必须把人员和物资留给它们。另一方面，我同意许多将军的观点，即组建新的军队本身并不划算，到了战争的最后阶段，重要的是赢得战术胜利，而不是组织上的扩充。

中德地区的斗争

随着B集团军群在鲁尔区陷入合围，中德地区的命运已经注定。

盟军的作战目标很明确，尽管需要分兵封锁鲁尔要塞，还是有足够的兵力保证实现这些目标。我们已经查明敌人在主要突击方向集结兵力，但实际上却无关紧要，因为我们既没有机动力量，又没有空中力量能成功打击他们。我把这个时期称作"即兴发挥的战局"，其中的决定性因素是指挥机构和基层官兵的坚强意志，也就是士气。

整个区域的宽度大约有250千米，显然不能仅凭临时拼凑的单位来掩护。广泛分散在这个区域内的作战军队承担的任务是迟滞敌人前进，直到一个更强大、组织更完善的军队集团可以提供不可或缺的帮助，让战斗变得更有成功的希望。唯一的可能是从3月底开始组建的第12集团军。只有他们的帮助才能在一定程度上保证东线的事态发展不受西线的干扰，并防止德国被敌人一分为二。

第12集团军对西线和军事行动全局的重要性体现在为指挥西线斗争创造了必不可少的条件，无论形势怎样发展，第12集团军都可以在哈茨山做好执行任何任务的准备。当然，这意味着必须守住哈茨山和一定面积的山前地带，即便遇到最有利的情况，也不能从这个山区出击，以免过早耗尽我们仍显薄弱的兵力。哈茨山还可以满足伪装的要求。国防军统帅部3月底下达的指示要我们为了上述目的守住哈茨山，也与我的观点完全一致。当时，我没有考虑过这个举动是否会影响战争的结局。担心这个问题实际上也没有什么必要。我只想尽一切手段延长哈茨山前方的斗争，直到东线的军事行动告一段落。4月初，我指出有必要动用第12集团军的部分兵力加强哈茨山的守军，并保证哈茨山与易北河之间的交通。

"波茨坦"师开赴那里就是出于这个原因。4月16日，德克尔指挥的第39装甲军派出一个战斗群从于尔岑地区发起的攻击虽然比较晚，但也是为了同一个目的。这个战斗群的实力薄弱，陷在哈茨山前的纵深地带无法继续前进。第12集团军发起的协同攻击则根本没能冲出德绍桥头堡。

从一开始便能明显看出，只有在条顿堡林山—施佩萨特山和哈茨山—图林根林山这两条线之间支离破碎的地形上，才有望迟滞敌人的推进。

一旦敌人到达哈茨山两侧的空旷地带，我就不敢再做更多的保证。沿萨勒河和易北河建立防御无疑是可行的，但这两条河都在东线的管辖范围内，最明显的证据是沿这两条河构筑的防御工事都是正面朝东。那样的话，我也将无法完成我受领的任务——保证东线的后方安全，在易北河西岸为第12集团军创造一个基地，并向 B 集团军群提供援助。

实力薄弱的德国军队不可避免要撤退到哈茨山和图林根林山，因为我们相信即使仅凭小股兵力也能依托这两座山实施抵抗。另外，哈茨山作为第12集团军的基地，图林根林山作为重要的工业区，按照命令也都要坚守。我当时几乎不敢想象能用弱小的兵力把美军重兵集团拖进这两座山里，而它居然成为现实。正常情况下，在相距80至100千米的两座山脉之间，甚至只是一侧有山体的地方实施决定性的军事行动肯定要冒风险。然而，敌人完全清楚德国在西线中段的兵力薄弱，实施这样的行动根本不存在任何风险，尤其是因为他们拥有快速侦察力量和掌握着制空权的空中有生力量，足以粉碎对其侧翼的任何威胁。就是在这样的情况下，第7集团军和第11集团军还能成功地吸引大批美军，并迟滞其前进，从而使第12集团军的组建成为可能。也许还有另一些因素在发挥作用，例如同盟国内部的政治协议、补给困难和小股德军遍布整个地区引起的后顾之忧。但可以肯定的是，敌人没有尽可能地利用每一个机会，这意味着西方同盟国的几个集团军不会从背后威胁到东线的决定性防御战。

进入4月以后，我的几个作战司令部都设在前线重点地带的后方，已经退到柏林的地理范围之内。尽管位置有利，可是与两翼的通信联络变得越来越困难，通往各集团军群司令部的道路也变得更漫长和更危险。随着 B 集团军群脱离正面战场和中德地区的战线出现缺口，实际上已经形成两个独立的战区，不再需要对整条战线的统一指挥。根据元首的命令，西线的指挥关系于1945年4月6日进行改组，成立负责德国西北部地区的"西北战线总司令部"（Oberbefehlshaber Nordwest），其左侧的作战分界线从4月12日起位于哈默尔恩（西北）—不伦瑞克（西北）—马格德堡（以西）一线。这条线以南的战线仍然归我指挥。

那些日子里（4月初），我还接到一条预定将在无法继续集中指挥西北战线、南线和东线这三个战区时生效的指挥规定。按照这项规定，我将担任"南线总司令"（Oberbefehlshaber Süd），与温特中将领导的一个小型国防军统帅部参谋部（OKW-Stab）一起接管包括意大利、南斯拉夫和东线南段在内的整个南方地区的最高指挥权和行政权，而邓尼茨海军元帅将与国防军指挥参谋部一起在北方承担同样的任务。有了这项规定，希特勒的去向就可以留待日后决定。[17]这个预定的指挥结构中最令人感兴趣之处在于指挥权将由两名军人接管，而作为希特勒接班人的戈林和[纳粹]党员都被排除在外。

1945年4月8日，国防军统帅部宣布哈茨山是一座要塞，由第11集团军负责坚守。第7集团军在其右翼使用由哥达、爱尔福特和魏玛的驻军临时拼凑成的单位作战，其左翼的那个军被迫从图林根林山朝东南方向步步后退，逐渐向第1集团军的右翼靠拢。作战区域的必要变更导致各集团军在战争最后阶段的实际位置和朝向分别是：第7集团军在德国中部，正面朝西，第1集团军和第19集团军在德国南部，正面分别朝西北和西。

当盟军坦克于4月12日出现在马格德堡城外，图林根林山之战即将结束的时候，哈茨山之战仍在继续，这场战斗将一直持续到4月20日第11集团军司令部投降为止。从马格德堡到里萨的战线中部，第12集团军当时已经前出至易北河，正在为控制这个河段而战。到这个时期结束的时候，我们沿着易北河—穆尔德河建成一条新的战线，把敌人3月中旬在莱茵河撕开的缺口成功封闭在易北河。随着德国东西两线之敌的进攻共同发挥作用，这条战线的命运也即将揭晓。

第二十三章

战争的尾声

时间表：

· 1945 年 4 月 21 日，意大利境内的德军战线崩溃

· 1945 年 4 月 25 日，美国和苏俄的军队在易北河畔的托尔高会师

· 1945 年 4 月 28 日，C 集团军群的全权代表在卡塞塔秘密签署停战协定

· 1945 年 4 月 28 日，墨索里尼被枪杀

· 1945 年 4 月 30 日，慕尼黑陷落

· 1945 年 4 月 30 日，希特勒在柏林自杀身亡

· 邓尼茨海军元帅担任帝国总统

· 1945 年 5 月 2 日，C 集团军群的投降生效

· 1945 年 5 月 4 日，G 集团军群在慕尼黑附近投降

· 1945 年 5 月 5 日，西北战线总司令部投降

· 1945 年 5 月 7 日，凯塞林领导的南线总司令部投降

· 1945 年 5 月 7 日凌晨 2 时 41 分，德国武装力量总投降的协定在兰斯签字

· 1945 年 5 月 9 日凌晨 0 时 01 分，总投降生效

德国南部

按照我的看法，战争最后阶段乃至整场战争的命运将在德意志 [第三] 帝国的中部地区决定，所以我特别关注发生在这里的事件，故意忽视两翼的集团军群。等到俄国人与他们的西方盟友在易北河畔或柏林附近会师的时候，两翼的局势无

论多么有利，都将变得毫无意义。从那一刻起，继续进行战争的基本理由和当务之急就只剩下争取时间，保证部署在东线的德国师且战且退到英军和美军的占领区。根据具体情况，使用的手段有所不同。

如前所述，只有新组建的第12集团军出手干预，才能影响中德地区的局势。有很长一段时间，人们不断用最华丽的辞藻来描绘这个多少有些像幽灵一样的集团军，却不向西线总司令部透露它的实际情况。希特勒在当面交谈和电话交谈中总是把第12集团军形容为扭转危局的"大救星"[18]，而国防军指挥参谋部的总参谋部军官们采用的说法只是稍显温和。我刚一根据其整体组建情况，推断出这个奇迹般的集团军无法及时投入挽救德国中部局势的斗争，哪怕只是在某个局部，就认为我必须把更多精力投入局势即将发生急剧变化的德国南部，并在4月10日把我的大本营转移到上普法尔茨。

3月结束的时候，德国南部是怎样一番景象呢？美军在奥彭海姆渡过莱茵河以及随后针对G集团军群右翼展开的军事行动为敌人开辟了几条道路，可以向东北进军吉森和[巴特]黑斯费尔德，向东经过阿沙芬堡和米尔滕贝格进军维尔茨堡，向东南突破米尔滕贝格—埃伯巴赫的弦阵地[19]，经过奥登林山以东几乎不设防的区域逼近克赖尔斯海姆—纽伦堡。

由此向南和西南，以海德堡为主要突击方向的一股美军已经到达曼海姆和海德堡以南及东南的莱茵河平原。法军从南普法尔茨的进攻地带完成向北变更部署之后，于3月底出动阿尔及利亚第3师和摩洛哥第2师在施派尔与盖默斯海姆之间渡过莱茵河。这两个师紧跟在美军后面，朝东南方向推进，扫清莱茵河谷，从而使殖民地第9师和法国第5装甲师比较容易地渡过莱茵河。

敌人的作战概况越来越清楚地表明他们在德国南部指挥作战的基本思路是从北面进入这个地区，到3月26日已经不存在任何疑问。这样做能给敌人带来下列好处：

> 盟军可以利用已经占领的地区大规模渡过莱茵河。
> 避免对山区战线和水障实施艰难的正面攻击及其必然招致的重大伤亡。

在德国南部作战的美国第7集团军左翼能与正在其左侧推进的美国第3集团军保持联系，尽管只是松散的联系。

主要突击方向一旦确定，就可以继续保持，不会损害战术层面的战术指挥，而它在战役层面也是正确的。

然而，这种战役层面的认识无法弥补德国方面在每一种作战能力上的欠缺。当时整个南德地区只有一个装甲掷弹兵师（党卫队第17师），这个师不久前刚完成补充，有待在实战中证明自己的战斗力。仅凭这样一个"干涉"师无法覆盖宽达近300千米的区域，更糟糕的是，步兵师的实力远远低于编制水平，而众多其他类型的单位，例如补充营、人民冲锋队、军事学校，在战役运用上根本无法起到填补缺口的作用。德军指挥机构在这个作战区域内唯一能借助的东西是支离破碎的地形。但在这方面，依托江河（美因河）和山区（奥登林山）的防御同样未能达到预期效果。有些军队在运动中被敌人追上，损失殆尽。因此，我们应当力求适时占领某一处阵地并努力守住它，从而在较长时间的战斗中选择最有利的时机退到下一处阵地。这意味着依托选定的有利地形战斗，而不是单纯地运动。但无论如何，第1集团军左翼和第19集团军至少还占领着可以防守的阵地，第19集团军主力也集中在恰当的位置，也就是黑林山北麓；可以动用的全部兵力都要不断输送到那里，即使这意味着刻意削弱黑林山西部的战线。抽调兵力到主要战线，导致原本看似面临较小威胁的前沿阵地变得过于单薄，有可能招致敌人的攻击并被突破，但这样做符合集中兵力于重点的战术，不能说是一个错误；再者，大部分受到削弱的前沿阵地具有优越的自然条件，用相对弱小的兵力也能守住。然而，我们必须清楚，面对一个充满必胜信念的敌人，一支在人数、训练和装备方面都处于劣势的军队不可能长时间坚持抵抗。

为了让这种节节抗击的作战方式有一定的成功机会，我们在工事构筑和组织方面制定了许多具体的规定和措施。防御阵地需要火炮等重型武器的支援，但这恰恰是我们缺少的东西。

我不打算详细记录每天发生的具体事件，而是强调说明我认为重要的几个战术阶段及其危急时刻。

敌人突破美因河大拐弯附近米尔滕贝格与埃伯巴赫之间的弦阵地，以及在阿沙芬堡附近强渡美因河，是接下来两场重大军事行动的前奏。此举不但打开通往维尔茨堡（4月1—7日）和从那里进军班贝格（4月15日）—纽伦堡的道路，而且可以直接经过［巴特］梅根特海姆进军纽伦堡（4月16—20日）。

敌人的战术动作与以往相比没有任何变化：装甲师分散搜索一个宽度和纵深较大的区域，有时会非常迅速地集结成主力，为紧随其后的步兵师开辟道路。装甲兵前出过远是此时此地罕见的个别现象。尽管如此，如果不能迫使各自为战的小股敌坦克停止前进或绕道而行，遭到渗透或迂回的地段就无法作为一个整体来坚守，因为我军的防御缺乏纵深，无法同时应付第二波敌军的正面攻击和第一波坦克从侧翼乃至从背后发动的攻击。

几个师从第1集团军左翼向被突破的侧翼迅速变更部署，显示 G 集团军群和第1集团军的指挥机构具有相当高超的应变能力。从后方调来军队为时已晚，甚至来不及赶到陶伯河—亚格斯特河阵地。仅凭现有的兵力，甚至无法挡住敌人的先头部队。

随着陶伯河战线门户洞开，向东和向东北通往维尔茨堡和施韦因富特的道路终于畅通无阻。第13军区尝试以各种方式进攻在奥克森富特附近渡过美因河的美国第12装甲师，都未能达成任何战果。3月28日，北翼退到温特维蒂希豪森—格林斯费尔德—劳达—［巴特］梅根特海姆沿线，形成正面朝北的防御侧面，这是一次有问题的战术机动或者一次糟糕的即兴发挥。这段战线向后折弯成自西向东，进一步扩大了第82军的作战指挥已经造成的缺口，埋下第1集团军最终与第7集团军脱离接触的祸根，并为美国第7集团军沿班贝格—纽伦堡方向的包围机动敞开道路。

国防军统帅部同样受到这个压力的困扰，于4月3日向 G 集团军群的新一任司令舒尔茨步兵上将下达命令，在第1集团军右翼的后方组建一个强大的突击集团，由战功卓著的、同样是新上任的托尔斯多夫将军[20]统一指挥，向北挺进，切断正在逼近维尔茨堡的敌军集团，并与第82军会师。这道命令根本无法执行，我直接将其撤销，并在事后得到国防军统帅部的同意。正如 H 集团军群的类似案例（施图登特大将受领的进攻性任务）一样，这个例子也证明地图和报告永远不能代替亲自观察，一厢情愿的想法会让人无法看到真实情况。

我们认为，美因河畔的长驱直入将促使美国第12集团军群把战斗在图林根林山以西和以南的几个师转向东南，尤其是第11装甲师和第14装甲师，从而掩护和加强孤悬在外的美军左翼[21]。美国第3集团军受到这样的削弱并不会妨碍盟军实现在德国中部的作战意图。

在第1集团军的左翼，第13军和第80军的几个师在敌人的压迫之下退回亚格斯特河阵地和内卡河—恩茨河阵地，随后于4月10日退至科赫尔河，但还能与两侧的友邻保持接触；到达上述河段之后，局势甚至稳定了下来，尽管只是十分短暂。4月10日，第1集团军在多次向第7集团军和第19集团军输送兵力之后，开始向普里克森施塔特—乌芬海姆—下施泰滕—英格尔芬根—科赫尔河一线变更部署，右翼大致到达施泰格林山的西麓。从第1集团军左翼和第19集团军右翼抽调三个师驰援岌岌可危的纽伦堡地区，势必削弱在战役层面具有重要意义的内卡河—恩茨河阵地，以及与内卡河阵地综合在一起具有同等重要意义的科赫尔河阵地，但无论从自然条件还是筑城工事方面来看，它们都非常坚固，不太可能出现燃眉之急。唯一遗憾的是，调走的那三个师来不及赶到新的作战地域，也未能达成与其素质相称的预期战果。

［第1］集团军右翼不久之后发生的事件强调这次调动是必要的。第82军各师在战斗中疲惫不堪，无法抵挡美国第7集团军和第3集团军接合部处几个师猛烈的直接追击，第36国民掷弹兵师和第416步兵师在班贝格一带被击溃。敌人于4月15日乘胜占领班贝格和拜罗伊特，由此向南的地形已经畅通无阻。

我军在西面的运动比较有秩序，也能保持连续的战线。到4月14—15日前后，战火已经蔓延到艾施河沿岸。纽伦堡像磁铁一样吸引着美国第7集团军的兵力。

如果不是党卫队第13军的第2山地师和第82军的党卫队第17装甲掷弹兵师在最后一分钟投入战斗，事态的发展将导致一场灾难。与此同时，险些溃不成军的第36国民掷弹兵师和第416步兵师经过班贝格撤回来之后，接收了一些补充部队和警戒分队，并仓促完成休整，于4月16—17日在帝国高速公路以南重新建立起一道掩护屏障，更确切地说是一道薄如面纱的警戒线。不幸的是，党卫队第17师的一个团不得不调去保卫纽伦堡，导致第82军和党卫队第13军之间暂时出现一个空当，让一个美国师侥幸溜了过去。除了格拉芬沃尔的军事训练场上有一个战斗群之外，没有任何军队可以掩护弗兰克施韦茨地区和上普法尔茨北部直到纳布河的暴露侧翼。格拉芬沃尔的这个战斗群由坦克和车载步兵组成，奉命趁美国第14装甲师从拜罗伊特方向直扑纽伦堡之际攻击其侧翼。我当时就在现场，亲眼看着他们投入战斗。这场侧翼进攻的战果乏善可陈，不能归咎于兵力上的绝对劣势。没有前线经验、缺乏作战训练和战斗积极性，才是主要原因。除了从上普法尔茨地区远达纳布河的这个缺口之外，4月18日和19日，从安贝格以北地区经过施瓦巴赫、安斯巴赫和哈尔延伸到劳芬方向的战线尚无大碍。

凭借这项成就，第1集团军又一次证明了自己的能力。无论指挥机构还是基层官兵都不应该承担敌人4月14日和15日在海尔布隆两侧的内卡河对岸成功建立一个桥头堡的罪责。第5军区从符腾堡—施瓦本地区派来一批坦克和几个补充营，帮助他们压缩桥头堡，更是值得肯定。然而，跨过内卡河，意味着敌人得到一个实施新一轮更大规模军事行动的出发基地，这场军事行动的突击方向很可能沿着通往多瑙河的各条道路，直指迪林根—乌尔姆的多瑙河河段。针对这种情况的措施正在酝酿之中。

内卡河—恩茨河阵地及其前方从海尔布隆到普福尔茨海姆的封锁线扼守着奥登林山与黑林山之间的门户。突破内卡河正面，意味着敌人可以在施瓦本山以北适于坦克通行的地形上自由机动，而跨过恩茨河的推进威胁到斯图加特及其以南黑林山与施瓦本山之间的洼地，还有施瓦本山本身。

到1945年3月底，美国集团军群的南侧作战分界线没有明显超出路德维希港—海尔布隆一线[22]，因此，巴登和符腾堡属于法国集团军的进攻区域。

4月13日，法军从大卡尔斯鲁厄地区进攻黑林山北麓的我军阵地，到4月18日，已经在维尔德巴特和[巴特]黑伦阿尔布方向达成深远突破，并对普福尔茨海姆进行某种形式的包围。我军即使守在一个难以通行的地段后面，也无法成功抵抗。面对机动能力这么强大的对手，每一次"机动"都从一开始就注定要失败。还有一个不能忽视的事实是，第19集团军现有的兵力不足以实施阻滞防御。当第80军和第64军这两个装备较好的军依托比较崎岖的地段都没有表现出多少抵抗力的时候，我们还能指望国土守备营[23]这样的队伍有什么作为呢？到了更开阔的地形上，作战指挥在大踏步后退的过程中最终土崩瓦解。虽说兵败之势一溃千里，但进攻者的势头却更胜一筹。第19集团军试图阻止敌人在普福尔茨海姆以东继续前进的努力未见任何成效。更正确的做法是按照第64军军长的建议，从那个师和党卫队第18军的另外几个师抽调一些兵力展开在阿尔滕施泰格—弗罗伊登施塔特一带，组成某种形式的后方支援阵地。这样做也许能避免最终导致第80军和第64军一部惨败的溃坝式连锁反应。

几个美国师和法国师从普福尔茨海姆地区出发，4月20日和21日到达大斯图加特地区，与此同时，另外几个美国师经过斯图加特以东继续推进。此举切断了第1集团军与第19集团军之间的联系。第80军的处境艰难，而随着一个法国装甲师于4月22日向菲林根方向推进，第64军和党卫队第18军各一部也陷入同样的境地。当我军在最初几天的战斗中表现出自己无法守住恩茨河—黑林山屏障的时候，符腾堡会战实际上已经失败。

4月24日，第19集团军及其遭受重创的军队退到多瑙河—伊勒河，并继续退向肯普滕。

4月19日和20日以及接下来的这几天在意志力和战斗力两方面对奋战在南德地区的所有指挥机构和基层官兵提出了最苛刻的要求，同时也决定着战争最后阶段的事态发展。

在第1集团军右翼，美国第3集团军的几个先头师进入弗兰克施韦茨地区东部的不设防地带，威胁魏登诺（4月24日）和伊马克特，并在接下来的几天里与美国第11装甲师一起突入波希米亚林山，在4月26日与5月3日之间，他们先后到达雷根、茨维瑟尔[24]和卡姆一带。魏森贝格尔步兵上将指挥的纳布河守军要么被击溃，要么被迫后退。

第82军的几个师也被迫后退，局部战线遭到突破，最后由多瑙河北岸雷根斯堡桥头堡内陆军工兵学校（Heeres-Pionie-Schule）的工兵们及其左侧、随后撤到多瑙河南岸的党卫队"尼伯龙根"师收容。

党卫队第13军不得不随后撤退，这个军虽然同样有多个地点遭到突破，但是仍然保持着军内各部之间的联系，有能力凭借在英戈尔施塔特与多瑙沃特之间建立的四个桥头堡，在战斗中撤退到多瑙河对岸，并建立一条新的防御线。

4月19日，敌人向第1集团军左翼的第13军发动决定性进攻，在克赖尔斯海姆与巴克南之间的多处地点突破战线，并打开几个美国师在迪林根与乌尔姆之间前出至多瑙河的通道。尽管如此，德军的几个战斗群还是能够在迪林根以西建立一个大型桥头堡，4月24日从那里依次渡过多瑙河，并投入迪林根以西直至乌尔姆的防御。敌人4月23日在迪林根赢得了出人意料的胜利，再加上两到三个美国师调转方向直扑并越过乌尔姆，意味着这几个英勇的战斗群即将迎来自己的末日。

与俄国人4月20日在东线的宽大正面上成功跨过奥得河相比，上述事件全都相形见绌。作为对这种局面的反应，预定的指挥措施于4月24日生效，成立温特山地兵上将[25]领导的南德意志国防军指挥参谋部（OKW-Führungsstabes Süddeutschland），它后来在我作为南线总司令的职权范围内成为我的工作机关之一。

敌人的举动与前几个星期相比没有出现任何显著变化。美国装甲师在4月下旬一改此前偶尔过于谨慎的作战方式，以长距离奔袭的方式突入波希米亚林山，进抵多瑙河沿岸，并逼近博登湖。更高级指挥机构的努力更是可圈可点，使第二线的师能够及时跟上装甲师的步伐，在大范围内保持两者之间的联系，从根本上避免被各个击破。法国师在这里再次展示出优秀的山地战技能，就像在非洲和意大利一样，德国指挥机构却再也找不到能与之抗衡的军队。

盟军了解德军官兵的弱点以及他们在训练、装备和机动性方面的不足，倘若更不留情面地连续发动攻击，并毫不犹豫地突入第7集团军与第1集团军之间的缺口（巴伐利亚北部），本可以更迅速地赢得胜利。美国第10装甲师的突破是根据某种灵机一动的想法，属于一种战术技巧，如果执行得同样积极有力，就有可能给第1集团军造成最严重的后果。美国第12装甲师在挺进迪林根的过程中也展现出装甲兵应有的气概，而出乎我意料的是，这种气概似乎在他们渡过多瑙河之后又消失了。

城市保卫战

1945年4月2日，希特勒下令坚守每一座城市。他之所以下达这道命令，无疑是因为坚定不移地相信每个人都会为了摆脱未卜的命运做出最后牺牲，而每个人也都跟他一样抱着这个信念。如果说这个想法本身就是一种错觉，那么这道命令在军事上也有缺陷，在某些情况下根本行不通。从军事角度来看，重要的是削弱敌人的有生力量和迟滞其前进。为此必须投入正规军，仅凭人民冲锋队是不够的。只在城建规划涵盖的区域内设防也无法做到这一点。居民点防御需要高超的战术技能、训练水平和严格的作战纪律，同样还要依托有利于防御而且无法迂回的地形。所有这一切都只在少数几座城市的郊区才有可能实现，仅仅出于这一个理由，这道命令就必须进行适当的修订。顺便插一句，按照我的命令，保卫城市的战斗不是在市内，而是在城市周围进行的，整场西线战局就是最佳证明。发生战斗的地点最终取决于地形、军队的类型和状况、作战任务。从这个意义上讲，是军队来决定或影响。路德维希港、卡塞尔、爱森纳赫、施韦因富特、纽伦堡和慕尼黑都是有说服力的例证。

维尔茨堡保卫战受到刚刚接到几道《元首令》的影响。军队不负责这场战斗，它的鼓动者是当地的大区领袖。[①]

施韦因富特保卫战在我的密切监督下远离城市，以大批高射炮连组成的环形阵地作为基础。当敌人突破这道外围防御地幅的时候，整场保卫战和滚珠轴承工厂的生产将自动停止。

按照我的命令，纽伦堡保卫战也应该在城市前方和郊区进行。为了捍卫这座"帝国党代会之城"的荣誉，大区领袖抗命不从，继续在这里顽抗，并献出他自己的生命。他未能在军事上赢得更多战果。尽管如此，纽伦堡牵制的敌军数量还是远远超过我的预期和实际需要。顺便说一句，4月16日，我在前往第1集团军司令部和G集团军群司令部的途中，经过纽伦堡的时候遇到一场轰炸，目睹这座城市遭受的全面破坏。即使在市内进行巷战，也不会再摧毁更多东西，不过，那样做仍然是令人遗憾和不必要的。

慕尼黑的大区领袖曾两次要求保卫这座"运动首都"[26]，均遭到我的断然拒绝。

即使战术情况要求长期坚守某座城市，也不可以说是按照阿道夫·希特勒的

---

① 原注：这个说法与我后来看到的"事实报道"相矛盾，但符合我当时收到的报告。

命令实施防御。据我所知，那样的案例一个都没有。

爆破桥梁

雷马根、哈瑙和阿沙芬堡都是活生生的例子，足以说明没有及时炸毁的桥梁在战争时期可能造成什么样的不良后果。这些教训和希特勒以极其严厉的口吻三令五申依旧于事无补。尽管多瑙河战线采取了警戒措施，尽管事先得到了警报，迪林根附近的多瑙河大桥还是在4月23日完好无损地落入美国第12装甲师的手里。其他地点的情况也如出一辙。这几起事件表面上看起来是由于麻痹大意，实则暴露出最后一波征召的某些士兵素质低下，还反映出我们的整体资源已经透支。另一个相关的因素是经常有人缺乏分辨轻重缓急的能力，有时表现为不假思索地要炸毁**全部**桥梁。第7军区和另一些部门强烈要求保留具有各种经济意义的桥梁，但也无法否认它们具有一定的军事价值。我禁止爆破这些桥梁，并责成当地的指挥机构另行制定掩护措施。可供选择的手段并不少，它们有时比爆破更有效。

阿尔卑斯山要塞

1945年4月20日前后，保卫"阿尔卑斯山要塞"的命令下达到我设在慕尼黑以北莫岑霍芬的大本营，我当时还要试图搞清楚它具体说的是什么。关于阿尔卑斯山要塞的文章如今有很多，其中大多数都有错误。

早在我担任西南战线总司令的时候，阿尔卑斯山的南麓及其伸向瑞士的一个侧翼便已构筑了工事，其中一部分还在继续加固。

驻守在那里的几支警备队来自大区领袖霍费尔的辖区，由地方民兵（Standschützen）组成，我原先指挥C集团军群的时候派出一批指挥官和下级指挥官训练过他们。

山的北面和东北面要么没有要塞一类的筑城工事，要么在4月20日左右已被攻陷。

保卫这条战线的常驻军队和要塞守备队既不存在，又没有相应的组建计划。

4月的最后几天，福伊尔施泰因山地兵上将领导的西南战线总司令部向北调动了几个营，返回德国国内执行军事任务，当时的官方报道是这样说的，但显然不符合事实。

战争最后几个月里发生的事件导致大批参谋部和后勤单位从北线、南线、东南战线和东线涌入阿尔卑斯山袋形抵抗阵地，造成空间过于拥挤和给养困难。按照1945年4月的实际环境，又不可能进行疏散。

保卫所谓的阿尔卑斯山要塞需要专业的高山部队，但那里根本没有。辎重队和本土的勤务部门大部分只能算是炮灰。5月初，当伦杜利齐麾下南方集团军群[27]编成内的各个集团军打算退入阿尔卑斯山并在那里战斗到底的时候，我花了很长时间才说服这几个集团军的司令们，那样做根本不切实际。我当时采用的说法就是"这个地区没有你们需要的优秀高山部队"。

粮食和军需品的储备已经交给担任党卫队行政主管的全国副总指挥波尔负责。据说他就在德国南部，但是我们却找不到他。实际上，什么事情都没有发生过，正如在补给领域和航空兵领域一样。

从纯粹的军事角度来看，只有不是单纯为了防御而防御，而是通过所有军兵种组成强大的"总预备队"（Hauptreserven）大规模出击和发动空袭，不但牵制敌军，而且彻底击溃他们，阿尔卑斯山要塞才能体现它的价值。但这是不可能的。其他的一切全都是充满想象力的噱头！

1945 年 4 月中旬的局势

德国西线的中段几乎是一盘散沙，却是决定我们下一步行动的准绳。敌人正在逼近易北河。第12集团军初露锋芒，正在为清除或压缩美军在易北河上的桥头堡而战，试图在接下来的几天里与保卫穆尔德河的第90军建立联系，并接管易北河的防御。其友邻的两个集团军群无法形成稳固的战线，正在被迫向南北两侧退得越来越远。位于南德地区的几个集团军在中央地段顽强奋斗，虽能保持自己的战线，但无法抵挡来自右侧的迂回。西北战线总司令部除了肩负着保卫荷兰的重任之外，还要为了守住北海海岸及其大型港口城市而在一个狭小的区域内作战。

在东线，俄国人的主攻于4月16日打响，4月20日以前已经突破到"大柏林地区"。

美国第1集团军和第3集团军在4月上旬的停顿之后再度快速推进，目的显然是占领萨克森。既然美国第1集团军已经把触角伸向易北河沿岸，我们就要尽早考虑他们将以什么方式大举进军易北河。但除此之外，易北河明显还是一道分界线，用来防止他们与俄国部队过于紧密地混杂在一起，那也许是他们打心底不愿意看到的。美国第3集团军的兵力不够强大，无法向南翻越厄尔士山脉进入捷克斯洛伐克。况且，厄尔士山脉还将把这个集团军一分为二，很难从一个司令部来指挥。因此，位于这个区域的德国第7集团军暂时无关紧要。如果想要抽调兵力，也就只能从这里抽调。捷克斯洛伐克不但是一个斯芬克斯之谜，而且在政治上另有一番面貌。美国人很可能出于对俄国势力范围的尊重，不会触碰德国—捷克国界。这件事只能留待日后揭晓。无论事态怎样发展，萨克森和捷克斯洛伐克的后方区域作为中央集团军群的基地，都一定会变得越来越重要。因此，把在这个地区作战的第7集团军转隶舍尔纳陆军元帅的中央集团军群，是顺理成章的事情。

另一方面，巴伐利亚东北角的局势岌岌可危。4月中旬向拜罗伊特的推进表明，敌人想要利用菲希特尔山以南的地形缺口。美国第12集团军群可以把德国中部不再急需的几个师经过这里调到巴伐利亚，与美国第7集团军各师共同实施一场快速和大规模的军事行动，为德国第1集团军准备一场坎尼战[28]。

如果美军的主要突击方向直指雷根斯堡—帕绍，那么这条战线将具有决定性意义，因为它可能影响到东线的南方集团军群。

第12集团军从一开始就发现自己的处境非常不利。"克劳塞维茨"师和"施拉格特"师调往西北战线总司令部，"波茨坦"师调往西线总司令部的第11集团军，意味着整个集团军的战斗力削弱了三分之一。由于第12集团军已经无法在易北河以西执行预定任务，调走这三个师是对西线总司令部和西北战线总司令部做出的妥协。起初，我们对这个集团军迎击美军有生力量的任务做出明确规划。这批刚组建不久的部队会辜负我们的期望吗？一旦他们投入易北河和穆尔德河沿岸的战斗并遭受重创，很可能就没有足够实力抗衡俄国人的几个集团军。东线的重大事件是笼罩在这个错综复杂的问题之上的阴影。

美国人会不会投入比较庞大的兵力越过易北河东进？他们在马格德堡南北两侧的军事行动显然在遵循不同的指导方针，导致这个问题更难以回答。即使我们相信美国人很可能在到达易北河之后停止前进，也必须考虑周全，以防万一。第12集团军向东出击之前能不能先攻陷易北河上的美军桥头堡，保证自身的后方安全？第12集团军司令知道他无法同时兼顾东西两线的作战任务，他眼前唯一的解决办法是在东线局势趋于白热化的时候把他的全部兵力投入东线。

4月20日以前，整条西线的主要任务是掩护东线的后方安全，支持国防军统帅部寄予厚望的对俄最后决战，而到4月20日以后，**整条**西线的战斗全都是在想方设法保证东线各集团军退入美英占领区。

最高指挥当局甚至还认为西方同盟国将在认识到布尔什维克主义的威胁之后挺身而出，开辟一条抗击苏俄几个集团军的战线，而我并不同意这种观点，尽管党卫队全国副总指挥沃尔夫通过与美国人的会谈肯定已经让罗斯福相信苏俄政策的反复无常，会谈中还打过我的名号。当时还流传着另一种观点，说我们应该在向苏俄亮出我们最后的王牌之前，立即结束与西方同盟国的战争。诚然，从政治和军事角度反驳这个观点的理由有很多，但在我看来，决定性因素在心理方面。西线的德军官兵全部投降，对于在东线最后决战中奋斗的战友们会有**什么样的**影响呢？他们将感到自己被遗弃和出卖，绝望地面对无情的未来，很可能被俄国人一网打尽，而避免这种情况的发生是我们义不容辞的责任。具体应该怎样做，固然仁者见仁智者见智，但必须一试的是争取时间，让德国东线的军队来得及退到西方同盟国的预定占领区，它们本身不难辨认。最后的事实证明这种做法有多么正确，即便某些盟军首长把同盟国内部的协议凌驾于人道主义的要求之上，不准德国军人越过分界线，甚至还把越线者移交给俄国人，也不能改变它的正确性。

作为德国中部的枢纽，哈茨山和图林根林山本应该更长久地牵制敌人更强大的兵力，却在4月中旬里沦陷。德国中部的突发事件使正在组建的第12集团军无法再按照预定计划从哈茨山或其北麓的上游平原出击。到4月中旬，西线已经退得离东线太近，导致它们相互影响，并给德国指挥机构带来几乎无法解决的难题和严重摩擦。提供坚持斗争所需的人员和物资的空间变得过于狭小，其中首先是从马格德堡到大德累斯顿地区的易北河沿岸地区，其次是延伸到易北河畔唐格明德以北的柏林地区。

随着美国第3集团军的几个师转向东南，首批美军沿多瑙河南北两岸进入伦杜利齐的南方集团军群作战地区只是时间问题，此举必将给这个集团军群带来不可避免的后果。西线总司令部为了抗击美国第3集团军而集结的两个德国师（第2师和第11装甲师）未能迅速通过波西米亚地区，以至于无法按照预定计划趁巴顿集团军的几个师急速南下之际打击其侧翼。他们后来奉命通过与伦杜利齐集团军群的协同动作，采取措施封锁波希米亚林山的最南端，但在策划和执行的过程中发生了技术和战术方面的争执，导致结果并不理想。

这个时期同样涌现出一批战斗意志坚韧不拔的典型事例。其中包括4月中旬几个训练师在萨勒河和穆尔德河沿岸奋不顾身地支援野战部队，4月下旬成功防御俄国近卫骑兵师的多次战斗侦察和进攻，4月15—18日第11装甲师在埃尔斯特河畔[29]的战斗中再度展现出自己的巅峰状态，等等。

自3月底以来，从莱茵河—美因河地区的惨败中成功脱身的那些师级战斗群不断向东运动，到4月底已经走过了400多千米。他们一路行军，宿营，战斗，被追击，被迂回，被击败，弹尽粮绝，又在互相接济之后再次踏上且战且进的征程。这是属于德国军人的一项壮举！然而，实事求是地讲，我们必须认识到实际达成的战果无法也不可能与投入的大量人力相提并论，尽管后者也很有限。

北方的局势发展只在这里一笔带过，因为H集团军群从4月6日开始直接隶属于国防军统帅部。希特勒想要的改善仍然没有实现。他不喜欢布拉斯科维茨大将的指挥方式，相信施图登特大将的参与能彻底消除他想象中的某种"嗜睡症"[30]。约德尔大将在讨论这个问题的时候对希特勒说："我的元首，就算您派去'十个施图登特'也不会改变现状。"他的这句话明确表达了我们的共识。西北战线总司令布施陆军元帅于5月5日投降，而布拉斯科维茨大将在荷兰投降的时间则是1945年5月6日。

德国南部、奥地利和捷克斯洛伐克境内的最后战斗[①]

4月下旬将近过半的时候，达成突破的几个俄国集团军不断逼近柏林。整场

---

① 原注：这些地区接受我的指导，后来划归我指挥。

战争的决战即将在这里发生，而美国人和英国人却在德国中部明显消极地按兵不动。我得到的印象是他们在这条战线上的关键性军事行动已经彻底结束。

德国南部的战事同样接近尾声。第19集团军已被击败，其残部退到多瑙河和伊勒河沿岸。敌人在两个地点渡过了多瑙河。随着一股敌人向乌尔姆地区推进，作为第1集团军左翼的第80军也面临着被合围和粉碎的威胁。

美军以小股兵力进抵原来的奥地利国界，而他们在多瑙河以北翻越波西米亚林山进入捷克斯洛伐克的尝试，在我们看来只不过是掩护其侧翼的安全措施。

西南战线总司令部（意大利境内的 C 集团军群）在波河以南的会战中损失惨重，导致后退过程更加艰难，连能不能守住精心构筑的南阿尔卑斯山阵地都成问题。

东南战线总司令部（巴尔干地区的 E 集团军群）在右翼已经明显受到威胁的情况下陷入激战，而西南战线总司令部的退却又从意大利一侧加剧了这个侧翼面临的威胁。

南方集团军群（奥地利境内，由伦杜利齐大将指挥）的战事已经平息，战线后方还有相当数量的预备队。

中央集团军群（捷克斯洛伐克境内，由舍尔纳陆军元帅指挥）的右翼正在激战，他们对左翼纵深的担心也不无道理。

战线后方唯一一支成建制的德国大部队是新组建的第12集团军，但其中已经有相当一部分兵力投入西线。从实力的角度来看，这个集团军受到两个方向上的威胁，无力扭转乾坤。但至少：

包括东南战线总司令部和第12集团军在内的东线各集团军还拥有相当强大的固有实力，足以应付燃眉之急，而意大利境内的 C 集团军群、巴伐利亚境内的 G 集团军群和第7集团军还没有彻底崩溃。

面对这种情况，我们还能不能为坚持斗争找到一个理由呢？

由于现有的大部队都挤在一个狭小的区域内，整支德国军队比以往任何时候都更像一个不可分割的命运共同体。要么为友邻而战，要么拖着他们一起沉沦。举例来讲，德国南部的战线瓦解，势必危及阿尔卑斯山以南的西南战线、东南战线和南线的其他几个集团军群。一旦西南战线的 C 集团军群全军覆没，就意味着

G 集团军群的末日和东南战线总司令部面临的直接威胁加剧。

从作战心理学的角度来看，情绪波动会在不知不觉中以难以想象的速度蔓延到整个命运共同体，引发更多不顾大局的个人行为。只有一个人忽视战友之间的信赖关系所赋予的最基本义务，才会给自己带来最沉重的精神负担。而一名正直的军人知道他的战友正在进行最后决战的时候，不可能放弃他自己的战斗。对他来说，丢失或放弃一个关系到战友生死存亡的阵地同样不可想象。

由此放大到全局，我在内心曾绕着这些事情做过一场艰难的斗争。问题不再是通过斗争实现体面的和平，而只是履行作为一名战友不可推卸的义务，不让德国战友们落入俄国人之手。出于这一个理由，也仅凭这一个理由，我们就有必要继续斗争到底。

战争的最后几年里，坚持斗争的合理性问题越来越引起我的关注。我很清楚，负责的指挥官在这个问题上的明确表态决定着他从心理上影响他手下官兵的能力。自从兵败斯大林格勒以来，自从突尼斯投降以来，"胜利"已经化为泡影。思考盟军成功登陆诺曼底是不是已经掷下决定我们命运的骰子是毫无意义的。与能否避免登陆的战果达到现有的程度相比，更令人担忧的是德国西线背后的崩溃，它的后果甚至能断绝我们对某种平局的希望。

这正是我为什么从1944年秋季开始支持党卫队全国副总指挥沃尔夫在瑞士接触美国人的计划。作为一名**军人**，我相信在战争的这个阶段有必要在政治层面与他们交换意见。见面商谈就是为了使它成为可能。

从政治角度看，同盟国从不掩饰他们想要摧毁德国的企图，尤其是摧毁民族社会主义和"军国主义"，也就是德国的大部分人民和整个领导阶层。我们所能接触到的敌方宣传都在宣扬他们甚至要剥夺个人和民族生存的最微小希望。面对同盟国用"无条件投降"（英语：unconditional surrender）这个词汇公开表达的歼灭意图，我们**唯一**的手段是全力以赴[31]，也就是通过尽可能漫长和激烈的斗争消耗敌人，也许能让他们更愿意坐下来谈判。我们已经在1918年有过一次放弃斗争的经历，结果是被迫接受《凡尔赛和约》的苛刻条款。任何人都不想重蹈覆辙。

1945年4月20日前后，坚持斗争的合理性问题不但再次摆在我的面前，而且更加咄咄逼人。东西两线的防御战都无法达成预期的战果，柏林危在旦夕。而我又一次选择"坚持"。

我从元首大本营得到的命令非常苛刻和急迫，足以令一名军人无法"自行其是"。希特勒在战争最后两个月里下达的命令总是越来越恳切地要求制止盟军前进或者通过"阻滞战斗"争取时间，直到东线的本土防御战赢得胜利，新组建的那个集团军作为"精锐中的精锐"扭转战局，以"国民战斗机"[32]为首的各种新式武器发挥作用。仅凭加强抗击敌方轰炸航空兵的消极防空，就至少可以强有力地影响战争进程，甚至扭转它，正如美国人在战后仔细研究德国的已启动产能之后发现的那样。到那时，政治干预也许能带来某种可以接受的和平解决方案。

德军前线战士手持武器的时候从不畏惧，可是一想到要沦为俄国人的俘虏就会最名副其实地不寒而栗。任何一位指挥官都不可能在东线战友命运攸关的时刻抛下他们不管，更何况我还肩负着德累斯顿以南那段东线的责任。为了东线的军队来得及退到美英占领区，我们必须为争取时间而战。

我在第一时间向我手下的三个东线集团军群提出与俄国人就地举行谈判的紧急建议，但均遭到拒绝，因为他们都认为这根本没有希望。直到5月初，南方集团军群的各个集团军还在格拉茨的一场会谈中出于同样的理由要求继续战斗，而我明令禁止这样做，要他们摆脱敌人，向西急行军，退入美军占领区。

希特勒死后，邓尼茨海军元帅以**军人**的身份接过指挥权，他在上任后的几天之内便制定出战争的指导方针。其中明确表达的意愿是尽快实现和平，但不能让东线的德国战士落入俄国人之手。这道命令与我发自内心的迫切要求不谋而合。

坚持斗争还是举手投降，作为一个命运攸关的问题，只能由一个处在统领全局地位上的人提出和决定。如果不具备这个权力的其他人插手干涉，有可能或者必定损害整体或某个局部。完全可以预料，这种行为一定会破坏团结，置友邻于险境，暴露出一种令人无法容忍的本位主义态度或危险的业余水平。我刚刚接管整个南部战区的指挥权，便在西南战线总司令部1945年5月3日的投降之后立即向艾森豪威尔发出一封无线电报，提议正在与美军作战的全部军队投降，并代表海军元帅准备德国武装力量的总投降。时至今日，我仍然认为我的这种行为是作为一名军人所能选择的唯一出路。

实际结果是，仅勒尔、伦杜利齐和舍尔纳的三个集团军群就有数十万德国军人逃脱俄国人的抓捕，其中一部分人在停战后几乎立即获释，不幸的是，由于美国人的行为，这个数字未能达到上百万。只要见过从俄国战俘营生还的军人，或者与他们交谈过，任何人都会不由自主地相信这种做法正确无误。

如果某位将军的自作主张迫使德国指挥机构在一个错误的时间投降，也就是甚至还可能在政治上改善局势或者还能让一部分民众免受决定性损害的时候，那么人们完全有理由把这位将军称作德国事业的叛徒，而不仅仅是把他留给历史去谴责。贝当和魏刚的例子本身就已经说明了问题。

这位将军也许会用这样投降能改善德国民众和个人的处境来为自己辩护，但即使是当时，也能看出这是一句不可能实现的空话。鉴于雅尔塔会议和波茨坦会议的决定以及后来的事实，任何人都不会再支持这个假设。我唯一要指出的是，个别部队的自愿投降对整体和局部都没有任何好处。做出这种决定并付诸实施的部队指挥官固然有可能获得某种个人利益，但世界舆论迟早会让这个机会主义者得到应有的谴责。

在战争的最后阶段，阿尔卑斯山地块（不是虚构的"阿尔卑斯山要塞"）是对西南集团军群、东南集团军群、G集团军群和南方集团军群一部的有力支持。这里虽然不能长期坚守，但是肯定能坚持到东线各集团军群摆脱俄国人。撤退的步伐取决于前出距离最远和受友邻运动影响最大的军队集团。

东南战线的E集团军群通过狭窄的瓶颈地带撤出主力需要花费不少时间，一旦他们自己的右翼遭遇不测，或者由于C集团军群在意大利境内的离心运动在两者之间闪开一个缺口，这场后退运动就不可能实现。因此，有必要加强E集团军群的右翼，C和E两个集团军群采取的措施也要协调一致。

南方集团军群在奥地利境内的举动对巴尔干地区的E集团军群来说更具有决定性，南方集团军群的过早撤退，尤其是其右翼的过早撤退，将切断E集团军群的退路，使之任由铁托的摆布。

中央集团军群在捷克斯洛伐克境内的战线一旦被突破，再加上可能受到来自北面的侧翼威胁，就会打乱有计划有秩序的撤退。因此，当务之急是必须向这里投入所有可以动用的预备队来加强受到敌军压迫的地点。

从美国第3集团军在德国第7集团军当面的举动来推断，捷克斯洛伐克不属于美国人的势力范围，所以美国方面才没有实施威胁到中央集团军群生死存亡的军事行动，这有利于后者的后退运动。

敌人只用很短的时间便实现了我认为在南巴伐利亚最不可能的事情，轻而易举地碾过最崎岖难行的地段。作为通往阿尔卑斯山的门户，从罗伊特到布雷根茨的狭长地带还能不能守住？得天独厚的地形条件有利于这项任务的完成。法军是投入全部兵力还是只出动几个适合山地战并有优秀战绩的殖民地师尾随第19集团军余部，抑或止步于阿尔卑斯山北麓？关于"阿尔卑斯山要塞"的宣传能不能发挥作用？从背后突击意大利境内C集团军群的机会很可能诱使他们继续进军阿尔卑斯山。

法军的实际做法是继续突入阿尔卑斯山，并在山北发动一场侧翼突击。他们在4月27日到达阿尔卑斯山北麓，4月30日以前已经在宽大的正面上打进阿尔卑斯山。随着齐尔山口和费尔恩山口陷落，我批准第19集团军投降。阿尔卑斯山区在这个时期几乎没有一件事情能让我满意。大区领袖霍费尔的态度不但让人捉摸不透，而且还用一种令人担忧的方式干预军事指挥，以至于我只能通过无线电发布一道命令，在军事事务中无须听从这位大区领袖从因斯布鲁克发出的指示。他还同样在其他领域背地里耍手腕。令人无可奈何的后果是，制定的措施都是折中的，实际执行的时候又没有足够兵力，命令无法执行或执行不当，内部矛盾引发的博弈或泄密[33]导致英勇战斗的官兵们蒙受了不应有的损失。最后这些天里，第1集团军仍然像往常一样以堪称模范的方式履行着自己的职责。当然，他们也犯过令人恼火的错误，例如在迪林根附近和瓦瑟堡—米尔多夫[34]一线。但我还是要特别感谢第1集团军司令及其下属各级指挥官一次又一次随机应变地找到出路，并表扬官兵们在连续遭到合围的时候一次又一次坚持抵抗。我只举里特尔·冯·亨格尔将军这一个例子，他率领一小批人在沃格尔地区守卫的战线起初向北，不久又先后增加了向南和向西的正面。这个例子证明，优秀、纪律严明的德军官兵即使在最绝望的处境当中也保持着令人钦佩的高昂斗志。在更东面，美国人进抵伊施尔[35]和哈莱因，并于5月7日在那里接受德军官兵的投降。

在奥地利境内，第7集团军与南方集团军群（伦杜利齐）的协同作战本可以赢得更丰硕的战果。然而，这些事件还没有经过时间的沉淀，我们无法从历史的角度做出正确判断。5月初，我到采尔特韦格和格拉茨与东线的司令们讨论战况和必要措施，温特将军作为南线总司令的参谋长陪同我出席。他已经在国防军统帅部南线梯队参谋长（Chef des Stabes OKW Süd）的职务上有优秀表现，而在4月底和5月初的艰难日子里，他给予我的帮助也很出色。东南集团军群（勒尔）、南方集团军群（伦杜利齐）和中央集团军群（舍尔纳）的处境给我的整体印象是意想不到的满意。没有一个集团军群面临直接的威胁，南方集团军群当面之敌的行动更是在整体上已经停止；但这种乐观评价只适用于他们自己的处境，整体局势当然依旧让人愁眉不展。大型预备队的数量、实力和状况都超过我的预期。装备水平良好，补给不但无须担心，而且按照西线的标准来衡量，这些天里的前送量甚至多得有些异常。第二天，我下令加快向西部地区疏散的速度，由于南方集团军群的参谋部已经在前一天夜里投降，执行这道命令的难度很大。勒尔大将沦为铁托游击队的俘虏，后来被判处死刑，这让我的心情极其沉重。一个出类拔萃、知识渊博、个性鲜明的人就这样离开了这个世界！南方集团军群主力和E（东南）集团军群大部能够靠近美军占领区的边界，并在我向美方发出紧急呼吁之后进入美军占领区。中央集团军群的军队未能得到同样的待遇。

在第7集团军，有些指挥官的自作主张使他们难以或不可能执行中央集团军群（舍尔纳）下达的命令，导致这个集团军群在预定的期限结束之后还在令人遗憾地继续战斗。俄国人的突破与美国第3集团军在5月6—8日的正面进攻恰巧在时间上重合，迫使第7集团军司令部及其下属各部队不得不投降。

掌握行政权

国防军统帅部南线梯队于4月24日到达的时候，新的工作实际上已经落到我的肩上，只不过正式的命令直到5月初才下达。事态的发展迫切需要这样的明确规定，不管是由哪一个人来负责。因此，当我在5月的头一两天里发现早在4月中旬已经公布的计划草案还没有生效，只是又有一些更详细想法的时候，由于我自己无法脱身，便派出经济部的国务秘书海勒博士去见邓尼茨海军元帅，请他立即做一个最后的规定。整件事情至此了结。

随着我的大本营转移到巴伐利亚，我的职责从原来单纯的军事指挥大幅度拓展到国家政治事务等方面。由于德国南部与北部的交通逐渐断绝，这类事务也不断增多。明确表现在政府各部都派出部长或国务秘书作为代表进驻南部，这些代表还要像这里的 [纳粹党] 全国领袖、大区领袖和保护国[36]各部的代表一样，尝试与整个南方地区的最高军事指挥官打交道，凡是重大问题都要交给他独断。

必要的工作是协调武装力量指挥机构与大区领袖的关系，并为投降与实现和平之间的这个时期的公共安全奠定基础。

即使在大区领袖当中，也有一部分人希望马上结束战争，而另一部分人想要继续战斗到最后一个人。前者的典型代表是奥格斯堡和萨尔茨堡的大区领袖，而后者的典型代表是慕尼黑和纽伦堡的大区领袖。5月3日，在国防军统帅部南线梯队大本营驻地柯尼希塞[37]举行的一场讨论会上，与会的大区领袖们不甘心接受既成事实，要求坚持斗争，至少保留民族社会主义的领导组织，否则无法维持秩序。如果我不下达这样的命令，他们就会立即派一名特使飞去见海军元帅，向他说明这个要求是绝对必要的。我用较长时间的劝说才让他们对现实有一点点清醒的认识。我说："你们应该明白，整个世界之所以与我们进行五年多的战争，是为了消灭民族社会主义，绝对不会在赢得胜利之后又偏偏留着这个'党'的成员继续掌权。"当时，我清楚地认识到，[纳粹] 党对其人员的培训仅限于国内的政治任务，彻底忽视了对外政策，即使是在边境地区。

向投降之后的时代过渡，首先要求彻底结束全部战事，并打消任何有关游击战争的想法。

这个目标已经实现。躲进山里逃避抓捕和被俘的人寥寥无几，他们既无关大局，又不属于所谓的"义勇军战士"。

其次，在占领国出台新的法规之前，作为过渡措施，有必要建立一个由非政治人士或没有民族社会主义嫌疑的人组成的行政机构。这个想法得到了人们的普遍认同，尽管时间紧迫，还是部分得以实现。这还包括组建一支由志愿人员组成的地方守备队，防止"无政府"时期的劫掠，直到占领国批准组建的地方警察取而代之。

第三，采取措施保证平民和军队的粮食供应，直到占领军接过这个职责。武装力量造成的给养困难只出现在大批军人从东线突然涌入的经济欠发达地区，或者交通不便导致必要的给养物资无法及时送到的地区。

军用仓库里的剩余物资都分发给平民，这也是为了避免遭到抢劫。

国务秘书海勒博士的突出贡献是保证经济部门的供应工作按计划持续进行。促进批发和零售贸易的措施已经拟好，剩下的事情就只是等待占领国的批准，这需要与艾森豪威尔将军当面协商解决。然而，我们本想借机讨论其他事情的这种会议却始终没有召开。

我向美国集团军群——德弗斯将军——提出建议：不要遣散任何类型的技术兵，而是从所有部队调来专业技术人员支援他们，并在美国占领当局的协调和监督下立即有计划地使用他们，按照需求的迫切程度依次修理桥梁，或者依靠次要桥梁的支持进行重建，修理铁路及铁路车辆，使其达到恢复经济所需的程度，并让包括线缆在内的电话系统重新投入使用。

另外，我还计划派出工作队和牲畜，尽快恢复凋敝的农业。

美国集团军群大致同意上述意见，西线总司令部随后制定必要的组织命令，于是，这项最迫切的工作只要得到美军统帅部的批准就可以付诸实施。但是，这样的答复始终不见踪影！

这里仅举一个例子：截至5月底，已经有1.5万名训练有素的通信兵准备就绪，随时可以参加公共通信网的修复。我相信，倘若不是摩根索[38]的影响力已经深入到每一名美国前线士兵的心中，那么交通和经济在1945年年底之前就能恢复到足以支持重建的水平，美国方面也能避免后来必不可少的大笔投资。

战争尾声中的指挥难题

我对理想的顶级组织架构和各个战区的武装力量指挥组织建设的想法极其丰富，无法一一详细探讨，这里只想指出公众有可能感兴趣的几个要点。

阿道夫·希特勒采用的体制是多个部门并行工作，也就是说在同一个领域内活跃着多个彼此独立的组织，只有站在一个对任何人都充满猜疑的独裁者的角度才能理解他为什么要这样做。这个组织结构在战争指挥方面产生的影响是灾难性的。主要缺点有：陆军与党卫队、行政部门与[纳粹]党等的相互不信任，五花八门的隶属关系，例如空军—陆军—海军、陆军—党卫队、武装力量—劳动勤务部门，交叉而相互独立的司法管辖权，等等。

战争需要一体化的经济结构、统一的指挥权和隶属关系，像 [纳粹] 党机关表现出来的那种自命清高和落落寡合必将在某个时间以某种形式酿成恶果。倘若有人蓄意要撼动一支武装力量的稳固结构，那么希特勒所青睐的这种组织方式（ Organisation ），或者更确切地说是瓦解方式（ Desorganisation ）就特别合适。

集中管理军队组建工作的必要性不言而喻，只有这样，才能保证可用人员的征召和训练符合物资的供应水平。为组建工作制定前瞻性的规划也是正确的。然而，忽视优先次序的概念（例如，空军装备先于陆军装备），到最后只考虑眼前的需求，却是错误的。还有一个错误是长时间耽误组建工作所需的人员和物资，直到局势的变化让新组建的军队连能不能参战都成问题，而他们的及时参战本可以避免一整条战线的崩溃，下面仅举一个例子即可说明问题。只有新组建的单位在数量、质量、装备和训练上能够决定性地影响整个战局，希特勒策划的那种组建工作才是合理的。这种情况在1945年、在任何一个方向上都已不复存在。单纯从陆战角度来看，我可以断言，如果所有能在前线派上用场的人力和物力资源在1945年新年前后，最迟不超过1月与2月之交到达前线，那么莱茵河之战的过程将是另一种模样。而在这个期限之后提供给西线总司令部的全部兵力只能有一小部分还来得及融入能征善战的部队的坚实框架之内。但在这一点上，人们对 [西线总司令部的] 反复呼吁却置若罔闻！

投降

早在1945年3月下旬，我原先担任西南战线总司令时的参谋长罗蒂格装甲兵上将曾几次打来电话，恳请我前去当面讨论局势。但我无暇顾及当时并不隶属于我的集团军群。等到他们确实归我指挥以后，为了节约时间，我在1945年4月27—28日驱车前往因斯布鲁克，因为这样可以少走一半的路。会议在大区领袖的官邸里举行，与会代表还有冯·菲廷霍夫大将和大使拉恩博士。党卫队全国副总指挥沃尔夫本来也要出席，却被游击队困在某个地方。首先，由大区领袖发表了一篇冗长的开幕词，他谈到当前的政治形势、他与希特勒的谈话和南方地区每况愈下的军事局势。他在结束致辞的时候表示，我们必须研究及时投降的问题，但只有在真正战无可战的情况下才做出抉择。随着大区领袖因故暂时离场，拉恩和冯·菲廷霍夫趁着会议中断的工夫有一番口头评论，这两位先生都对我说大区领袖今天的腔调与几天前大不相同，这引起了我的警惕。接下来，由冯·菲廷霍夫大将汇报军事局势，它如今已经恶化到难以忍受的地步，必然会导致一场惨败。他认为有必要做一个全面的决定，并考虑投降。时间还来得及！大使拉恩博士没有发言。因为我当时不知道经我批准的与美国人的会谈已经演变成某种投降谈判，也不知道谈判代表已经在路上了，所以只能从军事角度做决定。沃尔夫的缺席至今仍让我深感遗憾，他和我休戚与共，无疑将毫无保留地向我吐露实情[1]。我指出，我们的行动必须由全局来决定。作为军人，我们必须服从命令。这两条都不允许军队指挥官在凭借自己的良知找不到必要理由的情况下投降。我们必须考虑间接后果：C集团军群（西南战线总司令部）的过早投降将使东南集团军群和阿尔卑斯山以北的G集团军群陷入难以为继的境地。我们还必须考虑这个举动对正在柏林市内外奋战的指挥机构和基层官兵的心理影响。自身利益必须放在第二位。除此之外，我还设想或者希望前线的战况将变得比我们当时所担心的更加有利，正如前几年经常发生的那样。没有人出言反对我坚持斗争的决定。我得到的印象是，我已经让冯·菲廷霍夫重新挺直了腰杆。

如果我详细了解上文提到的投降准备措施，有可能做出不一样的决定和举动。道义的要求将迫使我改变态度，遵守已经达成的协议，不让契约精神又一次受到践踏。至于我具体打算怎么做，我现在不能说，否则将被人指责是事后诸葛亮。我很可能不会选择西南战线总司令后来认为正确的出路。

我有必要在这里补充说明一件事，曾经有两名军官作为西南战线总司令和党卫队全国副总指挥沃尔夫的特使来我设在慕尼黑附近普拉赫的大本营拜访，他们本应该向我透露这些秘密，却显得过于拘谨，无法为影响深远的决策提供任何依据。其中一位"奥地利自由运动"的领导人甚至都没有进过我的房门，只是通过一名军官向我转达非常隐晦的暗示。

---

[1] 原注：我没有向我的战区内的任何一位军官透露与美国人谈判的消息，包括我的参谋长在内，因为我不想连累他们当中的任何人。

接下来的几天里，因斯布鲁克的会议和其间欲言又止的坦白引发了一系列令人不快的复杂情况，给双方带来几乎无法承受的负担。1945年5月1日深夜至2日凌晨我视察完前线返回之后，我的参谋长向我报告说，我派到那里的舒尔茨步兵上将[39]认为他的两个集团军已经彻底被击溃，再做任何抵抗都是徒劳的，并请求立即批准停战。

我予以批准，菲廷霍夫大将在第二天通过无线电向他的部下传达这个消息。与此同时，我还发出一封无线电报向国防军统帅部报告这件事，表示自己愿意为这个自作主张和应受惩罚的行为听候发落，我一边扼要说明西南战线总司令部投降的后果，一边请求允许E（东南）集团军群和G集团军群投降，并获得了对G集团军群的批准。

考虑到第1集团军司令弗奇步兵上将的外交能力和政治资格足以完成艰巨的谈判任务，我在5月3日任命他为G集团军群的谈判代表，并在同一天把他召到我设在阿尔姆[40]的大本营面授机宜。我们要求的谈判于5月4日在萨尔茨堡举行，结果却是弗奇上将垂头丧气地从那里回来。甚至连我们最微不足道的期望也落得一场空，与其说这是谈判，不如说是去接受命令。卡萨布兰卡在发挥它的作用！西南战线总司令部遇到的情况如出一辙，他们的谈判代表在1945年5月1日夜间和2日凌晨的通话中向我汇报说，西南战线总司令部应该能争取到一种特别的让步。但等我要来投降谈判的笔录一看，里面却根本没有这样的文字。正是在这几天里，我第一次联系艾森豪威尔将军，接洽我手下正与美军交战的军队投降事宜。艾森豪威尔通过无线电回复我，只有在我提议就德国武装力量的总投降举行谈判的情况下，他才考虑某种当面的会谈。我随即要求国防军统帅部采取下一步行动，而他们也立即照办。

G集团军群的无条件投降在5月6日生效。而我为了避免继续发生战斗和随之而来的毫无意义的流血事件，早在5月2日或3日便提前宣布准备投降的消息。我向官兵们表达我的谢意，呼吁他们通过自己的良好举止来维护德国武装力量的声誉。无论在这个场合，还是在其他类型的部队讲话中，我都明确指出，无可挑剔的军人举止是我们唯一能长时间赢得盟军官兵尊重的东西，并将在今后的更高级别谈判中发挥极其重大的积极作用。

我自己得到的印象是，我军官兵在经历了近六年的战争、如今又身处绝境的情况下仍然表现得无可挑剔，不少美军指挥官也能证实这一点。这个发现应该足以为当时的德国武装力量光荣地盖棺定论！

到了5月6日，我的司令部成员已经成为整个阿尔卑斯山区唯一一批还没有投降的人。我决定把一个精简的作战参谋部转移到当时被遗弃在 [石海山麓] 萨尔费尔登附近一条铁路支线上的希姆莱专列里，并再次联系美国人前来受降。与此同时，我的参谋长留在原来的大本营驻地，根据我预先下达的指示，确定交接细节。党卫队全国副总指挥豪塞尔还接到我的指示，作为我的特别代表确保党卫队官兵的投降必须最严格地遵守专门为此下达的命令，简而言之，就是不要在最后的一分钟里头脑发热，例如逃进山里，等等。他作为最受人爱戴和最精明强干的党卫队指挥官圆满完成了这项任务，却无法阻止久经考验、纪律严明的武装党卫队成员后来按照特殊规定和不总是符合人道主义的观点所受的待遇。

这时候，我有时间静下心来思考自己的未来。为了免除不可避免的一切麻烦，我是不是应该选择一了百了呢？考虑到那只是把自己肩上的重担推卸给其他人，我拒绝那样做。

没过多久，一名美军少校带着几名士兵来到这里，士兵们由我的随行人员接待，而少校通知我，第101空降师师长泰勒将军打算在第二天来看我。[泰勒] 这位服役资历相当浅但客气得令人无法抗拒的美国军官——也是战后驻柏林美军的指挥官和最近在朝鲜就任的 [美国第8集团军] 司令——邀请我在安排完参谋人员解除武装和投降的细节之后搬到贝希特斯加登，入住"贝希特斯加登饭店"（Berchtesgadener Hof）。我可以保留自己的武器、勋章和元帅权杖，在这位师长的陪同下乘车前往贝希特斯加登。一路上，我还可以按照上文提到的方式向遇到的每一批德军官兵发表讲话。到了贝希特斯加登，我和我的随行人员都被安排住进饭店里最好的房间，我可以自由行动，只是按要求必须由出生于慕尼黑、富有同情心的布朗中尉陪同。我能够在没有美国人护送的情况下到采尔特韦格和格拉茨视察东线的 [两个] 集团军群，并向他们下达命令，这个事实不仅是展现这位美国将军的举止堪称楷模的又一个小例证，还折射出同盟国之间的紧张关系。美国集团军群司令德弗斯将军也在这几天里来看望我，他刻意与我保持一定的距离，这让我更清楚地认识到自己的新处境，但他还能保持传统的军队礼仪。

自从登上火车之后，同盟国记者的采访在接下来的几天里就没断过，其间从未发生任何分歧，基本上在双方的相互理解中进行。我正是这样结识了后来对我特别关照的库尔特·里斯。到达卢森堡附近的蒙多夫［莱班］战俘营之后，我才听说之所以对我采取强制措施，是因为一次下午茶引起了美国公众的不满，而它只是为方便记者拍照而专门安排的。泰勒将军能够证明我当初并不想接受这个安排，因为它不符合我应有的待遇，只是屈从于他一再的迫切要求。我想借这个机会感谢他宽以待人的军人风度，并祝他好运。

我一次又一次要求会见艾森豪威尔将军，以便提出一些有利于军人和平民的措施。然而，我却在1945年5月15日被送往蒙多夫［莱班］战俘营，途经奥格斯堡的时候被迫把我的勋章和元帅权杖留在那里。我还要在这里补充一点，无论我的两位参谋长（温特上将和韦斯特法尔上将）还是我手下的其他官兵，都没有料到我的这次启程会有这样糟糕的结局。他们都非常了解我，几乎知道我在战时生活中的每一个小时，根本没有想过等待我的将是一场审判或死刑判决。他们也没有想到我不是被带去见艾森豪威尔将军，而是被关进一个特殊的战俘营。为什么会有人认为偷偷摸摸地做事才是正确的呢？

投降问题大概在不同的时间和不同的方向上困扰过德国的每一名军事指挥官。它首先是一种由国家领导层处理的政治事务。1944年秋季，我通过党卫队全国副总指挥沃尔夫与美国谈判代表在瑞士举行会谈的时候，事先没有请示国防军统帅部，而是事后才向希特勒汇报，我认为这样做符合我的良知，因为我相信外交—政治手段是结束战争的必由之路。我不打算把这个步骤当作我的战区投降的前奏，而是作为对国家领导层的一种帮助，从而开启谈判的大门。

其次，投降问题是一种军事事务，包括按照国家领导层的批准或者命令实施的两种缴械投降：前者的典型案例是 G 集团军群的投降，后者是德国武装力量的总投降。

另外，如果一支军队已被击败，继续抵抗既毫无意义又徒劳无功，退出战斗不会直接损害军事利益或国家利益，那么投降可能是必要的。但我们也必须认识到，妄动投降的念头会削弱人的精神力量和战斗意志。这种类型的投降有几种不同的形式。战事发展导致的投降尽管对全局不利，可是代表着结束当前斗争的最后解决方案，两个集团军在突尼斯和 B 集团军群在鲁尔区的投降便是这样的例子，虽然两者之间存在明显区别。

最后，还有一种投降是在继续战斗不能牵制敌军的任何兵力，或者自身的内在缺陷导致战斗毫无希望，或者无法以任何方式影响战争结果的情况下，由军事指挥官负责的投降。无论属于哪一种情况，他都必须事先仔细衡量对友邻和全局的影响。

丝毫不顾及自己对友邻应尽的义务，事先做好计划却突然实施的投降，是一种极不负责任的表现；这种投降固然通常有其政治上的合理性，但具体负责的指挥官对全局的了解充其量也只是非常有限。第二次世界大战同样不缺少这方面的例子。进入技术时代，在没有上级机关参与的情况下提出和实施投降等意义重大的决策，可能会越来越罕见。

这一系列互相关联的复杂问题又把我们带回到"政治军人"这个老问题上来。

德国武装力量中不存在"政治"军人，冯·泽克特大将的教育产品是远离党派政治活动的"忠于宪法的"军人。

纽伦堡国际军事法庭不仅打断了这种军人的传承，还要求军人转变态度，学会对重大对外政策施加决定性影响，并在国内政局的危急关头清除违法犯罪的政治分子，或者推翻正在朝犯罪方向发展的政府。

这两种形式的军人之间存在着一道几乎无法逾越的鸿沟。

1947年年中，我曾在一篇论文中对"政治军人"做过原则性阐述，但没有涉及第三帝国的"纽伦堡"特例，具体内容如下：

> 我要求担任较高级指挥职务的每一位高级军官都具有高水平的政治见解，使他能够准确、深入地认识国内外政治生活中的全部事件。这种认识可以使军队的高级首长在国家领导人面前发挥负责任和尽职尽责的顾问作用，在未雨绸缪的同时，保证军事需求与政治现实相匹配。这项细致入微的协调工作必不可少，有可能导致激烈的思想冲突和外部纠纷，军事首长必须考虑到这种态度对外交政策的影响。

　　然而，我绝对不认可那种按照自己的特定政治观念推行自己的政策，从而歪曲勇武精神最核心内容的"政治军人"。这种军人自以为拥有凌驾于国家法律之上的权力，除非他们主动改变自己的观念，否则任何国家的领导人或政府都不会容忍。即使是在1947年的今天，各个国家也有越来越多的确凿案例能证明这个观点。

　　通过这两段话，我强调的不仅仅是军官，尤其是高级军官的无党派立场，还有每一名军人对合法政府和合法政体应尽的义务。强制履行义务的手段只能是军人誓词，它强调军人以服从命令为天职，也一字不差地要求军人必须服从他的上级和合法政府。放松义务的约束等于是鼓励"军事政变"，后者基本上不会考虑国家或人民的最大利益。这样一来，本应该维持和保卫国家的武装力量却变成国家的破坏者。历史上有无数先例说明，"颠覆者"的作用不是建设，而是破坏，或者至少把公民的自由扼杀在血泊之中，这足以令人警醒。一两个正面案例不足以推翻整个结论，反而可以证明在非常罕见的特殊情况下，肩负着最重大责任的军人有可能把背弃誓词当作一种道义上的义务。这个人有必要知道，他正在"和散那"[41]和"把他钉上十字架"（Kreuzige ihn）两种呼声之间的狭窄夹缝中行走。

　　还有一点：政治和勇武精神在本质上相互矛盾。只有少数杰出人物才能把这两个领域融会贯通。一位军官在第一次世界大战结束后说过，一名热衷于政治的士兵不再是一个好士兵，这句话有一定的道理。根据我自己的战争经验，我知道在战况危急的时候讨论政治会影响军事上的表现。在我看来，权力分立："这些归军人——那些归政客"不失为一种有益的解决方案。另一方面，军队状况的好坏显然取决于其指挥官。如今的开明时代要求军官能够在更广泛的政治背景下思考，并把想法告诉他的部下。只有这样，"穿制服的公民"才能从"党派政治化的公民"转变成"心系国家政策的军人"。这项任务的难度简直无法想象，因为一两个世纪以来，我们德意志人一直在相互的战争中纠缠，忽视政治教育，而在极左翼和极右翼的政党与政客中都有人在或多或少狂热地否定现在的这个国家。

正因为如此，至高无上的法则仍然是通过宣誓①把军人与国家和宪法规定的政体牢不可破地绑定在一起，并把"穿制服的公民"教育成"具有爱国心、忠于誓词的军人"。

随着德国武装力量于1945年5月9日投降，一场长达五年半，波及全世界人民、经济和科学的战争正式结束。

---

① 原注：只要宣誓还能在国家、民事和教会生活中发挥约束力，就不应该在武装力量中弃之不用。

第二十四章
战后经历

狱中生涯的头几年

交接谈判在"无条件投降"（unconditional surrender）这个词的阴影下进行。我压根不想再提及缴械投降之后的那个时期以及其间发生的各种令人尴尬和痛苦的事件，我的立场是我们必须摒弃前嫌，让我们古老和支离破碎的欧洲更紧密地团结在一起，并学会相互理解，找到通往欧洲一体化的道路，最终把小国林立的格局变成历史。我一向是白里安思想[42]的支持者，成为一名飞行员以后，更是打消了我对欧洲迫切需要新秩序的最后一丝怀疑。如果你驾驶一架1934年生产的低速飞机从柏林起飞后还不到一小时就不得不核对地图，以免越过捷克斯洛伐克国界，那么这件事就足以说明世界历史已经发生过某种改变。1948年年初，我用下面这句话向美军"历史部"的一名军官阐明我的态度：

> 作为一个认为自己被英国法庭不公正地判处死刑的人，如果我决定去西德，并在我如今大幅度缩小的生活圈子里为实现统一的欧洲国家结构而奋斗，从而也为美军"历史部"工作，那么足以说明这件事对我来说有多么重要。

这些话中蕴含着遗忘的能力，无论它对个人来说有多么难，都是我们必须学会的东西。但有一些事件或纠纷也需要讨论，不是为了指责，而是为了从错误中吸取教训，继往开来。

我的经历让我辗转于各种各样的同盟国战俘营和监狱：

1945年，我在卢森堡附近蒙多夫［莱班］的"灰烬牢笼"[43]——一个多么意味深长的名字！——遇到一批曾经在德国党政军中声名显赫的人物。我和财政部长什末林－克罗西克伯爵有权宣称，是我们俩成功安抚了这些人躁动不安的情绪，并把他们更紧密地团结在一起。看守我们的美国军官和军士都心存善意，与这个战俘营的指挥官安德勒斯上校形成鲜明对比。也许这正是他后来为什么能在纽伦堡国际军事法庭担任监狱指挥官的原因。我们当中的每一个人都发现这位美国军官对民族和解的理念持抵触态度。一些年轻的美国军官认为我不适合关在这里，并做出了非常值得我称赞的努力，试图把我转移到另一个不这么像太平间一样的战俘营。虽然这番努力未见成效，但是不会改变我对这些军官的评价，他们没有患上仇恨导致的焦虑症。

我在上乌瑟尔得到的待遇还算不错，只是在一间充当审讯室的营房里度过的几天让我见识到那是一个怎样凶险的地方。我在那里的所见所闻绝对谈不上愉快。我当时得出一个结论，［美国陆军的］反间谍机关[44]——以及其他国家使用不同名称的类似机关——可以用某种方式改变一个人，以至于其他人与他打交道的时候会不由自主地感到不安，甚至发展成恐惧和焦虑，这个结论后来又在其他地方得到证实。这个职业同样会在从业者的身上留下烙印。倘若没有这么多德国移民参与其中，有些事情原本可以避免。指望这些移民、这些曾经有过苦难经历的人保持客观和人道主义精神未免是一种过分的要求。

纽伦堡是一个令进过候审监狱的人永生难忘的地方。在没有任何理由的情况下，长达五个月的单独监禁——从1945年12月23日开始！无论出去"放风"（英语：exercise）还是在教堂里，我都觉得自己像"麻风病人"一样让人唯恐避之不及。在此期间，我曾经作为戈林的证人接受盘问长达几个小时，正如从律师圈子里传到我耳朵里的原话那样："终于来了一个正儿八经的证人！"这次出庭作证的经历中有两件事让我至今难以忘怀。一次是我通过较长时间的陈述，为波兰战局最初几天空袭的合法性辩护。航空部为空中战争起草的条令也是根据《海牙陆战法规》。总检察长马克斯韦尔·法伊夫用一句评论作为这个环节的结论："所以你们就这样做，并且非法攻击那么多的波兰城市！"我在审判厅里死一般的寂静当中高声回答道:"总检察长先生,作为一名军龄超过40年的德国军官,作为一名德国空军元帅,我是在宣誓之后陈述事实!如果我的陈述这样不受尊重,那么我将不再为这个环节提供任何证词。"过了一会儿,总检察长才出言打破审判厅里令人尴尬的寂静:"我不是有意冒犯。"那究竟是什么呢?!⁴⁵

后来,辩护律师拉特恩泽尔博士询问意大利境内游击队的一些情况,这让俄国总检察长鲁坚科迫不及待地跳起来宣称:"我认为,这位证人最没有资格谈论这个问题。"⁴⁶(我可以说的本来有很多!)**至于这位**发言的鲁坚科,我对他的人生经历倒是颇有了解。只可惜,法庭对这个人没有同样清楚的认识,经过长时间的庭外审议,这个议题被驳回。

纽伦堡之后的下一站是达豪。与我同行的人都接到警告,不准和我说话;我也接到类似的警告,而到了达豪的"地堡"⁴⁷之后,我和冯·布劳希奇陆军元帅、米尔希空军元帅、国务秘书伯尔克、特命全权公使冯·巴根以及一名党卫队下士统统被塞进一间小牢房,与里面的每位狱友都做一番寒暄却成为**必然**。我们的看守是个吉卜赛人,他对我的手表特别感兴趣。正是在这间地下室里,我又重新学会了立正,而我的思绪却盘旋得更加活跃。

由于身体虚弱,我们被重新安置到一间营房里,并获准在营区范围内自由活动,关押在同一营区的党卫队战俘们对我们的命运和外表深表同情,这又让我们振作起来。

重返纽伦堡之后的下一站是朗瓦瑟,与那里的许多人简短地互相问候之后,我被选中和斯科尔采尼一起关进一间戒备森严的营房式牢房里。住在这里有几个不可否认的好处:良好的住宿条件、最可口的美国伙食和体贴的关照。不久,我又被带到另一间营房并受到严格监视,甚至在我起夜从事最私密活动的时候都有三个人盯着,其中两人端着冲锋枪,另一个人拿着烛台。人生中总会遇到大起大落:两天后,我坐进一辆整洁的汽车,与李斯特和冯·魏克斯两位陆军元帅以及一批低阶军官一起前往美军"历史部"设在阿伦多夫的战俘营。押送我们的军官是一位心胸开阔的绅士,让我们觉得找到了自己的同类。在阿伦多夫,以优秀的波特上校为首的"历史部"军官们竭尽全力减轻战俘营生活里常见的艰辛。正是在这里,我也开始说服更多的将军和总参谋部军官参与编写战争史。我提出的主要理由是，这将是为我国武装力量留下记载的机会，从而也是用历史真相影响同盟国历史编纂的唯一机会。还有一个次要目的是记录经验教训。主要困难在于没有档案材料。但在我看来，无论过去还是现在，这些著作都是对编写最终版历史非常有用的书面资料。美军"历史部"军官的人数太多，无法在这里一一列出姓名，我必须感谢他们，因为他们尽可能地体谅和理解我们及我们的家庭的处境：从那时直到现在，他们几乎无一例外都是亲善大使[48]。

1946年秋季，我在著名的伦敦"肯辛顿牢笼"[49]里住过一个月。这处"牢笼"由斯科特兰上校执掌大权，人们对它褒贬不一，而我的亲身感受是非常好的待遇和照顾。我几乎每天都与斯科特兰上校谈话，这样交换意见能逐渐拉近我们之间的距离，让我当时和后来都能理解他的法律思维，而他敢于在1950年提交一份有说服力的请愿书，用明确无误的语言申请释放我。一天晚上，有位小官在我面前表现出一种集中营囚犯头目[50]的恶习，我告诉斯科特兰这件事，并说我们作为上级的遗憾是不能洞察下属的全部过失，因此我认为自己有责任向他讲清楚这件事的经过。结果是这位下士从此循规蹈矩。我当时还与一位出生在德国的犹太裔审讯官有过一番谈话，简要地记录如下：谈话的起因是当时已有许多同盟国人士指出和谴责世界上针对犹太人的敌意正在愈演愈烈。我对我的审讯官说："你们不了解这个时代的大势所趋，不排除你们错过了一个千载难逢的机会，本可以为犹太民族在世界范围内赢得不可侵犯的地位奠定基础。对犹太民族犯下的罪行应当得到惩罚，你们完全有权要求这样的赔偿；所有德国人和全世界人民都充分理解这一点，整个世界将源源不断地向你们提供帮助。但以报复作为主导思想是有害的，因为这种心态只会导致新的不公正。"他显然有所触动，回答道："确实如此，但你的这个要求对我们犹太人来说太过分了！"而我说："是的，我完全同意；但是，为了让世界实现最终和解的目标，难道不值得这样全力以赴吗？"

阿伦多夫的优点在于宽宏大量地允许探视，于是我们得以在家属的陪伴下度过1946年圣诞节和1947年元旦。对我们的妻子来说，这种精神上的鼓舞有重要意义，她们能熬过接下来的几年当然要部分归功于这几次探视。1947年1月17日，我途经萨尔茨堡前往里米尼接受审判。波特上校在另一位上校的陪同下把我送到法兰克福，并把我交给两位非常友善的英国军官照管。那仍然是一个兵荒马乱的年代，具体表现在白天我和这两位英国军官一起作为房东的客人来到萨尔茨堡一栋美国人的房子里，当晚却被安置在昔日马厩里的一个床铺上，接下来又在一个大型军官代表团的欢迎中回到里米尼。看到国界和败军之将的身份都不能阻隔情谊，我在那短短的一瞬间确实感到欣慰。

我总是高兴地看到，军人作为政治家往往比那些自诩天生是这块材料的人更加优秀，也更善解人意。必须指出，整个世界经常用排斥、嘲笑和诽谤的方式对待军人，又是同一个世界在真正需要的时候把他们推上领导岗位，并为他们歌功颂德，这真像是一个讽刺故事。我们只需要看看美国就能找到不少令人信服的证据（马歇尔、艾森豪威尔和麦克阿瑟），而美国仅仅是这里随便举出的一个例子。这个事实难道不应该让我们有理由换一种方式，不那么敌视和冲动地评价军人吗？

我的审判 ①

我在清晨6时出发前往威尼斯的梅斯特雷，战俘营的狱友们以一阵短促而激动人心的鼓掌欢呼相送，他们全都是我原来的部下。由于某些责任不在德方的特殊事件，我的律师们无法及时赶到，控方律师企图在没有辩护律师的情况下开始审判，或者由法官为原告传唤的一名控方证人来充当辩护律师。这时又有一位英国军官挺身而出，对控方律师说："你不应该从一开始就把这场审判变成一场闹剧。"对冯·马肯森大将和梅尔策中将的审判已于1946年11月在罗马举行。他们两人像我一样，都被指控1944年3月24日在罗马附近的阿尔代廷洞穴（ardeatinischen Höhlen）枪杀335名意大利人，并于1946年11月30日被判死刑。我曾经为这两位部下出庭作证，但根本起不到任何作用。罗马法庭的庭长还宣称那是一场公平的较量（Fairplay）。

我的审判在威尼斯的梅斯特雷总共持续了三个多月，从1947年2月直到5月，它确实费心劳力，连我在证人席上宣誓作证的那六天都要相形见绌。宣判死刑的

---

① 原注：详情可参阅我的辩护律师拉特恩泽尔博士写的一本书，书名是《为德国军人辩护》（Verteidigung deutscher Soldaten）。

那一天，一位英国军官在审判结束之后与我有过一番长时间的交谈，他最后说："元帅先生，您不知道您在审判期间赢得了所有在场的英国军官们多么崇高的敬意，尤其是今天！"这句话表明我没有辜负自己的男子汉气概。我回答这位英国军官说："少校先生，如果我的举止有丝毫不同，我就不配成为一名德国的元帅。"

除了军法检察官之外，这个军事法庭的成员都不是罗马的那批人。这位军法检察官作为唯一的专业司法人员，应该向没有受过司法培训的法官们提供建议，他在所有重大审判中也确实是这样做的，而这些审判几乎无一例外地以宣判死刑告终。既然这位军法检察官在结束他的"最后陈述"（英语：Final Speech）时说我已经到了迟暮之年，我就用同一个字眼[51]毫不含糊地指出，他绝对不会在先入为主的偏见当中掺入任何看得见摸得着的客观性。一份瑞士报纸当时写道："他实际上是第二原告，更确切地说，是更好的原告。"

这个法庭的组成既不符合惯例，又不符合国际化的原则。法庭成员除了一名将军（哈克韦尔－史密斯）之外，还有四位英军中校。到审判的后半段，庭长已经不能令人信服地展现他应该以身作则的客观性，请注意我特别强调"不能"这个词。他在审判的这个阶段很享受扮演一个喜怒无常的审讯者的角色，毫不顾及我个人是否应该遭受这样恶劣的待遇。斯科特兰上校1952年在一本讲述"凯塞林案件"的小册子里评论过这个法庭，他说：

> ……英国和德国每一位有法律意识的人都应该亲自对这两个法庭的受害者做出自己的判决。在有史以来奉国王陛下之命召集的所有法庭当中，这两个法庭很可能是受教育程度最低的……

现在回到案件本身。我收到的起诉书包含两项罪名：第一项指控我参与杀害上文提到的335名意大利人，第二项指控我通过下达两道命令，煽动我手下的官兵以报复、违反陆战法规和惯例的方式杀害意大利平民，总共导致1087名意大利人丧生。

起诉书的篇幅越短，后果越严重，而附带的证据只有证词，即所谓的"军士宣誓书"（Sergeant-Affidavits），除此之外一无所有。

军法检察官在他的"总结"（英语：Summing up）中提示法官们，倘若他们承认报复的责任已经从德国国防军转移到党卫队保安处（SD），就不得不宣告我无罪。在我看来，这一点恰恰是决定第一项罪名能否成立的关键。从"有罪——枪决"的判决来倒推，我得出的结论只能是，法庭认为它没有得到证实。必须声明，我的参谋长、作战参谋和情报参谋以及后来找来当时的作战日志管理员都宣誓作证，希特勒已经在他的最后命令中确实把报复措施的执行权移交给保安处，而保安处负责人也在审判过程中承认过这一点。那么，为什么还判决我"有罪"？我们只能假设法庭认为我手下军官们的宣誓证词都"不可信"。这个结果让我们所有人都感到不可思议。到最后，我对自己说，这只能直接追溯到对宣誓的不同理解。经过这两场审判，我越来越相信，同盟国在战后举行的审判中并不把宣誓当作一种获得真相的手段，而只是一种施加压力的手段，目的是从不幸的受害者身上榨取最后的东西，哪怕它根本不应该作为证词。

因为我有理由假设法庭一定认为审判过程中的情形至少是可疑的——这方面的**证据**不存在任何问题，所以按照国际司法界通用、英国方面同样承认的"疑罪从无"（拉丁语：in dubio pro reo）原则，也不应该判我"有罪"。

从审判过程看——当时没有公布判决的理由，至今仍然未做任何说明——根据军法检察官提示充当法官的军官们的那句话，我们可以进一步假设，报复行为本身是国际法所允许的。至于命令规定的1:10这个比例，我将在下一段讨论。因此，即便我当时仍然负责实施报复，也不应该仅仅因为这个理由被判有罪，更何况法庭还必须认识到一个证据确凿的事实：我和冯·马肯森在负责这件事的时候，也就是希特勒的最后命令解除**我们的**责任之前，都根本不允许实施任何报复，而是处决死囚，即那些按照国际法应当被剥夺生命的人，并试图以这种方式实现杀一儆百的威慑效果。国防军负责执行的时候，还按照监狱内现有的死囚数量削减实际处死的人数，顺便说一下，保安处完全赞成这样做。因此，西南战线总司令部和保安处都在蓄意违抗希特勒的命令，不想看到执行它所导致的必然后果，并发布不同内容的命令来扭转它，法庭至少应该把这个事实看作是我们试图践行人道主义之举。我更进一步断言，根据上述无可争议的事实，世界上没有任何一个法庭能证明德军司令们"蓄意"（拉丁语：dolus）犯罪，即便是他们负责报复的时候。

希特勒的最后命令把报复人数的比例确定为1:10，并交给保安处来执行，国防军从此置身事外，不能再施加任何影响。即使考虑到我们所做的缩减，法庭似乎也不同意这个1:10的比例，而是认为它超出国际法允许的范围。倘若果真如此，那就更令人惊讶了，因为事实证明，并且众所周知的是，盟军指挥官曾经下令以相同或者更高的比例实施报复，而他们面临的局面既不存在危急的战况，又不满足像罗马一案那样实施"紧急防卫"（Notwehr）的先决条件。我不在这里评判盟军指挥官确定的报复比例是否合理，因为正如我在第二十一章中详细阐明的那样，报复是一个公认的需要自行判断和酌情处理的问题。这正是为什么时隔多年之后很难在不了解当时具体环境的情况下判断这种案件中"是非曲直"的原因。作为出席法庭的**胜利者**，法官们若能考虑到这一点，那将是有益的。实际上，一个意大利法庭，也就是枪杀事件当事国的法庭，就同一案件审判保安处的卡普勒[52]时宣判无罪，这个事实有可能让英国的法官们随后陷入激烈的思想斗争，如今在我看来，这几乎是理所应当的。

从整体上考虑，我们还不能忘记引发报复行为的导火索是一个警察中队遭到破坏，并殃及众多意大利无辜路人，这个中队只执行了普通的警察勤务，即保护意大利民众，其成员都是一些年长的、膝下有众多子女的蒂罗尔人。如果不是先前的暗杀让我们通过官方和教会向罗马民众发出警告，指出暗杀行为扩大化的预期后果，那么后果很可能更加严重。

我从英国方面的友好人士那里听说，他们认为我承担的责任已经超出我的职权范围。这句话当然不适用于在阿尔代廷洞穴内枪杀意大利人的事件，因为我已经在法庭上清楚证明党卫队保安处不受国防军节制；再者，这句话也基本上不存在争议。

如前所述，我和冯·马肯森一起想方设法避免实施报复，但两个英国法庭都根本不予承认。而与此相反的是，纽伦堡的美国第五军事法庭用下面这句话明确表达其更合情合理的立场：

> 为了摆脱法律和道德上的污点，只需证明当事人总是一有机会就规避罪恶的命令，即足以为证。

　　我和我手下的两位将军（冯·马肯森和梅尔策）之所以被判处死刑，是因为试图规避希特勒命令的尝试失败了，但我们无论如何都不应该为这个没有执行权的失败承担责任。

　　在我所描述的情况下，这个招致各方一致反对的判决缺少法律依据，这是它别具一格、明确无误的特征。

　　关于第二项罪名，我已经在第二十一章尽可能客观地描述意大利游击队的形成和作战方式等事项以及德国反制措施的特点，那些文字足以阐明我对所有涉及游击战问题的基本态度。作为对它们的补充，我从1952年年底写给意大利总理德加斯贝利的一封信中引用一段话，我写这封信是因为当时有人煽动针对我的新一轮纯属无稽之谈的攻讦，请他利用自己的崇高地位把历史真相公之于众：

　　　　……我理解意大利的父母亲们失去爱子的痛苦，为这种发自肺腑的悲痛默哀鞠躬，因为这些死者只要不是屈从于来自外国的共产主义思想，就是为他们的祖国而牺牲。但是，这些同为人父母者难道不相信，德国的父母们听到爱子在伏击中饮弹殒命或在牢狱中被折磨致死的消息时也会失声痛哭吗？难道他们不明白我有责任把德国军人从这种命运中拯救出来吗？……

　　这项罪名的根据是我在1944年6月17日、7月1日、8月15日和9月24日下达的几道命令。

　　我在这里只引用公诉人在他的"最后陈述"中认为有罪的几个要点。

　　一、1944年6月17日发布的命令：

　　　　因此，必须以全部现有的手段和最严厉的方式与游击队做斗争。我将支持任何一位在手段的选择和力度上超过我们通常保持的克制水平的指挥官。（Der Kampf gegen die Banden muss daher mit allen zur Verfügung stehenden Mitteln und mit grösster Schärfe durchgeführt werden. Ich werde jeden Führer decken, der in der Wahl und Schärfe des

Mittels über das bei uns übliche zurückhaltende Mass hinausgeht. ）

最初的英语译文把第一句中的 "Mittel"（手段）这个词当作 "Methode"（方法）来翻译，这样一来，无论是谁读这个句子，都会觉得这项指控在某种程度上可以成立。我注意到，审判我时担任第二原告的那位公诉人后来又在帕多瓦对党卫队全国副总指挥西蒙的审判中再次使用 "方法" 这个词。已经在我的审判中暴露出来的错误译法难道还应该继续沿用吗？

> 旧的原则在这里同样适用，即宁可为了实现目标而错误地选择手段，也不能袖手旁观和麻痹大意。要主动出击，彻底消灭游击队。（Auch hier gilt der alte Grundsatz, dass ein Fehlgreifen in der Wahl der Mittel, sich durchzusetzen, immer noch besser ist, als Unterlassung und Nachlässigkeit. Die Banden sind anzugreifen und zu vernichten. ）

仅仅这一段摘录就能揭示它的性质是一道**战术**指令，该指令作为 "秘密指挥事项" 传达到师长及以上级别的指挥官，由他们在该指令的框架内针对每一起个案做出必要的安排。这道指令和后续几道指令的目的是防止双方的战斗陷入预期的混乱，责成指挥官最大限度地把个人注意力投入原先不重视的反游击战当中。换句话说，要像重视前线的战斗一样重视反游击战，并允许在反游击战中动用所有可用的作战手段。

有人相信，从 "我将支持任何一位……指挥官" 这种措辞中可以看出我还打算支持任何报复行为。这种观点经不起推敲，因为这道命令里面根本没有提到**报复**这个词。

二、1944年7月1日发布的命令不是一道纯粹的作战命令，这一点与6月17日的命令不同，但它反而在其中的（b）和（c）两个条款中提到了适用的报复原则：

> （a）我向意大利人发出的呼吁中已经宣布将以最严厉的手段实施反游击战。这个声明决不能沦为空洞的威胁。我要求所有军人和占领区警

察[53]都有义务在发生犯罪时使用最严厉的手段。游击队实施的任何暴力行为都将立即受到严惩。

（b）在游击队大批出没的地区，应按照由具体情况确定的比例，逮捕居住于该地区的男性平民，并在发生暴力事件的时候执行枪决。

（c）如果军人等人员遭到来自居民点的枪击，应烧毁该居民点，并公开绞死作案者和为首闹事者。

这道命令同样发给了师长及以上级别的高级指挥官，是我对巴多利奥和亚历山大两位元帅明确号召暗杀德国人并导致游击战愈演愈烈的回应。倘若英国检察机关知道美国《陆战条例》（英语：Rules of Land Warfare）第358d条，我相信他们不会提出对（b）条款的指控。美国人的规定是：

逮捕和扣押人质的目的是为抵御敌军或平民的非法行为提供安全保障，在仍然发生非法行为的情况下，可以惩罚或处死人质。

另外，美国的法律概念允许法外处决游击队员和义勇军战士，即事先不需要经过审判程序。然而，我不必行使这项权利，因为没有任何一个案例能证明我们在战斗**结束后**未经军事法庭的判决便处死游击队员。如果法庭从我在9月24日的命令中"我进一步要求，今后军事法庭必须立即在当时当地开庭……"这句话里解读出相反的含义，那将是令人费解的；我已经在法庭上证据确凿地指出，这句话中的关键特征是"立即在当时当地"（sofort an Ort und Stelle）。这几个词并不意味着现场设立军事法庭，它们是现成的。整句话的用意是让军人知道，只要运用得当，就可以用有效的**合法**手段，惩罚违反国际法的不法行为。如果法庭认为我的指示是煽动"针对平民的恐怖活动"，那么必然遭到事实的反驳，因为指示中没有任何地方提到"平民""妇女和儿童"，所以也不可能是针对他们。所有在审判期间有明确下落的德军司令、军长和师长都在法庭上以口头或者书面的形式宣誓作证，他们从未按照起诉书中的那种含义曲解我的指示。只有关押在伦敦"肯辛顿牢笼"里的一位司令迫于不难理解的"牢笼精神病"的压力，在未经宣誓的情况下对我的命令提出过批评，而他后来作为**自愿**证人在法庭上推翻了这些言论。因为法庭显然不接受这个更正，所以有必要在这里简要说明事实。

我的命令说：

> 我将支持任何一位在手段的选择和力度上<u>超过我们通常保持的克制水平</u>的指挥官。（Ich werde jeden Führer decken, der in der Wahl und Schärfe des Mittels <u>über das bei uns übliche zurückhaltende Mass hinausgeht.</u>）

这位证人的回忆是：

> 我将支持任何一位在手段的选择和力度上<u>远远超过规定的水平</u>的<u>指挥官</u>。（Ich werde jeden Führer decken, der in der Wahl und Schärfe des Mittels <u>weit über das gebotene Mass hinausgeht.</u>）

后一种文本固然可以用合理的方式来反驳，可是它本身就是错误的。即便有人企图利用证人的进一步书面陈述和未经宣誓的口头陈述来借题发挥，也无法从证人的原话："这道命令给官兵们带来了很大危险"和"元帅的命令赋予军队太多的自由"当中解读出煽动针对平民的恐怖行为。另外，法庭还肯定从有关集团军司令部参谋长们的证词中得知，军队的风纪没有出现任何败坏。

我们无法想象，法庭在澄清事实真相之后还会坚持采用来自伦敦的书面证词。但是……

1944年7月1日命令的最后一句话是："禁止任何形式的抢劫，否则将严惩不贷。每一项措施都应该做到严厉而公正。德国军人的声誉要求我们这样做。"

仅凭这些文字，就足以推翻法庭的诠释。它们才能体现我下达命令的真正用意。

1944年8月21日和9月24日的两道命令甚至可以说服有偏见的法官，我的命令并非以恐怖活动为目的。

以下文字摘自1944年8月21日的命令：

在反游击战和大规模清剿土匪的行动过程中，最近几个星期发生的一些事件严重损害了德国武装力量的声誉和纪律，也与报复措施没有任何关系。

因为反游击战必须以最严厉的手段实施，所以在这个过程中偶尔会殃及无辜。

但是，如果一场大规模行动非但不能安抚一个地区，反而在民众中引起更大的动荡和对粮食供应的最严重恐慌，最终的代价是加重德国武装力量的负担，这就表明这场行动的执行方式有错误，只能被视为"强盗行径"。

领袖还在写给大德意志帝国驻意大利政府的全权公使——大使级外交官拉恩博士的一封信中，言辞激烈地抱怨各种反游击行动和报复措施的执行方式，它们最终只针对平民而不是土匪。

上述全部作战行动的后果在很大程度上削弱了民众对德国武装力量的信心，为我们树立了更多的敌人，并为敌人的宣传提供口实。

以下文字摘自1944年9月24日的指令：

领袖再次向我转达了一些书面文件，内容涉及驻扎在意大利境内有些军队单位针对民众的行为违反我在1944年8月21日下达的命令，这些行为的执行方式令人发指，甚至把民众当中的正派人士和好战分子驱赶到敌方阵营或者游击队里。我不能纵容这类事情的发生，因为我完全清楚这种懦夫式的阴险抢劫会给无辜民众带来怎样的苦难。

我将把领袖汇总的材料转交给相关的高级指挥机关，责成一位将军作为全权代表调查最明目张胆的几起案件，向我报告调查结果，并将此事交给具体负责的指挥机关做出最终判决。这些指挥机关同样要向我报告处理结果。

基本上可以说，当时围绕这些命令进行的官方调查没有发现德国军人有任何应受惩罚的过失或罪行。另外，我向法庭提供的确凿证据还表明，我曾经在一桩指控我手下官兵作奸犯科的案件中追查过每一份报告，并准备在得到证实之后把作案人绳之以法。换句话说，如果认定1944年6月17日和7月1日的命令是蓄意煽动恐怖活动，那么1944年8月21日的命令就意味着我先下令实施犯罪行为，不久之后又下达另一道命令，只是为了追究我的部下在此期间奉命犯罪的责任。这有悖于人们对我一贯过多承担责任的称赞，而我肯定将在下一分钟之内就不再是"广受爱戴的"总司令，可是我至今仍然在昔日部下的心目中保持着这种地位。需要强调的是，没有任何一桩案件能为我的这项罪名提供证据。即便在**我**承认军队的行为有可能违反国际法的情况下，一个意大利军事法庭做出的判决也是无罪释放。

再用几句话谈谈军士宣誓书。这些宣誓书是时隔多年后由非司法人员根据100多人的证词起草的，其中许多人仍然受到来自游击队的压力。意大利人在同一时期审理的大多数案件表明，这些证词要么有悖于事实，要么充满丰富的想象，所以它们没有作为证据的价值。部分结果显示，这种罪行应当归咎于黑色旅（意大利语：Brigata Nera）等新法西斯主义部队，或者身穿德国制服的意大利犯罪分子。英国预审法官在代表我提交的一份请愿书中证实了这一点，他说："结合我对战争期间德国人在意大利境内所使用方法的特殊了解，我的请愿书有充分的依据，这三个人——凯塞林、冯·马肯森和梅尔策——不但应该获释出狱，而且应该得到赦免。"

我在这个方面同样只能得出一个结论，法庭肯定认为所有为我出庭作证的德国证人和意大利证人都"不可信"，而像"童话作家"（Märchenerzähler）一样的意大利证人和英方提供的军士宣誓书都"可信"。对我们这些在德国法律概念熏陶中长大的参审人员来说，更难以理解的是法庭在这些案件中不仅同样没有遵守"疑罪从无"的法律原则，还居然判处"枪决死刑"。

我的四位辩护律师——拉特恩泽尔博士、弗罗魏因博士、许策博士和大学教授施温格博士都是高水平的律师，始终不相信我会被判"有罪"。后来，直到军法检察官宣布**两项**指控都"有罪"的时候，他们还信誓旦旦地向我保证，唯一需要考虑的只是能否争取到非常轻微的定罪量刑。尽管我的观点截然相反，他们还是固执己见。到头来，反而是被判两次死刑的我，不得不好言安慰我的律师们。我之所以实事求是地描述这件事，是因为觉得它适合从深层次反映这次审判的经历。至于国际军事法庭审判程序的缺点，因为战胜国已经在所有战争罪行的审判中采用了这个程序，所以不值得在这里浪费一个字。这些缺点已经举世皆知。全世界所有正直的法律人士都反对"事后追溯"（拉丁语：ex post facto）的法律。往事岂可回首！[54]

宣判当天的晚上，我在一封信里写下我的内心感受：

1947年5月6日。决定我命运的一天已经结束。我早已预见到这样的结果，不是因为我不相信自己的行为合法，而是对这个世界的法律意识感到绝望。包括我的辩护律师在内的许多人都认为不可能有这样的判决。在这件事情上，如果我不能给自己一个正当的理由，那么在我看来就只剩下一种理由。判决必然对我不利，因为：

罗马的审判在此之前进行，军法检察官一定会竭尽全力维护它的判决；

至今仍然受到赞美的游击运动，不允许作为犯罪行为载入史册；

德国军官和深入他们骨髓的勇武精神必须受到打击。……

今天的西方列强已经陷入歇斯底里的妄想，看不见他们自己正在歪曲自己的未来。我不由得想起发生在纽伦堡的一次谈话，一位消息灵通人士找机会对我说："你终究会被人用这样或那样的方式除掉。你太有名，太受欢迎。留着你是一个祸害！"我从这句话中认识到，我的使命决定着我们的所作所为，而我的名誉、军衔和对德国人民的热爱决定着我的个人举止。到现在为止，我已经尽力满足这些要求，而凭借上帝的保佑，我将有尊严地度过最艰难的时刻。我可以说我这一生都在追求尽善尽美，如果我没有在每一件事情上都做到，就让那些从来没有失败过的人来评判吧。被道貌岸然的伪君子[55]定罪不会影响一个现在或早已拥有自尊心的人。我的一生丰富多彩，因为它充满着工作、关怀和责任。以一个受难的过程来结束这一生，不是我所能左右的。但即使在这种情况下，我还是可以并确实能在我的同僚心目中占有一席之地，有身份和地位的人还把与我谈话当作一种郑重的事情，这都是给予我的莫大恩惠！当昔日的对手当面向我表达敬意的时候，当每个人听到判决结果后都摇头并错愕不已的时候，其中的含义不言而喻。而当意大利人宣布我应该获得四枚金质勋章而不是一场审判的时候，你可以把这看作是他们挑战当前大环境的一种尝试。我的生命在漫长的十几个星期里以这场审判作为主要内容，仍然还能在两个方向上发挥作用！其一是无罪释放，那将向世界公众表明无论过去还是现在都有数以百万计的德国人是正派的，世界舆论的重大突破本可以让我们德国人看到曙光。其二是处决，那将为德国人民创造一个铁汉，对他的记忆和缅怀将激励年轻人。鉴于第一个方向不再是一个选项，我实际上只把朝第二个方向努力作为我的义务。离开这个世界本身并不太难，只是有些事情让它变得困难：牵挂我所爱的人和可能还在心里敬重着我的人。尽管如此，我还是会为我的权利而战，进而为我手下军人的权利而战，直到最后一刻。这正是我为什么要提出有充分证据的上诉，再次争取推翻这个不可思议的判决。就个人而言，我决不会申请赦免，至于别人是否这样做，我必须留给他们自己决定。

1950年和1951年，巴伐利亚纳粹战犯法庭举行去纳粹化审判，在与威尼斯审判相同的两个问题上都做出"无关"判决。尽管我——顺便说一下，还有英国人——认为这个审理程序违反"一罪不二审"（拉丁语: ne bis in idem）的原则，但我还是要感谢这次审判中明确表达的对[威尼斯]判决的批评意见。

我在上文关于我的审判的段落中提到，法庭应该注意到本案中的法律状态至少是值得怀疑的。根据国际司法惯例，我这个人应当作为一个完整的个体来对待，而我的律师们认为，法庭仅凭这一个考虑就应该做出无罪判决。我必须在此明确指出，军法检察官在询问证人的过程中总是煞费苦心地在他的笔记本上记录几乎每一个字，而证人刚一谈到其他事情，例如下一节的内容，他就不耐烦地把钢笔丢在一边。他的行为公开表明他对此根本不感兴趣。

刻意强调我自己和我的功绩固然是一件令人尴尬的事情，可是为了能让读者做出客观评价，我觉得有必要讲述一些已经成为历史的事情。无论有多少知名人士在争当下一节将要提到的那些措施的发起人，他们都必须承认，为了那些决定和命令承担异常重大责任的人显然只能是我自己。

保护意大利民众和文化的措施

南线总司令部并未按计划疏散罗马这座数百万人口的大都市。与1914—1918年战争中靠近前线的城市通常自行疏散或强制性疏散不同，这次距离前线只有20千米的罗马却增加了近一半的人口。考虑到盟军航空兵的作战原则、我方的运输能力欠缺和民众的粮食供给困难，要疏散这样的大都市，即使仅限于某个特定的城区，也肯定会造成高达数十万人的伤亡。

根据希姆莱的命令，罗马的犹太社区将被驱逐到一个未知的目的地。我设法让这道命令无法执行。罗马的犹太社区至今还把我描绘成一个普普通通的凶手和罪犯，可见他们在这件事情上有多么蒙昧无知。

后来，西南战线总司令部通过采取将在下文讲述的措施（宣布"医院城市"等），能够防止从过度拥挤的城市和居民点进一步疏散。

由于运输能力不足等困难，意大利行政部门无法向本国中部地区的居民提供必要的粮食。甚至算上德国行政官员提供的帮助也不能满足需要。西南战线总司令部的贡献是在组织上使粮食供给措施走上正轨，从德军库存中划拨救济粮和提供军事运输能力（货运列车和汽车）作为粮食供给手段，这样虽然能满足居民的最低生活需要，但是已经严重威胁到前线的军事供应。西南战线总司令部还同意把奇维塔韦基亚的港口中立化，并指定它专门用于转运红十字会的物资。值得一提的是，梵蒂冈不仅提出要求和建议，还动用自身的有限手段提供帮助。由于盟军航空兵对上意大利地区与罗马之间漫长交通线的攻击，这些措施全都执行得非常艰难，损失也很惨重，尽管行驶在那里的每一辆运输工具上都有清晰可见的标识。

每一个在战争期间到过罗马市区的人都知道，西南战线总司令部多么频繁地派出他们的技术兵修理被炸毁的供水管道，每个意大利人都应该知道，不爆破桥梁等建筑物就要在军事上处于相当不利的地位，而德军官兵甚至在完成撤退之后，还会原封不动地把供水设施和其他公共设施保留下来。

最后还应该指出，由于德国人的积极倡导和提供的人员、武器和物资，几乎总是人满为患的居民点才能在遭到盟军轰炸的时候，把损失控制在可以承受的范围内。

从1943年9月开始，保护教会和文化的措施几乎由德国人单独完成，其中一部分是根据意大利大大小小的教会诸侯和该国教育部的建议。这项工作渐具规模，以至于西南战线总司令部要在其下属的情报处内专门成立了一个由连级特别指挥官[56]哈格曼博士领导的"艺术保护办公室"（Kunstschutzstelle），后来，"德国武装力量驻意大利全权将官"（Bevollmächtigten General der Deutschen Wehrmacht in Italien）手下也成立了同样的办公室。因为保护艺术珍宝需要最周到的安排，所以大多数方案必须经过作战处在战役和战术层面的审查，确定它们是否可行。

保护工作随着意大利的地面和空中战况发展陆续进行，尽管有这种渐进式的解决方案，还是几乎无法满足要求，所以只能越来越广泛地采取各种各样的临时措施。我在下文仅限于谈论南线总司令部所做的工作，而不涉及"全权将官"和各个军事单位自行采取的各种措施。

最简单的措施是设置由我亲笔签名、每个地点专用的禁止标志牌，不准进入城市和乡村中每一处具有文化价值的场所。我一共签署过几百个这样的标志牌，并且可以声明我从未听说过任何违规行为。艺术品、档案和图书馆在德军运输能力允许的范围内尽可能从面临威胁的地点转移到诸多这样的城堡、教堂等场所。例如，卡西诺山修道院举世闻名的艺术珍宝先是由"赫尔曼·戈林"装甲师带到奥尔维耶托，然后由西南战线总司令部交给梵蒂冈，保存在罗马；另外，军队官兵直接拯救的大批艺术珍宝也同样交给梵蒂冈保管。第二项任务是对散布在佛罗伦萨地区各个偏远别墅里的佛罗伦萨风格艺术作品实施预防性保护；随着事态的发展，当这些保存地点——例如卡马尔多利（Camaldoli）修道院和圣埃雷诺（S. Ereno）修道院——受到威胁的时候，里面的珍宝又转移到南蒂罗尔地区。位于佛罗伦萨地区波焦阿卡亚诺的美第奇别墅（Mediceer-Villa）拥有一批珍贵的佛罗伦萨风格艺术作品，按照我的直接命令，被排除在防御地带之外。另外，有些艺术珍宝一度存放在马尔扎博塔[57]，最终转移到费拉拉，并与这座城市及其具有文化价值和历史价值的设施一起保存下来。运输能力的匮乏导致一些艺术珍宝最终只能留在城市里就地安置，但要砌墙把它们围起来，达到防弹的效果。在无法宣布相关城市是"医院城市"或"不设防城市"的情况下，我们都会这样做。维罗纳作为一个中央交通枢纽，特别容易招致盟军的空袭，就是其中的典型案例之一。

其次，我们把具有文化历史价值和教会传统的城市作为"医院城市"，排除在作战区域之外，并主要通过梵蒂冈把这种消息传递给同盟国。宣布为"医院城市"，意味着从市内撤出所有与卫生勤务无关的军事机关。这些城市包括：罗马以南的主教城市阿纳尼，罗马以东的城市蒂沃利，意大利中部的山城、后来成为"不设防城市"的锡耶纳，圣方济各的故乡、当时也是翁布里亚地区大部分艺术品藏身之地的阿西西，最后是作为我们与红十字会互相尊重的典型范例的梅拉诺。

根据国际法宣布某座城市为"不设防城市"固然是一劳永逸的解决方案，可是在军事和外交上有一定的操作难度。许多地方可以一试，但无法处处都实现。我们在许多情况下不得不以宣布"中立化"或"非军事化"作为临时的解决方案。这两种做法都意味着从市内撤出全部军事机关和军队，对军人集体和个体实施交通管制，用战地宪兵队或者永久性路障进行封锁，等等。显然，这些措施并不总是得到官兵们的热情拥护，还在军事上引起了最严重的顾虑，其中的一个例子是罗马，早在卡瓦莱罗和巴多利奥两位元帅当权的时候，他们就已经宣布它是"不设防城市"。西南战线总司令部确认这个声明继续有效，并大幅度增加哨卡和路障。

我军奉命不在奥尔维耶托、佩鲁贾、乌尔比诺和锡耶纳等意大利中部的艺术城市实施防御，这意味着进一步拓展非军事化这个概念的内涵。

佛罗伦萨以其拥有举世无双的艺术珍宝早在1944年2月便被宣布为"不设防城市"。我积极响应枢机大主教要我放弃城市防御的请求。因为无法从同盟国方面得到对等的让步，所以我只能用各种爆破作业来阻挡盟军开进，不幸的是，这也让阿尔诺河上那座精美的桥[58]毁于一旦。市内没有发生任何战斗行动。

我军及时撤离比萨，让那里的著名文化历史古迹没有受到任何破坏。

正如锡耶纳一样，圣马力诺在战术上也是一个重要防御阵地的核心。我毅然宣布它是"不设防城市"的事实，可以作为衡量我的善意的准绳。我专门委派一批军官和外交人员，确保我的命令得到遵守。

上意大利地区艾米利亚大道沿线的几座城市中，帕尔马市区及其皮洛塔宫里面美轮美奂的法尔内塞剧院（Farnese-Theater im Palazzo della Pilotta）、雷焦、摩德纳和博洛尼亚都在1944年7月实现中立化。博洛尼亚当时是防御的关键地点。博洛尼亚的市长和大主教请求宣布他们的家乡是"不设防城市"，得到了积极的响应，各种各样的安全措施也随即展开。实际上，这座城市历史悠久的中心地带没有发生战斗，第14装甲军军长冯·森格尔－埃特林将军在这件事情上功不可没。拉韦纳早已实现非军事化，后来我军未经一战即主动撤离。威尼斯作为指定的地点，用来收集所有在意大利东部尚未得到妥善保护的艺术珍宝。尽管遭到海军的强烈反对，但威尼斯的安全问题还是得到了圆满解决。

通过全部军事交通绕道而行和从市区撤出军队，维琴察在实际上实现了中立化。

应帕多瓦主教的迫切请求，经过与他的协商，帕多瓦也彻底实现非军事化，从而使珍贵的乔托教堂（Giotto-Kapelle）等名胜完好无损。

按照西南战线总司令部的直接命令，米兰以南帕维亚的加尔都西会修道院（Certosa di Pavia）也得到同样的安全保障。

上述关于西南战线总司令部所作所为的一些细节也许足以说明情况，人们从这些文字中应该能得出这样的结论：德国武装力量为了保护历史悠久的意大利文化已经尽人力之所能。如果一个人不了解意大利，可能无法正确认识德国武装力量采取的安全措施涉及面有多广。如果他拿上述几乎没有或者根本没有遭受破坏的意大利城市与维尔茨堡、纽伦堡、弗赖堡、德累斯顿等德国城市做个比较，就会找到正确的衡量标准。其他国家的观察人士同样可以从中得到深刻的启发。

西南战线总司令部在战争期间收到教会和民政部门寄来的大量感谢信。与其旁征博引，不如仅仅从基耶蒂大主教的来信中摘录几句话：

> 我们来自距离作战前沿仅七千米，却在德国人治理下度过了八个月美好时光的基耶蒂。在那段时间里，我从未受到德军司令部成员的任何冒犯，尤其是凯塞林空军元帅及其麾下的将军们。相反，只要战况允许，

我在怎样拯救基耶蒂这座城市和其他一切可能得到拯救的事物这个问题上，总是得到后者——尤其是凯塞林空军元帅——提供的支持和全方位的帮助……

综上所述，我必须认真负责地声明，并且毫不顾忌官方会出面否认，凯塞林空军元帅在这里的态度和举止值得官方和公众的任何称赞。这个观点不仅是我们神职人员的共识，据我所知，还是基耶蒂一切有识之士的共识。感谢凯塞林空军元帅，他的努力使基耶蒂这座城市免遭全面破坏。我要特别赞扬金特·巴德尔、福伊尔施泰因和梅尔策三位将军先生，感谢他们在凯塞林的领导下为这座受到庇护的城市所做的一切。这里的人们将永远称颂他们的姓名和空军元帅的姓名。

亲爱的拉特恩泽尔博士先生（我出庭受审时的辩护律师），我作为大主教的良心要求我写下这些文字，我非常高兴能够为证明空军元帅的清白做出一些贡献，尽管只是微不足道的贡献。我还要在这份证词中添加一段祈祷，祈求全能的上帝，愿他启迪和指引法官先生们，使他们可以根据正义的要求做出判决。

众所周知，我手下的官兵谙熟他们的职业技能；为了使将要放弃的土地难以通行，他们在原则上斟酌具体措施，制定计划，做好实施的准备工作，但这一切都只有在相关地点在战术或战役上极端重要，又不会破坏文化财富的情况下才真正付诸实施。个别例外恰好证明这个规则确实存在。另外还可以提到一件事，盟军的轰炸让我们摆脱了一些如今有可能给我们带来负担的工作。然而，只要人们清点一下意大利境内从罗马到国界的生产设施，就会发现它们几乎全都完整地保留了下来，或者只是由于被故意拆卸或破坏掉几个关键零部件而在短时间内无法使用。

洪水肆虐、沼泽遍地如今都算在德国人的头上。然而，我们已经攻克了最大的难关，防止海水倒灌导致土地在未来的几年里颗粒无收。

破坏几乎每一座海港的准备工作都已经就绪。我只以热那亚和威尼斯为例，说明危及这些港口生存的破坏并没有实施。通过这种方式，我们为意大利经济节约的开支高达数十亿[59]。

战争具有破坏性。然而，德国人在意大利境内却努力实现让人类伦理的观念在所有军事考量和措施中都拥有发言权。

审判之后

我和为我出庭作证的军官们同乘一列火车从梅斯特雷前往克恩滕州的沃尔夫斯贝格，但与他们隔离在两处。我的同僚们看起来都垂头丧气。沃尔夫斯贝格的英国驻军司令是一个通情达理的人，把我当作正直的军人看待，冯·马肯森和梅尔策也得到了同样的待遇。感谢他、战俘营的军官和军士们，让我的这一段"地堡生涯"并不算难熬。只有一个人不在此列，他是肯尼迪上尉，一个名叫霍尔特曼的奥地利移民。他的心肠硬如铁石，他的心里充满仇恨和报复，他的手殃及无辜。我后来听说，命运的审判在一年之后降临到他的身上，把他带到原先他的昔尼克主义[60]行径把可怜人送去的同一个地方。

我曾经与战俘营方的一名中尉在谈话时说："我不明白英国和美国怎么能这样彻底地裁军。"他回答道："经济原因让它无法避免。"我说："如果——我认为是肯定——有一天，为了挽救最后的危局，需要再次扩充军备，那么将经历一个糟糕的过程，才能从沉睡中苏醒。"他说："是啊，那才真的倒霉！"为了整体的利益，难道不应该避免那么做吗？我相信今天的每一位政治家都会对这个问题做出肯定的答复。——沃尔夫斯贝格战俘营位于奥地利境内，我们从未觉得自己像陌生人和不速之客。拘留在这里的人们组成一个自我封闭的小圈子，而我们是其中的核心人物，知道怎样通过艺术表演、演讲和工作来充实自己的生活。这真是活灵活现的奥地利精神！我刚到那里不久，一位原党卫队少校找到我，对我说万事俱备，我随时可以逃走。我向他表示感谢，但坚决表示我绝不会一走了之，否则将让我的对手（我只能这样看待法庭）相信他们的行为是正当的，从而认为我承认自己有罪。1947年7月4日，我和我的同僚们的死刑改判为无期徒刑。当时和后来，我都经常说这样的改判其实是加重惩罚。曾经有一位英军上校问我"为什么"，我只是告诉他两者之间没有多大区别，而我的想法其实是作为一名自认清白的德国空军元帅，以枪决的方式饮弹身亡仍然不失为一名军人应有的结局，但和罪犯一起坐牢是一种羞辱和玷污！我们还不应该忘记我们的德国牧师格鲁贝尔，一位模范的教区牧师，按照他的本职工作来理解，也是一位仁慈的公仆。

1947年10月，我、冯·马肯森和梅尔策从沃尔夫斯贝格一起被转移到韦尔，那段旅程是战友情谊确实可以团结人的一个标志。我们都能感觉到，负责押送的军官想通过特别关照，与令他们同样难以理解的判决及其执行保持距离。随着韦尔重刑监狱[61]外层大门沉重地开启和关闭，我几乎可以从肉体上感受到人生从此被一刀两断的痛楚。我们完全像惯犯一样被带去见代理"典狱长"（英语：Governor），这种待遇在后者的话里表达得很清楚，他认为自己有义务通知我们只配按照罪行最严重的重刑犯来对待。

随着监狱生活中的起起落落，数年时光转瞬即逝。1950年之前的糟糕境遇在一定程度上被之后几年的改善所抵消。我相当惭愧地意识到，我们只能在英国当局的支持下向德国当局，尤其是巴伐利亚当局索要我们的合法收入，而英国和美国当局已经尽其所能来满足我们在经济方面的需要，例如把战俘工资提高到足以支付囚禁费用的水平。韦尔"同盟国监狱"的最后一任"典狱长"维克斯中校总是在规定的严格限制之内尽可能地关照我们。除了他之外，我还要特别提到毕晓普将军的名字，他的干预是后来为我们改善待遇的原动力。在法律领域，我也只提一个人的名字——英国高级专员[62]的首席"法律顾问"艾尔弗雷德·布朗爵士，他用贵族式的高尚态度对待我们，并且作为一名负责任的律师，他必须代表的司法环境显然让他的内心饱受折磨。而一位大名鼎鼎的将军给我留下的印象却不怎么样，他只是瞥了一眼我那间阴冷潮湿、条件恶劣的小牢房，便自顾自地得出一个了不起的结论："非常好！"（英语：Very nice）仅仅是我受过的良好教养才让我没有出言反驳，比如说："您认为，将军先生，换成您作为一个无辜的囚犯被关进来一阵子，还会觉得这间牢房'非常好'吗？"

作为一名年满63岁的空军元帅，我不仅变成一名用胶水粘纸袋的糊袋工，还在这方面成为人们公认的行家里手。我的工友们——其中大部分都是"战犯"——都是和蔼可亲的人，让工作和生活变得更加轻松。若干个月之后，当"副典狱长"（英语：Deputy）问我喜不喜欢这份工作的时候，我回答道："相当不错——但即使在我最疯狂的梦里，也没梦到过我作为德国的元帅居然还能干糊袋工这一行。"第二天，我的手工劳动生涯即告结束，工作内容换成研究历史。

一天早晨，从某个半点钟到下一个半点钟，我们连续几次刚刚在一栋房屋里安顿下来，又被突然转移到另一栋房屋里去。具体原因始终保密，我至今都不知道，因为我们搬去的地方连走廊上都躺着一些受惩罚的英国人，所以有可能是为了让英国人更严密地监视我们。那真是一段不堪回首的时光！谁要是敢跟我们说话，就会大祸临头；甚至连监狱的牧师来探望我们的时候，也要有一名看守在场监视。举个小例子，由于监狱的伙食让我的胆囊遇到一些麻烦，我的妻子在一次短时间的探视之际带来一些糕点和小饼干。她先把这个小包裹交给德国官员，由他转交英国官员，再由后者交给负责我这一片的英国官员最终发放。碰巧在场的一名英国记者看到这件事，并在一份英国报纸上发表了一篇只能称之为谎言的文章。文章中描绘我怎样源源不断地（！）收到包裹，怎样分享英国人的伙食，还受到其他优待，而实际上我们每天只能得到量少质次的德式菜汤，却眼巴巴地看着对我们来说不啻是一场盛宴的英式伙食发到英国囚犯们的手里。这件事的结果是包括"典狱长"在内的三名英国官员受到惩罚性调职，而一个德语说得非常流利的英国人对我说："你不会受到惩罚，因为你是个有诚信的人！！！"

然而，即使是那样的日子也有熬出头的时候，随着我们在一个重建的侧楼里分配到一个里面有配套齐全的"餐厅"和"娱乐室"（英语的 dining-room 和 recreation-room）的特别楼层，情况开始向更好的方向发展。德国的无数男男女女为此做出的贡献，只是德国人践行基督教信仰的一个例子。不知疲倦的威斯特法伦红十字会副主席、"韦尔的天使"韦克斯女士尤其值得称道。

另一方面，我们的上诉却没有取得任何进展！尽管有各种令人信服的反面证据和审判时未能出示的补充证据，但英国官方还是坚决维持站不住脚的原判。我无法想象，英国的主管人士竟然还能相信审判的合法性，即便柯克帕特里克致新闻界的公开信让我们早有思想准备。这位英国高级专员对每一起诉讼案的调查结果，都与我们主观但全面的了解有不可调和的矛盾。出于这个原因，我打算在征得西德联邦总理的同意之后，请英国下议院议长出面组建一个议会两院的联合委员会到现场，也就是到韦尔来，对战争罪案件进行一般性调查和司法调查。考虑到英国独立议员的法律意识，我认为这个委员会将在适用的法律、审判档案中的大量缺陷和漏洞、对控方证人和辩方证人的评价等方面提出相反的意见，肯定能找到某种解决办法，摆脱这种纠缠不清的现状。然而，有人禁止我进一步为实现这个意图而努力。真遗憾！我理解下属部门要摒除自己的异议，执行来自上面的指示；我们德国人之所以在1945年以后被判处死刑或最漫长的监禁，恰恰是因为以这种方式执行命令，这一点不再继续讨论。对于相关责任人的最消极态度，我始终未能找到一个站得住脚的理由。我们也很难理解，有人试图以早已失去合法性和法律效力的《四强公约》⁶³作为依据，全德国和全世界⁶⁴都不承认《四强公约》，它无论如何都不能作为有效和有约束力的国际法；毕竟，同盟国凭借胜利者的正义（Siegerjustiz），几乎在每一个方面都侵犯了联合国人权委员会1948年在瑞士庄严宣告的"人权"。有一次，我在去军事医院的路上和押送我的英国军官谈起谁会成为贝文的接班人，当时提名的候选人有莫里森和肖克罗斯⁶⁵。我的押送官问我为什么不希望是肖克罗斯，我回答说：

> 我从纽伦堡和他后来的言论中了解到肖克罗斯的观点，选择他将让我后悔。贝文毕竟是一位政治家，不是专业的法律人士，只能在某些事情上听从他的律师，这我能理解。但如果一位公认的顶级律师至今还宣称《纽伦堡法》是具有约束力的法律，那么我就不再把他当作律师看待，再加上他在明确的法律问题上持模棱两可的态度，我不认为他是担任外交大臣一职的合适人选，这个职务要在所有与战争罪行有关的事务上负有最终责任。

1947年5月接到死刑判决的时候，我相信自己能坚强地迎接即将到来的事情，因为我的身后有丰富多彩的一生，不可能再有任何锦上添花的体验。五年之后的今天，我不得不承认，表面上如此名誉扫地的生活却继续流淌起新的源泉。虽然我一直有在每天结束的时候回顾当天经历的习惯，但是从来没有花这么多的时间心无旁骛地思考我自己、我所处的环境和时代变迁。我努力客观地判断，把逆境当作时代的弊病，用理解代替报复和仇恨。怀着这种态度，我自然而然地成为命运共同体的对内调解人和面对狱方时的对外代表。就这样，我的付出渐渐换来回报，赢得人们对我们作为普通人和军人的理解，代替敌对宣传引起的敌视态度。上文已经提到一些伟大到不顾主流舆论的阻力为我们挺身而出的人、一些为我们改善生活条件的人，他们远比许多专门从事"再教育"（英语：reeducation）的人做得更多。只要以诚相待，人们完全可以欣然摒弃效果可疑的其他实验。这样的"黏合剂"经久耐用。

自从我沦为阶下囚以来，这段时间里发生过的许多事情足以让一个曾经生活在世界中央的人心驰神往。一个人越是远离平时遭受的批评和时事的直接影响，越容易看透这个世界对真假的混淆。我把有些几乎已经成为信条的东西，作为一种精神财富和心理财富始终带在身边。沉湎于思考的这几年里，我读过不少东西——来自德国国内外的报纸和书刊。在此期间，我注意到有些描述看上去很符合我们德国人的某个性格特点，这常常让我赧颜汗下。我先说一个无可争议的事实：我们德国人确实在战争中取得过一些成就。关于这件事，利德尔·哈特写道：

> 我们在这样的分析中发现，盟军的进攻很少能赢得胜利，除非在兵力上形成对德军5:1以上的优势，再利用制空权把地面上的优势放大至少两倍，甚至三倍。在一些特殊的（也是引人注目的）场合，我军在占有10:1的数量优势并利用制空权将其翻一番的情况下，仍然未能在进攻中达成突破。即使考虑到这些场合能满足全部先决条件，充分发挥防御对进攻的战术优势，我们还是尴尬地看到，德军的单兵战斗力明显优于他们的西方对手。他们在东线也多次成功对抗同样巨大的地面优势，只不过这些优势既没有得到制空权的进一步放大，机械化火力的对比又不像西线那样悬殊。

与此相反，我记得德国人发表过各种各样的言论和文章，一边形容德国高级指挥机构有多么"天才"（genialen）——这个词应当按照反话理解为"愚蠢"（blöden），一边把德军普通士兵描绘成一群没有任何权利的可怜虫，实际上饱受上级折磨，甚至不断受到上级的故意刁难。作为一名服现役的军龄超过40年的老兵，有权声称自己虽然一贯对部下高标准严要求，但是从担任中尉开始直到如今的狱墙之外始终受到部下的某种爱戴,我无法理解这样的"报道"。我愿意承认,指挥官和下级指挥官确实犯过错误。然而,考虑到我军在战争最初几年的每一场战局都大获全胜,并能尽量做到速战速决,假如认定上面的那个批判性论点成立,就只能设想盟军方面肯定有更"无能的人"(Nichtskönner)在指挥。我用这种非常通俗的方式来表达自己的观点,足以说明怎样更正确地看待贬低性的批评意见。我也愿意承认,军人之所以在许多情况下把上级的命令形容为无稽之谈,只是因为他们作为个体,根本无法纵观全局。但如果他们确实是真正的军人,同样会乐于在赢得胜利之后忘记这种批评,并享受胜利带来的喜悦。我还愿意承认,我在对待下属方面确实犯过错误,甚至大错特错。无论过去还是现在,我都有兴趣遵循关于这方面的哲学思想。我更喜欢简单化,并坚持我的座右铭:"己所不欲勿施于人。"(Man behandle den anderen so, wie man selbst behandelt werden möchte.)当然,骂人也是军人的本领之一!对于每个有思想的人来说,当他读到或听说我们的军事教育和训练是集错误之大成,必须按照诸如美国陆军采用的民主原则重新学习的时候,都一定会倍感惊讶。我更是觉得它根本不可思议!难道是**我们**不中用吗?是不是只有派出五到十个德国兵才能对付一个美国人或俄国人?

我有幸统率大批最优秀的德国师,并把除斯堪的纳维亚人之外所有的周边民族当作对手来了解。没有任何事物能放之四海而皆准!适合意大利人的东西,对我们来说有可能是毒药,反之亦然。强迫一致[66]将使整个体制分崩离析!假如前线的德国军人与他们的上级之间没有休戚与共的情谊,就不可能赢得胜利。每当我在视察前线的过程中看到这种内在的密切联系时,都会由衷地感到喜悦。尤其令我感到骄傲的是,德国军人在1945年普遍以一种模范的方式向敌人缴械投降。我经历过1918年,那时候完全不是这样!我认为德国军人的这种行为是纪律、训练和官兵之间融洽关系的一种胜利[67]。真诚、以纠正为目的和实事求是的批评是必要和正确的,但我们德国人有必要一次又一次地诋毁自己的生存之道吗?最后一点是,我们可以在许多方面改变自己,适应先进的时代精神,并汲取有价值的新知识,但要保留我们民族特有的东西,并尊重传统。让我们谨防丢失自己的根基。我熟悉国外的各种训练方法及其效果,并在此提出警告,不要盲目采用外来的体制。我不打算判断任何一个军事体制的优点或缺点,适合其他民族的东西未必适合我们德国人。我敢肯定，用不了多久，人们就会认识到早期体制的一些优点，即使无法回到那种为我们德国人量身定做的体制。

　　我很难下定决心动笔写这本书。到最后之所以这样做，是因为要从我自己的角度出发，为真实再现这段历史做一份贡献，并在一定程度上帮助各国人民认识到战争的总体性和残酷性，从而在实践中只把战争当作最后的手段。这本书不是要成为一首赞美诗。对于善于思考的人来说，它能证明任何事物都有相对性这个旧的生活知识，但它想告诉年轻人的是，生命的意义在于努力正确行事，而这个地球上的任何人都不是天生完美无缺的。古语有云："人非圣贤孰能无过。"（拉丁语：errare humanum est）这句话既要求人们学会自谦，又告诫与人为邻者在评判其他人和其他民族的时候应适可而止。

译注

1. 这是马斯河的一条支流，荷兰境内称 Roer，德国境内称 Rur，在两种语言中都读作"鲁尔"，汉译后与莱茵河的支流 Ruhr 重名。本书中的"鲁尔河"仅此一处指前者，其他均指后者。某些资料按照 Roer 的英语读音译作罗尔河。

2. 正式名称是魏克瑟尔河集团军群（Heersgruppe Weichsel），即通常按照俄语译成的维斯瓦河集团军群。原文没有提到第9集团军实际上隶属于这个集团军群。

3. 即 E 集团军群。东南和西南两个战线总司令部都只有一个集团军群，原文经常这样简称。

4. 原文中的后一个数字是11 0000，显然多出一个0。1953年和2000年的德文版都存在这个笔误。

5. Artilleriekorps，1944年9—10月组建番号从第401到第410的陆军炮兵旅，11月改称国民炮兵军（Volks-Artillerie-Korps）。后来组建的第411和第412军改称陆军炮兵军（Heeres-Artillerie-Korps）。这种所谓的"军"实际上仍是编有5—6个营的旅。

6. Bastion，指构筑在要塞围墙角上并与围墙衔接的五角形永备工事或野战防御工事。要塞炮兵出身的作者特地使用这个词强调这个突出部的形状和位置。

7. 原文是 Saarpfalz，这个词有两种概念：一种仍指普法尔茨和萨尔区的总称，纳粹党在德国收回萨尔区以后设置普法尔茨 - 萨尔大区（Gau Pfalz-Saar），1936年改称萨尔普法尔茨大区（Gau Saarpfalz），1940年12月改称西部边疆大区（Gau Westmark）；另一种是从1919年开始使用的地理概念，由于《凡尔赛和约》把普法尔茨的一部分划入由国际联盟托管的新萨尔州，这个地区即得名 Saarpfalz，1974年起成为萨尔州下面的一个县。1953年版的原著中共三次出现 Saarpfalz（2000年版中的这一处恰好遇到换行，有连接号），因为下文指出这是萨尔区的一部分，再加上当时的战况和这里的地形比较容易通行，所以应指后一种概念。

8. 原文的 Kreuznach 实际上应是 Bad Kreuznach。这类地名中的 Bad 是一种称号，代表城内有国家当局批准的医疗水疗中心。原文通常将其省略，导致个别地名重名，译文用加方括号的方式补齐。

9. 赫尔曼·勒希林（Hermann Röchling）是纳粹德国的军事经济领袖，1937年曾在西班牙作为"兀鹰军团"成员参加过对格尔尼卡的轰炸，1939年起担任钢铁工业经济集团的负责人，1941年成为德意志银行顾问委员会成员，同年成为施佩尔领导下的军备委员会成员。

10. Korpsgruppe，由一个军指挥部临时统一指挥若干个军的集群，通常以集群指挥官的姓氏命名。

11. 西格弗里德·伦格（Siegfried Runge）少将出生于1884年，1918年8月30日曾获最高级别的功勋勋章（Pour le mérite，即蓝马克斯），第二次世界大战期间长期担任团级指挥职务，1941年6月1日从预备役转入现役，1944年10月1日晋升少将。

12. Stellvertretende Generalkommando XII. Armee-Korps，即第12军区司令部。第12军指挥部于1944年7月在明斯克附近覆没，1945年4月在第12军代理指挥部的基础上重建。

13. 原文为 Volks-Werfer-Korps，历史上不存在这种单位，可能是 Volks-Werfer-Brigade（国民火箭发射旅）的笔误。这种旅共有15个，在下莱茵地区的是第16国民火箭发射旅。而这个地区的国民炮兵军其实有两个，番号是第401和第402（摩托化）国民炮兵军，都部署在韦瑟尔附近。

14. 1945年3月21日，他在空袭中受伤离职。

15. Division z.b.V.471，1942年9月28日由第11军区组建于汉诺威，长期驻防本土。雷马根大桥失守后，师部率第551和第571掷弹兵团等主力前往西线，第561掷弹兵团及炮兵一部前往东线。

16. "多瑙河"步兵师于1945年3月18—23日组建。"威斯特法伦"和"图林根"两支装甲教导部队（Panzer-Ausbildungs-verband）于1945年3月28日利用从前线附近疏散的装甲兵训练单位组建，编制实力各相当于一个装甲师。

17. 温特中将当时担任国防军指挥参谋部副参谋长。国防军统帅部两次下达指示的时间是4月11日和15日。

这两个指挥机构行使最高指挥权的前提是希特勒本人不在该地区，在得到希特勒的亲笔指令或者通信联系中断之后生效。见《德国国防军大本营》中文版第518页。

18. 原文是拉丁语 deus ex machina，字面意思是"机械送来的神"，借指扭转乾坤的力量。出自古希腊戏剧的一种表演手法：当剧情陷入胶着或者人物遇到困境时，利用升降机等机械将扮演神的演员突然送到舞台上，解决困境，推动剧情发展，甚至实现出人意料的大逆转。

19. Sehnenstellung 是沿最短路线（弓弦或几何学的弦）布设的防御地带。在美因河与内卡河之间，这两个地点相距最短。

20. 原文没有番号和职务，英译本则直接删掉两个形容词。特奥多尔·托尔斯多夫是普鲁士—德国军事史上最年轻的陆军中将，第25号钻石双剑银橡叶骑士十字勋章的获得者，1945年4月1日担任第82军军长。顺便说一句，他是美剧《兄弟连》最后一集向官兵发表讲话的德国陆军中将的原型，只是没有剧中角色那么老，当时还不满36周岁。

21. 指美国第7集团军的左翼。

22. 这条线实际上是盟军第6集团军群编成内美国第7集团军和法国第1集团军之间的作战分界线。下文提到的指挥"美国集团军群"的德弗斯将军是第6集团军群司令。

23. Landesschützen-Bataillon，由于在动员后组建，也译作"动员营"。国土守备营的人员因年龄较大或身体条件较差，不适合到前线服役。这种营一般在国内执行守备任务，主要是看押战俘，有些营编入野战军以后改称保安营（Sicherungs-Bataillon）。

24. Regen 也指雷根河，Zwiesel 也指茨维瑟山，此处参照原句中"卡姆"的译法，统一按居民点翻译。

25. 晋升日期是1945年5月1日。

26. Hauptstadt der Bewegung，即纳粹运动的首都，这是纳粹党对慕尼黑作为其兴起之地的美称。

27. 原文如此。按照《Verbande und Truppen der Deutschen Wehrmacht und Waffen-SS im Zweiten Weltkriege 1939-1945》，Heeresgruppe Süd 在1945年4月底退入奥地利之后已经改称 Heeresgruppe Ostmark（东部边疆集团军群）。

28. 坎尼（Cannae）在意大利的普利亚平原，是第二次布匿战争中坎尼战役的发生地。根据迦太基名将汉尼拔在这场战役中的指挥，第一次世界大战前的德军总参谋长施利芬提出他的歼灭战思想，以《坎尼战》为题于1909—1913年陆续在杂志上发表，1925年整理成书。

29. Elster 也是居民点的名称。根据该师的战史，4月15日的位置在格赖茨（Greiz）附近，所以应是河流名。

30. 原文的 Lethargie 是多义词，也指漠不关心的态度。

31. eigene Haut so teuer als möglich zu verkaufen 是德语中的惯用语，直译"尽可能昂贵地出卖自己的皮肤"，在对抗或战争中表示"哪怕让对手赢，也赢得非常吃力"，引申为"全力以赴"。这三层意思在本句中全都适用。

32. Volks-Jäger 指亨克尔的 He 162，一种涡轮喷气式高速战斗机。希特勒认为这种飞机能以较低的成本大规模生产，希望凭借其数量赢得制空权。

33. 原文使用的 Verrat 是多义词，也有背叛、出卖、背信弃义的意思，但后几种译法似乎不符合文意。

34. 瓦瑟堡和米尔多夫都有重名，这里指因河沿岸。

35. 德国巴伐利亚东南部基姆湖以北的城镇，不是奥地利的巴特伊施尔。

36. 指 Protektorat Böhmen und Mähren（波希米亚和摩拉维亚保护国），是纳粹德国在捷克斯洛伐克西部建立的傀儡政权。

37. 原文 Königsee 应是笔误，该地是图林根的一座城镇，这时已属美军占领区。实际地点应是贝希特斯加登以南的城镇柯尼希塞（Königssee），城南有同名湖泊柯尼希湖。

38. 指富兰克林·罗斯福时期的美国财政部部长小亨利·摩根索，他在1944年9月11—16日召开的第二次魁北克会议期间提出摩根索计划，主张在战后严惩德国。计划的内容很快泄露，并被纳粹德国当成号召斗争到底的宣传工具。计划的具体表现是《美国参谋长联席会议1945年4月致美国占领军总司令关于对德军事统治的第1067训令》（JCS 1067），其中明确要求："除为实现 [本训令第4段和第5段所述的基本] 目标可能采取的必要措施外，不得采取 (a) 有复兴德国经济的倾向，或 (b) 旨在维持或加强德国经济的任何步骤。"训令的全文见美国驻德大使馆的网站 https://usa.usembassy.de/etexts/ga3-450426.pdf。

39. 1945年4月29日，凯塞林得知西南战线的谈判变成无条件投降以后，下令解除冯·菲廷霍夫和罗蒂格的职务，准备把他们送上军事法庭，由原 G 集团军群司令舒尔茨和参谋长文策尔从4月30日起分别接替他们。但罗蒂格首先以辅佐继任者的名义暂时留在集团军群司令部，接着又在5月1日趁两人到达之际将其软禁，并向军队发出停火令。由于两位集团军司令——莱梅尔森和赫尔都拒绝罗蒂格的要求，后者只好在当日释放舒尔茨和文策尔。舒尔茨随后召开会议，讨论 C 集团军群的未来，但未敢擅自决定。而英军的亚历山大元帅由于担心德军变卦，于当晚21时30分发出最后通牒，要求德军对"是否接受投降条款"和"是否商定时间停火"给出明确答复。舒尔茨的回答是将在一小时内答复，并打电话给凯塞林，却未能找到。莱梅尔森和赫尔决定自行承担责任，下令停火。凯塞林先是于5月2日凌晨1时15分下令逮捕冯·菲廷霍夫和罗蒂格，后经舒尔茨和沃尔夫的劝说，于4时30分同意停火。舒尔茨和文策尔随后返回重建的 G 集团军群。

40. Alm，可能是奥地利的石海山麓玛丽亚 - 阿尔姆（Maria Alm am Steinernen Meer）。

41. Hosianna，《圣经》中耶稣骑驴进入耶路撒冷时，百姓的欢呼语。有求助的意思，后引申为赞美。

42. 阿里斯蒂德·白里安（Aristide Briand，1862年3月28日—1932年3月7日），法国政治家和外交家、法国社会党创始人，11次出任总理，以签订非战公约和倡议建立欧洲合众国而闻名于世。

43. 原文是 Ash-Cage，其中的 Ash 按人名或地名可音译为"阿什"，意译为"灰烬"。但这个战俘营的代号实际上是 Ashcan（灰坑、垃圾箱、深水炸弹、阿什坎画派），由蒙多夫莱班的宫殿酒店（Palace Hotel）改造而成，1945年5月起用来关押和审讯纳粹德国的86位重要人物，直至纽伦堡法庭于同年8月开庭。英国人最初用 Cage（笼子、监狱）来称呼1940年建立在本土的九个审讯用的战俘营，盟军在战争结束后建立的一些临时战俘营也使用这个词。

44. 原文是 CIC-Dienst，其中的 CIC 是 Counter-Intelligence Corps（反间谍部队）的缩写。其前身是美国陆军在第一次世界大战期间组建的情报警察部队（Corps of Intelligence Police），负责保护美国国内外的军队不受外国间谍侵害。第二次世界大战期间改称反间谍部队，负责反间谍、反颠覆、对与陆军有关的军人和平民进行安全背景调查。

45. 这番对话发生在1946年3月13日，即下一段对话的后一天。马克斯韦尔·法伊夫是纽伦堡审判中的英国副总检察长，英国总检察长是下文提到的肖克罗斯，由于四大国各派一人担任总检察长，英语有时称为各国的 Chief Prosecutor（首席检察官）。英译本添加法伊夫的本名"戴维"和头衔"爵士"，并非原有文字。根据审判记录，在这段对话之前，法伊夫指出德国空军在1939年9月1日清晨攻击波兰的多座城市，并列出一系列城市的名称，凯塞林宣称攻击的目标并非城市本身，而是机场、指挥部和交通枢纽等军事目标。法伊夫用《白色方案》的制定时间和德国广播8月31日关于波兰人进攻的消息指出德国的进攻蓄谋已久，并说："现在，我要告诉你的是，这次对波兰城市的全面攻击同样是出自一个精心制定的计划，试图消除抵抗你们进攻的天然能力。"凯塞林说："关于这个问题，我可以做如下的说明吗？检察官先生，如果你按照自己的想法，无视我作为空军元帅和宣誓证人的陈述，那么我的进一步陈述就没有任何意义。我已经强调过，这不是对城市的攻击，而是对军事目标的攻击，当我作为一名军人这样说的时候，你必须相信我。"法伊夫的回答是："证据的价值将由法庭裁决。我不打算讨论它……"接着便转入对意大利游击战的提问，但不是下一段的内容，显然作者记混了。值得注意的是，凯塞林离开法庭之后，辩护律师拉特恩泽尔博士向庭长提出抗议；法伊夫和庭长在这个上午的询问期间各有一次把作为证人出庭的凯塞林称为"被告"。

46. 根据1946年3月12日的纽伦堡审判记录，拉特恩泽尔先是询问："你是否听说过德国军人在东线犯下的过激行为？每当你接到关于违反国际法案件的报告时，是否都动用了一切可用的手段采取行动？"凯塞林没有回答前一个问题，仅用他在意大利采取的措施回答后一个问题。拉特恩泽尔接着问："证人，你是否还知道对方有什么违反国际法的行为？"凯塞林答道："在我多次视察前线期间，我确实遇到过许多……"鲁坚科打断他的回答，说："我反对这个问题。在我看来，这位证人没有资格就德国的敌人是否违反国际法发表任何声明。我认为这个问题应该跳过。"

47. Bunker，指储藏室、掩体、地下室、没有窗户的船舱等，俗语也指监狱和禁闭室。从下文"身体虚弱"来看，可能不见天日，故本段最后一句不加引号时译作地下室。

48. 原文连用德语的"guten Willen"和英语的"Fraternization"来表达亲善，后者尤指与敌方军人和国民的亲善。

49. Kensington Cage，又称 London Cage，位于伦敦的肯辛顿宫花园，是1940—1948年英国军情十九处（MI19）关押和审讯战俘的主要设施，也是重要的中转战俘营。部分德军战俘，尤其是原党卫队和盖世太保的成员，声称这个战俘营有刑讯逼供等虐待行为。

50. Kapo 是（集中营或劳动营里）管理其他犯人的犯人。

51. Zwielicht 有两种含义，一种是黎明的曙光或黄昏的余晖，一种是（由天然光和人工照明混合而成的）双重光。原文两次出现的 im Zwielicht 分别使用这两种含义。

52. 党卫队一级突击大队大队长赫伯特·卡普勒（Herbert Kappler）是德国在1943年9月意大利投降以后派驻罗马的保安警察和保安处司令（Oberbefehlshaber des Sicherheitspolizei und SD），直接负责阿尔代廷洞穴枪杀事件。

53. Polizei-Soldaten，并非英译本所谓的宪兵，这个词原指德意志帝国时期的殖民地警察。

54. 拉丁语 Vestigia terrent，字面意思是"脚印使我害怕"，是罗马帝国奥古斯都统治时期的历史名言。

55. Pharisäern（法利塞人），《圣经》中言行不一的伪善者。

56. Sonderführer（K）相当于上尉，K 是 Kompanie（连）的缩写，Sonderführer（特别指挥官）是德国国防军从平民中特别招募有专业特长的人员时直接授予他们的固定军衔，此后不再晋升。他们主要从事翻译、宣传、卫生勤务、兽医勤务、建筑等工作。

57. 原文如此，Marzabotta 可能是 Marzabotto（马尔扎博托）的笔误，该地在博洛尼亚西南约20千米处，即在佛罗伦萨和费拉拉之间，距离两地各约60千米。

58. 原文采用桥的单数形式 Brücke 而非复数 Brücken，却没有具体名称，但并没有给出桥的名称。市内的10座桥中有9座被毁，其中最精美的当属圣特里尼塔桥（Ponte Santa Trinità，亦译作"圣三一桥"）。亚历山大元帅在他的回忆录中说："德国人没有尝试沿阿尔诺河一线据守。在佛罗伦萨，他们炸毁了除风景如画的韦基奥桥（Ponte Vecchio，亦译作'老桥'或'旧桥'）之外的全部桥梁，充其量不过是要表达一种不甘屈服的态度；尽管如此，他们还是炸掉韦基奥桥两端的房屋或者在里面布设地雷，企图为我们的前进制造某种障碍，这样的尝试微不足道，也肯定起不到什么作用。"

59. 原文没有给出货币单位。当时的汇率大致是1美元兑换2.5德国的帝国马克，兑换18—20意大利里拉。

60. Zynismus，亦译作"犬儒主义"，源自古希腊的西方古代哲学、伦理学学说，在现代的西方语言中带有贬义，指对人类真诚的不信任，对他人的痛苦无动于衷、讥诮嘲讽等的态度和行为。

61. Zuchthaus 是针对非经济罪犯的重刑监狱，主要特点之一是强制性体力劳动，已于1969年停止使用。

62. Oberkommissar，下文又称 Hohen Kommissar，英语为 High Commissioner，通常指英联邦国家之间互派的最高外交使节。这里指当时担任英国外交部驻西德高级专员的伊冯·柯克帕特里克，下文将提到他。

63.《四强公约》指1933年7月15日英、法、德、意代表在罗马签订的《谅解和合作协定》，是希特勒上台后欧洲大国间第一次外交互动的产物。实际上是欧洲绥靖政策的开端，也可以看作是1938年《慕尼黑协定》的预演。意大利和英国先于8月31日和9月16日批准公约，但随着德国10月14日退出裁军大会和国联，支持公约的法国达第政府于10月24日垮台，法德两国未予批准。

64. 拉丁语的 urbi et orbi，原意指全城（罗马）和全世界。

65. 欧内斯特·贝文（于1945年7月27日—1951年3月9日）和赫伯特·莫里森（于1951年3月9日—10月26日）先后担任英国外交大臣。哈特利·肖克罗斯是纽伦堡国际军事法庭的英国总检察长，1951年4月24日—10月26日担任英国贸易大臣。

66. gleichschalten 这个词不单纯指向其他国家学习，它也是纳粹用语，指强迫组织、机构、人的思想等实现一体化。

67. 原文在这里用的词汇是 Triumph（凯旋、古罗马的凯旋仪式）。

德国空军及其兴衰

　　魏玛共和国时期的国防军曾经在飞机领域做过一些最小规模的技术验证，后来在德国航空运输学校（Deutsche Verkehrsfliegerschule，DVS）进行实际的飞行活动，深化飞行知识，尤其是在俄国境内。这些努力的基本想法是避免与其他大国航空事业的发展脱节，并在**理论上**思考飞机的可能用途，从中得出运用的基本原则。毫无疑问，人们在航空领域的方方面面都充满热忱地工作，但客观地说，结果很一般。协约国的监管和长期缺少资金构成严重限制，以至于不可能做得更多。

　　直到1933年1月希特勒掌权之后，随着戈林在组建新政府时要求组建一个"航空委员会"，不久又将其扩大成"帝国航空部"，航空事业才获得巨大的推动力。显然，前些年与航空有关的一切都要在这时集中到这个核心机关和不久后成立的下属机关（航空区）手中。米尔希是仅次于戈林的另一个关键人物，尽管他在军中的资历尚浅，可是在组建空军的过程中用出色表现证明了自己的能力。另外，还有一批原来的航空兵军官留在魏玛国防军中继续服役，例如斯佩尔勒、施图登特、维默尔、格劳尔特、福尔克曼和比内克，他们搭建的框架让没有参加过飞行员训练的陆海军成员也能融入进来。后者当中的军官人数很少，但个个精明强干，韦弗和施通普夫两位将军是其中的杰出代表。

　　我也在那时——违背我的意愿——被编入了空军。然而，如今的我却不得不承认，我为当时那支尚在襁褓中的小型空军那样全心全意地工作，从而取得那样的成就，是在任何其他岗位上都无可比拟的。秘密在于工作内容和戈林的行事风格，他提出的要求很明确，虽然很难实现，但是随后放手让我们独立自主地开展工作，直到一个季度或半年之后才来检查我们的表现，进而提出双倍或三倍的要求，而它们在整体上都能得到满足。这些要求并不复杂，但志存高远，可以浓缩成一句话：德国必须在尽可能短的时间内拥有全世界最强大和最优秀的航空兵。韦弗将军以杜黑为榜样，知道怎样把建设一支强大战略空军的想法转化成深思熟虑的工作计划。他没有忽视陆军和海军的合理愿望，具体表现在德国航空兵拥有的第一批可以全面参战并发挥空前作用的部队是配备俯冲轰炸机的近距离支援部队，而与资深海上飞行员们的观点相反，双引擎陆上飞机足以胜任海上侦察的任务。这两个现象都涉及德国空军的独立管辖权限，但有关规定与其他军种的规定不太吻合。随着戈林出任航空专员和航空部长，这个问题也有了定论。

空军不是陆军和海军的一部分，而是德国武装力量中第三个独立的组成部分。即使现在还可能有人认为把空军拆开更有利，但由于战时经济、设计和采购等原因以及初创时期的人事考虑，这将是一个破坏性影响最大的严重错误。诚然，我们选择的组织结构在这场世界大战的过程中没有经受住考验，甚至对海军和海运部门构成特别不利的影响。但是，只要保持最初的组织结构，仍然由训练有素的军官担任局长和总监，这样的事情就不会发生，实际上也不应该发生。造成这种不健康发展的原因同样是导致德国空军衰落和崩溃的症结所在。这件事留待下文分解！

略作观察就可以发现，这个本身良好的组织结构应该用优秀来评价，因为各个关键岗位上的领导能以堪称典范的方式互相理解。

戈林虽然只在不得已的情况下工作，但是一旦投入进来就表现出显而易见的热情和毅力。总参谋部的许多规划要点都源于他的洞察力和创造力。国务秘书米尔希实际上领导着航空部，并在这方面表现得游刃有余。韦弗将军和他的继任者凯塞林、施通普夫和耶顺内克这几位将军作为总参谋长，借鉴外国的经验和举行兵棋推演来思考各种问题，并根据目标和时间确定任务。担任技术主管的维默尔将军和担任行政主管的凯塞林将军是整个指挥机构中的执行人。

那几年取得的工作成绩已是登峰造极，不可能更进一步。空军在准备入侵苏台德地区和捷克斯洛伐克的时候已经集结待发，尽管实力还很薄弱，几乎没有接受过编队攻击的训练，并且在技术上正处于换装现代化飞机的过程中。但到波兰战争开始的时候，几乎所有部队都已经换装适合在战争中使用的飞机，只剩下 Ju

88还没有到位；战役和战术的运用原则已经确立，尽管还没有成为空军全体成员共有的精神财富。航空兵也有了自己的团队精神。然而——她还没有完全准备就绪！假如通过有意识地为了战争而加强军备，新型号的设计进度就有可能加快，从而使 Ju 88作为水平轰炸机在这时投入使用，还有可能扩大生产规模，让 Me 109、Me 110、Ju 87等新投产的型号列装得更多。但这种扩充的代价是牺牲周密性，特别是在飞行训练和作战训练方面，进一步加大原本已经居高不下的损失。谈到航空兵的扩充和战备，我有必要引用我们在1939年向总司令报告的内容：虽然在五年多一点的时间里建立一支可以执行作战任务的现代化航空兵必须看作是一个奇迹，但是战争即使是必要的，也来得太早。我们在充分认识德国空中力量在前几场战局中取得空前成就的同时，也必须公开承认，航空兵的主要组成部分本来是作为战略空军打造的，却基本上被当作战术空军使用和消耗，不可避免地导致战略性空中战争变成一句空话。造成这种情况的具体原因是什么呢？

首先是当时关于空中战争的设想：

1. 因为人们生活在欧洲的观念之中，所以没有预料到这场战争将波及全世界，以及由此在飞机的航程、航速、爬升能力、武器装备和载弹量上提出的要求。

2. 戈林和空军总参谋长韦弗将军对适合欧洲地区的空中战争有正确的预感。总参谋部还在战役和战术层面提出正确的框架要求，只是受到当时技术可行性的限制。

3. 计算得出的纸面指标通常与要求相匹配，而升空的飞机却几乎无一例外地只有部分性能达到预定指标。结果，按照设计要求和理论计算足以到达欧洲远距离目的地的飞机，实际上飞不到最远的那一批目标。

4. 航空部毕竟要受到当时的大环境制约，既然使用革命性的俯冲轰炸机有望在出动最少飞机的情况下达成预期战果，并在制造和作战过程中节省大量的物资、时间和原材料，计划规定的空中力量就当然只需要达到当时认为必要的最低水平。

5. 进口飞机越是无法满足既定要求，就有越多的具有远见卓识的进步人士提出针对进口的警告，但他们只能逐渐赢得其他人的认同。研制远程轰炸机的条件正是这样建立起来的。

早在1938年，亨克尔就已经凭借他的 He 116 取得轰动性的成就，使得制造一种航速达到540千米/小时、航程近7000千米的现代化轰炸机似乎是可行的。然而，像往常一样，有人——我相信是航空军械总检查官（Generalluftzeugmeister）乌德特将军本人——提出的性能要求不但过于苛刻，而且要求这样巨大的飞机能够俯冲，这是根本不可能做到的。因此，在这个项目上取得成果的各种尝试都以失败告终。

更为不利、后果也更严重的是，因为陆军对于战术空军的要求变得越来越高，空军也满怀热忱地予以满足，所以大部分战略性空中力量不得不投入更浅近和更宽广的敌方空域支援陆军。其中的许多任务与战略性任务风马牛不相及。

从战果方面来看，空军指挥机构的做法是正确的。但是：

空军总司令知道，我们在参加战争的时候投入的航空兵还没有完全建成，数量也不足，他从每天的损失和库存报表中可以看到，各部队拥有的人力物力正在急剧减少。

空军总司令知道，足以决定会战和战局胜负的战果仅仅是由于以空勤人员和技术人员为首的全体官兵千方百计去完成各自受领的任务，已经把自己的精力消耗到接近透支的程度，而战略性空中力量为了填补战术航空兵的空白，也要参与陆军的作战。

空军总司令知道，英格兰空中战役未能实现预期目标的部分原因是性能优秀的战斗机没有足够航程，另一部分原因是缺少航程远、航速快、升限高、载弹量大和火力猛的重型四引擎轰炸机。

因此，空军总司令应该明确提出无限制扩充空中有生力量的要求，并为扩充现有的航空兵和组建战略轰炸力量创造技术和训练方面的先决条件。

研究这个问题的时候，我们必须承认，戈林在战争开始时能够在不受上级任何重大干预的情况下执行他的计划。限制主要来自诸如这个从无到有的军种到底以哪种方式发展才合理之类的问题，并受到训练时间的严重影响，缩短它势必削弱战斗力。另一件必须承认的事情是，法国战局结束之后，在陆军复员部分兵力的同时，空军武器装备的采购规模开始扩大，到1941年秋季，飞机的采购计划成为国防军统帅部采购计划中的首要项目。到那时为止，一切看上去都在有序地进行。然而，早在1940年年初，后来决定性影响空军武器装备政策的想法就已经确立，即只有那些还来得及在前线投入使用的项目才有必要继续推进，因为战争的持续时间似乎不会太长。

这种想法的言外之意是许多设计项目要么中止，要么苟延残喘，而这又意味着我们别无选择，只能放弃继续打造一支具有决定性的现代化空军。对"闪电式胜利"的错误认识在这方面造成的有害影响越来越明显，尽管英格兰空中战役和俄国战局中的几个片段明确显示我们的航空武器装备存在缺陷，补救措施也是现成的，不需要另行寻找。原材料的严重短缺固然是一个事实，但绝不应该影响到整个军事装备领域中最关键的部分，即飞机的设计和采购。

既然早在 1940 年这个非常不恰当的时间，就以一种过于慷慨大方的方式放弃空军必不可少的进一步发展——我使用的词汇已经非常谨慎——再加上战争进程势必消耗现有的资源，这就意味着末日的开始。我必须明确指出，无论到1941年为止的几场战局中巨大的作战损失，还是在英国和北海上空的作战消耗，都没有伤及空军的元气。损失固然很惨重，可是总能得到补充，而从这个过程中获得的知识对于空军在技术和战术方面的进一步健康发展必不可少。空军衰落的起因是教练部队在东线和地中海地区执行作战任务并遭受异常惨重的损失，这种部队的挪用和损失无法用任何形式来弥补。结果，补充人员在数量、质量和及时性上都大幅度缩减。重型轰炸机部队在地中海的广大海域上持续执行作战任务，抗击配备现代装备的登陆舰队，进一步加快衰落的趋势，而这种战斗所需的飞机性能和空勤人员的训练水平，只有在我们的工程师把设计能力发挥到极致，并充分考虑空中战争发展趋势的情况下才能达到。实际上，空军内部始终有人像我一样作为争端的发起者，一再指出在空中战争的指挥中践行现代化思想的紧迫性。前线传来的呼声也不绝于耳，起初是注意到1940年敌方战斗机在敦刻尔克的改进，然后是1940年和1941年英国本土防御组织的技术完善，1941年和1942年敌军在马耳他上空使用金属箔条的干扰方法，第一批高性能四引擎轰炸机联队在突尼斯附近的出现，最后是敌军在德国上空以密集编队昼夜轮番实施空袭的进步，并要求果断采取措施。

这些迹象预示着空中战争的进程即将出现某种改变，而我们却没有采取任何措施来应对，这是谁的过错呢？虽然有种种限制和约束，但是能用于实战的四引擎轰炸机早在1939年与1940年之交就已经问世，喷气式飞机的招标在1939年已经启动，Me 262和Ar 234的设计方案也随后定稿，尽管出现过一些不必要的延误，还是在1943年完成令人信服的测试样机，完全有理由期待德国上空的空中战争将在1944年迎来一场彻底的变革，如果考虑到上述因素，我们就更无法理解德国空军武器装备受到的忽视。

我认为原因有以下几点：

1. 希特勒虽然偶尔强调航空兵的重要性，并且特别推崇德国空军早期取得的成就，但是很少把他的精力放在空军上。他是一名陆军士兵，他周围的军事圈子主要由陆军的军人组成；他把对德国航空事业的全部责任和一切权利都赋予戈林，也知道这个军种在建设时期得到良性发展，不需要他深度介入，并因此在内心里与之越来越疏远。即使他在后来的几年里亲自介入并监督空军武器装备的发展，也无法改变这个事实。

2. 即使希特勒把指挥战争的大权全都掌握在自己手里，我们也很难说武装力量整体有一个精心搭建的指挥机构，在这种情况下，各种义务和责任交织在一起，不可避免地造成指挥活动的碎片化，许多事情都是由一时的灵感来决定，而持续关注前线和武器装备中最细枝末节的东西，最终让他无法或难以获得对重大事件及其来龙去脉的大局观。对于航空事业来说，这意味着希特勒在他作为"陆军指挥官"的活动中有所偏袒，不能再充分考虑空军的利益，或者明明知道，却仍然将其置于陆军确实合情合理的要求之下。另外，戈林已经在很大程度上失去了他原先一言九鼎的地位，因此无法再成功地捍卫空军的利益。

3. 直到1941年年底以前，赋予空军至高无上地位的意愿至少在理论上还存在于指令里。到那时为止，空军武器装备的失败是由于对战争持续时间的模糊认识、飞机发展计划中的相关空白和薄弱环节，以及在敌方和友方的上空实施战略性空中战争的概念不完全符合现实，向希特勒和其他军种表达空军利益的时候不够坚决。到那时为止，不能说空军的有生力量有任何显著的加强和改善，但也谈不上某种实力衰退。然而，人事领域当时已经遗漏了一件事情：充分利用现有的全部资源，增加训练有素的空勤人员数量，从而满足下一个时期的更大需求。

从1941年与1942年之交的冬季开始，所有领域的差距和缺陷都明显地暴露出来，我们本可以在战争的后几个年头设法补救，并为此展开过许多讨论，但每一次都是浅尝辄止，从未落到实处。

这种现象的原因如下：

1. 国防军和空军的最高指挥机构不相信英美两国正在扩充其空中力量，认为自己有权在整个航空领域暂时放慢脚步。

2. 原材料特别是发动机燃料、铝和钢铁的短缺确实存在，但它的影响不应该达到这种程度，后果也不应该由空军来承担。规划军工生产和分配原材料的时候，没有一个具有必要的大局观、必要的监控方法和监控权力的主管领导。仅仅制定生产目标的计划和规定原材料的总体分配是不够的，它们也往往超出现有的生产能力和原材料供应能力。为此，订购方（陆军为了坦克，海军为了潜艇）都在过分强调各自任务的重要性和紧迫性，以至于他们无法主动认识到有必要把自己的利益放在一边，为空军让路。如果有某个问题确实被呈报到希特勒那里做最后的裁决，那么在他的眼里，比如当俄国的某个地点出现燃眉之急的时刻，提高坦克的供应量就比一个远程轰炸机联队更重要。每一个对技术流程稍有了解的人都知道，这种临时决策不能在几个月之内，也就是某些子计划完成之前另行修改，否则将引起灾难性的混乱。战争期间成立的"军备部"做过大量改进，但无法创造一个理想的环境，因为它起初不负责航空事务，到后来负责的时候也未能出台一个滴水不漏的计划，因为临时决策引起的不断修改让制定计划的进度一再推迟。

3. 空军总司令及其在技术和战术上的助手们要承担一部分责任：

对战争后期来说，戈林断断续续的工作激情已经不够用了，就这样，很多事情交到他的手里之后便再无音讯，并被他彻底遗忘。由于在希特勒面前失去一言九鼎的地位，戈林也丧失了为空军的需求而战的干劲，直至自暴自弃。最糟糕的是，到最后，无论希特勒，还是其他军种的总司令，抑或是他周围的人，全都认为他不能再称职地代表他的军种。由业务能力超强的空军总参谋长在许多个月里作为他的全权代表只能算是一种临时的帮助：很明显，当与其他方面的利益发生冲突的时候，一位总参谋长由于他的实际职务和较浅的资历，在涉及空军生死存亡的问题上，不能或只能不充分地赢得希特勒的认同。

正如希特勒无法摆正自己在武装力量整体中的位置一样，戈林也缺乏把全部精力集中到最关键事务上的坚定意志。今天，当您读到一个人怎样逃避做决定，依靠别人的帮助才能经受住考验，却装作他自己完成了这些事情一样的时候，一定会替这个不相干的人感到羞耻。下面举几个例子：

1943年年初，我们终于认识到中型轰炸机已经过时，重型轰炸机的可行性解决方案无法在不久的将来出台并大批量投产，但在另一方面，盟军轰炸在地中海战场和德国国内构成的致命威胁明显加剧，无论是物资还是工业能力都不足以不做任何删减地执行轰炸机和战斗机的旧计划，而这些计划本身也并不完善。即使是那时候，也休想说服戈林全力以赴地抓紧战斗机的研制和生产。我至今仿佛还能听到他在罗马是怎样大声回答我的：“所以你也想让轰炸航空兵——那个取得过如此罕见战绩的兵种彻底完蛋！”我十分明确地回答“是的”，并解释说这不妨碍轰炸机的设计继续进行，而生产也将在防空领域赢得决定性的胜利之后恢复，而他的反应除了明显的不满之外，没有流露出丝毫的理解。想要得到一切，有时意味着失去一切！我们恰恰走在**这条路**上！

今天的人们再也不会有丝毫的怀疑，喷气式战斗机将给德国上空的空中战争甚至可能是第二次世界大战的结局带来另一番面貌[①]。即使在战争期间，空军（例如加兰德、鲍姆巴赫等军官，弗兰克、克内迈尔等工程师）和工业界（例如亨克尔、梅塞施米特、汤克、西贝尔）中也有足够多的人认识到发展这个项目是大势所趋。如前所述，设计方案的初稿早在1939年就已经确定，1943年年初的一架实用型样机也在整改缺陷方面取得良好的进展——然而，接下来应有的决策和行动却不见踪影，因为希特勒（在梅塞施米特的一句无心之谈的鼓动下）彻底误解这种飞机的用途，把它从一种无与伦比的战斗机改成一种用处不大的喷气式轰炸机，所以原本充满希望的研制工作陷入令人绝望的困境。

上文提到的重型轰炸机和远程侦察机在生产方面的错误决定同样严重，缺少

---

① 原注：盟军的王牌战斗机飞行员克洛斯特曼在他的书中写道：“Me 262 是……迄今为止最具有轰动效应的飞机……并且可以被称为战斗机中的女王；它有惊人的速度（大约1000千米/小时）、可怕的火力和精心设计的89毫米装甲。这种飞机将给空中战争带来一场根本性的变革……亨舍尔的‘国民战斗机’¹也是一种令人印象深刻的飞机……”

后一种飞机使潜艇兵的作战效果大打折扣。在这些本不应该出现的干扰因素当中，还应该算上 V 型武器的制造及使用（我故意把佩讷明德 V 型武器试验场遭受的破坏排除在外）和强化防空建设。当我们看到德国空军经历无比辉煌的开端之后又以这种方式走向衰落的时候，一定会痛心疾首。

许多人谈论过怎样才能帮助德国空军避免陷入最糟糕的境地。具体内容都有哪些呢？

有人说，改变组织结构，让战略空军、陆军航空兵和海军航空兵各自独立，可以取得更大的成绩，最重要的是避免衰落。但上层结构的这种分立不仅绝对不可能，还必须考虑到狂热地从事这项工作的专业人士毕竟都在航空部里。某个军种固然有可能提供更多资源，可是这个问题仍然值得争议。如果陆军和海军的总司令部愿意放弃一两个装甲师和潜艇支队，腾出资源支持各自的航空兵，那么有可能形成一种实质性的解决方案；但很难说多个组织并存会不会逐渐加剧紧张关系，进而发展成令人不安的互相对抗，这种可能性不大，但确实存在。另一些人认为，改组空军总司令部可以避免空军的灾难性衰落。我同意这种观点，前提是人事变动最迟应当出现在1943年年初。空军总司令的合适人选有不少，我提名的主要候选人是冯·里希特霍芬、冯·格赖姆和米尔希三位空军元帅。到1944年甚至1945年的时候，已经为时太晚。大约在1944年与1945年之交，我还应一大批空军将领的要求，准备临时客串[2]。所以，人们不能责怪我当时没有认识到人事变动是解决问题的有效办法，或者说我在迫切的请求面前仍然置身事外。这件事又要归咎于希特勒，他对戈林的明显缺陷一清二楚，却非但没有找人替换，反而把负担扛在他自己的肩上，导致他选择的这个解决方案实际上更差劲。

另一方面，第三批人相信，战争的整体指挥没有计划性是导致空军崩溃的一个主要因素，而我也是其中的一员。无论当时还是现在，我都认为战争计划的缺失是一个决定性的错误；仅仅以军事和政治环境中的偶然因素、对盟友（在这个意义上，我也把日本计算在内）的嫉妒和误解作为依据，来决定限制和扩大战争规模，这是大错特错！如果我们确实有一份战争计划，就会及时在影响战争进程的所有领域内进行专家调研，确定满足需求的可能途径、组织方面的安排和各场战局的战略指挥。我们完全有可能摆脱下列几条粗略整理的决定性弊端：

1. 如果考虑到英国和法国很有可能参战，也许根本就不会选择兵戎相见。

2. 先在战略层面制定计划，规定击败西线大陆诸国之后的战争措施；它们几乎不会在有必要加强武装力量的情况下进行任何形式的局部复员，也不允许在要不要对英国采取行动以及在行动中使用何种手段上有丝毫犹豫；可以肯定的是，这些手段也将提前准备就绪。

3. 从一开始就仔细研究地中海地区的重要性，以及这个地区可能产生的战略机遇或战役机遇，军事行动的重点也许将放在南翼。我公开承认，直到接管地中海地区的指挥权之前，我同样沉湎于大陆战略，也可能是因为我当时不负责这个地区，没有充分认识到它在对抗同盟国的大战略上有多么重要。然而，我可以想象，研究这个问题将几乎强制性地迫使一个负责任的主管团体走上正确道路，也就是迈出正确的下一步：占领整个地中海地区。这在1941年只动用少量兵力就有可能实现，其结果将是一场足以决定战争胜负的胜利。

4. 如果有一小批最高级别的首脑人物专门处理战争指挥的宏观思想，战略任务就不会与物质层面的能力发生这么大的冲突，但这样的集体并不存在，仅仅希特勒一个人更是无法代表它，因为他一次又一次陷入细节里，却还乐在其中。

还有一些人认为，空军总参谋部错误判断空中战争的意义，没有最坚决地去做绝对必要的事情。为了公平起见，有必要再次声明，当政治引发战争的时候，空军还没有做好战争准备，所以不得不在现实面前做出妥协。

当时最基本的要求是使用航空兵保证战局以胜利告终。空军已经为此全力以赴，尽管其程度在陆军和海军看来只是恰到好处。倘若没有空军，这几场战局就不会以"闪电战"的名义载入史册。

批评人士现在对此的说法是，主要为战略性空中战争研制或打造的航空兵被当成陆军航空兵或海上航空兵使用，并消耗殆尽。建设一支战略空军的计划确实存在，它是由第一任空军总参谋长韦弗将军在戈林的决定性影响下，以值得效仿的方式构思出来的，并在我担任总参谋长期间继续推进。必须承认，这个计划远比实现的可能性超前，但这并没有什么坏处，因为按照当时设定的首要政治目标，一支强大的远程战略航空兵还不是绝对必要的。只是不能以此作为放慢四引擎轰炸机的设计进度和制造进度的借口，那将与战略性空中战争的需要相矛盾，不得不说，总参谋部和技术部门的最高代表无力抗拒俯冲轰炸机创造的奇迹。由于思想建立在错误的政治观念之上，他们认为飞机的航程已经足够。只有制造轻型和中型的轰炸机，才能在较短的生产周期内达到战争所需要的大批量，并通过俯冲攻击实现效果上的补偿。他们相信俯冲轰炸机的精确投弹可以达到以编队实施面积轰炸的效果，这在大体上也是正确的。倘若果真如此，付出最少的努力完全可以实现预期的破坏性效果，不必再冒原材料短缺危及飞机生产计划和动力燃料短缺限制升空作战的风险。我必须再次强调，总参谋部要求的飞机性能原本足够用来打击欧洲的远距离目标，只是实际产成品的性能达不到设计要求，导致原来意义上的空中战争彻底破产。针对英国航运的第一轮飞行早已暴露出我军轰炸航空兵在实力和飞机型号上的缺陷，尽管与敌人相比仍然占优势，后来的英格兰空中战役、对莫斯科的攻击、地中海地区和极地海域的海空战又把这些缺陷展现得更加明显。

发展的中断表明对局势的判断有错误，而对根本不容忽视的前线经验置若罔闻则是一种罪过，其责任应该由国防军统帅部和空军的所有主管部门共同承担。直到1940年，也许甚至是1941年，扭转局面并建立一支远程战略空军的可能性依旧存在，而这支空军本可以与喷气式战斗机一起改变战争的面貌。

然而，即使充分认识到这种可能性确实存在并且刚刚有了一些眉目，我们也必须清楚，不能对当时拥有的进攻性武器的效能有过高期望。战略空军在战争的整个过程中面临的任务很多，也很重要，始终是最大限度地出动轰炸机和远程侦察机都应付不暇的。决定性的战果完全依赖从多个目标中明确选出一个重点，我们必须确定重点要么是海空战，要么是与同盟国空军的空战，要么是经济战。至于最高指挥机构能否调集足够的兵力来满足他们自己在具体领域内迫切而紧急的要求，根据我的个人经验，我基本上持怀疑态度；而他们纠缠在具体事务中，最终也无法从中脱身，从而给自己带来无穷无尽的困难。

许多批评人士，尤其是德国空军中最有头脑的年轻成员，为了说明空军究竟能做些什么，把远程轰炸机对重要战争目标的打击效果评价得过高。英格兰空中战役表明，即使针对关键目标，单机攻击的战果也只能是暂时的，甚至根本没有，而破坏效果不仅取决于一两次破坏性攻击的战果，还取决于持续不断的压制和监视。其他的几场战局全都可以证明，只有在一个目标群体上毫无顾忌地集中投入所有可用的兵力，并持续实施压制，才能取得足以决定战局或战争胜负的战果。能够发挥革命性作用的原子弹当时还没有问世。

到战争的最后两年，在任务分配、技术主管部门和技术手段的组织、人员选拔等指挥活动中孕育着的危险终于演变成彻头彻尾的灾难。希特勒把分配任务和监督执行的权力都揽到自己身上，也无法改变这个事实。理应做出的某种宏观决断，即把空中有生力量指定为扩充军备和维持军力的重点目标，并把空军总司令部扩大成一个拥有特殊权力和足够指挥能力的班子，也没有变成现实。因此，我们看到这样一幅景象：一个曾经在初创阶段就取得过非凡成就、本来有能力决定性地影响战争结局的军种，却在战争中的最关键阶段像破旧不堪的废品一样躺在地面上。

译注

1. 原文如此，Henschel 应该是 Heinkel 的笔误。如第二十三章引用的英译注所述，在"国民战斗机"项目上最终中标的是亨克尔的 He 162。亨舍尔没有参加这个项目的招标，Hs 132虽然看起来很像 He 162，但主要设计用途是俯冲轰炸，也没有来得及完成试飞样机。

2. 原文使用的 einspringen，指在别人缺席的情况下，临时顶替他做事，无须正式任命。这当然是一种委婉的说法。

作者说明 1

　　应当考虑到原始报告有夸大战果的情况。全世界所有的飞行员都会犯这种错误，直到明确的条令和技术规则出台，才让情有可原的主观认知缺陷和蓄意的弄虚作假基本销声匿迹。

　　除了少数根本没有击落敌机的情况之外，导致击落数量不符合事实的原因还有以下几种：几架飞机同时攻击一架敌机，这几架开火的战斗机还可能来自不同的双机小队或三机小队。这在大规模空中战役中是一种可以原谅的错误！另外，遭到射击的敌机有时伴装进入"尾旋"（Abtrudeln），使攻击者误以为它已经受到致命伤而罢手，但其实只是一种战术防御动作。如果其他编队的战斗机在其他高度射击这种尾旋或受损状态下的敌机，又会计入自己的战果；飞机中弹造成明显的严重损伤通常导致飞机坠毁，却并非必然，但都会被算作击落。

作者说明 2

（1）丘吉尔的一段话可以代表英国人的观点：

"7月和8月，每当发生空战的时候，就会有一些涂有红十字会标志的德国运输机出现在海峡上空。我们不允许用这种手段拯救那些在作战中被击落的敌方飞行员，让他们再来轰炸我们的平民。[①]根据战争内阁批准的明确命令，我方战斗机应当迫降或击落所有的德国救护飞机。"

关于这项规定是否合理合法，至少存在两种意见；但只要像我一样亲眼见到一个"飓风"式三机小队违反国际法，不断攻击一架德国救援飞机和落水的空勤人员，任何人都不会做出其他判断。

（2）我手头没有海上救援勤务部门1940年在海峡地区成功搜救的人数，但这个数字相当可观。而在地中海沿岸地区，由恩格尔霍恩上校指挥的第2航空队海上救援勤务指挥部成功搜救的空勤人员数量如下：

1941年：398人

1942年：685人

1943年：598人

1944年：137人

共计来自不同国家的1818人。

---

① 译注：原文是英语，出自丘吉尔的回忆录，但这里遗漏一句："只要可能，我们就自己去救他们，并把他们当作战俘。"

作者说明 3

因为我无法查阅德国文献，所以在粗略对比双方空军实力的时候不得不依靠丘吉尔的数字。根据经验判断，可参战的飞机数量比实有数量少30%；这一点值得注意。

根据丘吉尔在《他们最光荣的时刻》的第十六章和附录 C-2、C-3 和 C-4 中的说法，7月10日—10月31日这个阶段可参战飞机的平均数量是：

（a）德国

战斗机

Me 109	850架
Me 110	350架
合计	1200架
减去30%	840架战斗机

轰炸机

轰炸机	1015架
"斯图卡"	346架
合计	1361架
减去30%	（大约）950架轰炸机

（b）英国

战斗机

"飓风"和"喷火"　608架

减去30%　　　　（大约）430架战斗机（这个数字不包括"布伦海姆"式和"无畏"式夜间战斗机，它们在白昼基本没有使用价值。）

轰炸机

510架

减去30%　　　　（大约）360架轰炸机

我补充一点，德国实施登陆的时候会派出一切可以使用的飞机升空作战，从而大幅度增加参战的飞机数量，但是，上述计算中的数量对比仍可作为参考，即840架德国战斗机对430架英国战斗机，950架德国轰炸机对360架英国轰炸机。

作者说明 4

第2①航空军参谋长戴希曼将军对当时的情形进行了生动形象的描述:

"在陆军的反对意见面前,空军只好做出让步,接受一个不理想的进攻开始时间,这将给敌空军留下40分钟的空当准备防御。为了不让敌战斗机部队有机会利用这种提前得到的警报,第2航空军想到一种并非没有风险的临时解决方案(第8航空军也如法炮制)。我们选拔出一些有丰富夜间飞行经验的空勤组,并向每一座有俄国战斗机驻扎的机场派出三个,他们要在天亮前起飞,利用人迹罕至的沼泽地和森林地带以最大高度飞越俄国国界,神不知鬼不觉地到达敌机场附近,并在陆军发起攻击的同一时刻冲向机场投弹。这种攻击的目的是在机场上制造混乱,推迟敌战斗机分队起飞的时间。

这个目的圆满实现了。拂晓前起飞的轰炸机编队抵达敌机场上空的时候,俄国人来不及起飞任何一个飞行编队,因此,我们的编队可以向地面上的飞机投弹,取得最理想的战果。他们只在一座机场上发现了一个刚刚开始起飞的战斗机编队。炸弹不偏不倚地落在这个正在滑跑的编队中央,把它们按照起飞队形整齐地炸毁在跑道尽头。因此,航空军在进攻第一天和后续几天里很少遭遇战斗机的抵抗,并且能够在两天到两天半的时间里相当有条理地摧毁敌方300千米纵深内所有机场上的所有飞机。"

---

① 译注: 原文有多处把第2航空军番号中罗马数字 II 写成 IL,这种笔误也见于本书第二部分。

作者说明5

一、军队的实力和部署（1943年9月8日）

（A）南线总司令部（凯塞林空军元帅）

1. 第10集团军：

第14装甲军：第16装甲师（部分参战、部分作为预备队或者从意军手中接防）和"赫尔曼·戈林"伞兵装甲师（部分参战，部分在休整）。

第76装甲军（在卡拉布里亚与英国第8集团军交战）：第29装甲掷弹兵师（卡拉布里亚，撤离西西里岛后需要休整）、第26装甲师（卡拉布里亚）和第1伞兵师（普利亚，三分之一的兵力在萨莱诺前线的后方作为预备队）。

2. 第11航空军（罗马地区）：第3装甲掷弹兵师（博尔塞纳湖、里窝那及其以南）和第2伞兵师（罗马以南）。

3. 第90装甲掷弹兵师（含要塞旅，撒丁岛）。

4. 党卫队"帝国领袖"旅（科西嘉岛）。

5. 空军第2航空队：得到加强的航空兵和高射炮兵（意大利半岛、撒丁岛和科西嘉岛）。

6. 海军驻意大利指挥部：轻型水面舰艇（第勒尼安海）。

（B）B集团军群（隆美尔陆军元帅）

1. 第87军：第76步兵师、第94步兵师、第305步兵师和第24装甲师。

2. 第51山地军：党卫队"阿道夫·希特勒"装甲师、第65步兵师、第44步兵师（"条顿骑士团大团长"荣誉称号）和"德拉"山地旅。

3. "维特赫夫特"军：第71步兵师和若干支小型分队。

二、位于意大利南部（含罗马）的德国地面力量共有8个师[1]，当面之敌是同盟国的2个空降师、10个其他师、若干个旅和战斗群，以及意大利的5个师，共计17个师。

三、德国方面有8个师在意大利南部作战，意大利北部的8.5个师没有参加对未来具有决定性意义的战斗，只要有其中2个师便足以击退盟军在南部的进攻。

---

[1] 译注：上文只有7个师，缺少撤离西西里岛之后驻扎在萨莱诺附近的第15装甲掷弹兵师。

作者说明 6

同盟国的资料或多或少试图证明，盟军的数量优势即使存在也微不足道，尤其是在登陆法国的"霸王"行动采取准备措施之后。为了阐明这个问题，下面简要对比双方在1944年5月11日（盟军发动大规模进攻的日期）的大部队数量：

	德国	同盟国
各种类型的师	22	25
（不含正在训练的师，但包括已经列入编制表等文件的师）		
各种类型的旅	1	10
各种类型的战斗群（包括伞兵等）	3	11
合计	26	36

考虑到德国的每个师（第44步兵师除外）只有6个营，每个装甲师有4—5个营，而同盟国的每个师有9个营，兵力上的差距更加明显。如果进一步考虑德国师远远达不到齐装满员的水平，那么从一开始就必须把盟军的步兵数量优势计算成3:1。武器弹药方面的优势更是大得多，以至于盟军每个单位和整体上的火力优势可以达到5:1—10:1。双方航空兵的对比足以令德国人汗颜，盟军不受限制地统治着整个空域。再者，如果考虑到侧翼受到的威胁迫使德军兵力分散到整个意大利，从而使作战正面受到4个师和1个旅的削弱，而盟军只需要把各自的作战正面当成战术正面来维持，那么盟军的优势就更令人信服。

地名表

本表由译者根据德文版的正文整理，供读者核对。译文参照《世界地名翻译大辞典》（北京：中国对外翻译出版社，2008 年版）《GB/T 17693–2008 外语地名汉字译写导则》翻译，部分地名有修订。

原文	国家或地区	译文	备注
Abetone-Pass	意	阿贝托内山口	
Acireale	意	阿奇雷亚莱	
Adelheide	德	阿德尔海德	
Aden	也	亚丁	
Adlershof	德	阿德勒斯霍夫	
Adria	南欧	亚得里亚海	
Agedabia	利	艾季达比亚	Ajdābiyā
El Agheila	利	欧盖莱	Al 'Uqaylah
Aisch	德	艾施河	
Aisne	法	埃纳河	
Akarit	突	阿卡里特、阿卡特干河	
El-Alamein	埃	阿拉曼	
Albanerbergen	意	阿尔巴诺山	
Albert Canal	比	阿尔贝特运河	
Alessandria	意	亚历山德里亚	
Alexandria	埃	亚历山大	
Algier	阿尔及	阿尔及尔	
Allendorf	德	阿伦多夫	
Alm	奥	阿尔姆	可能是石海山麓玛丽亚 - 阿尔姆（Maria Alm am Steinernen Meer）
Altensteig	德	阿尔滕施泰格	

Altmühl	德	阿尔特米尔河	
Amberg	德	安贝格	
Amiens	法	亚眠	
Anagni	意	阿纳尼	
Ancona	意	安科纳	
Aniene-Fluss	意	阿涅内河	
Ansbach	德	安斯巴赫	
Anzio	意	安齐奥	
Apulia	意	阿普利亚	安齐奥附近的居民点，应是阿普里利亚（Aprilia）
Apulien	意	普利亚大区	Puglia，Reg.
Arezzo	意	阿雷佐	
Arnheim	荷	阿纳姆	
Arno	意	阿尔诺河	
Arras	法	阿拉斯	
Ars a. d. Mosel	法	摩泽尔河畔阿尔斯	Ars-sur-Moselle
Artois	法	阿图瓦	
Aschaffenburg	德	阿沙芬堡	
Assisi	意	阿西西	
Ätna	意	埃特纳火山	Etna，Mte.
Augsburg	德	奥格斯堡	
Augusta	意	奥古斯塔	
Avezzano	意	阿韦扎诺	
Backnang	德	巴克南	
Bad Ischl	奥	巴特伊施尔	
Bamberg	德	班贝格	
Baranowitschi	白	巴拉诺维奇	
Bardia	利	拜尔迪耶	Al Bard ī
Bari	意	巴里	
Barth	德	巴尔特	
Bastia	法	巴斯蒂亚	
Bayreuth	德	拜罗伊特	
Belfast	英	贝尔法斯特	
Belforter Senke	法	贝尔福峡谷	
Bendlerstraße	德	本德勒大街	
Benghasi	利	班加西	
Berchtesgaden	德	贝希特斯加登	

Campoleone	意	坎波莱奥内	
Cape Gris Nez	法	格里内角	
Caserta	意	卡塞塔	
Cassino	意	卡西诺	
Castelforte	意	卡斯特尔福泰	
Catania	意	卡塔尼亚	
Cecina	意	切奇纳	
Cham	德	卡姆	
Chatham	英	查塔姆	
Chezelrinch	奥	凯采林希	
Chieti	意	基耶蒂	
Cisterna	意	拉蒂纳省奇斯泰纳	Cisterna di Latina
Civita Castellana	意	奇维塔卡斯泰拉纳	
Civitavecchia	意	奇维塔韦基亚	
Colle Belvedere	意	贝尔韦代雷山口	
Colombey-Nouilly	法	科龙贝 - 努伊	
Commacchio-See	意	科马基奥潟湖	
Corroceto	意	科罗切托	安齐奥附近的居民点，应是卡罗切托（Carroceto）
Coventry	英	考文垂	
Crailsheim	德	克赖尔斯海姆	
El Daba	埃	代巴	
Dachau	德	达豪	
Dahlem	德	柏林的达勒姆区	
Demblin	波	登布林	
Derby	英	德比	
Derna	利	德尔纳	
Dessau	德	德绍	
Diez	德	迪茨	
Dillingen an der Donau	德	多瑙河畔迪林根	
Dinslaken	德	丁斯拉肯	
Dj. Abrod	突	艾卜耶德山	
Djebel Melab	突	迈拉卜山	
Djebel Tebage	突	泰拜盖山	
Djederda	突	杰代达	Djedeida、Jedeida
Djerid，Chott	突	杰里德盐沼	
Dnieper	东欧	第聂伯河	

Donau	东欧	多瑙河	
Donauwörth	德	多瑙沃特	
Donez-Becken	俄 / 乌	顿涅茨盆地	
Dortmund	德	多特蒙德	
Dortmund-Ems Kanal	德	多特蒙德 - 埃姆斯运河	
Dresden	德	德累斯顿	
Düna	东欧	迪纳河	拉脱维亚境内称道加瓦河（Daugava），俄罗斯境内称西德维纳河
Dünkirchen	法	敦刻尔克	
Eben Emael（Sperrforts）	比	埃本·埃马尔要塞	
Eberbach	德	埃伯巴赫	
Eisenach	德	爱森纳赫	
Elba	意	厄尔巴岛	
Elbe	德	易北河	
Elster	德	埃尔斯特河	
Emmerich	德	埃默里希	
Enfidaville	突	昂菲达维尔	
Enz	德	恩茨河	
Erfurt	德	爱尔福特	
Erlangen	德	埃朗根	
Erzgebirge	德 / 捷	厄尔士山脉	又称克鲁什内山脉 (Krušné Hory)
Essen	德	埃森	
Essex	英	埃塞克斯郡	
Faid	突	法伊德	Faïd
Faßberg	德	法斯贝格	
Feltre	意	费尔特雷	
Feriana	突	弗里亚奈	Fériana
Fern-Pass	奥	费尔恩山口	
Ferrara	意	费拉拉	
Fichtelgebirge	德 / 捷	菲希特尔山	又称斯姆尔奇尼山 (Smrčiny)
Fiume	克罗	阜姆	里耶卡 (Rijeka) 的旧称
Flandern	西欧	佛兰德地区	
Florenz	意	佛罗伦萨	
Foggia	意	福贾	
Fondi	意	丰迪	

Forli	意	弗利	
Fortore	意	福尔托雷河	
Foum Tatahouine	突	富姆泰塔温、泰塔温	Foum 指加固的村庄，通常不翻译。该地是《星球大战》塔图因（Tatooine）行星的原型，影片中可见其地形和建筑特点
Frankfurt a.M	德	美因河畔法兰克福	
Fránkische Schweiz	德	弗兰克施韦茨地区	
Frascati	意	弗拉斯卡蒂	
Freiburg (Elbe)	德	易北河畔弗赖堡	
Freudenstadt	德	弗罗伊登施塔特	
Freudental	德	弗罗伊登塔尔	
Frosinone	意	弗罗西诺内	
Fulda	德	富尔达	
Fürstenfeldbruck	德	菲斯滕费尔德布鲁克	
Gabes	突	加贝斯	
Gaëta	意	加埃塔	
Gafsa	突	加夫萨	
Gardasee	意	加尔达湖	
Garigliano	意	加里利亚诺河	
Gatow	德	加托	
El Gazala	利	艾因盖扎莱	'Ayn al Ghazalah 意译是瞪羚泉，英德著作所谓的加扎拉是省略其中的 'Ayn（泉、井）
Gela	意	杰拉	
Gelnhausen	德	格尔恩豪森	
Gembloux	比	让布卢	
Genua	意	热那亚	
Gerbini	意	杰尔比尼	
Germersheim	德	盖默斯海姆	
Gibraltar	南欧	直布罗陀	
Giessen	德	吉森	
Gomel	白	戈梅利	Gomel'
Görz	意	戈里齐亚	Gorizia
Gotha	德	哥达	
Grafenwöhr	德	格拉芬沃尔	
Gravelotte	法	格拉沃洛特	
Graz	奥	格拉茨	

Grosseto	意	格罗塞托	
Grünsfeld	德	格林斯费尔德	
El Guettar	突	盖塔尔	
Hague	荷	海牙	
Halfaya-Pass	埃	哈勒法亚隘口	
Hall	奥	哈尔	
Hallein	奥	哈莱因	
Hallouf	突	哈卢夫堡	Ksar el Hallouf
Hamburg	德	汉堡	
Hameln	德	哈默尔恩	
El Hamma	突	哈迈	
Hammelburg	德	哈默尔堡	
Hanau	德	哈瑙	
Hanover	德	汉诺威	
Harz	德	哈茨山	
Heia（Insel）	波	海尔半岛	Halbinsel Hela（Hel）
Heidelberg	德	海德堡	
Heilbronn	德	海尔布隆	
Heiligen Stadt-	南欧	圣城（梵蒂冈）	
Heitz	德	海茨	
Henningsholm	波	亨宁斯霍尔姆	奥莱什纳（Oleszna）的旧称
Herrenalb	德	巴特黑伦阿尔布	Bad Herrenalb
Hersfeld	德	巴特黑斯费尔德	Bad Hersfeld
Hofheim	德	霍夫海姆	
Hohenstein	德	霍恩施泰因	
Hull	英	赫尔	
Idstein	德	伊德施泰因	
Iller	德	伊勒河	
Ilmen-See	俄	伊尔门湖	
Ingelfingen	德	英格尔芬根	
Ingolstadt	德	英戈尔施塔特	
Innsbruck	奥	因斯布鲁克	
Ischl	德	伊施尔	
Isonzo	意/斯洛文	伊松佐河	斯洛文尼亚境内称索查河 (Soča)
Istrien	克罗	伊斯特拉半岛	Istra
Jägerndorf	捷	耶根多夫	克尔诺夫（Krnov）的旧称

Jagst	德	亚格斯特河	
Jelnia	俄	叶利尼亚	Yel'nya
Juchnow	俄	尤赫诺夫	Yukhnov
Kaiserslautern	德	凯撒斯劳滕	
Karlsruhe	德	卡尔斯鲁厄	
Kärnten	奥	克恩滕州	
Kairo	埃	开罗	
Kasserine	突	卡塞林	
Katzenelnbogen	德	卡岑埃尔恩博根	
Kebili	突	吉比利	
Kempten (Allgäu)	德	肯普滕地区（阿尔高地区）	
Kent	英	肯特郡	
Kalabrien	意	卡拉布里亚大区	Calabria，Reg.
Kassel	德	卡塞尔	
Kiew	乌	基辅	Kyiv
Koblenz	德	科布伦茨	
Kocher	德	科赫尔河	
Kolberg	波	科尔贝格	科沃布热格（Kołobrzeg）的旧称
Köln	德	科隆	
Königsberg	俄	柯尼斯堡	加里宁格勒（Kaliningrad）的旧称
Königsee	德	柯尼希塞、柯尼希湖	应拼作 Königssee
Korsika	法	科西嘉岛	Corse，Corsica
Kreta	希	克里特岛	Crete，Kriti
Kreuznach	德	巴特克罗伊茨纳赫	Bad Kreuznach
Kyrenaika	利	昔兰尼加地区	Cyrenaica
Lahn	德	兰河	
Laibach	斯洛文	莱巴赫	卢布尔雅那 (Ljubljana) 的旧称
Lampedusa	意	兰佩杜萨岛	
Langwasser	德	朗瓦瑟	
Lankwitz	德	兰克维茨	
La Spezia	意	拉斯佩齐亚	
Lauda	德	劳达	
Lauffen	奥	劳芬	
Lausitz	奥	劳西茨地区	
Lech	德／奥	莱希河	
Leipzig	德	莱比锡	

Leningrad	俄	列宁格勒	圣彼得堡（St Petersburg）的旧称
Liguria	意	利古里亚大区	
Lille	法	里尔	
Limburg an der Lahn	德	兰河畔林堡	
Lippe	德	利珀河	
Liri	意	利里河	
List	德	利斯特	
Litzmannstadt	波	利兹曼施塔特	罗兹（Łódź）的旧称
Liverpool	德	利物浦	
Livorno	意	里窝那	
Lothringen	法	洛林	
Löwen	比	勒芬	Louvain，Leuven
Ludwigshafen am Rhein	德	莱茵河畔路德维希港	
Lüneburger Heide	德	吕讷堡灌木林	
Maas	西欧	马斯河	
Maddalena	意	马达莱纳岛	
Magdeburg	德	马格德堡	
Maikop	俄	迈科普	Maykop
Mailand	意	米兰	Milano
Main	德	美因河	
Majella	意	马耶拉山	
Majo-Massiv	意	马约山	Monte Maio
Maknassy	突	米克纳西	Al Miknāsī
Manchester	英	曼彻斯特	
Mannheim	德	曼海姆	
Marne	法	马恩河	
Marsa el Bregha	利	卜雷加港	Marsā al Burayqah
Marsala	意	马尔萨拉	
Marsa Matruk	埃	马特鲁港	Marsá Maṭrūḥ
Marsa Scirocco	马耳他	希罗科港	
Mars-la-Tour	法	马斯拉图尔	
Marzabotta	意	马尔扎博塔	可能是马尔扎博托（Marzabotto）的笔误
Maxau	德	马克绍	
Medinine	突	梅德宁	Medenin
Medjez el Bab	突	迈贾兹巴卜	Majāz al Bab

Meran	意	梅拉诺	Merano
Mergentheim	德	巴特梅根特海姆	Bad Mergentheim
Messina	意	墨西拿	
Mestre	意	梅斯特雷	
Metz	法	梅斯	
Mignano	意	米尼亚诺	
Milazzo	意	米拉佐	
Miltenberg	德	米尔滕贝格	
Minsk	白	明斯克	
Modena	意	摩德纳	
Mondorf bei Luxemburg	卢	蒙多夫莱班	Mondorf-les-Bains
Monte Belvedere	意	贝尔韦代雷山	
Monte Cairo	意	凯罗山	
Monte Cassino	意	卡西诺山	
Monte Lungo	意	隆戈山	
Monte Rotondo	意	蒙特罗通多	Monterotondo
Monte Santa Croce	意	圣克罗切山	
Monte Soratte	意	索拉特山	
Monte Trocchio	意	特罗基奥山	
Monvauxtal	法	蒙沃谷	Vallée de Montvaux
Mordijk	荷	穆尔代克	Moerdijk
Mosel	西欧	摩泽尔河	Moselle R.
Moshaisk	俄	莫扎伊斯克	Mozhaysk
Moskau	俄	莫斯科	
Motzenhofen	德	莫岑霍芬	
Mühldorf	奥	米尔多夫	
Mulde	德	穆尔德河	
München	德	慕尼黑	
Münster	德	明斯特	
Naab	德	纳布河	
Nahe	德	纳厄河	
Nancy	法	南锡	
Nastätten	德	纳施泰滕	
Nauheim	德	巴特瑙海姆	Bad Nauheim
Neapel	意	那不勒斯	Naples，Napoli
Neckar	德	内卡河	

Nettuno	意	内图诺	
Neubrandenburg	德	新勃兰登堡	
Neumarkt	奥	诺伊马克特	
Newcastle	英	纽卡斯尔	
Niederösterreich	奥	下奥地利地区	
Niederstetten	德	下施泰滕	
Normandie	法	诺曼底地区	
Nürnberg	德	纽伦堡	
Oberitalien	意	上意大利地区	指里米尼与拉斯佩齐亚以北的意大利北部
Oberpfalz	德	上普法尔茨地区	
Oberrhein	德	上莱茵地区	指巴塞尔至宾根之间的莱茵河上游
Oberursel	德	上乌瑟尔	
Ochsenfurt	德	奥克森富特	
Odenwald	德	奥登林山	
Olpe	德	奥尔珀	
Oppenheim	德	奥彭海姆	
Oder	德 / 波 / 捷	奥得河	
Ofanto	意	奥凡托河	
Orel	俄	奥廖尔	
Orscha	白	奥尔沙	
Orvieto	意	奥尔维耶托	
Ostsee	北欧	波罗的海	
Padua	意	帕多瓦	
Pagny-sur-Moselle	法	摩泽尔河畔帕尼	
Palermo	意	巴勒莫	
Pantellaria	意	潘泰莱里亚岛	
Parma	意	帕尔马	
Passau	德	帕绍	
Patras	希	帕特雷	Patra
Pavia	意	帕维亚	
Peenemünde	德	佩讷明德	
Perleberg	德	佩勒贝格	
Péronne	法	佩罗讷	
Perugia	意	佩鲁贾	
Petrella-Massiv	意	彼得雷拉山	Petrella, Mte.
Pforzheim	德	普福尔茨海姆	

Piombino	意	皮翁比诺	
Pisa	意	比萨	
Pizzo	意	皮佐	
Plymouth	英	普利茅斯	
Po-Ebene	意	波河平原	Polesine
Poggio a Caiano	意	波焦阿卡亚诺	
Pont-à-Mousson	法	蓬塔穆松	
Portsmouth	英	朴次茅斯	
Posen	波	波森	波兹南（Poznań）的旧称
Potsdamer Platz	德	波茨坦广场	
Prag	捷	布拉格	
Pricksenstadt	德	普里克森施塔特	Prichsenstadt
Pullach im Isartal	德	伊萨尔河谷普拉赫	
Quattera-Senke	北非	盖塔拉洼地	
Rapido	意	拉皮多河	
Ravenna	意	拉韦纳	
Reading	英	雷丁	
Recoaro	意	雷科阿罗	
Rees	德	雷斯	
Regen	德	雷根、雷根河	
Regensburg	德	雷根斯堡	
Reggio	意	雷焦艾米利亚	Reggio Emilia，Reggio nell'Emilia
Reinhardsbrunn	德	赖恩哈茨布伦	
Remagen	德	雷马根	
Rennes	法	雷恩	
Reutte	奥	罗伊特	
Rhein	西欧	莱茵河	
Rheine	德	赖讷	
Rheinpfalz	德	莱茵普法尔茨地区	
Riesa	德	里萨	
Rimini	意	里米尼	
Riva	意	里瓦	
Roer	荷/德	鲁尔河	Rur
Roslawl	俄	罗斯拉夫利	Roslavl'
Rotterdam	荷	鹿特丹	
Rshew	俄	勒热夫	Rzhev

Sizilien	意	西西里岛	
Smolensk	俄	斯摩棱斯克	
Sollum	埃	塞卢姆	
Somme	法	索姆河	
Southampton	英	南安普顿	
Sperlonga	意	斯佩隆加	
Spessart	德	施佩萨特山	
Speyer	德	施派尔	
Staaken	德	施塔肯	
Steigerwald	德	施泰格林山	
Stendal	德	施滕达尔	
Stettin	波	斯德丁	什切青（Szczecin）的旧称
St. Goarshausen	德	圣戈阿斯豪森	
St. Privat	法	圣普里瓦	
Stuttgart	德	斯图加特	
Subiaco	意	苏比亚科	
Suk Aras	阿尔及	苏格艾赫拉斯	Souk Ahras
Sussex	英	萨塞克斯郡	
Sylt	德	叙尔特岛	
Syrte	利	苏尔特	Sirte
Tangermünde	德	唐格明德	
Tarent	意	塔兰托	Taranto
Tarvis	意	塔尔维西奥	Tarvisio
Tauber	德	陶伯河	
Taunus	德	陶努斯山	
Tebessa	阿尔及	泰贝萨	
Tempelhof	德	滕珀尔霍夫	
Termoli	意	泰尔莫利	
Terracina	意	泰拉奇纳	
Terrello	意	特雷洛	可能是特雷莱（Terelle）的笔误
Tessin	意 / 瑞士	提契诺河	Ticino，Fiume
Teutoburger Wald	德	条顿堡林山	
Thameshaven	英	泰晤士港	
Thorn	波	托伦	Toruń
Thüringer Wald	德	图林根林山	
Tiber	意	台伯河	

Tibursuk	突	泰布尔苏格	Téboursouk
Tivoli	意	蒂沃利	
Tobruk	利	图卜鲁格	
Torgau	德	托尔高	
Trasimener Sees	意	特拉西梅诺湖	Trasimeno, L.
Trier	德	特里尔	
Triest	意	的里雅斯特	Trieste
Tripolis	利	的黎波里	
Tripolitanien	利	的黎波里塔尼亚地区	Tripolitania
Tucheler Heide	波	图黑勒灌木林	图霍拉森林（Tuchola Forest）的旧称
Tula	俄	图拉	
Tunis	北非	突尼斯	
Turin	意	都灵	Torino
Tyrrhenischen Meer	南欧	第勒尼安海	
Uffenheim	德	乌芬海姆	
Ulm	德	乌尔姆	
Ülzen	德	于尔岑	
Umbrien	意	翁布里亚大区	
Unterfranken	德	下弗兰肯地区	
Unter Wittighausen	德	下温特维蒂希豪森	
Urbino	意	乌尔比诺	
La Valetta	马耳他	瓦莱塔	
Valmontone	意	瓦尔蒙托内	
Velletri	意	韦莱特里	
Venedig	意	威尼斯	
Verona	意	维罗纳	
Vicenza	意	维琴察	
Villach	奥	菲拉赫	
Villingen	德	菲林根	
Viterbo	意	维泰博	
Voltumo	意	沃尔图诺河	
Waal	荷	瓦尔河	
Warschau	波	华沙	
Wasserburg am Inn	德	因河畔瓦瑟堡	
Weichsel	波	魏克瑟尔河	维斯瓦河（Wisła, Vistula）的旧称，又译作维斯图拉河

Weiden	德	魏登	
Weimar	德	魏玛	
Welikije-Luki	俄	大卢基	
Werl	德	韦尔	
Werra	德	威拉河	
Wesel	德	韦瑟尔	
Weser	德	威悉河	
Westfalen	德	威斯特法伦地区	
Westpfalz	德	西普法尔茨地区	
Wetzlar	德	韦茨拉尔	
Wied	德	维德河	
Wien	奥	维也纳	
Wiesbaden	德	威斯巴登	
Wildbad im Schwarzwald	德	黑林山区维尔德巴特	
Winterberg	德	温特贝格	
Witebsk	俄	维捷布斯克	
Wjasma	俄	维亚济马	
Wolfsberg	奥	沃尔夫斯贝格	
Wörgl	奥	沃格尔	
Worms	德	沃尔姆斯	
Woronesch	俄	沃罗涅日	
Wunsiedel im Fichtelgebirge	德	菲希特尔山区文西德尔	
Wunstorf	德	文斯托夫	
Württemberg	德	符腾堡地区	
Würzburg	德	维尔茨堡	
Ysselburg	德	伊瑟尔堡	
Zeltweg	奥	采尔特韦格	
Zem-zem	利	宰姆宰姆干河	Zamzam, Wādī
Ziegenberg	德	齐根贝格	
Zirl-Pass	奥	齐尔山口	
Zorn	德	措恩	
Zwiesel	德	茨维瑟尔、茨维瑟尔山	

　　本表由译者根据德文版索引的主要内容编写，供读者核对。译文优先参照《世界人名翻译大辞典》(北京：中国对外翻译出版公司，1993年版)，部分著名人物按常用译法。

姓名及职务	语言	汉译姓名
Alexander	英	亚历山大
Ambrosio	意	安布罗西奥
Andrae	德	安德烈
Andrus	英	安德勒斯
Arnim,v.	德	冯·阿尼姆
Aschenbrenner	德	阿申布雷纳
Axthelm,v.	德	冯·阿克斯特黑尔姆
Baade，Günther	德	金特·巴德尔
Badoglio	意	巴多利奥
Balbo	意	巴尔博
Balthasar	德	巴尔塔扎
Baer	德	贝尔
Bargen,v.	德	冯·巴根
Barré	法	巴雷
Bastianini	意	巴斯蒂亚尼尼
Bastico	意	巴斯蒂科
Baumbach	德	鲍姆巴赫
Bäumler	德	博伊姆勒
Beelitz	德	贝利茨
Beneschs	捷	贝奈斯

Berndt	德	贝恩特
Bessell	德	贝塞尔
Bevin	英	贝文
Bieneck	德	比内克
Bishop	英	毕晓普
Blaskowitz	德	布拉斯科维茨
Blomberg,v.	德	冯·布隆贝格
Blume	德	布卢默
Blumentritt	德	布卢门特里特
Bock,v.	德	冯·博克
Bodenhausen,Frhr.v.	德	冯·博登豪森男爵
Bodenschatz	德	博登沙茨
Bogatsch	德	博加奇
Bohle	德	伯尔克
Böhlke	德	博尔贝特
Bonin,v.	德	冯·博宁
Borbet	德	博尔贝特
Bormann	德	马丁·鲍曼（一般姓氏译作博尔曼）
Brandenberger	德	布兰登贝格尔
Brandt	德	勃兰特
Brauchitsch,v.	德	冯·布劳希奇
Brown(Lt.)	英	布朗中尉
Brown(Sir Alfred)	英	艾尔弗雷德·布朗爵士
Budjenny	俄	布琼尼
Burkhardt	德	布克哈特
Bürkle de la Camp	法	比尔克勒·德·拉·康
Busch	德	布施
Bussche,Frhr.v.d.	德	冯·德姆·布舍男爵
Busse	德	布塞
Buttlar,Frhr.v.	德	冯·布特拉尔男爵
Calvi di Bergolo,Graf	意	卡尔维·迪·贝尔戈洛伯爵
Canaris	德	卡纳里斯
Carboni	意	卡尔博尼
Carls	德	卡尔斯

Feurstein	德	福伊尔施泰因
Fiebig	德	菲比希
Fink	德	芬克
Fisch	德	菲施
Fischer	德	菲舍尔
Foerster	德	弗尔斯特
Foertsch	德	弗奇
Fougier	意	富日耶
Franco	西	佛朗哥
Franke	德	弗兰克
Franz	德	弗朗茨
Friedrich	德	弗里德里希
Fries	德	弗里斯
Fritsch, Frhr.v.	德	冯·弗里奇男爵
Fröhlich	德	弗勒利希
Frohwein	德	弗罗魏因
Fromm	德	弗罗姆
Fuller	英	富勒
Galland	德	加兰德（标准译法是加兰，加兰德是约定俗成）
de Gasperi	意	德·加斯贝利
Geissler	德	盖斯勒
Goerdeler	德	格德勒
Göring	德	戈林
Grandi	意	格兰迪
Grauert	德	格劳尔特
Graziani	意	格拉齐亚尼
Greim,v.	德	冯·格赖姆
Gruber	德	格鲁贝尔
Guariglia	意	瓜里利亚
Guderian	德	古德里安
Guzzoni	意	古佐尼
Hacha	捷	哈赫
Hackwell-Smith	英	哈克韦尔-史密斯
Hagemann	德	哈格曼

Nelson	英	纳尔逊
Neuffer	德	诺伊弗
Niesen	德	尼森
Obstfelder,v.	德	冯·奥布斯特费尔德尔
Olscher	德	奥尔舍
Oertzen,v.	德	冯·厄尔岑
Oesau	德	厄绍
Osterkamp	德	奥斯特坎普
Patton	英	巴顿
Paulus	德	保卢斯
Pétain	法	贝当
Pickert	德	皮克特
Ploetz	德	普勒茨
Pohl (SS)	德	波尔（党卫队）
Pohl,v.(Flak)	德	冯·波尔（高射炮兵）
Popp	德	波普
Potter	英	波特
Preu	德	普罗伊
Putzier	德	普齐尔
Raapke	德	拉普克
Raeder	德	雷德尔
Rahn	德	拉恩
Ramcke	德	拉姆克
Rath	德	拉特
Reichenau,v.	德	冯·赖歇瑙
Reinhardt	德	赖因哈特
Rendulic	德	伦杜利齐
Ribbentrop,v.	德	冯·里宾特洛甫
Riccardi	意	里卡尔迪
Richthofen,Frhr.v.	德	冯·里希特霍芬男爵
Riess,Curt	英	库尔特·里斯
Rintelen,v.	德	冯·林特伦
Roatta	意	罗阿塔
Roechling	德	勒希林

Rodt	意	罗西
Röhm	德	罗姆
Rommel	德	隆美尔
Roosevelt	英	罗斯福
Rosi	意	罗西
Röttiger	德	罗蒂格
Rudenko	俄	鲁坚科
Rundstedt,v.	德	冯·伦德施泰特
Runge	德	伦格
Rupprecht,Bayer.Kronprinz	德	鲁普雷希特，巴伐利亚王太子
Rusca	意	鲁斯卡
Salmuth,v.	德	冯·扎尔穆特
Sandalli	意	圣达利
Sander	德	桑德尔
Sanzonetti	意	圣佐内蒂
Saur	德	绍尔
Prinz Sayn-Wittgenstein	德	赛恩-维特根施泰因亲王
Schacht	德	沙赫特
Schilffahrt	德	席尔法特
Schlageter	德	施拉格特
Schleicher,v.	德	冯·施莱歇
Schlemm	德	施勒姆
Schlemmer	德	施莱默
Schmalz	德	施马尔茨
Schmidt (Gen.d. Flak)	德	施密特高射炮兵上将
Schmidt(Gen. d. Pz. Tr.)	德	施密特装甲兵上将
Schmidt(Gen. Lt.)	德	施密特中将
Schnez	德	施内茨
Schörner	德	舍尔纳
Schrank	德	施兰克
Schröder	德	施勒德
Schulz	德	舒尔茨
Schütze	德	许策
Schwerin-Krosigk,Graf	德	什末林-克罗西克伯爵

Schwinge	德	施温格
Scotland	英	斯科特兰
Seeckt,v.	德	冯·泽克特
Seidel	德	赛德尔
Seidemann	德	赛德曼
Senger-Etterlin,v.	德	冯·森格尔 - 埃特林
Shawcross	英	肖克罗斯
Siebel	德	西贝尔
Sieburg	德	西堡
Simon	德	西蒙
Skorzeny	德	斯科尔采尼
Smilo v.Lüttwitz	德	斯米洛·冯·吕特维茨
Sternburg,Frhr.Speck v.	德	施佩克·冯·施特恩堡男爵
Speer	德	施佩尔
Speidel	德	施派德尔
Sperrle	德	斯佩尔勒
Sponeck,Graf v.	德	冯·施波内克伯爵
Staaken	德	施塔肯
Stahel	德	施塔赫尔
Stange	德	施坦格
Strauss	德	施特劳斯
Streib	德	施特赖布
Student	德	施图登特
Stülpnagel,Joachim v.	德	约阿希姆·冯·施蒂尔普纳格尔
Stülpnagel,Otto v. (Gen. d. Fl.)	德	奥托·冯·施蒂尔普纳格尔航空兵上将
Stumme	德	施图梅
Stumpff	德	施通普夫
Tank	德	汤克
Taylor	英	泰勒
Tippelskirch,v.	德	冯·蒂佩尔斯基希
Tito	塞	铁托
Tolsdorff	德	托尔斯多夫
Tönnis（Toennis）	德	滕尼斯
Toussaint	德	图桑

Uebe	德	于贝
Udet	德	乌德特
Vaerst,v.	德	冯·韦尔斯特
Vickers	英	维克斯
Vietinghoff,Frhr.v.	德	冯·菲廷霍夫男爵
Volkmann	德	福尔克曼
Wachenfeld	德	瓦亨费尔德
Weecks	德	韦克斯
Weichold	德	魏霍尔德
Weichs,Frhr.v.	德	冯·魏克斯男爵
Weise	德	魏泽
Weisenberger	德	魏森贝格尔
Wenninger	德	文宁格
Wentzell	德	文策尔
Westphal	德	韦斯特法尔
Wever	德	韦弗
Weygand	法	魏刚
Wilberg	德	维尔贝格
Wild	德	维尔德
Wilhelm II.,Kaiser	德	威廉二世皇帝
Wilson	英	威尔逊
Wimmer	德	维默尔
Winter	德	温特
Witthöft	德	维特赫夫特
Witzig	德	维齐希
Wolff(Gen.-Lt.)	德	沃尔夫中将
Wolff(Ob.-Grupp.-F.)	德	沃尔夫，党卫队全国副总指挥
Zander	德	灿德尔
Zangen,v.	德	冯·灿根
Zellmann	德	策尔曼
Ziegler	德	齐格勒
Ziehlberg,v.	德	冯·齐尔贝格
Zuckertort	德	楚克尔托特